国家出版基金项目
"十三五"国家重点图书出版规划项目

朱庆葆 主编

中国禁毒史

清代卷

刘霆 著

南京大学出版社

图书在版编目(CIP)数据

中国禁毒史. 清代卷 / 朱庆葆主编;刘霆著. — 南京 : 南京大学出版社,2023.12
ISBN 978-7-305-27591-3

Ⅰ.①中… Ⅱ.①朱… ②刘… Ⅲ.①禁毒-历史-中国-清代 Ⅳ.①D669.8

中国国家版本馆 CIP 数据核字(2023)第 247218 号

出版发行　南京大学出版社
社　　址　南京市汉口路 22 号　　邮　编　210093
　　　　　ZHONGGUO JINDU SHI
书　　名　中国禁毒史
主　　编　朱庆葆
著　　者　清代卷　刘霆
　　　　　北洋政府卷　刘霆
　　　　　国民政府卷(上)　朱庆葆　杨长年　刘霆
　　　　　国民政府卷(下)　朱庆葆　杨长年　刘霆
　　　　　共和国卷　张楠
责任编辑　清代卷　臧利娟　　　　北洋政府卷　谭天
　　　　　国民政府卷(上)　张淑文　国民政府卷(下)　张倩倩
　　　　　共和国卷　黄睿
照　　排　南京南琳图文制作有限公司
印　　刷　南京爱德印刷有限公司
开　　本　718 mm×1000 mm　1/16 开
总 印 张　105.75
总 字 数　1752 千
版　　次　2023 年 12 月第 1 版
印　　次　2023 年 12 月第 1 次印刷
ISBN 978-7-305-27591-3
总 定 价　998.00 元

网址：http://www.njupco.com
官方微博：http://weibo.com/njupco
官方微信号：njupress
销售咨询热线：(025) 83594756

* 版权所有,侵权必究
* 凡购买南大版图书,如有印装质量问题,请与所购
　图书销售部门联系调换

前 言

一

近代中国鸦片烟毒泛滥成灾,给中国人民带来无穷的灾难,鸦片也成为旧中国衰败与屈辱的象征。从1729年清廷颁布中国第一部禁烟禁毒法令,直到中华人民共和国成立初期,在这200多年的漫长岁月里,禁烟禁毒工作经历了一个异常曲折的过程。

大致而言,清代雍正、乾隆两朝,鸦片进口数量不大,吸食现象亦不普遍,故清廷虽然颁布了鸦片禁令,但并未进行严厉的查禁。至嘉庆朝,因驻京八旗中的许多官兵以及宫廷太监沾染鸦片烟瘾,清廷才决心对鸦片严加禁止,并对文武官员及内廷太监吸食鸦片制定了严厉的惩治措施。但是,国外商贩对清朝的禁令置若罔闻,变本加厉地对中国倾销鸦片,而官员查禁鸦片又流于敷衍,致使禁令毫无成效。道光时期,鸦片问题骤然变得严重起来。鸦片输入数量激增,造成白银大量外流,严重影响到清廷的财政收支,加剧了国内的经济危机。同时,鸦片吸食现象蔓延全国,严重腐蚀了清朝的官吏和军队。在这种情况下,道光皇帝决心采取严厉措施禁绝鸦片。然而,由于地方大员对禁烟态度不一,很长一段时间内查禁鸦片也只是徒具形式,直到1838年,各省查禁鸦片才普遍趋于严厉。林则徐虎门销烟,标志着道光朝查禁鸦片的运动达到了高潮。但鸦片战争之后,鸦片进口事实上取得了合法的地位。同时,为镇压太平天国运动,清政府在财政亏空的巨大压力下,不得不默许地方政府对鸦片运销抽收税厘,以接济饷需,于是国内的鸦片运销自然也成为合法行为,禁烟法令已成一纸空文。在鸦片进口贸易合法化日趋严重的情况下,弛禁国内鸦片生产的主张随之日益高涨:既然不能禁止国外鸦片进口,也就谈不上去除鸦片之害。与其听任外国进口鸦片不断攫取中国财富,不如放开国内鸦片生产,既可以减少财富外流,还可以增加朝廷税收。而且土产鸦片越多,进口鸦片获利越薄,待到无利可图,国外鸦片自然不再输入。李鸿章把这种主张概括为"以土抵洋",并于1874年上奏朝廷。在弛禁政策之下,国内的罂粟种植与鸦片生产、运销、买卖成为一个规模庞大的产业,土产鸦片的数量很快就超过了进口鸦片的数量,鸦片流毒达到空前严重的程度,造成一系列灾难性的后果。烟毒来源的本土化,为后来的禁烟禁毒埋下了更大的祸根。

1906年,行将覆亡的清政府在变革与图强意识的驱使之下开展了一场颇有成效的禁烟运动。清廷试图以分年渐禁的办法,用10年时间禁绝鸦片,并同英国达成了鸦片进口分年递减、10年减尽的协议。1909年,世界近代史上第一次禁毒大会——上海万国禁烟会召开,禁烟禁毒已成为世界性潮流,各省督抚对禁烟态度也较为一致,中央与地方齐心协力,禁烟取得了显著的成效。到1911年,大多数省份的罂粟栽种已大幅度减少,其中有5个省份已宣告完全肃清。虽然禁烟运动尚未结束清王朝就崩溃了,但民初政府仍延续了清末的禁烟政策。到1917年,中国全境已基本禁绝了罂粟种植。按照《中英禁烟条约》所定,持续了100多年的鸦片输入,也于当年完全停止。这项禁烟成就受到国际舆论的高度称赞。然而好景不长,1917年之后,由于国内政局动荡、中央政权衰落,形成了军阀割据的局面。各地军阀政权为了聚敛军政费用,竞相弛禁鸦片,甚至采用种种方法诱劝或勒迫民众种烟,借以抽收税款,致使鸦片流毒再度泛滥。与此同时,国外的吗啡、海洛因、高根及各色毒丸等烈性毒品乘机而入,且急剧增加。20世纪20年代中期,每年输入中国的烈性毒品达到40吨上下,对中国的危害日趋严重。

国民政府定都南京后,实行"寓禁于征"的政策。由于措施不得法,所得税款远远小于所估计的数字,在民众的强烈要求下又不得不宣布实行"断禁"政策。然而征税并未停止,1929年成立的清理两湖特税处实际上就是征收鸦片税款的机关。既然中央政府缺乏必禁的决心,各省自然也就不愿意放弃鸦片利益。于是,全国禁烟局面混乱不堪,烟毒泛滥的情形进一步加剧。不仅罂粟栽种有增无减,国内制造吗啡、海洛因等烈性毒品的规模也迅速扩大,成为继晚清以来烟毒泛滥最为严重的时期。1935年,在中外舆论的压力之下,国民政府开始在全国范围内推行"两年禁毒、六年禁烟"运动,将禁毒与禁烟分别进行(毒指吗啡、海洛因、红白丸等烈性毒品,烟指鸦片),计划在1935年至1936年两年内禁绝毒品,在1935年至1940年六年内禁绝鸦片。六年禁政的计划规模巨大、缜密周详,推行初期取得的成效颇为显著。但计划对各地施禁条件的差异性重视不够,政府禁烟机关又没有足够的能力严密控制各个施禁环节,于是,在实施中,出现了诸多矛盾及各环节脱节现象,不得不因事变通。后因变通过多,陷入混乱。1937年全面抗战爆发,尽管国民政府在其统治地区仍然坚持禁政,但各级政府忙于应付战事,征钱征粮、编练壮丁,无法在禁烟禁毒方面投入足够的人力物力,因而六年禁政后期,成效日渐衰微。同时,在沦陷区,日伪政权大肆推行毒化政策,以致烟毒再度泛滥,这些地区的施禁成效毁于一旦。国民政府又将1941年至1943年定为肃清烟毒善后时期,旨在巩固六年禁烟业已取得的成效,进而肃清烟毒。在此时期,重新恢复断禁政策,所有种、贩、售、吸、制、藏烟毒的行为,一律严加缉查,依法惩治。抗战胜利后,国民政府试图将肃清烟毒的工作推广到全国,计划1947年底在全国肃清烟毒。面对后方烟毒尚未肃清、沦陷区毒化严重的局面,国民政府显然高估了自己的能力,始终未能制定出一套行之有效的办法,加之地方势力的阻挠,施禁效果并不理想。此后,全面内战爆发,禁烟禁毒工作再次被置于次要地位。战争的巨大消耗导致了国民政府财政的破产。随着军事上的溃败及严重的通货膨胀,国统区内一片混乱。到1948年,许多地方已呈失控状态,一度受到抑制的烟毒重新回潮,禁烟禁毒实际上成为空话。直到国民党政权败退台湾,依然未能在全国范围内完成肃清烟毒的工作。

近代中国的烟毒不仅屡禁不止,反而愈演愈烈,原因何在?我们认为主要原因有四:其一,政令不一,国家政权长期衰败,无力承担改造社会的艰巨使命。国民政府通过军事手段扩张中央权力,但政权建设大为落后,政治权力的制度化并未真正实现,腐败涣散成为无法克服的顽疾。加之抗击日本侵略及对内战争,极大地消耗了其所能控制的资源。在这种情况下,既没有能力进行广泛的社会动员,又无法保证各级政府不折不扣地贯彻政令,禁烟禁毒自然难见成效。其二,历届中央及地方政府贪图鸦片税利,对禁烟缺乏诚意,见利忘义。自晚清弛禁鸦片以来,鸦片税厘始终是历届各级政府重要的财政来源,在边远省份,甚至是其主要财政支柱。这种状况决定了政府与禁政之关系,很难实施彻底的禁政。各省执行禁令大多以自我利益为转移,或敷衍应付,或明禁暗弛。在禁政事务中,贪污腐败无所不在,禁令常常蜕变为敛财肥私的凭借。禁政既成腐败之渊薮,又如何谈得上肃清烟毒? 其三,烟毒泛滥已成顽疾,且与其他社会问题相互交织,孤立地进行禁烟禁毒难以收效。近代中国,内陆与沿海的经济发展极不平衡。禁种鸦片,直接或间接涉及边远省份大量人口的生计问题,必须使禁烟与发展边远省份经济、加强理财协调并进,才能获得成功。然而,历届政府均没有能力将禁烟禁毒问题作为解决社会整体问题来对待,致使影响烟毒泛滥的社会因素依然如旧,不仅禁政难以彻底实施,即便是取得的短暂成效也难以保持。其四,国家主权不完整,国外不法商贩倚仗不平等条约的庇护,破坏中国的禁令。鸦片战争后,领事裁判权便成为外国在华的不法侨民违反中国禁令、进行烟毒犯罪活动的护身符。租界"国中之国"的性质,使其成为躲避中国禁烟禁毒法令的飞地。上海开埠后即成为鸦片输入的主要口岸,上海英租界在半个世纪中一直是输入鸦片的大本营。20世纪20年代,上海法租界后来居上成为烟毒中心。30年代,天津和汉口的日租界又成为最大的毒窟,天津日租界甚至成为世界性的毒品制造基地。一个在自己的领土上不能充分行使主权的中央政府,在禁烟禁毒工作上同样是软弱无能的。

出于上述原因,近代中国未能完成的禁毒重任历史性地落在了中国共产党人的身上。中华人民共和国成立初期,中国共产党以高度的历史责任感与非凡的魄力,在全国范围内开展了大规模的禁烟肃毒运动。这场运动是在翻天覆地的社会改造运动中同步推进的,是彻底的社会改造的一部分。中央人民政府凭借政治组织的有效动员和控制,彻底清除了烟毒赖以存在和流行的社会条件,仅用三年左右的时间,就基本禁绝了鸦片的种植、贩卖、吸食活动,肃清了200多年来泛滥成灾、屡禁不止的鸦片烟毒。这是中国禁毒史上最伟大的一次禁毒运动,其成就之辉煌、规模之宏大都是前所未有的。禁毒工作的胜利,解放了生产力,不仅把中国人民从鸦片的深重灾难中解救出来,大大提高了国民的身心健康,还标志着一个被称为"东亚病夫"的民族屈辱时代的结束,极大增强了中国共产党在全国人民中的政治威信,改变了中国在国际社会中的形象。毫无疑问,新中国成立初期的禁毒运动,在世界禁毒史上堪称是绝无仅有的奇迹,足以彪炳千秋,警醒后人。

二

在我们看来,中国禁毒史的研究,是一个极富学术价值和现实意义的课题。现今可见较早的有关中国鸦片问题的著述,是1896年刊印的李圭《鸦片事略》。民国时期有关中国烟毒问题的著述主要有于恩德《中国禁烟法令变迁史》(1934年),罗运炎《中国鸦片问题》(1929年)、《中国烟禁问题》(1934年)、《毒品问题》(1936年)。1949年后有一些零散的文章涉及近代中国的烟毒问题,如美国学者史景迁《清代中国的鸦片吸食》、费正清《鸦片贸易的解禁》等。20世纪80年代以来,对烟毒问题的研究有所增多,我国台湾学者林满红《清末本国鸦片之替代进口鸦片(1858—1906)》(1980年),提出了一些启迪性的见解。台湾1986年编辑出版的《国民政府六年禁烟计划及其成效》,也颇有史料价值。

相对而言,大陆学者对近代中国烟毒问题的研究起步较晚。中华人民共和国成立后的较长时期内,禁毒史的研究主要集中于鸦片战争前后的禁烟运动及鸦片贸易方面。改革开放之后,随着中国与国际社会的交往进一步加强,世界毒品泛滥的现象对中国的影响亦逐渐加剧,一度绝迹的吸毒、贩毒现象再一次在中华大地沉渣泛起。20世纪90年代初,我们曾撰写了《鸦片与近代中国》《中国禁毒历程》两本书,对近代毒品问题的方方面面,尤其是禁毒历史进行了初步的探讨。此后,禁毒史的研究成为学界广泛关注的焦点。据不完全统计,截至2020年,大陆地区陆续出版了禁烟禁毒类论著50余部及资料选辑30多种,并呈现出从通论性、宏观性研究向区域性、专题性研究的发展趋势。目前看来,虽然中国禁毒史的研究取得了长足的进展,但仍有进一步的拓展空间。一是研究的系统性、深入性不够,很多方面的研究均显得较为薄弱,或者说只是对问题的提出和展开,尚有待于进一步探讨。二是对新史料的发掘和运用不够,特别是在相关档案资料及英、日文资料的搜集与利用方面,这成为限制禁毒史研究走向深入的重要因素。三是对新中国的禁毒问题研究不够。以往研究均集中于革命根据地的禁烟禁毒,而因资料的缺乏,对新中国成立初期的禁毒研究,则显得极不充分。四是研究视角的多元性不够。政治史视角是禁毒史研究的传统路径,近年来经济史、社会史的视角亦颇受学界关注。毒品问题对近代中国产生了广泛而深远的影响,并时时折射出历届中央政权对国家的治理能力。但从国家政权建设及社会治理的视角而言,研究成果极为有限。

为了进一步推动中国禁毒史的研究走向深入,10年前,我们开始着手撰写这部多卷本的《中国禁毒史》,全书分为清代卷、北洋政府卷、国民政府卷和共和国卷四卷,在诸多方面努力创新:其一,全面、翔实地对中国200余年的禁毒历程进行了深入研究和系统总结,并对以往研究中的诸多细节问题进行了修订和完善。其二,在史料运用方面有了新的进展,采用了很多新挖掘的档案资料及英、日文资料,深化了对中国禁毒史的研究和认识。其三,利用大量的档案资料,首次系统深入地研究了新中国成立初期的禁毒历史,揭示了禁毒工作对于新生的人民政权及中国社会变革的影响和意义。其四,从国家政权建设、社会治理等视角去重新审视中国禁毒史,深入剖析近代中国毒祸泛滥不止的原因,为推进国家治理体系及治理能力现代化的目标提供对策建议。其五,对新形势下中国的禁毒工作提供借鉴和参考。当今,毒品已经成为阻碍人类社会发展的一个带有全球性的重大问题。可以预测,今后一个时期,毒品来源多元化、毒品滥用多样化和制毒、贩毒、吸毒一体化的趋势将更加明显,毒品在中国的危害还难以在短期内彻底清除,禁毒工作任重道远。对此,我们作为历史学工作者深感责任重大,希望通过总结中国禁毒历史的经验和教训,为当前中国及国际禁毒工作提供有益的启示。

目 录

清代卷

第一章 古代中国的鸦片输入与服用问题 / 1

第一节 古代西方鸦片种植与传播 / 1
　一、何谓鸦片？/ 1
　二、鸦片的原产地问题及词源演变 / 2
　三、希腊、罗马及阿拉伯的鸦片使用情况 / 3

第二节 鸦片合剂流入中国 / 5
　一、东汉时期的"苏合香":一种可能含有鸦片的合剂 / 5
　二、"底也伽"的传播时间及路线 / 5

第三节 古代中国的鸦片输入、种植与服用 / 7
　一、唐宋至元时期 / 7
　二、明清时期 / 9
　三、古代中国的鸦片提炼技术 / 11

第四节 鸦片吸食方式的形成与演变 / 13
　一、烧吸"碗药"/ 13
　二、混合吸食法 / 13
　三、直接吸食烟膏的时间问题 / 18

第二章　1840年之前的鸦片贸易 / 21

第一节　1840年之前的中西贸易格局 / 21
一、中英茶叶贸易 / 21
二、中国的货币体制与白银依赖 / 23

第二节　早期的鸦片贸易 / 26
一、葡萄牙与荷兰的鸦片贸易 / 26
二、英国霸权地位的取得及对华鸦片走私的开始 / 28
三、从澳门到伶仃洋：英、葡之间的贸易战 / 31
四、其他国家鸦片走私概况 / 35

第三节　1840年之前的"白银漏卮"问题 / 36
一、鸦片输入的数量与价值问题 / 36
二、清廷关于"白银漏卮"的讨论 / 42
三、白银外流的数量问题及银贵钱贱之原因分析 / 52
四、鸦片贸易对于印度、英国、中国之影响 / 60

第三章　雍正、乾隆、嘉庆三朝的禁烟 / 63

第一节　雍正与乾隆时期 / 63
一、雍正时期：中国历史上的第一个禁毒令 / 63
二、乾隆朝：禁烟令的重申与扩展 / 68

第二节　嘉庆朝的禁烟 / 70
一、鸦片烟外禁的时间问题 / 70
二、禁止吸食法令 / 87
三、嘉庆年间禁烟效果之分析 / 88

第四章　道光朝的禁烟 / 91

第一节　道光朝前期的禁烟 / 91
一、叶恒澍事件及其影响 / 91
二、"广东立场"与《酌定失察鸦片烟条例》的出台 / 94
三、"广东立场"的持续发酵："内禁优先"与"弛禁"论的酝酿 / 97

第二节　鸦片战争之前的严禁 / 118

一、罂粟种植及《严禁内地种卖鸦片烟章程》/ 118

二、进口鸦片的贩运与清政府的查禁行动 / 125

三、鸦片战争前的吸食问题 / 134

四、林则徐的广东禁烟 / 150

第五章　鸦片贸易的合法化与全面弛禁(上) / 162

第一节　鸦片贸易合法化的交涉 / 162

一、英方致力于鸦片贸易合法化的原因 / 162

二、璞鼎查的交涉 / 164

三、德庇时的交涉 / 165

四、战后的鸦片走私问题 / 168

五、《通商章程善后条款》：鸦片贸易合法化的开端 / 174

第二节　税厘并征体制的形成 / 183

一、税厘分征体制下中央与地方之关系 / 183

二、税厘并征：《烟台条约》及《烟台条约续增专条》/ 187

第三节　洋药进口数量与关税统计 / 194

一、洋药的进口数量 / 194

二、洋药的税厘统计 / 200

第六章　鸦片贸易的合法化与全面弛禁(下) / 213

第一节　土产鸦片的全面弛禁 / 213

一、朝野弛禁之论 / 214

二、土产鸦片弛禁的开始 / 221

三、土产鸦片的种植与产量 / 222

四、土药的税厘征收 / 248

五、"以土抵洋"之成功 / 263

六、鸦片弛禁之影响 / 267

第二节　弛禁时期的严禁思想与实践 / 287

一、同治至光绪初的禁种措施 / 287

　　二、洋务派中的严禁主张及实践 / 288

　　三、维新派的禁烟主张 / 297

　　四、太平天国的禁烟政策及实践 / 299

第七章　清末禁烟运动 / 305

第一节　清末禁烟运动之背景 / 305

　　一、清末民族主义与禁烟舆论之形成 / 306

　　二、有利的外部环境 / 312

　　三、民间禁烟团体及禁烟运动的推动 / 317

第二节　禁烟法令与禁烟机构 / 323

　　一、相关禁烟法令的颁布 / 324

　　二、禁烟机构的设立 / 332

第三节　中英禁烟交涉 / 339

　　一、禁烟条约的初步签订 / 340

　　二、英方的调查 / 342

　　三、《中英禁烟条约》的最终确定 / 355

第四节　禁烟运动的措施及成效 / 356

　　一、禁种植的措施及成效 / 356

　　二、禁贩售的措施及成效 / 366

　　三、禁吸食的措施及成效 / 370

　　四、万国禁烟会 / 377

第五节　禁烟运动中的财政抵补 / 382

　　一、禁烟与财政之两难 / 382

　　二、抵补措施 / 383

　　三、抵补政策之评析 / 389

　　四、清廷灭亡与禁烟运动的中断 / 390

北洋政府卷

第八章　民初禁政之延续 / 393

第一节　禁政持续之原因 / 393
一、中英条约的束缚 / 393
二、国际禁烟形势的制约 / 394
三、民众禁烟力量的推动 / 395

第二节　禁烟法令的颁布与执行 / 396
一、南京临时政府的禁烟令 / 396
二、北洋政府的禁烟法令与饬令 / 397
三、司法实践中的诸多细节问题 / 405
四、各地禁政之举措 / 410

第三节　民初禁政与外交纠纷 / 430
一、纠纷之条约渊源 / 430
二、浙江省的交涉 / 432
三、安徽省的交涉 / 436
四、广东省与江苏省的交涉 / 438

第四节　民初禁政之成效 / 440
一、中英联合会勘与印药禁止输华 / 440
二、存土焚毁之始末 / 452

第九章　军阀时代烟禁的废弛 / 466

第一节　烟禁废弛之原因 / 466
一、政局动荡 / 466
二、麻醉类毒品使用的增加 / 468
三、财政短缺 / 470
四、租界庇护与外人贩毒 / 473

第二节　全国烟毒泛滥之情形 / 483

一、禁烟法令的存续与影响 / 484

二、军阀获取鸦片利益之一般概况 / 488

三、各地烟禁废弛之具体情形 / 498

第三节 罂粟种植与吸食人口的数量问题 / 610

一、目前关于20年代烟土产量及吸食人口的几种估算 / 611

二、吸食人口数的估计 / 612

三、年消费量的估算 / 614

四、烟土年产量的估算 / 617

五、罂粟种植面积的估算 / 622

第十章 禁烟外交与海外华人所受之毒祸 / 626

第一节 英国的责难 / 626

第二节 国际禁烟会议 / 630

一、"国联禁烟委员会"的成立 / 630

二、中国参会之情形 / 631

第三节 世界毒品生产与中国之关系 / 638

第四节 海外华人所受之毒祸 / 641

一、英属殖民之毒祸状况 / 641

二、荷属东印度之毒祸状况 / 646

三、葡属澳门之毒祸状况 / 648

第十一章 民间禁烟运动的继续发展 / 650

第一节 传统政治之转型与禁烟运动之关系 / 650

第二节 各禁烟团体的成立及活动 / 653

一、全国禁烟联合会 / 653

二、万国拒土会 / 657

三、中华基督教协进会拒毒委员会 / 660

四、中华国民拒毒会 / 661

五、各地方禁烟组织概述 / 668

国民政府卷(上)

第十二章 南京国民政府初期的禁毒 / 673

第一节 禁毒法律体系的初步建立 / 674
一、《禁烟暂行章程》/ 675
二、《修正禁烟条例》/ 677
三、《禁烟法》与《修正禁烟法》/ 678

第二节 "断禁"政策的实施 / 681
一、"断禁"举措与成效 / 681
二、层出不穷的烟毒大案 / 683
三、"断禁"政策的失败 / 684
四、"渐禁"之议再起 / 687

第三节 军委会腹地省份禁烟 / 688
一、四省禁烟 / 689
二、腹地省份禁烟 / 691

第四节 南京国民政府初期禁毒的失败 / 696
一、中央政府政令不畅,地方禁烟各自为政 / 696
二、各级官员贪腐成风,烟毒势力盘根错节 / 704
三、中国对外主权丧失,外来毒祸难以遏制 / 706

第十三章 南京国民政府时期的民间禁毒运动 / 714

第一节 中华国民拒毒会与民间禁毒领袖 / 715
一、中华国民拒毒会的组织构成及其管理制度 / 715
二、民间拒毒运动精英 / 724

第二节 中华国民拒毒会的禁毒努力 / 731
一、唤起与鼓动民众拒毒 / 731
二、接洽与监督政府 / 747

第三节 海外华侨禁毒 / 762

一、菲律宾华侨清毒《宣言》/ 762

二、清毒委员会及各股办事细则 / 768

第四节　民间禁毒运动的衰落 / 770

一、民间禁毒力量的妥协 / 770

二、政府对民间禁毒力量的管控 / 776

第十四章　"两年禁毒、六年禁烟"运动(上) / 779

第一节　六年禁政的规划、法令、组织及其调整 / 779

一、六年禁政的基本规划 / 779

二、六年禁政的相关法令法规 / 786

三、禁烟组织 / 795

第二节　六年禁政的实施环节 / 801

一、施禁思路概述 / 801

二、具体实施措施及变通 / 802

三、禁烟经费与烟土税收 / 818

第十五章　"两年禁毒、六年禁烟"运动(中) / 827

第一节　分期禁烟区域 / 827

一、完全分期禁烟区域 / 827

二、绝对禁种分期禁运禁售禁吸区域 / 885

第二节　绝对禁烟区域 / 948

一、南京市 / 948

二、浙江省 / 949

三、山东省 / 953

四、青海省 / 956

第十六章　"两年禁毒、六年禁烟"运动(下) / 958

第一节　禁种成效考察 / 958

一、各省禁种成绩概况 / 958

二、存在问题分析 / 962

第二节　禁吸成效考察 / 967

一、烟民登记 / 967

二、施戒工作 / 971

第三节　禁运与禁售 / 979

一、禁运 / 979

二、禁售 / 989

第四节　禁毒工作成效 / 996

一、禁毒成绩之分析 / 996

二、禁毒工作问题之分析 / 999

第五节　六年禁政的若干缺失 / 1005

一、禁政计划不尽符合实际 / 1005

二、"禁税兼顾"导致重税不重禁 / 1007

三、法律执行宽严不一 / 1009

四、腐败导致禁政受阻 / 1011

国民政府卷（下）

第十七章　全面抗战前国民政府的禁烟运动与政权建设 / 1019

第一节　禁烟与国家政权建设的合法性问题 / 1019

一、"总理拒毒遗训"与国民党的政治遗产 / 1019

二、民族国家建构的诉求与政权建设的历史契合 / 1021

三、"六三纪念日"与"新生活运动" / 1024

第二节　禁烟运动与国民政府中央政权的巩固 / 1028

一、财政的中央集权：鸦片税基的扩大与重新分配 / 1028

二、中央政权的延伸：禁烟机构的膨胀 / 1038

三、基层的抵制与较量 / 1049

四、禁烟与社会管控 / 1059

第三节　全面抗战前的禁毒外交 / 1064

一、对于禁毒外交的认识 / 1064

二、国联多边禁毒框架与禁毒交涉与合作 / 1067

第十八章　全面抗战前日本对华毒害政策 / 1077

第一节　日本对华早期毒品走私 / 1077

一、数额巨大的毒品走私 / 1077

二、日本对华走私毒品的主要口岸 / 1080

三、对日本毒品走私活动的揭露与谴责 / 1081

第二节　日本在华毒品制贩基地的建立 / 1084

一、日本在"旅大"租借地的制贩毒活动 / 1084

二、天津日租界——日本向全球走私毒品的中心 / 1089

三、汉口日租界——日本在中国腹地的毒化中心 / 1092

四、日本在冀东的制贩毒活动 / 1094

五、日本在青岛实施的鸦片专卖 / 1098

六、日本在福州、厦门的制贩毒活动 / 1098

七、领事裁判权与日本在华制贩毒基地的建立 / 1101

第三节　日本在东北地区实施的毒害政策 / 1106

一、鸦片专卖制度的酝酿 / 1106

二、鸦片专卖制度的实施 / 1110

三、毒害情形 / 1118

四、鸦片"断禁" / 1120

第四节　日据台湾地区的毒祸 / 1127

一、渐禁政策 / 1127

二、断禁政策 / 1140

三、日本对台鸦片政策的危害 / 1142

第十九章　全面抗战时期日本对华毒害政策 / 1150

第一节　东北地区的毒害政策 / 1150

一、"断禁"政策的废止与鸦片增产 / 1150

二、鸦片吸食的泛滥 / 1152

三、鸦片走私的猖獗 / 1153

四、鸦片毒祸的危害 / 1155

第二节 伪蒙疆地区的毒害政策 / 1157

一、土药公司制 / 1157

二、组合贩售制 / 1160

第三节 华北沦陷区的毒害政策 / 1163

一、伪中华民国临时政府的鸦片专卖 / 1163

二、华北各地的毒祸 / 1168

第四节 华东沦陷区的毒害政策 / 1180

一、南京 / 1180

二、上海 / 1181

三、山东 / 1182

第五节 华中沦陷区的毒害政策 / 1184

一、河南 / 1184

二、湖北 / 1186

三、江西 / 1193

第六节 华南沦陷区的毒害政策 / 1194

一、福建 / 1194

二、广东 / 1203

三、香港、澳门 / 1208

第七节 华中宏济善堂与日本对华毒害活动 / 1209

一、华中宏济善堂的成立 / 1209

二、华中宏济善堂的毒害体系 / 1211

三、华中宏济善堂毒害的恶果 / 1217

第二十章 抗战胜利后南京国民政府的禁毒努力 / 1221

第一节 战后的禁毒形势 / 1221

一、国统区的毒祸 / 1221

二、收复区的毒祸/1222
第二节　南京国民政府的禁毒举措/1224
　　一、中央政府的禁毒举措/1224
　　二、地方政府的贯彻落实/1235
第三节　海外华侨禁毒/1245
　　一、海外华侨的毒况/1245
　　二、华侨禁烟座谈会/1247
　　三、华侨禁烟设计委员会/1248
　　四、《肃清华侨烟毒办法》/1249
　　五、华侨禁毒交涉/1250
　　六、华侨戒烟运动/1252
第四节　国际禁毒合作/1254
　　一、国境边界禁毒交涉/1254
　　二、联合国禁毒框架/1255
　　三、烟毒缉私情报交换/1256
第五节　南京国民政府战后禁毒努力的失败/1258
　　一、依然严峻的禁毒形势/1258
　　二、禁毒失败的原因/1265

共和国卷

第二十一章　中华人民共和国成立前的禁烟禁毒工作 / 1287
第一节　中共早期的禁烟禁毒思想及政策 / 1287
第二节　全面抗战时期中共的禁烟禁毒工作 / 1292
第三节　解放战争时期中共的禁烟禁毒举措 / 1300

第二十二章　禁烟禁毒政策和组织的确立及转变 / 1306
第一节　1952年肃毒运动之前的禁烟禁毒政策 / 1307
第二节　"三反""五反"运动与1952年肃毒运动的确立 / 1314

一、"三反""五反"运动中的铁路运毒问题 / 1314

二、1952 年肃毒运动的确立 / 1319

第三节　禁烟禁毒运动的组织形态及其演变 / 1328

一、禁烟禁毒干部的教育与惩处 / 1328

二、禁烟禁毒委员会的建立与发展 / 1329

第二十三章　禁烟禁毒宣传工作的实施与调整 / 1333

第一节　1952 年肃毒运动之前的禁烟禁毒宣传政策 / 1333

第二节　美国诬蔑事件与"口头宣传"政策的推行 / 1345

一、冷战初期美国诬蔑共和国贩毒的系列事件 / 1345

二、禁烟禁毒方针的转向与"口头宣传"政策的确立 / 1351

三、"口头宣传"政策的执行 / 1355

第三节　群众的宣传动员：禁烟禁毒运动中控诉的微观研究 / 1368

一、控诉：一种宣传动员技术 / 1368

二、组织与培养典型控诉人 / 1371

三、家庭苦与"大义灭亲"的情感动员 / 1375

四、深挖毒根与阶级苦难 / 1378

五、"由鬼成人"与身份认同 / 1381

第二十四章　农村政治运动与禁种工作的开展 / 1384

第一节　禁种鸦片政策的制定与调整 / 1384

第二节　农村政治运动与鸦片查铲工作的推进 / 1395

第三节　禁种善后政策的拟定与实践 / 1402

第二十五章　禁贩运毒品的推进与烟毒犯的惩治处理 / 1410

第一节　严禁制售和贩运烟毒政策的转变 / 1410

一、第一阶段的禁贩运工作概况 / 1411

二、严禁制、贩、运烟毒政策的普遍推广 / 1414

三、1952 年肃毒运动的准备工作 / 1418

四、1952年肃毒运动的执行情况 / 1422
第二节　中央和地方对烟毒犯的处理与惩治 / 1429

第二十六章　毒品收缴和处理政策的建立与变化 / 1446
第一节　美国诬蔑事件对禁烟禁毒政策的影响 / 1446
第二节　烟毒收缴与处理政策的实施 / 1449
一、沿袭与各地独立处理时期 / 1449
二、中央统一管理时期 / 1456
三、暂缓与区域集中保管时期 / 1466
四、中央重新统一管理时期 / 1470

第二十七章　烟民戒烟断瘾及其改造 / 1475
第一节　禁吸政策之流变 / 1475
一、强制戒烟政策的延续 / 1475
二、教育改造与分期戒绝：戒烟政策的温和化转向 / 1481
三、暂缓戒烟：1952年肃毒运动中的禁吸工作 / 1494
四、群众规劝与第四阶段的禁吸工作 / 1500
第二节　个人改造与戒除烟瘾：社会救济与戒烟工作的推进 / 1506
第三节　禁烟禁毒运动成功的经验总结 / 1513

参考文献 / 1521

索　引 / 1559

后　记 / 1585

第一章　古代中国的鸦片输入与服用问题

中国曾经是世界上罂粟种植面积最广、鸦片产量规模最大、鸦片吸食人数最多的国家。但无论是罂粟培植还是鸦片提炼及服用，均非中国自有，而是外来输入的产物。自含有鸦片成分的合剂输入，至中国普遍形成用烟枪吸食鸦片的方式，这一过程持续了千余年的时间。

第一节　古代西方鸦片种植与传播

一、何谓鸦片？

《现代汉语词典》对鸦片的解释是"阿片用作毒品时叫鸦片"，而阿片是"从尚未成熟的罂粟果里取出的乳状液体"。① 显然，这个概念仅仅是科普性的，而非专业性的。在植物界中，罂粟是一个非常庞大的家族，有700余位成员，仅有鸦片罂粟中才可以提取出能够称为鸦片的物质。故联合国《修正一九六一年麻醉品单一公约的议定书》中对鸦片的定义为：鸦片罂粟的凝结汁。② 在植物分类中，鸦片罂粟是罂粟目罂粟亚目罂粟科罂粟亚科罂粟族罂粟属中的一个物种，与鸦片罂粟同属罂粟属的有100多物种，其中有中国人十分熟悉的虞美人。③

---

①　《现代汉语词典》，商务印书馆2016年版，第1498、1页。
②　王金香：《中国禁毒史》，上海人民出版社2005年版，第431页。
③　中国科学院中国植物志编辑委员会编，吴征镒等编著：《中国植物志》（第32卷），科学出版社1999年版，第51页。

鸦片罂粟是一种两年生的草本植物,头年八九月份播种,次年三四月间开花,花有四瓣,颜色有红、粉、紫、白四种,外形纤柔,色泽缤纷,观赏性极强。植物学界认为鸦片罂粟并不是物种进化的结果,而是人类干预自然的产物。它是刚刚步入农耕社会的欧洲先民通过驯化野生的刚毛罂粟而培育出的新物种。而至今,世界上仍没有纯粹的野生鸦片罂粟的存在。① 鸦片罂粟的果实还未完全成熟时,其绿色果皮的细微裂纹中会不断渗出白色乳胶状的液汁,若用刀将表皮划破,浆液流出更多、更快,待完全凝固后即呈深褐色,这种深褐色的固体就是生鸦片,又叫大烟土。一个罂粟头上只能提取出半克生鸦片,聚集一定数量后一般会制成圆饼状或砖块状,便于储藏和贩运。生鸦片中包含糖、蛋白质、脂肪、水、袂康酸等基本物质以及 29 种生物碱,其中最能反映鸦片特性并能让人产生生理依赖的生物碱就是吗啡。生鸦片气味难闻,类似氨或尿的味道,不能直接吸食,要再经过一定程序的烧煮发酵才成为可供吸食的熟膏。熟烟膏表面光滑油腻,一般制成条状或块状出售。

二、鸦片的原产地问题及词源演变

关于鸦片罂粟的原产地,有学者认为在中亚地区。因为公元前 4000 年左右,苏美尔人(在今伊拉克境内)即已经了解了罂粟的令人愉悦的特性,并逐渐掌握了提取罂粟汁液的方法。通过贸易,罂粟及其汁液的提取方法才相继传入古代埃及和希腊。② 但考古资料证明,在欧洲使用罂粟的时间也非常早。德国、意大利、西班牙等新石器时代的遗址(公元前 4200 年)都发现了罂粟。而公元前 4000 年的瑞士湖边桩屋村新石器时代遗址中出土的罂粟,已经确定是人工种植的。③ 有学者猜想这些罂粟可能会用在麻醉或者宗教仪式上。④ 但新的考古证据发现,在新石器时代,罂粟已经开始作为香料食用或者榨汁镇痛作医用,而且已经提炼了鸦片。英国的化学家约翰·埃文斯就曾在一件 3500 年之前的塞浦路斯陶瓶上发现了鸦片的痕迹。⑤ 这些资料说

---

① 连东:《鸦片罂粟通史:欲望、利益与正义的战争》,上海社会科学院出版社 2018 年版,第 4 页。
② 姚薇元:《鸦片战争史实考》,人民出版社 1984 年版,第 9 页。
③ 王纪潮:《底也迦考——含鸦片合方始传中国的问题》,《自然科学史研究》2006 年第 2 期。
④ [美]马丁·布思:《鸦片史》,任华梨译,海南出版社 1999 年版,第 19 页。
⑤ 王纪潮:《底也迦考——含鸦片合方始传中国的问题》,《自然科学史研究》2006 年第 2 期。

明,约公元前 4000 年的新石器时代,在欧洲及中亚地区均有罂粟的种植,当时的居民可能是世界上最早的有意识使用毒品的人。

西方社会使用鸦片的传统在古希腊时期得到发展。公元前 5 世纪左右,罂粟传入希腊。因其幼苗鲜嫩,希腊人开始将其当作蔬菜食用,后来发现罂粟汁液有"安神止痛、多眠忘忧"等功能,便将其提取出来,用作药物。这就是鸦片在希腊语里原称 opos(蔬菜汁),后又改称为 opion(罂粟汁)的原因。现在世界各语言中表示鸦片的词都是直接或间接从 opion 音译的。如拉丁语的 opium 即 opion 的音译,英、法、德、俄等语言又原封地把 opium 搬了过去,葡萄牙和西班牙语 opio 也是源于 opion。①

三、希腊、罗马及阿拉伯的鸦片使用情况

在希腊古典时期,鸦片很有可能是被作为单方使用的。名医希波克拉底认识到鸦片有催眠、麻醉、止血的效能,但有负面作用,要节制使用。据传说,他曾有著名的誓言:"不将有害的药品给予他人,也不指导他人服用,更不答应他人使用有害药物的请求。"学者们认为这与他反对把鸦片作为单方使用有关。

在罗马帝国时代,鸦片则被用作万用解毒药方的主要配伍。这种万用解毒药称作"theriaca",汉译为"底也迦""底也伽"或"底野迦"。"Theriaca"是古希腊诗人和医生尼坎德的一篇韵文教诲诗的篇名,本是有毒动物之意。该诗描写了许多动物、香料和草药,有些就是致幻性的植物。由于"Theriaca"内容都与草药有关,因此被罗马人借为万用解毒方的名称,主要就是用来治疗毒蛇之类的动物性毒害。因"theriaca"在古罗马时代的广泛使用,使得《韦氏大词典》解释"theriaca"时就说它源自拉丁语,这虽是误解,但《韦氏大词典》认为"theriaca"是将多种药品混合粉碎之后再用蜂蜜调和成糖浆状的一种解毒药,又称"威尼斯蜜"(venicetreacle)的说法还是有根据的。古罗马时期百科全书式的作家大普林尼(23—79 年)曾在其《自然史》中提到制成糖丸的解毒药在希腊就叫"theriaci"。② 这可能是"theriaca"的异读。公元前 1 世纪黑海南岸本都王国(今土耳其境内)的米特拉达梯要求御医克拉特斯每天都给

---

① 刘正埮、高名凯等编:《汉语外来词词典》,上海辞书出版社 1984 年版,第 379 页;罗其精:《鸦片传入我国前后——兼谈"鸦片"一词的来历》,《吉首大学学报(社会科学版)》2003 年第 3 期。

② 王纪潮:《底也迦考——含鸦片合方始传中国的问题》,《自然科学史研究》2006 年第 2 期。

他配制一种叫"theriaca"的万能药。大普林尼在《自然史》中说米特拉达梯的解毒剂(应该就是"theriaca")是由54种成分组成的。后来的罗马医生塞尔萨斯在其名著《论医学》中给出的"theriaca"配方却只有36种,不过也提到要加入蜂蜜和酒来调制。在《论医学》的"theriaca"配方中罂粟树乳(鸦片)含20.5打兰(1打兰约1.7718克)。鸦片在这36种药的配伍里面所占的比例并不大,约为7%。① 可能这是目前所能见到的最早加入鸦片的"theriaca"配方。无论是从词源,还是实际的使用情况来看,"theriaca"都不是单纯的鸦片,它在罗马时代是个配伍不断变化的合方。如名医盖伦为皇帝马可·奥略留配制的底也伽,配伍多达70种,他认为鸦片有抗毒的作用,能够治疗慢性头疼、眩晕、耳聋、中风、视力差、嘶哑、咳嗽等疾病,故其根据马可·奥略留服用的反应酌情增减鸦片剂量。奥略留服用底也伽后有愉快的感觉并出现了药物依赖现象,这是比较典型的服用麻醉品的反应。② 显然,从这里我们也可以看出,罗马所流行的底也伽并不是一个纯鸦片的致幻剂,而是一个用蜜糖调制的解毒药合方。

罗马帝国衰亡后,阿拉伯人开始将鸦片作为单方麻醉药物使用。《回回药方》中有罂粟花散剂"速福肥哈失哈失方"和"阿夫荣"或"阿肥荣"。"哈失哈失"是阿拉伯语"Khash Khash",即罂粟花、罂粟的音译。"阿夫荣"则是阿拉伯语"Afyûm",即鸦片的音译。③《回回药方》中既有单方的鸦片,又有合方。即将"阿夫荣"与天仙子、肉桂、甘松等一起捣碎后在混合成蜜之后作为膏用。④ 值得注意的是,底也伽与阿夫荣同时出现在治疗毒物伤的方子里面。如《回回药方·众毒门》中云:"治人服毒随即显者……治服阿夫荣、阿夫荣膏子、他尔牙吉方。""他尔牙吉方"是解毒药底也伽的音译。⑤ 这种同一解毒药方的配伍既有底也伽也有阿夫荣的现象,说明了当时阿拉伯人是将鸦片与底也伽的药效区别对待的。据此,我们也可推断出,阿拉伯底也伽中的鸦片成分并非占主导地位。

---

① [英]Andrew Dalby:《危险的味道——香料的历史》,李蔚虹、赵凤军、姜竹青译,百花文艺出版社2004年版,第216页。
② 王纪潮:《底也迦考——含鸦片合方始传中国的问题》,《自然科学史研究》2006年第2期。
③ 郑宗荣:《鸦片之源流》,《国学论丛》1927年第1卷第1期。
④ 宋岘考释:《回回药方考释》(下册),中华书局2000年版,第135页。
⑤ 宋岘考释:《回回药方考释》(上册),中华书局2000年版,第106页。

第二节　鸦片合剂流入中国

一、东汉时期的"苏合香":一种可能含有鸦片的合剂

中国和罗马帝国交往的时间是在东汉。双方交往的主要交通路线就是"丝绸之路"。但是流行于古罗马的底也伽没有与东汉进行交易的记录,这或许是受到贸易规模的限制。但当时有另外一种合剂"苏合香"传入中国,文献记载颇多。今天的苏合香是指一种生长在西亚,属于金缕梅科的苏合香树树脂加工而成的有刺激性的祛痰药,是一种有较弱抗菌作用的药品。而古代西方的苏合香则是用多种植物原料配制的合方,其中可能也有罂粟汁的成分。亚述出土的文献,就以鸦片为"狮油"。①"狮油"和东汉时期就从大秦传入的"苏合香"的异名"狮子粪"有关联。而且苏合香也和罗马人的底也伽一样都有甜味,符合当时罗马医药合方都用蜂蜜来调和成丸药的通例。当然,苏合香含有鸦片仅是一种可能性,此推论尚缺乏足够的材料支撑。但即便苏合香含有鸦片,亦不能据此认为从东汉时期鸦片就传入了中国。含有鸦片的合剂传入与鸦片作为单方在中国的传播和使用是大不相同的两件事情。

二、"底也伽"的传播时间及路线

古代中西方的交流不能忽略印度通往中国的这条路线。西方的底也伽经由印度传入中国亦是完全可能的。这种传播或许与眼药有关。印度的眼科医术十分发达,且多用蜜糖调制眼药。传说龙树菩萨善治眼病,有眼科著作《龙树论》,隋唐以前已有托名的药方流行于中国。《隋书·经籍志》提及有所谓《龙树菩萨药方》《龙树菩萨养性方》等,但并无记载药方。②马端临在考证《龙树眼论》时称:"晁氏曰:佛经龙树大士者,能治眼疾。或假其说,集治七十二种目病之方。"③龙树的眼药方在中国已经失传,却在朝鲜《医方类聚》中

---

① 《简明不列颠百科全书》(第8卷),中国大百科全书出版社1986年版,第753页。
② [唐]魏征等:《隋书》卷三十五《经籍志》,中华书局1973年版,第1095页。
③ [元]马端临:《文献通考·经籍考》,中华书局2011年版,第6151页。

的《龙树菩萨眼论》里保存了下来,其中就有底也伽的成分。① 无独有偶,古罗马塞尔萨斯的《论医学》一书中,亦曾经记录了许多著名的眼药方,它们无一例外都是含有鸦片的配方。从塞尔萨斯与龙树的生活年代推测,印度的眼药方似乎还是受到罗马的影响的。但印度的眼科医术至少在晋代就已经传入了中国。② 唐代诗人白居易就有《眼病二首》诗云:"案上漫铺《龙树论》,盒中虚撚决明丸。人间方药应无益,争得金篦试刮看。"此外,刘禹锡亦有《赠眼医婆罗门僧》诗,其中有这样两句:"师有金篦术,如何为发蒙。"这里的"金篦"是指当时印度医僧用来拨刮白内障的金属器,"金篦术"则是指这一手术。如此看来,印度的眼科医术不迟于晋代就传入中国,至隋唐时期则比较普遍。故《龙树菩萨眼论》等医书所载含有底也伽的印度眼药方在隋朝之前传入中国是很有可能的。

中国有确切文献记载底也伽的时间为隋朝。《五藏论》云:"底野迦善除万病。"这个说法和大秦以"theriaca"为万用解毒药是完全一致的。《五藏论》后佚,赖朝鲜的《医方类聚》以存③,学者杨宪益首先注意到此条记录④。

需要注意的是,古罗马的底也伽是用蜂蜜调和而成的甜方,但是隋唐传入中国的底也伽是一个较苦涩的方子。唐显庆四年(659年)苏敬等人修撰的《新修本草》云:"底野迦,味辛、苦,平,无毒。主百病,中恶,客忤邪气,心腹积聚。出西戎。云用诸胆作之,状似久坏丸药,赤黑色。胡人时将至此,亦甚珍贵,试用有效。"⑤也就是说,在中国有明确记载的底也伽是味道苦涩不含蜂蜜的合方。

在中国鸦片传播史中提及最多的是《旧唐书·西戎传》中的一段文字:"贞观十七年,拂菻王波多力遣使献赤玻璃、绿金精等物。太宗降玺书答慰,赐以绫绮焉。……乾封二年,遣使献底也伽。"⑥其中拂菻是指拜占庭,即东

---

① [朝鲜]金礼蒙等编:《医方类聚》(第4册),人民卫生出版社1981年版,第27页。
② 参见[晋]竺昙无兰译:《佛说咒目经》;季羡林:《印度眼科医术传入中国考》,《国学研究》(第2卷),北京大学出版社1994年版,第556页。
③ [朝鲜]金礼蒙等编:《医方类聚》(第1册),人民卫生出版社1981年版,第83页。
④ 杨宪益:《东罗马的鸦片贸易》,《译余偶拾》,生活·读书·新知三联书店1983年版,第243—245页。
⑤ [唐]苏敬等:《唐·新修本草》,安徽科学技术出版社1981年版,第372页。
⑥ 《旧唐书·西戎传》,中华书局1975年版,第5314—5315页。

罗马帝国。拂菻王波多力即教皇狄奥多罗斯(643—656年)。最早对这段材料作出解释的是德国学者夏德(1845—1927年),他认为底也伽这种药品即是上古及中古时代西方著名的解毒药"theriaca",即大普林尼所谓的"众草合成之药"。① 这个结论被部分学者接受并作为鸦片传入中国之始的证据。但正如前文所述,底也伽仅是含有鸦片的合方,并非像鸦片那样作为致幻剂使用,因此它的传入不能视为鸦片传入之始。而且这只是最早记载底也伽的官方文字,根据前文印度眼药方传入中国的分析,底也伽传入中国的时间至少可以提前到隋朝,甚至东晋、东汉。此外,底也伽作为一种药物,明成化之前的药物典籍亦无记载任何配方及临床应用,这说明唐代底也伽的输入是偶然的、零星的,不能视为鸦片输入中国的开端。

第三节　古代中国的鸦片输入、种植与服用

一、唐宋至元时期

唐朝时期,中国开始有了关于罂粟的记载。开元年间陈藏器写的《本草拾遗》中,谓罂粟花四叶,有红色白色,花囊中有细米。晚唐诗人雍陶的《西归出斜谷》:"行过险栈出褒斜,出尽平川似到家。万里客愁今日散,马前初见米囊花。"此处米囊花即指罂粟。显然,唐朝时期至少在陕西及四川地区已经开始了人工种植罂粟。

那么罂粟是如何传入中国的呢?研究者一般认为是由阿拉伯人于唐朝时期传入的。由于唐朝时在中国的阿拉伯商人极多,且当时阿拉伯人已通晓鸦片性能及提取之法,故他们将鸦片药剂或罂粟种子携至中国是极有可能的。清末,英国传教士艾约瑟在他所著的颇具影响的《罂粟源流考》中即认为罂粟由阿拉伯人从东南沿海传入。② 民国时期,中华国民拒毒会会长罗运炎认为:"中国唐时,已与阿拉伯(其时称为大食国)通商,罂粟的种子即由阿拉

---

① 〔德〕夏德:《大秦国全录》,朱杰勤译,大象出版社2009年版,第122页。
② 〔英〕艾约瑟:《罂粟源流考》,《万国公报》1889年第11期。

伯商人携入中国，或由中国商人自阿拉伯携回，这是不言可知的。"①但是，能直接指明唐代栽种的罂粟由阿拉伯人传入的史料，却一条也没有。而且令人疑惑的是，在唐代，阿拉伯人在中国东南沿海及江南地区的贸易活动十分活跃，艾约瑟亦称罂粟由阿拉伯人经东南沿海传入，但为何这些地区未发现有栽种罂粟的记载？只在中国的西南和西北地区发现呢？可见，罂粟传入与阿拉伯人的关系还不能说得如此肯定。

根据前述印度眼科医术的传入事实，有无可能罂粟种植亦由此路线传入呢？有学者曾提出，罂粟或许在唐代由印度经东南亚的缅北地区进入中国云南。其依据是唐代樊绰所著《蛮书》中记载："骠国（缅甸）……有移信使到蛮界河赕，则以江猪、白毡及琉璃罂为贸易。"②《新唐书·南蛮下》亦有骠国"琉璃罂缶"的记载③。何谓"琉璃罂缶"？向无专家注释。有学者推断"琉璃罂"及"琉璃罂缶"是一种盛罂粟的容器。此解释显然是错误的。在古汉语中，罂是指盛水贮粮之具，按《说文》，"罂，缶也"。即罂及罂缶都是指器皿，"琉璃罂"与"琉璃罂缶"是指琉璃材质的器皿，与罂粟并无关系。故罂粟在唐代由印度传入西南的说法还需要进一步的证据。

到了宋代，有关罂粟的记载渐多。宋太祖开宝六年（973 年）的《开宝本草》称："罂子粟，味甘，平，无毒。主丹石发动，不下食，和竹沥煮粥食之，极美。一名象谷，一名米囊，一名御米。花红白色，似髇箭头，中有米，亦名囊子。"④苏颂的《图经本草》则明确记载："罂粟花，处处有之，花有红白两种。"此外，苏轼的诗《归宜兴留题竹西寺三首》中有"道人劝饮鸡苏水，童子能煎莺粟汤"。苏辙的《种药苗二首》诗也说："罂小如罂，粟细如粟。……苗堪春菜，实比秋谷。研作牛乳，烹为佛粥。老人气衰，饮食无几。食肉不消，食菜寡味，柳槌石钵，煎以蜜水。便口利喉，调养肺胃。……幽人衲僧，相对忘言。饮之一杯，失笑欣然。"⑤可见，北宋时期，罂粟的种植已经较为普遍了，且罂粟籽、壳常被制为具有养胃、调肺、便口利喉等功效的滋补品。此后，人们对

---

① 罗运炎：《中国鸦片问题》，兴华报社 1929 年版，第 1 页。
② ［唐］樊绰：《蛮书》，中国书店 1992 年版，第 36 页。
③ ［宋］欧阳修、宋祁：《新唐书》卷二百二十二，中华书局 1975 年版，第 6308 页。
④ ［宋］卢多逊、李昉等撰，尚志钧辑校：《开宝本草》，安徽科学技术出版社 1998 年版，第 411 页。
⑤ ［宋］苏辙：《栾城集》（下册），上海古籍出版社 1987 年版，第 1519—1520 页。

罂粟的药用性能也有了进一步的认识。许多医书中记述罂粟可治呕逆、痢疾、腹痛、咳嗽等疾病,如南宋医药学家杨倓治疗各种痢疾、腹痛的药方均含有罂粟或罂粟壳,如"御米饮子""断下散""参香散"等。① 金代医药学家李杲也以罂粟壳主治泻痢。② 元代医药家危亦林亦以罂粟壳入多种药方,治疗各类痢疾、腹泻、腹痛等,如"水煮木香圆""黑豆散""当归散""独神圆""九圣圆""立效散""百中散""加味四君子汤"等。③

根据上述材料的分析,笔者认为,唐朝时期中国开始有罂粟种植,但种植似乎不算普遍,仅在西部地区出现,且输入者及输入路线尚难以确定。至北宋时期,罂粟种植已经较为普遍,且罂粟籽、罂粟壳常被制成具有调养肺胃的药品食用。南宋至元时期,罂粟籽、壳普遍出现于各类治疗痢疾、腹泻、腹痛的药方中,完成了从食品到药品的转化。

二、明清时期

明朝时期,从罂粟中提炼的鸦片"始错见于诸家文字"。明代之四译馆同文堂"外国来文"记载暹罗国曾进贡皇帝鸦片二百斤,皇后鸦片一百斤。但此来文不知是哪一年。而明代的《国朝典故》《星槎胜览》《瀛涯胜览》等相关典籍却又未有暹罗药品的记载。《大明会典》明确记载,当时暹罗、爪哇、榜葛剌三国的贡物中列有"乌香"(鸦片)。④ 但这些记载并未说明鸦片输入的具体时间。

明天顺、成化(1457—1487年)时期的学者徐伯龄曾著有《蟫精隽》一书,其中记载:"海外诸国并西域产有一药,名合甫融,中国又名鸦片,状若没药而深黄,柔韧若牛胶焉。味辛、大热、有毒,主兴助阳事,壮精益气,方士房中御女之术多用之;又能治远年久痢、虚损元气者。……成化癸卯,尝令中贵出海南、闽浙、川陕,近西域诸处收买之,其价与黄金等。"⑤ 可见,至少在成化年间,鸦片已经由西域(中、西亚)传入了中国。从中贵(太监)在海南、闽浙、川

---

① [宋]杨倓:《杨氏家藏方》卷七,(台北)新文丰出版公司1987年版,第289—293页。
② [金]李杲:《东垣试效方》,上海科学技术出版社1984年版,第404页。
③ [元]危亦林:《世医得效方》,中国中医药出版社1996年版,第92—97页。
④ [清]俞正燮:《癸巳类稿》,《中国近代史资料丛刊·鸦片战争(一)》,神州国光社1954年版,第309页。
⑤ [明]徐伯龄:《蟫精隽》卷十。

陕等处购买,又可知鸦片似乎从西南、东南、西北等处均有传入,这亦符合当时中西方贸易的主要路线。

《滇志》卷三《物产》"永昌府"条下有云:"永昌之产,在通省独多而奇。然取之三宣六慰缅甸者,远之数千里。据《腾越志》谓,宝石、琥珀、象牙……催生石、西洋布、哈芙蓉、阿魏、黑药、孩茶,不产于腾,其语甚详。"①作者所引《腾越志》一书亡佚,故哈芙蓉究竟如何传入永昌郡之腾越地区,仍不可详考。但有一点非常清楚,即鸦片在明朝天启以前,从"三宣六慰"之地,即木邦(今缅东)、孟养(缅北)、八百大甸(泰国)、老挝,经车里(西双版纳)和南甸、干崖(德宏)两路传入云南。今云南腾冲及保山地区成为鸦片侵入云南最早的"滩头阵地"。

成化十八年(1482年)王玺所撰的《医林集要》说:"阿芙蓉,天方国种红罂粟花……治久痢不止……每用小豆大一粒,空心温水化下,忌葱蒜浆水。如热渴,以蜜水解之。"天方国即阿拉伯地区。万历三年(1575年),李梴著《医学入门》,认为鸦片"治脾泻久痢涩肠及虚劳久嗽,又收固气,入肾治骨病"。但是"性急,不可多用"。"暴嗽,泻者用之,杀人如剑。"②万历六年(1578年),李时珍编成巨著《本草纲目》,对于鸦片的医药功能做了这样的描写:"气味酸涩、温、微毒,主治泻痢、脱肛不止,能涩丈夫精气。""俗人房中术用之。京师售一粒金丹,云通治百病,皆方伎家之术耳。""附方:新旧久痢,阿芙蓉小豆许,空心温水化下,日一服,忌葱蒜浆水,若渴,饮蜜水解之。"此外,《本草纲目》中还列有多种含有鸦片的药方,用以治疗痢疾、偏头风、关节痛、疟疾和咳嗽等症。③ 天启五年(1625年),医药学者缪希雍撰成《神农本草经疏》,其对"阿芙蓉"的描述为:"气味与粟壳相同,而此则止痢之功尤胜,故小儿痘疮行浆时,泄泻不止,用五厘至一分,未有不愈,他药莫逮也。"④清乾嘉时期医药学者黄宫绣《本草求真》记载:"阿芙蓉,即罂粟花之津液也。一名鸦片,一名阿片,出于天方国。气味与粟壳相似,而酸涩更甚。用阿芙蓉一分,粳米饭捣作三丸,通治虚寒百病。凡泻痢脱肛,久痢虚滑,用一二分,米饮送

---

① [明]刘文征撰,古永继校点:《滇志》,云南教育出版社1991年版,第115页。
② [明]李梴:《医学入门》,中国中医药出版社1995年版,第164页。
③ [明]李时珍:《本草纲目·谷部》,人民卫生出版社1982年版,第1493页。
④ [明]缪希雍:《神农本草经疏》,中国医药科技出版社2011年版,第331页。

下,其功胜于粟壳。又痘疮行浆时,泄泻不止,用四五厘至一分,未有不止,但不可多服。"①

上述资料说明,到了明清时期,罂粟的提取物鸦片已经在医学方面得到了积极而广泛的应用。当时服食鸦片的方法是吞服,即由医家将其拌合其他药料,制成中药丸散,用于助房事及治疗痢疾、脱肛、偏头疼及男子遗精等症。不少药方都提及鸦片的副作用,认为性急,不可多服。但对鸦片最主要的麻醉性、成瘾性的特征缺乏认识。《蓉城闲话》中云:"鸦片初入中国,宫禁先受其毒,相传明神宗御极三十年,不召见群臣,即为此物所累。"②若此记载属实,明神宗长期服用鸦片,应产生极强的药物依赖性。有学者撰文指出:"1958年发掘定陵地宫,经过科学化验,发现朱翊钧尸骨中确实含有较重的吗啡成分,偶尔服食过鸦片不可能留下这样的记录,证明他是一位经常服食鸦片的瘾君子。"③但作者对这段资料未提供文献出处,笔者在定陵挖掘简报中亦未发现有相关的说明,故明神宗服用鸦片成瘾的说法还需进一步考证。

除了鸦片的记载外,明代对于罂粟花的记载仍然很多。如明万历年间,王世懋之《花疏》云:"芍药之后,罂粟花最繁华,加意灌植,妍好千态。"高濂《遵生八笺》:"罂粟千瓣五色,虞美人瓣短而娇。"崇祯十一年(1638年),地理学家徐霞客在贵州贵定白云山见到罂粟花,在其游记中说:"莺粟花殷红,千叶簇,朵甚巨而密,丰艳不减丹药。"可见,明清时期除了鸦片的药用范围扩大外,民间仍沿袭了唐宋之传统,将罂粟花作为观赏之花。

三、古代中国的鸦片提炼技术

关于中国何时掌握了提炼鸦片的技术这一问题,目前尚未有定论。前述相关医学典籍记载有提炼之法。如王玺的《医林集要》:"罂粟花,花卸结壳后三五日,午后于壳上用大针刺开外面青皮十余处,次日早津出,以竹刀刮在瓷器内,阴干。"李梴的《医学入门》:"鸦片,又名阿芙蓉,即罂粟。花开时,用竹针刺十数孔,其津自出,次日以竹刀刮在银器内,待积取多了,以纸封固,晒二

---

① [清]黄宫绣:《本草求真》,人民卫生出版社1987年版,第54—55页。
② [清]雷瑨:《蓉城闲话》,《中国近代史资料丛刊·鸦片战争(一)》,神州国光社1954年版,第314页。
③ 吴志斌、王宏斌:《中国鸦片源流考》,《河南大学学报(社会科学版)》1995年第5期。

七日即成片矣。"①此外,李时珍的《本草纲目》亦有类似记载。由此可见,似乎明成化年间,中国已经有了自产鸦片的能力。清人李圭亦说:"成化时,中国得其取汁之法,嘉靖初其法益精。"②对此,我国台湾学者林满红持有异议,她认为李梴、李时珍等人所述,均不属亲眼所见,似由王玺之书转述而来。王玺在甘肃镇守二十年,其所著《医林集要》也说"阿芙蓉天方国种",因此王玺所述的提制鸦片的方法,很可能是由甘肃一带伊斯兰教徒从阿拉伯世界传来的知识,并非事实记述。清人李圭等人受其影响,认为成化年间中国已得其法。断言成化年间中国已经自产鸦片,证据不充分,但由于成化年间中国一些医书中对鸦片的提制之法已有记载,因此可以认为,在公元1500年左右,中国获得了提取罂粟汁液制为鸦片的知识,这比西方晚了约3000年。③

林满红的推断有一定的道理,李时珍的《本草纲目》亦载:"阿芙蓉,前代罕闻,近方有用者,云是罂粟花之津液也。"④显然,鸦片提炼技术,李时珍只是听说。而且成化年间的鸦片价比黄金,说明了提制鸦片的技术在中国尚未得到普遍的掌握,即使有自产鸦片也不具规模。但这并不能否认某些地区已经开始出现通过提取罂粟汁液自制鸦片的零星现象。《南诏备考》卷三《物产》之"通省物产"条下著录:"罂粟,有五色。"又"各处特产"条"永昌府"下著录:"哈芙蓉,即鸦片。"⑤《南诏备考》的作者为杨慎,嘉靖三年(1524年)充军云南永昌卫(今云南保山市),嘉靖三十八年(1559年)卒于戍所。可见,嘉靖前后云南本土罂粟种植已多,且今滇西保山地区已能自制鸦片了。此外,明朝万历时任云南右参政的谢肇淛所著《滇略》一书,对鸦片有了更加明确的记载。该书卷三《产略》有云:"哈芙蓉,夷产也,以罂粟汁和草乌合成之,甚精者为鸦片,价埒兼金。可疗痢风虫症,尤能坚阳不泄,房中之术多用之。然有大毒,滇人忿争者,往往吞之即毙。"⑥这里记载了云南鸦片独特的炮制方法,即

---

① [明]李梴:《医学入门》,中国中医药出版社1995年版,第164页。
② [清]李圭:《鸦片事略》卷上,光绪二十一年(1895年)海宁刊本。
③ 林满红:《清末社会流行吸食鸦片研究》(打印稿),1985年7月,第179页。(笔者注:据《明史·王玺传》记载,王玺于成化十二年署都督佥事,充总兵官,镇守甘肃。成化二十年移镇大同,实授都督同知。因此,王玺镇守甘肃的时间为8年,不是20年。)
④ [明]李时珍:《本草纲目·谷部》,人民卫生出版社1982年版,第1493页。
⑤ [明]杨慎:《南诏备考》卷三。
⑥ [明]谢肇淛:《滇略》卷三。

罂粟汁与草乌合成,此为其他文献所未见。这些资料表明,明代中期,中国云南地区已经掌握了提炼鸦片的技术,但生产鸦片的规模很小,因此国内鸦片的使用主要还是靠进口。

正因为当时中国需要经常进口鸦片,明朝为此还制定了鸦片进口税率。万历十七年(1589年),明政府规定"阿片每十斤税银二钱",万历四十三年(1615年),税率降到"每十斤税银一钱七分三厘"。① 这项税则一直维持到明朝灭亡。税率降低似乎说明鸦片的进口数量有所增加。显然,16世纪以后,鸦片已经成为中国需要经常进口的贵重物品。

第四节 鸦片吸食方式的形成与演变

一、烧吸"碗药"

古代中国服食鸦片的方式是将之制成药用合剂后吞服,这与日后用烟枪直接灼火吸食鸦片烟膏的方式有很大的区别。用烟枪吸食烟膏属于单独烧吸方式。而单独烧吸法在西方早就已经存在,此方法很可能源自印度。《癸巳类稿》引唐译印度文献《毗耶那杂事律》言其吸法曰:"以两碗相合,底上穿孔,中著火置药,以铁管长十二指,置孔吸之。"② 此外,郑和的随从们从西洋带回的鸦片也被称为"碗药"。③ 可见,初期用碗单独烧吸鸦片的方法从东南亚既经海路传入中国沿海地区,又经陆路传入中国的西南地区。但这一方法在中国并未得到广泛的流传。中国独特的用烟枪吸食鸦片的方法是从鸦片伴随烟草的混合吸食法演变而来的。

二、混合吸食法

15世纪末16世纪初地理大发现后,美洲土著居民吸食烟草的方法很快

---

① [明]张燮:《东西洋考》卷七《税饷考》,中华书局2000年版,第142、144页。
② [清]俞正燮:《癸巳类稿》,《中国近代史资料丛刊·鸦片战争(一)》,神州国光社1954年版,第309页。
③ [明]王玉海:《续绀珠集》,沈云龙主编:《近代中国史料丛刊》第六十辑《中和月刊史料选集》(第一册),(台湾)文海出版社1970年版,第200页。

经欧洲人介绍传播到世界各地,大约在万历末年或天启初也传到了中国。① 明末清初科学家方以智(1611—1671年)在《物理小识》中记载说:"万历末,有携至漳泉者,马氏造之曰淡肉果,渐传至九边,皆衔长管而火点吞吐之,有醉仆者。崇祯时严禁之,不止。其本似春不老,而叶大于菜,暴干以火酒炒之,曰金丝烟。北人呼为淡把姑,或呼担不归。可以祛湿发散,然久服则肺焦,诸药多不效,其症忽吐黄水而死。"② 明代诗人姚旅说:"吕宋国出一草,曰淡巴菰,一名曰醺。以火烧一头,以一头向口,烟气从管中入喉,能令人醉,且可避瘴气。有人携漳州种之,今反多于吕宋,载入其国售之。"③ 至崇祯年间,"北土亦多种之,一亩之收可以敌田十亩,乃至无人不用"④。可见明末,中国南北皆有烟草种植,吸食风气得到迅速传播。这种现象引起明政府的警惕,崇祯十二年(1639年)明廷诏令禁烟,"犯者论死"。但效果不显,故崇祯十六年(1643年)再次下令禁种禁吸,然时值明末大乱,秩序失范,故烟草之禁"至论死而不能革"⑤。此外,吸食烟草亦成为当时尚在关外的八旗贵族的一大嗜好。代善、多尔衮、莽古尔泰等均为瘾君子。皇太极曾于天聪八年(1634年)及崇德四年(1639年)先后两次颁布禁止种吸烟草的诏令。⑥ 由于烟草多从朝鲜传入,故对朝鲜人的搜查极为严格。据朝鲜陪臣记载,前判书李溟质子入凤凰城,其妻子乙被守将以"南草搜检"为由,而"尽脱衣服"。⑦ 但烟草禁令的执行效果与关内的明政府同样糟糕。崇德六年(1641年)二月,皇太极开烟草之禁,许自种吸食,但不得出边购买。其谕令户部:"前定禁烟之令,其种者用者,屡行申饬。近见大臣等犹然用之,以致小民效尤不止。故行开禁,凡欲用烟者,惟许人自种而用之,若出边货买者处死。"⑧

---

① 据吴晗考证,烟草传入中国的途径有三个:一是从朝鲜传到东北,而后进关。二是从菲律宾传到台湾、福建,然后南传广东,北传江浙,再向四周推广。三是从越南等地传入广东,然后北上。见吴晗:《谈烟草》,《光明日报》1959年10月28日。
② [明]方以智:《物理小识》卷九,商务印书馆1937年版,第237页。
③ [明]姚旅:《露书》卷十《错篇下》,福建人民出版社2008年版,第261页。
④ [明]杨士聪:《玉堂荟记》,(台北)伟文图书出版社1977年版,第189页。
⑤ [明]杨士聪:《玉堂荟记》,(台北)伟文图书出版社1977年版,第189页。
⑥ 《清太宗实录》卷二一,(台北)华文书局1969年版,第390页;《皇太极时期的禁烟告示》,《历史档案》2014年第1期。
⑦ 辽宁大学历史系编印:《清初史料丛刊第十一种·沈阳状启》,1983年,第101页。
⑧ 《清太宗实录》卷五四,(台北)华文书局1969年版,第904页。

正是因为吸食烟草的习惯在中国得到广泛的传播，鸦片伴随烟草的吸食方法很快便在中国流传。这种吸食方法来自苏门答腊及爪哇。据相关记载，咬留吧人首先将鸦片与烟草拌合吸食。咬留吧是爪哇的一座城市。李圭的《鸦片事略》也说："明末，苏门答腊人变生食为吸食，其法先取浆蒸熟，虑去渣滓，复煮和烟草叶为丸，置竹管就火吸食。"①而苏门答腊与爪哇隔海相望，应是鸦片与烟草拌合吸食的早期发源地之一。海外学者将这种混合制品称为"麻泰克"（Madak），其制作方法是先将生鸦片溶解于水中，煮后提炼，然后再煮，直至化成一种类似糖浆的黏液，然后再与碎烟叶混合。吸食的时候如同烟草一样，使用的也是烟袋杆。②

混合吸食之法也不一定是爪哇本地人的发明。爪哇本地并不种植罂粟，鸦片最初是由阿拉伯商人输入爪哇的，当荷兰人在16世纪后期出现在爪哇海岸时，鸦片已经是地区间贸易的一种重要物品了。有学者认为，是到达爪哇的荷兰船员发明了把烟草与鸦片混合起来吸食的方法。③此种说法并无相关佐证，但无论荷兰人是否为混合吸食法的发明者，这种方法被传入中国却是与荷兰人有莫大之关系。美国人马士说，在1624—1662年，"荷兰人盘踞台湾时，他们从爪哇把那里所盛行的烟草与鸦片拌合的方法介绍到台湾"。这种习惯又经由厦门传播到中国大陆。④

明末清初传入中国的拌合烟草吸食鸦片方法，直到雍、乾时期仍然在闽台地区流行。当时记载这一情形的资料较多。清巡台御史黄叔璥所著《台海使槎录》记载："鸦片烟，用麻葛同鸦土切丝，于铜铛内煮成鸦片，拌烟另用竹筒实以棕丝，群聚吸之，索值数倍于常烟。专制此者，名开鸦片馆。"⑤黄叔璥巡台始于康熙六十一年（1722年），终于雍正二年（1724年）。蓝鼎元在雍正元年（1723年）的《与吴观察论治台湾事宜书》中指出，鸦片烟"传入中国已十

---

① ［清］李圭：《鸦片事略》，《中国近代史资料丛刊·鸦片战争（六）》，神州国光社1954年版，第205页。
② ［美］史景迁：《中国纵横：一个汉学家的学术探索之旅》，夏俊霞等译，上海远东出版社2005年版，第283页。
③ 沈燕清：《19世纪爪哇鸦片走私中的华侨包税商》，《华侨华人历史研究》2007年第2期。
④ ［美］马士：《中华帝国对外关系史》（第一卷），张汇文等译，商务印书馆1963年版，第197页。
⑤ ［清］黄叔璥：《台海使槎录》卷二《赤嵌笔谈》。

余年,厦门多有,而台湾特甚,殊可哀也"。①(此鸦片烟指鸦片与烟草的混合制品,下文详解。)雍正六年(1728年),广东碣石镇总兵苏明良在一份奏折中介绍了厦门、台湾地区鸦片吸食的方法:"用小铜锅将鸦片炮制成膏,然后将烟丝入内拌匀,亮干为烟;又截竹为筒,内贮棕丝,以便呼吸。"②可见,即使是烟草拌合鸦片,其制作方法亦多有不同。

苏明良的奏折与雍正七年(1729年)三月的鸦片烟禁令有直接关系。该禁令是清廷颁布的第一部禁毒法令,但其所禁止的是鸦片与烟草的混合制品,而纯鸦片作为药材,并不在禁令之列。当年福建省的一件司法纠纷案件,可以非常清楚地说明此问题。有福建漳州商人陈远,在广州以橘饼兑换鸦片、木香而归。后陈远被漳州知府李治国收缴鸦片33斤。李治国拟按照禁令,将陈远枷号充军。但陈远坚称鸦片是必需药材,不是鸦片拌合黄烟烟丝混合而成的鸦片烟,并要求检验证明。此案件报到福建巡抚衙门,巡抚刘世明亲自提审,并传太和堂药铺户陈书佩当场认验。陈书佩认验后说:"验得此系鸦片,熬膏药用的,又可做鸦片丸,医治痢疾,这是并未做成烟的鸦片。"据此,刘世明在给雍正皇帝的奏折中亦承认"鸦片为医家需用之药品,惟加入烟草始淫荡害人,为干犯禁例之物"。并认为知府李治国"错混施行,甚属乖谬"。随后,雍正朱批,将33斤鸦片退还陈远本人,此案遂结。③通过此案,我们可以发现,雍正时期闽台地区仍是混合吸食法,尚未出现直接吸食现象。由此亦可理解,当时清廷一面在国内查禁鸦片烟,一面却又允许海关进口鸦片。因为在清统治者眼里,鸦片烟与鸦片是两种不同属性的物品。前者为戕害身体之淫邪品,后者为治疗疾病之药品。康熙二十七年(1688年)每百斤鸦片纳税银三两,后又加税银二两四钱五分,雍正年间纳税如故。④

乾隆时期,闽台地区仍是普遍的混合吸食之法。乾隆十二年(1747年),台湾提督范咸在《重修台湾府志》中说:"鸦片烟,用麻葛同鸦土切丝,于铜铛内煮成鸦片,拌烟另用竹筒实以棕丝,群聚吸之,索值数倍于常烟。专治此

---

① [清]蓝鼎元:《鹿洲初集》卷二《与吴观察论治台湾事宜书》。
② [清]苏明良:《奏为敬陈严处分以靖盗源厚民生而兴教化管见事》(雍正六年十一月初六日),中国第一历史档案馆藏宫中档案全宗,档号:04-01-30-0414-011。
③ 马模贞主编:《中国禁毒史资料》,天津人民出版社1998年版,第5页。
④ [清]文庆等纂辑:《筹办夷务始末》第一册《道光卷一》,上海古籍出版社2008年版,第9页。

者,名开鸦片馆。"①虽然范咸完全引用了康熙朝巡台御史黄叔璥的说法,但亦说明乾隆初期的吸食方法是混合法。乾隆三十七年(1772年),任台湾海防同知的朱景英在其所著《海东札记》中说:"鸦片产外洋咬留吧、吕宋诸国,为渡海禁物。台地无赖人多和烟吸之,谓可助精神,彻宵不寐。凡吸必邀集多人,更番作食,铺席于地,众偃坐席上,中燃一灯,以吸百余口至数百口为率。烟筒以竹为管,大约八九分,中实棕丝头发,两头用银镶首,侧开一孔,如小指大,以黄泥捏成壶卢样,空其中又火煅之,嵌入首间小孔上,置鸦片烟于壶卢首,烟止少许,吸之一口立尽,格格有声,饮食顿令倍进,日须肥甘,不尔,肠胃不安。初服数月犹可中止,迨服久,偶辍,则困急欲死。卒至破家丧身。"②这将当时混合吸食鸦片的现象描述得极为具体。也正是由于与烟草拌合吸食,鸦片含量不大,故一次的吸食量可达"百余口至数百口",且"初服数月犹可中止"。这与后来成瘾的过程有很大区别。

不容忽视的是,拌合烟草吸食鸦片的相关资料全部载于在台湾任职的文武官员的著作或奏折中。虽然赵学敏并无官身,但其父长期在泉州、漳州任职,赵学敏学医时亦陪侍在其父左右。这些似乎表明,直到乾隆中后期,这一吸食方法仅在闽台地区流行,并未传播到其他地区。

但有两则史料值得注意。一是明末清初上海县人曾羽王的日记。他在日记中这样写道:"余幼时,闻有鸦片烟之名,然未见有吸之者,止福建人吸之。余年三十六而遭鼎革,始于青村王继维把总衙内见有人吸此,以为目所亲睹也。自李成栋破郡城,官兵无不吸之者,由是沿及士民。二十年以来,吸之者十分中几居六七。"③另一则是英国马戛尔尼使节团的秘书乔治·斯当东的记录。1793年8月16日使团到达通州,乔治·斯当东记录说:"中国官员对于吃饭真是过于奢侈了。他们每天吃几顿饭,每顿都有荤菜许多道。空闲的时间,他们就吸烟,或者嚼槟榔。他们有时把一些香料放进烟内,有时放进一些鸦片。"④有学者据这两则史料认为,拌合烟草吸食鸦片的习惯在康熙

---

① [清]范咸:《重修台湾府志》卷十九,台湾省文献委员会1993年编印,第578页。
② [清]朱景英:《海东札记》卷三,福州古旧书店1982年影印,第5—6页。
③ [清]雷瑨:《蓉城闲话》,《中国近代史资料丛刊·鸦片战争(一)》,神州国光社1954年版,第334页。
④ 秦仲和译:《英使谒见乾隆记实》,(香港)大华出版社1972年版,第29页。

初年已经在江南地区盛行,而至乾隆末年,此方法却仍流行于京师地区。

笔者认为,上述两则史料均有误。先说曾羽王日记,曾羽王36岁遭鼎革之变,其幼时当为荷兰人占据台湾之初,他听闻只有福建人吸食的鸦片烟之名是有可能的。但李成栋攻郡城的时间为顺治二年(1645年),若此时清军已经无人不吸鸦片烟,很难想象这支军队以后还能有攻台湾、平三藩、胜俄国的战绩,如此严重的情况,亦不可能在清代的官方文献中无任何记载。嘉庆、道光朝记载军队吸食鸦片的官方资料很多,那时才是清军较多吸食的时候。李成栋破城后20年,约为康熙初年,上海附近士民中"吸之者十分中几居六七"的说法亦显然不符合实际。但按常理推断,曾羽王日记所载应为其亲眼所见。笔者判断,他可能混淆了鸦片烟与一般烟草的吸食。曾羽王生活的明末清初,正是民间流行衔长管点火吸食烟草的时期。而上文所述,崇德六年(1641年),皇太极因大臣吸烟普遍,小民效尤不止,故而撤销了烟草吸食的禁令。此距顺治二年(1645年)才4年时间,显然清军中"无不吸之者"所吸食的正是一般烟草,而非鸦片烟。叶梦珠在《阅世编》中说:"顺治初,军中莫不用烟,一时贩者辐辏,种者复广,获利亦倍。"① 此外,乔治·斯当东的日记亦很有值得推敲之处。嚼槟榔、放香料显然不是当时中国北方的习俗。使团经马六甲海峡进入南海,在澳门稍停后即沿广东、福建、浙江沿海赴天津登岸。乾隆命沿海各省负责使团的给养,并做好接待工作。因而使团与沿海各省的官员应该多有接触。显然,乔治·斯当东误将南方沿海的情形当作天津的习俗。

综上分析,笔者认为,拌合烟草吸食鸦片的习惯,直到乾隆中后期仍普遍流行于闽台地区,但亦仅限于闽台地区。内地没有这一现象的资料记载,即使偶有吸食行为,肯定亦极为零星,内地服用鸦片仍是制药吞服。

三、直接吸食烟膏的时间问题

日后流行的以烟枪灼火吸食烟膏的习惯是何时形成并广泛流传的呢?李圭的《鸦片事略》中记载,康熙二十三年海禁弛,"沿海居民,得南洋吸食法

---

① [清]叶梦珠:《阅世编》卷七,上海古籍出版社1981年版,第167页。

而益精思之,煮土成膏,镶竹为管,就灯吸食其烟"①。林满红认为李圭说法较为可信,吸食鸦片方法的传入在海禁开放期间,与中国同南洋频繁的贸易往来有关。但照此说法,似乎康熙年间就已经出现了直接吸食纯烟膏的现象。这与前文所分析的,雍正、乾隆年间所载大量的混合吸食现象并不相符。而马士认为:"至于在什么时候鸦片停止与烟草拌合,现在却无从查考。在一七九三年马戛尔尼出使的记载中,只有在专论烟草的那一节中提到'鸦片与吸食的芬香质料';在一八〇〇年以前,鸦片被单独吸食的,即使有,也不见得多。"而马士提及其看到一位中国人于1855年写的回忆录,该回忆录称"吸食鸦片之传入,是在嘉庆初年"。② 此外,道光初年任两广总督阮元幕僚,并主持粤海关事务的萧令裕,亦大概持此观点。在其《粤东市舶论》中说:"镶竹为管,或磁或银,挑灯于盒,如粒如丸,就灯而吸,倚枕侧眠,盖自乾隆末年始。"③笔者认为,乾隆朝后期出现直接吸食鸦片的现象是较为接近历史事实的。自此以后,亦未再出现混合吸食的相关记载。应该说,乾隆末至嘉庆初期,直接吸食已经成为中国主要的甚至唯一的鸦片吸食方法,且逐渐流行于全国各地。

如李圭所言,这是中国得爪哇之法而益精思之的结果。故直接吸食取代混合吸食肯定是一个长期的过程,二者或许会有同时存在的过渡期,这亦符合事物发展的规律。可能一开始直接吸食鸦片的方式未必就如萧令裕所说的就灯而吸。另有一则史料是值得关注的。美国学者史景迁曾说他所见到最早记载吸食鸦片的中文资料是《澳门月报》中的明代学者张汝霖的一则评论。在一则有关鼻烟的记录后面,张汝霖写道:"另有鸦片烟,其状如泥,可吸,此物禁止销售。"④所谓"其状如泥,可吸",应该就是直接吸食烟膏了。问题在于:《澳门月报》是晚清时才出现的《中国丛报》,为何要记载明代士人张汝霖呢?且明代的鸦片并未禁止销售。根据相关资料,张汝霖生于嘉靖四十

---

① [清]李圭:《鸦片事略》,《中国近代史资料丛刊·鸦片战争(六)》,神州国光社1954年版,第206页。
② [美]马士:《中华帝国对外关系史》(第一卷),张汇文等译,商务印书馆1963年版,第197页。
③ 转引自蒋秋明、朱庆葆:《中国禁毒历程》,天津教育出版社1996年版,第11页。
④ [美]史景迁:《中国纵横:一个汉学家的学术探索之旅》,夏俊霞等译,上海远东出版社2005年版,第281页。

年(1561年),卒于天启五年(1625年)。① 此时吸食烟草的现象才传入中国不久,混合吸食鸦片的现象尚未出现,民间主要还是吞服鸦片。故此则史料是非常值得怀疑的。而史景迁所著的译者对张汝霖有一个"译者注":卒于1626年,著有《澳门记略》。因此,笔者判断,史景迁混淆了明清两代两个不同的张汝霖。清代张汝霖于乾隆七年(1742年)及乾隆十一年(1746年)两次出任香山知县,乾隆十三年(1748年)又任澳门同知。《澳门记略》是其与澳门首任同知印光任合作编著的一部系统介绍澳门的著作,成书于乾隆十六年(1751年)。② 显然,《澳门月报》所载之张汝霖,当为清代官员张汝霖。那么张汝霖所说的"另有鸦片烟,其状如泥,可吸",是否指直接吸食呢?笔者认为,这亦有可能,但由于具体方法不清楚,未必是就烟灯而吸,而且此时混合吸食肯定仍是主要方式。

需要指出的是,无论何种吸食习惯,只要鸦片的使用脱离了医疗目的,被作为抵瘾物品加以服用,吸毒现象便产生了。鸦片吸食方法的传入,则是吸毒作为一种社会现象在我国业已出现的明显标志。

---

① 张则桐:《张岱〈家传·张汝霖传〉笺证——张汝霖事迹辑考》,《中国典籍与文化》2005年第1期。
② 赵春晨:《清人张汝霖与香山》,《广东社会科学》2011年第2期。

第二章 1840年之前的鸦片贸易

第一节 1840年之前的中西贸易格局

鸦片战争之前中西方贸易规模并不算小,西方对贸易的需求也一直为我们所强调,特别是英国对茶叶的需求。但中西贸易对中国的影响并非我们惯常所认为的那样,是微不足道的。中国的货币体系是银钱双本位制,国内经济对白银输入的需求量极大,对流通领域存银的变化十分敏感。而乾隆末至嘉庆初,清统治者就已经感到国内白银不足的问题,其时中国外贸仍处于出超地位,鸦片贸易的数量还比较少。故我们考察1840年之前鸦片贸易对中西方的影响,当不能忽略当时贸易的总体格局。

一、中英茶叶贸易

1663年,英国王后凯瑟琳生日,诗人埃德蒙德·瓦勒献赞美诗一首,名曰《茶之颂》:"最尊贵的王后!最好的草药,属于我们这个勇敢的民族。我们赞颂您打开的那扇大门,通向太阳升起的帝国,那里有珍贵的种植。茶乃缪斯之友,去浮清躁,给灵魂以宁静,心灵以慰藉。向吾辈之王后陛下致敬!"

凯瑟琳原为葡萄牙公主,酷爱饮茶,并将此习惯带到了英国皇室。此后,饮茶逐渐成为英国贵族的生活风尚。其时,东印度公司虽然垄断了英国的国际贸易,但最初并无从中国直接进口商品的权力。在很长的一段时间内,东印度公司都从荷兰殖民地万丹(今印度尼西亚境内)进口茶叶。由于国内需求增加,茶叶贸易的规模迅速扩大,至17世纪末,英国官方的茶叶年进口量达到6吨左右,多数茶叶都间接来自中国。18世纪初,英国在中国广州建立贸易站,开始直接从中国进口茶叶。此后,茶叶进口量直线攀升,1717—1718年,茶叶取代丝绸成为中英贸易间的主要货品,1721年进口量达到5000吨。① 与此同时,茶叶价格亦一路下跌,这为消费的逐渐平民化创造了必要条件。17世纪60年代是茶叶最昂贵的时期,饮茶是贵族风尚。至18世纪初,虽然茶叶价格下跌,饮茶阶层有所扩大,但仍属时髦的奢侈品消费。此后,英国政府大幅下调茶叶进口税,至18世纪末,茶叶进口量达到11000吨。由于在销售各环节,茶叶会掺入树叶、花瓣等杂质,故进入市场的数量要远远高于进口量。这样,茶叶价格逐渐低到为普通百姓所接受。英国上下无论贫富贵贱几乎每人每天都可以喝上一两杯茶。② 到了19世纪,茶已经普及英国全社会,成为社会中下层百姓的经济型佐餐饮料。此外,因中英之间漫长的海上运输,使得易于储存的红茶取代了绿茶,成为"英式下午茶"的主角。红茶亦成为世界上产量最大、影响最广泛的一类茶叶。

　　茶叶在英国的流行,极大地影响了英国人的生活习惯,改善了民众的膳食结构,还使得英国成为世界茶叶贸易中心。茶叶的贩运推动了英国造船业的繁荣,喝茶时加糖则又带动了殖民地制糖业的发展。③ 在很长的时间之内,茶税都是英国政府的重要财政支柱。到18世纪末,茶叶带给英国国库的税收平均每年为330万镑,相当于英国国库总收入的1/10和几乎东印度公司的全部利润。④ 在东印度公司撤销后的多年,英国政府每年从国内茶叶消费中获得的税收仍然是一个非常可观的数字。而茶叶贸易对英国东印度公司的意义亦极为重大。为了打开中国市场,东印度公司将英国的工业制品运往中国,但这些生意不仅未获利,还常常亏本。因此,从中国进口茶叶则成为东印度公司获利的法宝,甚至是公司维持东方贸易的基础。从18世纪20年代起,东印度公司在绝大部分年份中,所购买的茶叶都占其从中国总进口值的一半以上。在1785—1794年,这一比例提高到85%。19世纪以后,东印度公司每年从中国进口的茶叶都占其总货值的90%以上,公司每年在茶叶

---

① [美]马士:《东印度公司对华贸易编年史:一六三五——八三四年》(第一卷),区宗华译,广东人民出版社2016年版,第176页。
② [美]汤姆·斯丹迪奇:《茶叶与第一次鸦片战争》,吴平等译,《书摘》2007年第10期。
③ 龚缨晏:《鸦片的传播与对华鸦片贸易》,东方出版社1999年版,第153页。
④ [英]格林堡:《鸦片战争前中英通商史》,康成译,商务印书馆1961年版,第3页。

贸易中获利都在 100 万镑以上,占其商业总利润的 90%。在其垄断中国贸易的最后几年中,茶叶成为其唯一的进口商品。

值得一提的是,茶叶贸易对清政府的财政及经济发展同样起到非常重要的作用。从雍正至咸丰年间行茶引法,全国共颁茶引 40 余万道,合 4560 余万斤。每斤纳税 1 厘 2 毫 5 丝,合计 57 万两。① 随着茶叶出口量激增,其关税收入对政府财政的贡献亦越来越大。根据东印度公司档案记载,1817—1833 年广州口岸出口的茶叶占出口总货值的 60% 左右。此后直至鸦片战争前,广州茶叶出口平稳增长,年均达 42.3 万担,价值 1692 万元,约占当时广州出口总值的 63%,这还不包括从陆路运往俄罗斯的茶叶。② 鸦片战争之后,中国茶叶在国际市场遭遇激烈竞争,但在 19 世纪的出口贸易中仍具有头等重要的地位。在各通商口岸,"南方各省商务,茶为大宗,海上通商以后,每以华茶出口之多寡,定一年商务之盈亏"。③ 有研究表明,当时中国全部出口商品所换得的外汇有 52.7% 得自茶叶,中国全部进口商品所需要的外汇有 51% 是靠茶叶去支付的。④ 即使英国在对华大量输入鸦片后,中国茶叶出口的优势仍可以使中国对外贸易保持顺差,基本能弥补因鸦片进口而造成的大量的白银外流。在 1867—1894 年,中国仅出口的茶叶价值即大致与进口的鸦片价值相当。1880—1891 年,清政府茶叶关税收入总计 5338.9 万两,年均 445 万两,相当于同期海关出口税收的 54.9% 左右。⑤ 可见,清政府从茶叶贸易中亦得到了巨大收益。

二、中国的货币体制与白银依赖

当西方国家与中国进行茶叶贸易的时候,面临着用何种商品作为交换物的问题,即:如何支付购买茶叶的费用?中国顽强的自给自足的经济体系,使

---

① 吴兆莘:《中国税制史》(下册),商务印书馆 1937 年版,第 107 页。
② [美]马士:《中华帝国对外关系史》(第一卷),张汇文等译,商务印书馆 1963 年版,第 191—192、233 页。
③ 《商务局为郑世璜考察印锡茶务情形照会》(光绪三十年二月二十五日),见章开沅等主编:《苏州商会档案丛编》(第一辑),华中师范大学出版社 1991 年版,第 331 页。
④ 严中平主编:《中国近代经济史(1840-1894)》(下册),人民出版社 2001 年版,第 1178 页。
⑤ 徐雪筠等译编:《上海近代社会经济发展概况(1882~1931)——〈海关十年报告〉译编》,上海社会科学院出版社 1985 年版,第 6 页(根据该页表格计算)。

得任何欧洲产品在中国都找不到销售市场。西人用来平衡大规模茶叶贸易的只能是特殊商品——白银。西方输入中国的白银全都来自西班牙的美洲殖民地。这些白银主要生产于今玻利维亚和墨西哥两大地区,绝大多数都运往欧洲,短暂停留后便源源不断地流入中国。

17世纪中叶到18世纪末,为了从中国获得茶叶,西方贸易公司一直将白银作为输华的主要商品。有学者研究估算,英国东印度公司的船只于1700—1823年,共输华白银53875032两。荷兰船只于1728—1794年,共输华白银15541330两。其他欧洲大陆国家的船只于1719—1799年,共输华白银38536802两。虽然美国商船迟至1784年才到中国,但很快便成为第二大茶叶买主和最大的白银供应者。在1805—1840年,共输华白银61484400两。据此,1700—1840年,西方运往中国的白银约达1.7亿两。[①] 尽管西方的贸易公司从茶叶贸易中获得了巨大的利润,各国财政税收亦受益颇多,但美洲白银的产量远远不能满足迅速扩大的对华贸易。贸易规模最大的英国,贸易逆差也最为严重。英国东印度公司在18世纪中后期的多数时候,在广州的财政周转屡屡发生困难。1787年的赤字达到90余万两。[②] 与此同时,英国在印度的殖民扩张活动,特别是在美索尔和马哈拉特的战争,使英属印度政府的财政对白银的需求亦极为迫切。尤为雪上加霜的是,美洲的很多银矿开始枯竭减产。1811年爆发的持续15年之久的西属美洲独立革命战争,更是摧毁了很多银矿。白银的短缺使得其他欧洲国家逐渐退出了对华贸易,英国东印度公司亦停止从伦敦往广州运送白银。但英国的对华贸易并未受到任何影响,因为这时英国人找到了另外一件完全可以取代白银并平衡对华贸易的特殊商品——鸦片。此外,虽然美国人由于与革命者关系密切,仍可获得部分白银,但其很快便发现鸦片在对华贸易中的独特作用,故亦加入了贩运鸦片的行列。

就中国而言,清廷统治者一向认为中国地大物博,与西方的贸易是对西方的恩赐,自己并不需要任何西方产品。乾隆皇帝在给英王乔治三世的信中

---

① 庄国土:《茶叶、白银和鸦片:1750—1840年中西贸易结构》,《中国经济史研究》1995年第3期。

② [美]马士:《东印度公司对华贸易编年史:一六三五——八三四年》(第二卷),区宗华译,广东人民出版社2016年版,第165页。

曾谓："中华物产丰盈，无所不有，原不仰赖别国货物。中国特别盛产茶叶、精美瓷器、丝及其他物品，皆为尔国及其他欧洲各国必需之物。"①而此种认识亦见于当时在华外人。曾任中国总税务司的英国人赫德曾写道："中国有世界上最好的粮食——大米，最好的饮料——茶，最好的衣料——棉布、丝绸和皮革。中国拥有这些大宗物产，还有无数的土特产品，他们实在不需要从外面购买哪怕是一分钱的东西；而且他们的国家幅员如此辽阔，人口又是如此众多，他们自己之间的贸易就构成了庞大的、买卖两旺的市场，真是没有必要向外国出口。"②后世学者亦惯用这样的史料，借以证明中国自给自足的小农经济的顽固性。但事实似乎并非如此，中国对国际贸易的依赖同样很深，甚至超过欧洲对贸易的依赖程度。当然，若仅从工业制品的角度而言，中国市场的确不需要。但从货币体系而言，中国需要大量的白银，而且十分迫切。可以说，清廷对白银的需求并不亚于英国对茶叶的需求。

清代中国的货币体系属于银钱双本位制。市场上流通着银两和铜钱两种通货。清政府并无所谓货币主权的概念，虽然户部的宝泉局及工部的宝源局是中央政府掌控的铸造铜钱的机构，但地方政府及民间私铸铜币亦得以流通，甚至前代历朝的制钱，因重量及形体变化不大，也得到政府的默许及市场的认可。但铜钱一般只在民间小范围的买卖中使用，长距离、大规模的贸易及政府的税收都使用白银。在清代前中期的大部分时间内，1两白银约兑换1000文铜钱。由于中国几乎不产白银，政府并无任何制造银币的机构，流通中所需白银绝大多数都靠西方输入。而正是百余年来源源不断的白银输入，才得以维持清廷货币体系的稳定。亦正因为如此，中国经济对白银的依赖就极为强烈，对流通中白银数量的变化就极为敏感。一旦外来白银输入减少甚至放缓，都会引起明显的痛感。

从某种程度而言，茶叶与白银的确是19世纪之前，中国卷入全球化的两件最重要的商品。只不过，西方对茶叶的需求非常容易观察和把握，而中国在对外贸易上的被动性，使得其对外贸的依赖性处于隐性状态，难以直接察

---

① 《中国皇帝给英伦国王的答复》，转引自［美］马士：《东印度公司对华贸易编年史：一六三五——一八三四年》（第二卷），区宗华译，广东人民出版社2016年版，第277页。
② ［英］赫德：《这些从秦国来——中国问题论集》，叶凤美译，天津古籍出版社2005年版，第40页。

觉。因此,禁止鸦片,对清廷而言,是维护国家货币体系和经济安全的措施。对英国而言,对华输入鸦片则是平衡中英贸易的重要甚至是唯一的手段。以1840年之前的贸易格局与中国的货币体系观之,日后那场改变中国乃至整个世界的鸦片战争体现了历史发展的必然性。

第二节　早期的鸦片贸易

一、葡萄牙与荷兰的鸦片贸易

明代中后期以来,进入中国的鸦片绝大多数都来自印度。这些鸦片可分为两种:一是孟加拉鸦片(Bengal Opium),在阿格拉(Agra)和奥德(Oudh)种植,在帕特纳(Patna)和加兹普尔(Ghazipur)工厂里制作加工。另外一种是马尔瓦鸦片(Malwa Opium),即所谓的麻洼鸦片,它们在中西部拉吉普特那(Rajputana)和某些其他土邦生产。① 据记载,16世纪时恒河流域的帕特纳是大宗鸦片的贸易中心,该城市属于孟加拉的比哈尔邦。印度阿克巴政府在比哈尔地区设立鸦片专卖机构,建立起针对贸易领域的垄断体制。鸦片经销商们每年向政府支付一笔费用即获得从产地购买鸦片的特权,而种植鸦片的农民必须将鸦片售卖给这些经销商(包收人)。包收人将鸦片加工后再出售给出口商或国内鸦片零售商。在英国人控制孟加拉之前,这种垄断体制仅存在于印度的比哈尔地区。在16世纪前后,鸦片国际贸易的规模很小,主要由阿拉伯人和印度当地商人将这些鸦片运到缅甸、马来半岛、东印度群岛、中国等地销售,也偶尔有中国人从马六甲贩运鸦片。马六甲是当时东南亚的大型商品集散地,包括鸦片在内的很多商品从这里转运各地。据文献记载,中国人带着货物来到马六甲,返航时会带回孟买鸦片和苏门答腊或马拉巴产的胡椒。② 可见此时的鸦片贸易不但规模小,且未形成专业的贸易团队,常常与

---

①　金永丽:《19世纪鸦片生产与贸易对印度社会经济的影响》,《鲁东大学学报(哲学社会科学版)》2014年第1期。

②　连东:《鸦片罂粟通史:欲望、利益与正义的战争》,上海社会科学院出版社2018年版,第59、49页。

其他商品混在一起买卖。

15世纪末至16世纪初,西方殖民者陆续进入印度,并开始染指鸦片贸易。葡萄牙人首先控制了麻洼鸦片的出口。尽管他们也是最早到孟加拉进行贸易的欧洲人,但不知何种原因,并未涉及当地的鸦片贸易。中国当时在海关通过纳税进口的鸦片主要就是麻洼鸦片。据马士的《中华帝国对外关系史》:"开始流入中国的外国鸦片,是葡萄牙人从卧亚(Goa)和达曼(Daman)贩运来的,在一七二九年……一年不超过两百箱;直到一七七三年,鸦片的进口还都操在葡萄牙人手里,可是那时进口的数量已经增加到一千箱。"①需要注意的是,葡萄牙人对麻洼鸦片贸易的控制仅是相对而言的,除了上述两个出海口外,麻洼鸦片还从孟买运出,而孟买并不在葡萄牙人手中。经营这条线路的主要是印度的巴斯商人(Parsee,巴斯人,又译帕西人,为印度的琐罗亚斯德教徒),他们是第一批从事鸦片走私的印度人,并一直保持主导地位。②但葡萄牙在澳门拥有特殊的地位,成为事实上的占领者。自1729年清廷的鸦片禁令颁布后,澳门逐渐变成西方向中国输入鸦片最主要的仓储地和转运站。

1612年,荷兰东印度公司在印度建立代理处,控制了孟加拉鸦片的出口。他们向孟加拉输入训练好的锡兰大象,从孟加拉输出鸦片和其他商品,再把鸦片销往锡兰、马六甲和马来群岛,换取在欧洲市场上非常畅销的香料。荷兰人的鸦片贸易并不直接涉及中国。在很长时间内,孟加拉鸦片的主要市场是东南亚地区。一份17世纪初的荷兰东印度公司的文件表明,缅甸是获利最丰的市场之一。③ 直到18世纪中叶,孟加拉鸦片的贸易范围,主要还是在印度尼西亚群岛一带。但中国的鸦片输入并非与荷兰全无关系。荷兰在马六甲建立起鸦片垄断制度后,在爪哇从事鸦片承包业务的主要是来自福建漳州、泉州、厦门的华人商贩。他们回乡时携带烟土,甚至传回爪哇的吸食方式。④ 而后来荷兰人盘踞台湾,则进一步加剧了鸦片在中国的传播。

---

① [美]马士:《中华帝国对外关系史》(第一卷),张汇文等译,商务印书馆1963年版,第198页。
② 郭德焱:《巴斯商人与鸦片贸易》,《学术研究》2001年第5期。
③ 连东:《1773年英国东印度公司垄断鸦片并非针对中国》,《河北师范大学学报(哲学社会科学版)》2010年第4期。
④ 沈燕清:《荷印殖民政府鸦片税收政策及其对爪哇华人社会的影响》,厦门大学出版社2013年版,第47页。

二、英国霸权地位的取得及对华鸦片走私的开始

英国人从事鸦片贸易的时间并不晚于葡萄牙人及荷兰人。1600年英国东印度公司成立后不久,英国人就曾将印度鸦片贩运到伦敦销售,但鸦片在欧洲市场的销路一直欠佳,故东印度公司对这项贸易并不十分感兴趣。虽然18世纪初,英国在广州建立了贸易站,此后对华贸易的逆差亦始终困扰着东印度公司。但公司的管理层当时并未发现鸦片在日后中英贸易中的意义。直到1772年,公司除将少量鸦片运往苏门答腊销售外,没有其他直接参与鸦片贸易的记录。① 但是非公司的散商船只及公司船只的船长、职员等因鸦片有利可图始终在从事着针对中国的鸦片走私贸易。1733年东印度公司的一份文件指出,"前时经圣乔治要塞开来的船只,经常带鸦片到中国出售"。因雍正七年(1729年)的禁令,公司方面警告"温德姆号"及"康普顿号"的船长,要求他们在离开马六甲之前将鸦片处理掉,不得带往中国。② 这是东印度公司在中国航运记录上第一次关于鸦片的资料。应该说,当时对中国的鸦片走私还不是公司行为,规模亦不是很大。

1757年普拉西战役后,英国取得了孟加拉的霸权地位,1773年东印度公司亦开始垄断了孟加拉的鸦片贸易,荷兰人的出口份额逐渐减少。最初的垄断政策是一种合约制,即东印度公司与承包商签订合同,由承包商负责孟加拉鸦片的征收及买卖。此时的鸦片依然还是在东印度群岛及马来半岛等传统市场销售。由于承包商极力压低征收价格,鸦片掺假现象大量发生。就在东印度公司垄断鸦片贸易的第一年(1773年),一份公司文件说:"鸦片贸易成功与否,主要是依靠它的品质和出口量。任何(一批鸦片)出现问题,马来人将对我们全部(鸦片)产生怀疑,导致需求减少,最终会损害孟加拉的商业。代理人(指合同包收人和相关负责人)一定要特别注意这一点。"③这份文件表明,鸦片质量问题引起了东印度公司高层的关注,但中国市场仍未进入他

---

① 连东:《1773年英国东印度公司垄断鸦片并非针对中国》,《河北师范大学学报(哲学社会科学版)》2010年第4期。

② [美]马士:《东印度公司对华贸易编年史:一六三五——一八三四年》(第一卷),区宗华译,广东人民出版社2016年版,第242页。

③ 连东:《1773年英国东印度公司垄断鸦片并非针对中国》,《河北师范大学学报(哲学社会科学版)》2010年第4期。

们的视野。

为了能够管控鸦片的质量，东印度公司取消了合约制度，代之以官方代理制度，即由代表公司的鸦片代理机构负责预付款的发放、鸦片回收及加工，最终由公司组织鸦片的拍卖。此一制度，一直延续至印度独立前夕。垄断孟加拉鸦片的最高管理机构是孟加拉辖区税收委员会（Board of Revenue of Bengal Presidency）及其附属机构——关税、鸦片和食盐委员会（the Board of Customs, Opium and Salt）。这一机构监督管理下属贝那勒斯（Benares）和帕特纳（Patna）两个鸦片代理处（Opium Agencies）。每个鸦片代理处下面设立若干个分支代理机构，负责向持有执照的农户发放分期预付款和征收刚收割的粗鸦片。这些鸦片随后送到由公司管理的工厂进行加工，用于出口的鸦片会装到特制的木箱里沿河运送到位于加尔各答的拍卖市场。严密的垄断和管理保证了孟加拉鸦片的生产数量和稳定的质量，为获得最大利润奠定了良好的基础。①

就在东印度公司确定了新的鸦片专卖制度的时期，其亦开始将目光转到中国市场上来。1780—1805 年，为争夺海上霸权，英国先后与法国、荷兰、西班牙发生战争。加尔各答市场自然停止了对这些国家的鸦片供应。而此时英国在印度又与迈索尔和马拉特联盟作战，大量英国商船被雇来向马德拉斯运送战略物资。少量的往传统市场运输鸦片的商船还常常遭到巴达维亚（今雅加达）等地海盗的袭击，所以鸦片贸易一下子变得很困难起来。长期的战争及对华贸易的逆差，使得公司在广州的财务极为窘迫，而孟加拉及孟买银根吃紧，没有办法满足广州的财库需要。在此背景之下，1782 年英印总督以政府名义借款 100 万卢比，以图缓解财政压力。为了抵补这项借款，他将加尔各答拍卖的鸦片收回，以东印度公司的账目装运，其中 1466 箱由库波特·肖黑尔（Cudbert Thornhill）的单桅帆船"贝特西号"运出，1601 箱由沃森（Watson）的私人战船"嫩实兹号"运出。这是第一次以东印度公司名义运往中国的鸦片，之所以让沃森和库波特·肖黑尔来承担贩运的任务，或许与他们之前曾建议公司直接向中国运销鸦片有关。

---

① 金永丽：《19 世纪鸦片生产与贸易对印度社会经济的影响》，《鲁东大学学报（哲学社会科学版）》2014 年第 1 期。

由于中国的鸦片禁令,第一次的官方行动显得十分谨慎而不顺利。"贝特西号"奉命在马来沿岸兜售鸦片,将余下的送往广州。但该船在苏门答腊被一艘法国私掠船俘获,其司令格迪斯(Robert Geddes)仅携带59600元货款逃到广州,并将这笔钱缴到东印度公司的广州财库。而"嫩实兹号"则奉命沿爪哇东端航行,从该处挂法国旗开往菲律宾沿岸,后再改悬西班牙旗帜驶往澳门。英印总督沃伦·黑斯廷斯及东印度公司给公司广州管理会的信件中写道:"我们认为有必要注意的是,'嫩实兹号'是作为一艘武装船进入中国内河的,不得报告带有鸦片,这是禁止买卖的。"广州管理会的报告说:"中国政府是严禁鸦片输入的,而这个事业对我们是一件新的工作,因此,我们必须采取极其谨慎的措施……新官认为,该船停留在澳门会引起查询,以致惹起不便……潘启官也认为,该船应驶入黄埔,以免被怀疑。"新官与潘启官是与英商进行贸易的中国行商。此报告显示,1782年东印度公司终于直接介入了对中国的鸦片走私。此后,"嫩实兹号"被引入黄埔,由散商船只或悬挂它国旗帜的船只将鸦片不断输入。中国方面的销售则由新官来负责。据说他早已打通了鸦片贸易的各个环节。但这笔买卖并不顺利,恰逢葡萄牙刚刚向澳门输送了一大批麻洼鸦片,故只能以长期赊欠的形式售出200箱,其余1400箱则运送到从东京至马来半岛的沿岸出售。①

第一次的贸易试探虽然并不成功,但18世纪80年代之后中国输入鸦片的数量迅猛增加的事实,证明了东印度公司开拓中国市场的确是"明智"之举。值得注意的是,中国市场鸦片供给量的增加,带来的却是鸦片价格的上涨。可能是以下三个方面的原因促成了供给与价格的同时攀升:第一,中国鸦片消费量快速增长。一方面是吸食人数的增加,另一方面则是吸食方式的变化。如前文所判断,以烟枪灼火直接吸食烟膏的方式在乾隆末年出现,这与鸦片数量及价格的攀升现象在时间上是吻合的。直接吸食鸦片的方法发明后,消费者平均每人每天吸1至2钱,多者达6至8钱。这使得增长的供给始终不能满足消费需求,从而导致了价格上涨。第二,中国市场上的鸦片质量提高。在英国人介入中国的鸦片贸易之前,中国的鸦片主要是葡萄牙人

---

① [美]马士:《东印度公司对华贸易编年史:一六三五——一八三四年》(第二卷),区宗华译,广东人民出版社2016年版,第88—91页。

从印度麻洼贩运来的。在麻洼鸦片的贸易体系中,生产及贩运均较为散乱而缺乏规范,故质量不稳定,价值亦较低。而 18 世纪后期,英国输往中国的鸦片都是优质的孟加拉鸦片,即所谓的"大土",其中又以帕特纳(Patna)出产的公班土为主。为了保持鸦片质量,东印度公司还逐步减少了次等鸦片的生产。1799 年,东印度公司终止在比哈尔邦鲍格乐布尔(Boglepur)的兹拉(Zillah)的鸦片种植。同时,烧毁了近 2000 箱劣质鸦片以减轻市场压力。1803 年又禁止了西北省的鸦片种植。因此,高质量的鸦片充斥中国市场,亦在一定程度上保持了价格的坚挺。第三,面对中国鸦片消费量的增加,东印度公司开始实行"限产保利"的措施,即压缩生产规模,提高价格,扩大利润空间。1797 年,公司将每年的鸦片产量确定为 5000 箱。而 1801—1802 年,其实际产量仅为 4800 箱。此后 15 年间,每年产量不仅没有增加,甚至还有减少,但公司的鸦片收入几乎翻了三倍①,因为每箱孟加拉鸦片的售价从 1800 年的 560 元上涨到 1817 年的 1300 元②。但东印度公司如此高的利润并不能始终保持,究其实质是因为它并不能垄断所有对华的鸦片贸易。

三、从澳门到伶仃洋:英、葡之间的贸易战

葡萄牙政府曾力图把澳门变成葡人经营鸦片的垄断市场,规定葡萄牙船不得为其他国籍商人运送鸦片,澳葡商人也不许从外商手中收购鸦片。1764 年,葡萄牙当局还重申鸦片垄断令。但葡萄牙商人并没有足够资金去满足中国市场的需求,葡萄牙船主也搞不到那么多货,而英国散商及其他国鸦片商乘虚而入,大批量运进鸦片进行廉价倾销。③ 这迫使澳葡当局改变政策,在抽取佣金的前提下,允许澳葡人收购或代理外人鸦片。于是澳门迅速成为对华鸦片交易的最大市场,并产生一批鸦片代理商。但长期以来,外商对鸦片要经过澳葡人经手的做法很不满意,这不仅要让澳葡人参与利润分肥,提取数额不小的代理佣金,而且使得各国对华鸦片贸易都受制于澳葡当局。所

---

① 连东:《1773 年英国东印度公司垄断鸦片并非针对中国》,《河北师范大学学报(哲学社会科学版)》2010 年第 4 期。
② 牟安世:《鸦片战争》,上海人民出版社 1982 年版,第 48 页。
③ [美]张馨保:《林钦差与鸦片战争》,徐梅芬、刘亚猛等译,福建人民出版社 1989 年版,第 19 页。

以,在鸦片输华历史上长期或明或暗地存在着他国商人与澳葡的较量。由于英国是对华鸦片输入的最大国家,这种斗争又主要表现为英、葡间的斗法。①

在1782年之前,英、葡间的较量存在于英国散商、印度巴斯商人与澳葡当局之间。1780年在澳门南部的"云雀湾"建立鸦片仓站就是这些商人的行为。② 英国商人试图绕开澳门自行贸易,但云雀湾是一个小海湾,所谓的存储站仅仅是两艘趸船,并不适宜大规模鸦片的存储及贸易。故对华鸦片贸易受制于澳葡当局的态势并没有根本改变。当英国东印度公司介入对华鸦片走私活动后,矛盾和斗争便存在于东印度公司乃至英印政府与澳葡当局之间。1782年,英国东印度公司第一次运鸦片往中国,公司广州管理会建议不向澳门船主批量出售鸦片,并开始考虑两位与英商关系密切的中国行商提出的将鸦片船驶入黄埔的建议。③ 1793年,清政府觉察到云雀湾的鸦片趸船,随之发出警告,并采取了查堵行动。此外,云雀湾还不时遭到海盗的骚扰。在此情形下,英商再次向澳葡当局提出在澳门缴税,自行经营鸦片的要求,但澳葡政府坚持原先的代理垄断制度,拒绝了英商的申请。

随着中国禁令的加强,英国东印度公司开始考虑鸦片贸易的风险,其显然不愿意为此而影响到中英之间正常的茶叶贸易。故1796年,东印度公司放弃在华直接经营鸦片,只在印度负责生产。公司对这项关系到其财政的贸易持十分鼓励的政策,不但给印度烟农预付资金,以扩大罂粟的种植,还在加尔各答拍卖时给鸦片商以分期付款的优惠。为了掩饰公司在鸦片贸易中的角色,其告诫港脚商,不得提及他们的鸦片来自公司。但同时又规定港脚商的船只只能运载公司拍卖的鸦片,否则吊销营业执照。④ 此时,在华经销鸦片贸易的散商开始将鸦片趸船停泊到黄埔,以此作为鸦片走私的另一据点。但为了贸易的安全性,不少散商还是常常依托澳门进行交易。1798年,仅从孟加拉进入澳门的鸦片就达到2000箱。澳门甚至一度被认为是"中国唯一

---

① 郭卫东:《澳门与早期鸦片贸易》,《中国边疆史地研究》1999年第3期。
② 姚贤镐编:《中国近代对外贸易史资料(1840—1895)》(第一册),中华书局1962年版,314页。
③ [美]马士:《东印度公司对华贸易编年史:一六三五—一八三四年》(第二卷),区宗华译,广东人民出版社2016年版,第92页。
④ 蒋秋明、朱庆葆:《中国禁毒历程》,天津教育出版社1996年版,第14页。

的鸦片市场"。① 1802 年,澳葡当局为牟取高额关税,将澳门向他国商人开放,但高额的关税大大降低了散商的鸦片利润。无论是英国散商还是东印度公司,都难以容忍长期受制于澳门的状况。1803 至 1804 年,公司拨付 6500 元活动经费,派人往越南,希望安南国王将距离土伦港约 20 海里的卡拉岛(Callao)或坎贝罗斯岛(Campellos)租让给公司。如果成功的话,英国人则可以在当地扩大鸦片销售,而且如果与葡萄牙人发生战争,不至于影响到鸦片商站的建立。但由于事情泄露,遭到葡萄牙人及法国人的阻挠,计划失败。②

1805 年,英国对前往加尔各答的葡萄牙船课征重税,作为报复,澳门当局便严厉禁止任何非葡籍船运鸦片入澳。在此背景下,英国鸦片商加快了将鸦片贸易向黄埔转移的步伐,此举对澳门的地位打击极大。但东印度公司随后的一项错误政策又使得澳门的贸易重新开始活跃起来。由于公司发现,麻洼鸦片输华量的增长已对公司操控下的孟加拉土构成威胁,于是 1813 年开始禁止麻洼烟从孟买出口。这与公司在对华鸦片输入中的"减产保质"以抬高利润的政策是一以贯之的。但此时中国市场的消费结构与 10 年前已经大不相同。由于吸食人数迅猛增加,多数平民阶层对质优价高的孟加拉大土消费不起,质劣但价格低廉的麻洼鸦片在中国却逐渐受到青睐。英国东印度公司的禁止政策,使得原本从孟买出口的麻洼鸦片全部转到从葡萄牙控制下的果阿和达曼出口,这项有利可图的贸易落入葡人之手,澳门自然也分享到部分利润。甚至还有英国散商亦租用悬挂葡萄牙旗的船只将麻洼土运入澳门,使得东印度公司对印度鸦片的产销垄断发生严重的问题。英国方面为此与葡萄牙政府进行磋商,希望澳门禁止非东印度公司垄断的鸦片进入。1819 年,澳门总督向英国东印度公司提出一些改变鸦片贸易的建议,双方协议麻洼鸦片与孟加拉鸦片的数量,核准英国可以每年输入澳门 5000 箱鸦片,但澳门在税收及经济方面要得到东印度公司的补偿。英国必须付给澳门海关每年 10 万两银元的贿赂,如数量减少则按比例扣除入澳鸦片。③

---

① [美]马士:《东印度公司对华贸易编年史:一六三五——一八三四年》(第二卷),区宗华译,广东人民出版社 2016 年版,第 361 页。
② [美]马士:《东印度公司对华贸易编年史:一六三五——一八三四年》(第二卷),区宗华译,广东人民出版社 2016 年版,第 477—480 页。
③ [美]马士:《东印度公司对华贸易编年史:一六三五——一八三四年》(第三卷),区宗华译,广东人民出版社 2016 年版,第 399—400 页。

葡萄牙显然高估了当时澳门地位的重要性,特别是在黄埔和伶仃洋的时代来临之际,这一建议并未得到英国的回应。不久之后,英国商人找到了一个比澳门及黄埔更加安全方便的鸦片交易地点——伶仃洋面,输华鸦片逐步转移至此。在那里,以停泊于洋面的武装船只作为鸦片的存储仓库,称为趸船。载有鸦片的外国商船在伶仃岛停泊后,将鸦片卸进趸船,向趸船船主缴纳租金和保险费,由趸船负责保管。然后载着合法货物前往黄埔。鸦片则在广州十三行联兴街一带的大窑口(名为钱店,实为鸦片批发代理处)委托经纪人用样品或凭品牌推销。中国买主付清货款后即拿到一张提货凭单,这一过程称为"写书"。当买主对中国官吏作好一切安排后,便开始向伶仃洋出发。在趸船上,鸦片先从箱中取出,然后改装成大小便利的席包,置放于由50至70个水手驾驶的武装快船里运往广州。这种武装快船称为"快蟹"或"扒龙",桨多舵灵,往来如飞,两边船舷设铁网,若遭遇水师,则给规费通过,否则便施放枪炮,强行闯关。当时在广州从事鸦片武装走私的快船有一二百只,可见贸易规模之一斑。鸦片运到大窑口后便开始按运销网络分销内地,这些窑口在广东沿海口岸均有设置。①

为了挽回澳门不利的贸易局面,1823年,澳葡官方和商界极力劝诱外国人将鸦片贮存澳门,允诺在关税等方面将给予与葡商同等待遇,但要对每箱鸦片额外重课,以期每年凑足20万元作为贿赂中国官员之用。② 这个建议遭到英商拒绝。1831年,英国东印度公司又实行"通行证制度",规定麻洼白皮土每箱只要交付175卢比的通过税即可从孟买直接出口。此后,9/10的白皮土都是从孟买出口。此举对澳门构成双重打击,使其鸦片来源从根本上断绝。③ 澳门鸦片转运中心的地位迅速衰落,伶仃洋的时代全面来临。

当然还不能说鸦片走私在澳门就已绝迹。1830年,澳门进口的鸦片仍有1883.25箱,澳葡当局对每箱鸦片征收16两银子的"关税",使毒品走私合法化。加上零星收费,该年度澳葡政府共从鸦片中征收了30132两银子的关

---

① [清]冯赞勋:《奏为缕陈鸦片烟积弊请饬严禁事》(道光十一年五月二十四日),中国第一历史档案馆藏军机处全宗(录副奏折),档号:03-4005-030;[美]马士:《中华帝国对外关系史》(第一卷),张汇文等译,商务印书馆1963年版,第205页。
② [英]格林堡:《鸦片战争前中英通商史》,康成译,商务印书馆1961年版,第112、121页。
③ [英]格林堡:《鸦片战争前中英通商史》,康成译,商务印书馆1961年版,第118—119、122—123页。

税。该年澳门的关税总收入为银 69183 两,也就是说,来自鸦片的税收几乎占到一半。1834 年,澳葡当局将鸦片关税降至每箱 8 两,但由于鸦片入澳增至 3283.88 箱,该年澳门的鸦片关税仍达到 26000 多两。①

四、其他国家鸦片走私概况

上述仅是西方对华从事鸦片输入的主要国家。此外,法国人、美国人、丹麦人,乃至任何一个与中国有贸易关系国家的商人都曾染指过鸦片走私。甚至宣称"从来没有向中国贩运过鸦片"的瑞典东印度公司亦难以撇清与这项罪恶交易的关系。其所属商船"哥德堡号"于 1767 年便向中国输入过 150 箱的鸦片,可谓欧洲各国东印度公司向中国运输鸦片的始作俑者。②

输入中国的鸦片除了孟加拉鸦片和麻洼鸦片外,还有少量的土耳其鸦片,从事这项买卖的主要是美国人。他们或由士麦那出发绕过好望角直接驶往广州,或将鸦片从士麦那运往英国或直布罗陀附近,转交给该两处驶往广州的商船,由其代运。有时还会由士麦那直接驶往美国,从美国再驶往广州。与英国相比,美国对华鸦片走私的数量相对较少。以 1836—1837 年为例,美国向广州市场走私了价值约为 28 万银元的鸦片,而同期英国对华鸦片走私额约为 1950 万银元。但美国对华走私鸦片量远远超过同期法国等其他国家。鸦片战争前美国对华鸦片走私数量呈现明显阶段性特征。1804 年到 1820 年为第一阶段,走私数量较少,维持在每年 200 箱以下,主要原因是英国垄断了质优价高的印度鸦片的生产和运销,美国鸦片贩子无从下手。1820 年到 1834 年为第二阶段,走私数量增长,但以代理贸易为主,掩盖了美国商人自身从事鸦片走私的真实情况。在这个阶段,以帕金斯洋行为主的美国商行建立了较为完整的鸦片代理走私体系,其分销链条包括停泊在伶仃洋面的趸船和广州城内的商行,为英国鸦片贩子提供存放、售卖和分销鸦片的代理服务。1834 年到 1839 年为第三阶段,走私数量激增,走私活动更为猖獗。1830 年,常年停泊在伶仃洋面的美国鸦片趸船有 5 艘,到 1837 年就增加到了 11 艘。主要原因是 1834 年英国东印度公司贸易垄断特权被撤销,美国商人

---

① [瑞典]龙思泰:《早期澳门史》,吴义雄、郭德焱、沈正邦译,东方出版社 1997 年版,第 156—157 页。

② 钟瑞海:《有多少再造可以重来》,《读书》2006 年第 12 期。

的印度鸦片走私不再受英国限制。史料显示,当时几乎所有在广州的美国商人都直接或间接从事鸦片运销或售卖,帕金斯洋行、旗昌洋行及琼记洋行等更是居于领先地位。根据比较保守甚至低估的说法,到鸦片战争前夕,美国商人每年对华鸦片走私已逾 1500 箱。巨大的鸦片走私利益使美国商人在面对中英两国鸦片冲突的时候选择与英国鸦片贩子沆瀣一气,推动了不利于中国的局势的出现,从而对鸦片战争的进程起到了微妙的影响。①

第三节 1840 年之前的"白银漏卮"问题

一、鸦片输入的数量与价值问题

输入中国的鸦片数量问题始终是禁毒史研究的一个重要课题。虽然英国东印度公司保存了比较详细的鸦片出口统计资料,但鸦片贸易的复杂性使得这些资料的完整性及可靠性大打折扣。如有些鸦片在启运前曾打算运到中国,后来却由于种种原因并没有运达中国,或者有些鸦片在启运前虽然不打算运往中国,但几经辗转后实际上运到了中国,甚至还有一些鸦片船在离开印度时就直接隐瞒了船上所载的鸦片。此外,印度西部所产的麻洼鸦片除了经由英国人统治的孟买出口,还通过葡萄牙人所控制的果阿等港口运到中国,英国东印度公司的统计资料不可能将这些鸦片包括进去。而且从事鸦片贸易的除了英国人外,还有葡萄牙人、美国人、法国人等,经他们之手贩入中国的鸦片数量却很少为人所知。

就中国方面而言,鸦片贸易是一种违法的走私贸易,中国政府不可能有关于这种贸易的统计资料。虽然说当时在华外国人为我们保存了一些可贵资料,例如英国东印度公司驻广州管理委员会的报告、在中国出版的英文报纸、一些外国人的著作等;但是,鸦片贸易的秘密性质以及鸦片贩子们之间的商业竞争导致这些资料是不完整的,而且经常是相互矛盾的。此外,外国鸦片除了通过澳门、广州这两个主渠道输入中国外,还以伶仃洋为基地转运到

---

① 刘涛:《1840 年前美国对华鸦片走私数量考》,《求索》2012 年第 3 期。

沿海各地进入中国,而要对如此分散的地下走私贸易进行统计则更困难。所以,即使当年那些与鸦片贸易有密切关系的人也不能完全清楚到底有多少鸦片运入中国。总之,由于走私贸易的隐秘性及原始资料的残缺、散乱,甚至存在相互矛盾之处,故对这些资料进行甄别、选择、统计的难度很大。正如英国学者格林堡所言,我们不可能得到关于对华鸦片贸易的"绝对可靠的数字"。① 美国学者张馨保亦认为,对华鸦片贸易的"完整的表格是无从编制出来的"。② 尽管如此,西方对华鸦片走私的总体规模、基本发展情况及贸易性质这些基本事实还是很清楚的。

关于输华鸦片数量的原始资料有以下七个方面:其一,英国人约翰·菲普斯,他于1835年在加尔各答出版了《中国及东方贸易论》一书,对1840年之前数十年的鸦片贸易进行了比较完整的统计。书中提供了1798—1829年从印度加尔各答出口的具体数据和1821—1829年由孟买出口的麻洼鸦片量。约翰·菲普斯曾在加尔各答的英印政府机构工作过,有机会接触官方资料,他的数据应该是有价值的。其二,凯恩的《东印度公司管理史》一书,提供了1834—1849年东印度公司从鸦片贸易中获得的利税。其三,1827年11月,英国怡和洋行孖地臣和三孖地臣出资创办《广州纪事报》,按月刊登印度鸦片在华销售数量,直至1834年6月。其四,1835年9月,英国宝顺洋行出资创办《广州周报》,该报至1844年终刊,时断时续地刊载有关鸦片贸易的统计数据。但在1836年10月—1839年4月连续刊载。其五,1837年,美国传教士裨治文在其主编的英文《中国丛报》上发表了《鸦片:英印政府因它而获得的税收;39年的销售数量;从孟加拉向中国等地的出口数量;以及从孟买和达曼向中国等地的出口数量》一篇长文,在文中将菲普斯的几个关于鸦片贸易的统计表予以转载,并根据其他资料进行了部分增加。借《中国丛报》的影响,这几份表格被广为引用。其六,1855年,英国传教士麦都思根据菲普斯的《中国及东方贸易论》、凯恩《东印度公司管理史》、印度杂志《印度之友》、《1855年殖民年鉴》,以及《中国邮报》等资料,编制了一份关于1798—1855年"孟加拉及孟买出口鸦片数量和东印度公司的利润"的表格,即所谓的"麦

---

① [英]格林堡:《鸦片战争前中英通商史》,康成译,商务印书馆1961年版,第199页。
② [美]张馨保:《林钦差与鸦片战争》,徐梅芬、刘亚猛等译,福建人民出版社1989年版,第217页。

都思报告"。其七,1881年12月,英印政府在给伦敦印度部的一封信件中有一张附录,详细记述了从1830年到1860年间从印度出口到中国的鸦片数量和税收,这就是后来的"印度输华鸦片箱数和印度政府的纯收益(1830—1860)"。① 上述各类原始资料来源不一,互有参差。如菲普斯及麦都思等均未能将印度鸦片出口数量与对华鸦片贸易的数量相区分,而"纯收益表"的很多年份的鸦片贸易数字是通过税收推算的,有些年份则完全连推算的依据都没有。

美国学者马士于1910年出版《中华帝国对外关系史》,在书中,他根据菲普斯、裨治文、麦都思等提供的数字,并采纳了英国议会文件中的相关数据,编制了鸦片战争前对华鸦片贸易的两张表格(附表丁及附表戊)。这在相当长的时间内作为比较可信的资料而得到广泛应用。② 由于马士所利用的资料本身便参差较大,且不得不在资料不足的情况下依据推断来解决部分数字的问题。因而,近几十年来不断遭到学者的质疑。③ 虽然这些学者提出了值得注意的问题,但他们的材料及考证方式亦并非没有可商榷之处。有学者甚至因引用数据过多而不能完全协调,出现矛盾之处,由此亦可见鸦片问题的复杂程度。需要指出的是,马士本人对自己的成果亦并不满意,在1929年出版的《东印度公司对华贸易编年史》一书中,其以英国东印度公司的档案及其他原始资料为依据,逐年考证编制出新的鸦片贸易表。由于该书表格散乱于各卷,或许是使用不方便的原因,其在学界受到的关注程度始终没有《中华帝国对外关系史》高。

笔者认为,《中华帝国对外关系史》虽然有不少计算方法上的失误,但其主要依据还是菲普斯、裨治文、麦都思等人的数据,故还是有较高价值的,《东

---

① 参见吴义雄:《鸦片战争前的鸦片贸易再研究》,《近代史研究》2002年第2期;连东、程慧:《学界关于英印鸦片输华数量分歧之原委》,《历史教学》2009年第2期。
② 如:于恩德《中国禁烟法令变迁史》,中华书局1934年版;[英]格林堡《鸦片战争前中英通商史》,康成译,商务印书馆1961年版;姚薇元《鸦片战争史实考》,人民出版社1984年版;蒋秋明、朱庆葆《中国禁毒历程》,天津教育出版社1996年版;等等。这些著作中鸦片贸易数字均来自《中华帝国对外关系史》。
③ 见李伯祥、蔡永贵、鲍正廷:《关于十九世纪三十年代鸦片进口和白银外流的数量》,《历史研究》1980年第5期;刘鉴唐:《鸦片战争前四十年间鸦片输入与白银外流数字的考察》,《南开史学》1984年第1期,南开大学出版社1984年版;龚缨晏:《鸦片的传播与对华鸦片贸易》,东方出版社1999年版。

印度公司对华贸易编年史》主要资料来源于东印度公司档案,其权威性不容忽视。而《广州周报》《广州纪事报》则逐月刊载鸦片贸易的数据,有一定的连续性,可信度较高。且这四种资料亦涵盖了所有上述原始资料。故笔者不准备对鸦片的贸易数字进行主观的推断,这是很难做到准确的。仅力图将四种资料的数据进行比较,以此说明鸦片战争之前西方对华鸦片贸易的总体概况。

表 2-1 1840 年之前鸦片输入中国数量统计表①

年份	孟加拉鸦片		麻洼鸦片		土耳其鸦片		总计销售量	
	箱	西元	箱	西元	箱	西元	箱	西元
1795—1796	1814						1814	
1796—1797	1814						1814	
1797—1798	1814						1814	
1798—1799	1793		2320				4113	
1799—1800	1793		2320				4113	
1800—1801	3224		1346				4570	
1801—1802	1744		2203				3974	
1802—1803	2033		1259				3292	
1803—1804	2116		724				2840	
1804—1805	2322		837				3159	
1805—1806	2131		1705		102		3938	
1806—1807	2607		1519		180		4306	
1807—1808	3084		1124		150		4358	
1808—1809	3223		985				4208	
1809—1810	3074		1487		32		4593	
1810—1811	3592		1376				4968	
1811—1812	2788		2103		200		5091	
1812—1813	3328		1638		100		5066	
1813—1814	3213		1556				4769	
1814—1815	2999		674				3673	
1815—1816	2723		1507		80		4310	

① 资料来源:《中华帝国对外关系史》《东印度公司对华贸易编年史》《广州纪事报》《广州周报》(后两份报纸见吴义雄:《鸦片战争前的鸦片贸易再研究》,《近代史研究》2002 年第 2 期)。

(续表)

年份	孟加拉鸦片		麻洼鸦片		土耳其鸦片		总计销售量	
	箱	西元	箱	西元	箱	西元	箱	西元
1816—1817	3376		1242		488		3698	
1817—1818	2911		781		448		4128	
1818—1819	3050	3050000	1530	1109250	807		5387	
1819—1820	2970	3667950	1630	1915250	180		4780	
1820—1821	3050	5795000	1720	2605800			4770	
1821—1822	2910	6038250	1718	2276350	462	438900	5090	8753500
1822—1823	1822	2828930	4000	5160000	40	42000	5862	8030930
1823—1824	2910	4656000	4172	3859100	270	270000	7352	8785100
1824—1825	2655	3119625	6000	4500000	100		8755	7629625
1825—1826	3442	3141755	6179	4466450	550	313500	10171	7921705
1826—1827	3661	3668565	6308	5941520	56	29960	10025	9640045
1827—1828	5134	5125156	4401	5299920	1000	800000	10535	11225076
1828—1829	5961	5603340	7171	7457840	1256	816400	14388	13877580
1829—1830	7143	6149577	6857	5907580	700	504000	14700	12561157
1830—1831	6660	6127200	12100	7018000	1671	1088656.5	20431	14233856
1831—1832	5960		8265		402		14627	11723890
1832—1833	8290	6551059	15407	8781700	380	228000	24077	15560759
1833—1834	9535	6089634	11715	7916971	963	500000	22213	14506605
1834—1835	7767		8749		743		17259	10085910
1835—1836	11992		14208		911		27111	17904248
1836—1837	8075.5		13430.5		743		24249	16236166
1837—1838	7203.5		14508.5		743		24455	12387536
1838—1839	7637.8		7611.5		743		17992	9590070

对于上述表格,需要作如下说明:

其一,表格中的年份为鸦片贸易年份,根据东印度公司档案,一个贸易年份从4月1日至来年的3月31日。

其二,1795—1818年的鸦片贸易数据来源于马士《中华帝国对外关系史》第一卷中的附表丁及附表戊。尽管马士编制的表格已经有不少学者指出存在问题,但目前为止,18世纪末至19世纪初约20年的鸦片贸易数据尚没有其他可靠的参考资料。笔者认为,《中华帝国对外关系史》的资料虽不够权威,但亦并非完全无所本。正如马士的说明,其资料主要来源于麦都思、菲普斯、裨治文所编制的贸易表格,以及英国议会下议院的报告。这些数据最大的问题在于统计口径,如1798—1855年从孟加拉和孟买出口到所有东方口岸的数字均被作为中国的鸦片销售量。而凡是包括在美国贸易中的任何鸦片数字都假定其为土耳其鸦片。但是早期鸦片贸易的数量并不大,忽略这些问题似乎并不影响统计鸦片贸易的整体规模。

其三,1818—1828年,这10年的孟加拉及麻洼鸦片销售数据来自《东印度公司对华贸易编年史》四卷中的"鸦片进口统计表"。此10年的土耳其鸦片及其他年份的所有鸦片的数据,来自此卷中各年的散表。这些零散表格中的数据与"鸦片进口统计表"相比并不完全一致。以孟加拉鸦片为例,1821—1822年度,散表的销售额为2930箱,多出统计表20箱。1822—1823年度,散表中销售额为1824箱,多出统计表2箱。而1823—1824年度,散表中销售额为1850箱,少于统计表1060箱。1824—1825年度,散表中销售额为3001箱,多出统计表346箱。1825—1826年度,散表中销售额为3463箱,多出统计表21箱。1826—1827年度,散表中销售额为3661箱,与统计表完全一致。1827—1828年度,散表中销售额为5114箱,少于统计表20箱。无论是散表还是统计表,均来自原始档案,马士编制表格时并未解释二者之间有出入的原因。好在除了极个别年份,二者之间的数字还是大体相当的。因此,从1827年之后的数据使用散表,亦是有科学依据的。而根据《广州纪事报》,1821—1828年的鸦片数据竟与《东印度公司对华贸易编年史》"鸦片进口统计表"中的数据完全一致。马士在《东印度公司对华贸易编年史》中多运用东印度公司档案,而《广州纪事报》则是按月刊布鸦片贸易的即时数据,两者的高度吻合亦说明了资料的可靠性。更能说明问题的是,即使将《东印度公司对华贸易编年史》中1828—1834年的散表数据与《广州纪事报》相应年份对照,相似度也极高,仅1832—1833年度,麻洼鸦片的数据略有出入。在《东印度公司对华贸易编年史》中,该年度的麻洼鸦片销售额为15407箱,而《广州纪事报》中的数字则为15403.5箱,仅相差3.5箱。由此,笔者判断,《东印度公司对华贸易编年史》中所给出的1818—1834年鸦片贸易的数据的可信度是极高的。

其四,1834年后,《东印度公司对华贸易编年史》再无鸦片贸易的相关数据记载,故1834—1836年的数据采用《广州纪事报》。如上述,《广州纪事报》的数据来源与编年史是较为一致的。而1836年以后,《广州纪事报》便不再有系统的鸦片统计资料,故1836—1839年的数据取自《广州周报》。目前尚无法印证《广州周报》的准确性,但其与《广州纪事报》一样均为洋行出资办理,是一份原始资料,且连续刊登了1836年10月—1839年4月的有关鸦片贸易的统计数据。在没有其他更权威的资料的情况下,只能暂且使用。

其五,还需要说明的是,1818—1828年土耳其鸦片的金额及此后直至1834年所有鸦片的金额均来自各散表,但散表在多数年份只给出了该年份的最高价格及最低价格,笔者只得取平均价格,以此得出该年的总金额。有意思的是,1821—1834年中,竟有6个年度的鸦片贸易总金额与《广州纪事报》所载完全一致。而另7个年度的总金额,二者均仅相差几万元。在这7个贸易年度中,年贸易额最少800余万,最多1500余万,故每年只有几万元的出入亦可以认为是一种高度匹配。故1834—1836年的总金额,亦同上直接采用了《广州纪事报》的数据。1836—1839年的数据则采用《广州周报》。

其六,该表的统计在不少项目上尽管并不完整,但至少在这个不完整的表格中,鸦片战争之前近20年间的鸦片贸易数量及贸易额还是清晰可见的。因此,根据上表,1821—1839年,中国购买鸦片共花费210653758西班牙元。根据当时1银元约等于0.72两白银的兑换比例,得出中国所耗白银约为1.52亿两。

二、清廷关于"白银漏卮"的讨论

1. 奢侈品进口

嘉庆朝初期,中国的对外贸易仍处于出超的顺差地位,但清廷已经意识到国内存银不足的问题。当时无论是皇帝、沿海督抚,还是对国家事务负有监督责任的御史们都在热烈地讨论着如何堵塞"白银漏卮"的问题。

嘉庆四年(1799年)十月,皇帝给两广总督觉罗吉庆的上谕说:"向闻西洋载货远来,一船之货所值百千万,皆在内地销售,是以中国之银因此虚耗者不少。即如钟表一项,岛人以铜铁数星,巧取中国之银数千数百;玻璃一项,不过土中取液煎熬而成，一窗一屏，亦有数千数百之值，此其明验。以有用易无用，舍本逐末，暗损中国元气，所关甚大也。又闻福建与琉球交易之法，用货易货，向不用银；至西洋人载货来粤，各洋行是否有照福建与琉球交易之例以货易货者，抑系全以银买货，著传谕吉庆等留心体察，应如何斟酌调剂，不使内地银两被夷人巧赚之处，遇便复奏，将此谕令知之。"① 十一月，吉庆复奏："西洋夷商来粤贸易，向系以货易货，或有不敷价值，亦系互用番银，尚无携带纹银出洋之事。惟贩来钟表玻璃等物，以无用易有用，未免稍损元气。若内地不以此等为要物，夷商自无从取巧。"而嘉庆对于此奏，表述自己"从来不贵珍奇，不爱玩好"，并严令吉庆等沿海封疆大吏"勿令外夷巧取，渐稀淳朴之俗"。②

这是目前可见最早的清统治者关于白银问题的讨论。准确地说，此时尚不能称之为白银外流问题，因为这时的中国，还处于贸易顺差阶段，至多只能说是国内开始出现白银短缺的危机。根据嘉庆帝与吉庆的讨论，似乎双方均认为在中西贸易中，是钟表、玻璃这些昂贵却不实用的奢侈品"巧取中国之银数千数百"，"若内地不以此等为要物，夷商自无从取巧"。显然，君臣二人并未将白银问题与鸦片贸易相关联，这并不是他们认识上的错误，的确是当时鸦片贸易的规模尚不够大，每年只得区区数千箱，与中西贸易的规模相比，甚至可以忽略不计。由此可见，在鸦片贸易数量较少的情况下，中国就已经显现出白银危机。

2. 偷运出洋

嘉庆十九年（1814年）正月二十五日，户部左侍郎苏楞额在一份奏折中指出，夷商贿连洋行商人，将内地银两络绎偷运，每年达到百数十万之多，并以外洋低潮银两补色后易换纹银。以至关权税课盈余银两渐行短缺，请求皇帝敕令两广督臣及粤海关监督，严禁内地银两出洋及贩进洋钱交易。③ 可见，白银危机正在加重，国家财政部门认为其原因是银两直接偷运出口以及以低潮银两易换足色纹银。皇帝对此折十分重视，当日便下旨令两广总督蒋

---

① ［日］井上裕正：《清代鸦片政策史研究》，钱杭译，西藏人民出版社2011年版，第30页。
② 《仁宗实录》卷五六，《清实录》（第二八册），中华书局1986年版，第720页。
③ ［清］苏楞额：《奏为严禁私运内地银两出洋以裕民商事》（嘉庆十九年正月二十五日），中国第一历史档案馆藏军机处全宗（录副奏折），档号：03-1858-046。

攸铦及粤海关监督祥绍查明每年内地足色银两出洋的数目,并妥议严禁章程。① 但广东方面对此另有看法。伍敦元、卢棣荣等大行商坚持认为夷商来粤交易,向系以货易货,往往出口货价,多于进口货价,故只有找回洋钱,实无偷运纹银出洋情事。而两广总督蒋攸铦及粤海关监督祥绍在给皇帝的奏折中强调,经过他们的调查,行商所述与"情形尚属相符"。为此在奏折中还提供了嘉庆十七年(1812年)及十八年(1813年)洋商贸易出入货簿:十七年(1812年)进口货价1207万余两,出口货价1511万余两;十八年(1813年)进口货价1263万余两,出口货价1293万余两。并且声称,经过煎试比较,各种洋钱的足色均在九成上下,不至过于低潮。从此折可知,白银短缺的确是困扰清统治者的一个问题,但就粤海关的贸易情形看,中国当时还是略有出超的。

蒋攸铦在奏折中还提及当时的银钱比价问题,即广东每元洋钱约换制钱七百二三十文,而江苏、浙江等省则可换八百数十文钱。在实际使用中,只有地丁盐课关税才用到足色纹银,而足色纹银皆来自顷熔之银号,藩库及运库均有官银匠开设的银号,但粤海关没有银号。而洋商每年应交库项一百数十万两之多,全部由商人各自顷熔,漫无稽考。因此,蒋攸铦建议朝廷在粤海关设立官银号数家。蒋攸铦不愧为官场老手,不但解决了广东当局的一项麻烦事情,还将皮球踢回清廷中央。果然,一个月后,嘉庆在奏折中朱批:"户部议奏。钦此。"②

按当时的纹银与西元的比价,即1西元约换得纹银0.72两,可知当时的银钱比在广东为1两纹银约换制钱九百六七十文钱,在江苏、浙江则约换得1100文钱。就全国范围看,自清代初期以来,银钱比价均稳定在1两纹银换八九百至一千制钱左右。嘉庆十九年(1814年)时为1102文。③ 可见,蒋攸铦在奏折中提供的数据大体还是符合实际的。也就是说到嘉庆十九年(1814年)的时候,中国的银钱比价尚属正常,还谈不到所谓的银贵钱贱问题。但此

---

① 《仁宗实录》卷二八三,《清实录》(第三一册),中华书局1986年版,第868—869页。
② [清]蒋攸铦:《奏为遵旨查禁偷运内地银两出洋酌议章程事》(嘉庆十九年闰二月初三日),中国第一历史档案馆藏军机处全宗(录副奏折),档号:03-1858-060。
③ 林满红:《银线:19世纪的世界与中国》,詹庆华、林满红等译,江苏人民出版社2011年版,第76页。

时亦属于正常状态的上限了,且银钱比价逐年升高。嘉庆二十年(1815年)十一月,皇帝在给两广总督蒋攸铦的上谕中说:"近年内地银两为外夷贸易携去者,动逾百万,日久几同漏卮。著该督抚及该监督留心稽察,如外夷有以奇巧货物,携至洋行重价求售者,该监督断不准用重价购买呈贡,亦不许私行留用。此等物件,饥不可食,寒不可衣,令其将中土财贝,潜就消耗,太觉不值,殊为可惜。果能实力禁绝,该夷人等知内地不宝异物,不能行销,则来者渐少,易去银两亦必日减,亦节财流之一道也。"①

因中国各地经济发展并不平衡,各地银钱比价并不统一,有些地区的差别还比较大。嘉庆二十四年(1819年),御史喻世藩奏请清廷将银价比控制在 1000 以内,且"低昂不得过百,由州县随时申报,出示晓谕"。但皇帝认为"各直省钱价消长不齐,势不能官为定制",该建议"实属窒碍难行"。② 事实上,如上述蒋攸铦的奏折中提及,广东与浙江、江苏就相差一两百文。因而在江浙等银价原本就较高的地区,要比全国其他地区更早地感受到银贵钱贱的问题。嘉庆十三年(1808年),一位御史就在奏章中表示,江浙商民正深受银贵钱贱之苦。③ 据林满红研究,嘉庆二十五年(1820年),即嘉庆皇帝统治的最后一年,开始出现全国性的银贵钱贱现象。④

3. 包世臣:"鸦片耗银于外夷"

嘉庆二十五年(1820年),即开始出现全国性银贵钱贱现象的时候,包世臣最早提出白银外流是鸦片进口所导致的观点。包世臣是嘉道年间为诸多封疆大吏视为全才的幕僚。其于嘉庆二十五年(1820年)著有《庚辰杂著》五篇,在第二篇中指出"近日本末并耗,所以致民穷而不能御灾之故"的三个原因,其中之一就是"鸦片耗银于外夷"。包世臣以苏州为例,"吃鸦片者不下十数万人,鸦片之价较银四倍,牵算每人每日至少需银一钱,则苏州城每日即费银万余两,每岁即费银三四百万两。统各省名城大镇,每年所费,不下万万。近来习尚奢靡……惟买食鸦片,则其银皆归外夷,每年国家正供,并盐关各

---

① 《仁宗实录》卷三一二,《清实录》(第三二册),中华书局1986年版,第143页。
② 《仁宗实录》卷三五四,《清实录》(第三二册),中华书局1986年版,第678页。
③ 林满红:《银线:19世纪的世界与中国》,詹庆华、林满红等译,江苏人民出版社2011年版,第63页。
④ 林满红:《银线:19世纪的世界与中国》,詹庆华、林满红等译,江苏人民出版社2011年版,第76页。

课,不过四千余万,而鸦片一项,散银于外夷者,且倍差于正赋。夫银币周流,矿产不息,何以近来银价日高,市银日少,究厥漏卮,实由于此"。① 虽然包世臣以国内消费额来论证国际贸易中的货币外流问题并不科学,且还大大高估了国内的鸦片消费总量,但其论断开始引发关于鸦片与银荒关系问题的思考。

4. 魏源:"鸦片内灌透银出洋"

魏源《军储篇三》曰:"近十余载间,纹银每两由千钱至千有五六百钱,洋钱每元由八百钱而至千有三百钱,人始知鸦片内灌透银出洋之故。"② 该文章是针对王鎏的《钞币刍言》而写。《钞币刍言》于道光十一年(1831年)初版,道光十七年(1837年)修订后再版。林满红认为魏源写这篇文章的时间当为1831—1837年之间。笔者认为,魏源的这篇文章不会早于1837年,因为魏源自己对银钱比价的变动作了详细的研究,比价达到千五六百应该是1837年之后(1836年为1487,1837年为1559,1838年为1637)。③ 由包世臣与魏源所著可知,自嘉庆末年开始,随着银贵钱贱的危机逐渐加深,部分经世派的士大夫们开始逐渐将银贵钱贱的原因归结为鸦片的进口。

5. 洋钱易换

虽然士大夫阶层中的少部分人已经开始从鸦片的角度考虑白银问题,但这一论断并未即刻在清廷获得共识。道光二年(1822年)二月,贵州道监察御史黄中模上奏指出,银两漏卮的原因是"广东民间喜用洋钱,此风渐行于江、浙等省",于是洋商私用纹银收买洋钱,与江浙茶客交易,作价反高于纹银,"殊不知洋钱熔化仅得七八成低银,洋商与夷人兑换,则皆十足纹银,而作价反低于洋钱,暗中亏折殊甚。况天地之生财,只有此数,外洋日见其多,内地日渐其少。且纹银一经出洋,即属去而不返,久之,内地纹银缺少,并不能以洋钱完粮纳课,所关于民生者,诚非浅鲜"。黄中模还判断,"洋商既用纹银向夷人收买洋钱,即不免用银收买洋货,实属违例病民"。值得注意的是,在该奏折中,黄中模还以"鸦片烟流传甚广,耗财伤生"为由,建议朝廷严查鸦片

---

① 〔清〕包世臣:《安吴四种·庚辰杂著二》卷二十七,中国史学会主编:《中国近代史资料丛刊·鸦片战争(一)》,神州国光社1954年版,第536—538页。
② 〔清〕魏源:《圣武记》卷十四,中华书局1984年版,第562页。
③ 林满红:《银线:19世纪的世界与中国》,詹庆华、林满红等译,江苏人民出版社2011年版,第74页、76—77页。

贩卖,并令广东督抚密访海关监督有无收受黑烟重税的事实。但黄中模并未指明鸦片进口与白银外流之关系。随后朝廷颁发谕旨,令广东方面"认真查询出口洋船,不准偷漏银两"。对于海关收受黑烟重税之事,亦"通饬各省关隘,一体严密查拿"。① 显然,无论是清廷还是黄中模本人,均未明确意识到白银漏卮与鸦片的关系。它们出现于同一份官方文件中,似乎仅仅是因为同为广东沿海地区的问题而已。此后较长的时间内,朝廷上谕及官员奏折多次论及白银漏卮与鸦片问题,但并未形成鸦片进口造成白银外流的共识,论及鸦片的危害依然是"风俗人心之害"等。②

道光九年(1829年)正月,御史章沅在奏折中认为鸦片每岁易银至数百万两之多,非寻常偷漏可比。③ 这是清朝的官方文件中第一次将白银漏卮与鸦片进口相关联。而皇帝立即认可了这一说法,要求两广总督李鸿宾重视这个情况,并极力严禁。④ 李鸿宾的态度与前督臣蒋攸铦的态度颇为一致。其在奏折中奏明,经过调查,洋商与夷商的交易历来是以货易货,只有差额部分会用番银找齐。而历年出口货价总多于进口货价,因此夷商找给行商番银的情况要更多一些,且从来不用官银。至于鸦片一项,历查各夷船,并无将鸦片伪标他物名色,夹带入口的情况。而且自己执行禁令十分严格,夷船入口,总要饬取并无夹带烟泥字据,及保商加具保结,方准开仓。而且经过自己的煎试比较,番银与足色官银比较,均在九成及九成以上,不至过于低潮。⑤ 但四个月后,李鸿宾的态度便有所转变,其在奏折中承认英国商船私带鸦片烟泥入口,偷买内地官银出洋,并主动请求禁止与英国的贸易。⑥ 也许李鸿宾已

---

① 《贵州道监察御史黄中模奏请严禁纹银偷漏出洋折》(道光二年二月十二日)、《著广东并各省督抚查禁银两出口及鸦片进口事上谕》(道光二年二月二十五日),中国第一历史档案馆编:《鸦片战争档案史料》(Ⅰ),天津古籍出版社1992年版,第37—39页。
② 中国第一历史档案馆编:《鸦片战争档案史料》(Ⅰ),天津古籍出版社1992年版,第39—53页。
③ 《福建道监察御史章沅奏为请禁外商以违例货物私易官银出洋折》,中国第一历史档案馆编:《鸦片战争档案史料》(Ⅰ),天津古籍出版社1992年版,第55页。
④ 《宣宗实录》卷一五〇,《清实录》(第三五册),中华书局1986年版,第309页。
⑤ 《奏为查禁纹银出洋鸦片分销各弊会议章程事》(道光九年五月十日)、《呈会议查禁纹银偷漏鸦片分销各章程六条清单》(道光九年五月十日),中国第一历史档案馆藏军机处全宗(录副奏折),档号:03-4005-012、03-4005-013;《奏报酌议广东严禁偷漏官银出洋及私货入口章程事》(道光九年六月初一日),中国第一历史档案馆藏宫中档全宗,档号:04-01-35-1362-032。
⑥ 《两广总督李鸿宾等密奏英船私带鸦片入口偷买官银出洋请禁其贸易折》(道光九年十月二十八日),中国第一历史档案馆编:《鸦片战争档案史料》(Ⅰ),天津古籍出版社1992年版,第60页。

经意识到问题的严重性,为免日后担责,只得先行禀奏。

虽然清廷官方已经开始公开讨论这个问题,但并未将鸦片当成银漏的主要原因。道光十年(1830年)十二月有上谕说:"朕闻外夷洋钱……在内地行使,不以买货,专以买银,暗中消耗,每一文抵换内地纹银,计折耗二三分……番舶以贩货为名,专载洋钱,至各省海口收买纹银,致内地银两日少,洋钱日多,近年银价日昂,未必不由于此。"可见,道光帝认为银贵钱贱的主要原因依然是外夷用番银偷换内地足色银两。在同一上谕中,道光亦提及鸦片问题:"又鸦片流行内地……耗财伤人,日甚一日……较洋钱之害尤甚……至鸦片烟泥,则又以外夷之腐秽,潜耗内地银两。"① 显然,道光帝并不认为鸦片是银漏的主要原因。对于谕旨,两广总督李鸿宾坚持认为:"夷商来粤……其携带洋钱,每以为备买日食之用,亦间有多载洋钱,置买内地货物之时……若专载洋钱,收买纹银,则为数甚巨,势难掩人耳目,岂非自寻败露。至内地商贾交易洋钱,与纹银价各不同,皆按色扣算。如完纳钱粮,皆补成足色,将洋钱熔销,倾作纹银,始准上库,亦非以洋钱抵算纹银。"②

道光十三年(1833年),两江总督陶澍、江苏巡抚林则徐上奏指出,要解决"洋钱平价,民间折耗滋多"的问题,唯有"设法以截其流"。虽然不能禁止民间用洋钱,但其价值应"一以纹银为准,不得浮于纹银",这样"庶不致愈行愈广"。但二人亦承认"鸦片烟由洋进口,潜易内地纹银,为害最甚"。③ 二人建议制定关于禁止纹银出洋的相关律法(因黄金、铜铁等出洋有明确的治罪明文,纹银却无相关规定)。从一个"潜"字可见,在陶澍及林则徐眼中,鸦片对于白银外流的危害并不十分直接。白银外流的原因依然是直接出口,与民间使用洋钱大为相关。刑部很快便将治罪专条酌定具奏,颁发通行。规定:"嗣后内地民人赴粤贸易,只准以货易货,不准以纹银易货。外洋夷人在粤贸易,亦只准以货易货,或以纹银易货,不准以洋钱易货。"如此则"洋钱塞其来源,其用不禁而自绌。纹银断其去路,其价不减而自平"。④ 可见,在鸦片战

---

① 《宣宗实录》卷一六三,《清实录》(第三五册),中华书局1986年版,第527页。
② 《两广总督李鸿宾等奏复查禁纹银出洋鸦片入口各弊章程折》(道光十年六月十七日),中国第一历史档案馆编:《鸦片战争档案史料》(Ⅰ),天津古籍出版社1992年版,第68页。
③ 《宣宗实录》卷二三五,《清实录》(第三六册),中华书局1986年版,第511页。
④ 《著浙江巡抚富呢扬阿实力查禁对外贸易中以银易货等情弊事上谕》,中国第一历史档案馆编:《鸦片战争档案史料》(Ⅰ),天津古籍出版社1992年版,第139页。

争爆发前七年时,陶澍、林则徐等封疆大吏依然认为白银危机是由洋钱易换而造成的,鸦片进口只是潜在的、非直接的原因。

6. 朝野共识:"今天下皆知漏卮在鸦片"

道光十六年(1836年)四月,太常寺卿许乃济上著名的《鸦片例禁愈严流弊愈大亟请变通办理折》,指出因鸦片走私"岁售银一千数百万圆,每圆以库平七钱计算,岁耗银总在一千万两以上,夷商向携洋银至中国购货,沿海各省民用,颇资其利,近则夷商有私售鸦片价值,无庸挟赍洋银,遂有出而无入矣"。许乃济建议朝廷"准令夷商将鸦片照药材纳税,入关交行后,只准以货易货,不得用银购买。夷人纳税之费,轻于行贿,在彼亦必乐从。洋银应照纹银,一体禁其出洋"。① 许乃济比其他官员更重视白银危机与鸦片进口的关系,他认为鸦片是导致银贵钱贱的罪魁祸首,为了使白银不外流,平易银价,只有用以货易货的方式开放鸦片贸易。许乃济因此奏折被后世史家称为弛禁派的代表人物。其将鸦片的进口价值作为白银的外流数量,显然是不科学的。但其注意到洋钱与官银的换算问题,说明还是作了一定研究。许乃济曾任广东按察使,长期关注中国的鸦片问题,此奏折是在广东名士吴兰修所著《弭害》的基础上润饰而成(详见后文)。在当时的形势之下,许乃济上此奏折是需要极大勇气的。

道光帝看到奏折后并未表态,两天后将此折发给两广总督邓廷桢、广东巡抚祁𡎴,让他们会同妥议具奏,并传谕令粤海关监督文祥知之。② 或许是受到许乃济奏折的影响,大约在此时期,朝廷中对于鸦片进口是导致白银危机的主要原因逐渐有了共识。两个月后,刑部右侍郎姚远之上奏认为:"现今银贵钱贱,推其致匮之由,大抵为贩卖鸦片烟土出洋之故。"③十月三日,湖广道监察御史黎攀镠上奏说"鸦片烟一项,贻害中国,伤吾民命,耗吾财源,每岁所卖又不下一千万两。……今则以吾有用之财,易彼无益之货。中国金银有日减无日增,近来钱贱银昂,商民交困,实由于此"。④ 不久,道光皇帝在一份

---

① 《鸦片例禁愈严流弊愈大亟请变通办理折》,《中国近代史资料丛刊·鸦片战争(一)》,上海人民出版社1957年版,第449—451页。
② [清]文庆等纂辑:《筹办夷务始末》第一册《道光卷一》,上海古籍出版社2008年版,第11页。
③ 《宣宗实录》卷二八四,《清实录》(第三七册),中华书局1986年版,第392页。
④ 《湖广道监察御史黎攀镠奏陈中外通商应以货易货严禁纹银出口折》(道光十六年十月初三日),中国第一历史档案馆编:《鸦片战争档案史料》(第一册),上海人民出版社1987年版,第212—213页。

给两广总督邓廷桢的上谕中亦承认"鸦片流传内地,以致纹银日耗"。①

道光十七年,关于鸦片与白银漏卮的关系似乎已经无可争辩了。六月初三日,道光帝在上谕中再次指出,"惟纹银出洋,实为东南一大漏卮,纹银之出,即为鸦片之所从入"。② 两日后,御史朱成烈奏称,"近来银价日贱,自系纹银不足所致,推原其故……禁烟一物,贻害尤甚,耗银尤多"。根据其判断,"广东海口,每岁出银至三千余万,福建、浙江、江苏各海口,出银不下千万,天津海口,出银亦两千余万"。③ 若按照朱成烈所称,则每年因鸦片走私而导致的白银出洋数量能达到八千余万两。可见,不仅鸦片与白银出洋的关系被肯定,且因鸦片走私而导致白银外流的数量亦开始被夸大。

道光十八年(1838年)四月二十二日,吏科给事中陶士霖奏称,"广东澳门各口岸,岁销烟土银约三四千万两。福建厦门、江苏上海、直隶天津各口岸,岁销烟土银约共四五千万两"。显然,陶士霖对此问题并未有深入研究,其数据与一年前朱成烈所奏并无不同。但问题的关键是,陶士霖的奏折指出了未来恶化的局面,即"将来年复一年,出洋之银日多,内地之银日少,市价愈增愈贵,于小民生计关系匪轻"。④ 而这一点正是道光皇帝所担忧的。三个月后,鸿胪寺卿黄爵滋上了著名的《请严塞漏卮以培国本折》,黄本人亦因此折被认为是严禁派的代表人物。黄爵滋认为银价递增的原因完全在于"漏银于外夷也"。其指出,因广东海面的鸦片走私,道光三年之前,"每岁漏银数百万两",而"道光三年至十一年,岁漏银一千七八百万两。自十一年至十四年,岁漏银两千余万两。自十四年至今,渐漏至三千万两之多。此外福建、浙江、山东、天津各海口,合之亦数千万两"。显然,黄爵滋对白银外流数量的判断与前述朱成烈及陶士霖大体类似,即至道光十四年(1834年)后,每年因鸦片而导致的白银漏卮可达八千余万两。黄爵滋在奏折中指出"以中国有用之财,填海外无穷之壑,易此害人之物,渐成病国之忧,日复一日,年复一年,臣

---

① 《宣宗实录》卷二九二,《清实录》(第三七册),中华书局1986年版,第525—526页。
② 《宣宗实录》卷二九八,《清实录》(第三七册),中华书局1986年版,第618页。
③ 《宣宗实录》卷二九八,《清实录》(第三七册),中华书局1986年版,第619—620页。
④ 《吏科给事中陶士霖奏陈查禁鸦片非议以重刑不能挽此积习折》(道光十八年四月二十二日),中国第一历史档案馆编:《鸦片战争档案史料》(第一册),上海人民出版社1987年版,第253页。

不知伊于胡底"。①

当时的清廷官员,无论是严禁派还是弛禁派,均无国际收支的观念,将鸦片的销售价值直接等同于白银出口数量。道光皇帝将黄爵滋的奏折发给盛京、吉林、黑龙江将军及各直省督抚讨论。② 从当时的奏折及上谕看,虽然堵塞漏卮的方式各有不同,但朝野都认为鸦片是白银外流的罪魁祸首。道光给邓廷桢的谕旨说:"自鸦片流毒中国,纹银出洋之数逐年增加,以致银贵钱贱。"③而山东巡抚经额布在议复黄爵滋奏折的上奏中亦说:"纹银出洋之多寡,臣虽未能确知,惟漏卮之在鸦片,诚有如该鸿胪寺卿黄爵滋原奏所陈者。"④而与黄爵滋最为呼应的则是湖广总督林则徐,其认为若中国一百人中有一人吸食鸦片,"则一年之漏卮,即不止于万万两",故黄爵滋所言"岁漏银数千万两,尚系举其极少之数而言耳"。林则徐还指出漏卮将导致的更大危机:"若犹泄泄视之,是使数十年后,中原几无可以御敌之兵,且无可以充饷之银。"⑤

综上,自嘉庆初年起,中国就已经开始显现出白银危机,此后清廷始终在探求银漏之根源。从奢侈品进口到洋钱易货,再到鸦片走私,清廷朝野经过30余年的讨论,才逐渐形成了鸦片导致白银漏卮的共识。正如黄爵滋所言,"今天下皆知漏卮在鸦片"。在这场旷日持久的讨论中,道光帝逐渐坚定了严禁鸦片的态度,而持同样坚定立场的林则徐在不久后将被委以赴广州禁烟之重任。在当时有一个现象是值得注意的,即关于鸦片走私是得到行商大力相助的说法在京城比较流行。无论是鸦片的走私还是白银的外流,行商在其中的形象均十分负面。前述侍郎姚远之的奏折亦提及伍氏等大行商用大木箱帮助洋人运银出洋。但广东官厅与行商始终保持一种较为融洽的关系。邓廷桢、祁贡、文祥在给皇帝的报告中明确说明,伍绍荣等八家大行商所造之木

---

① 《请严塞漏卮以培国本折》,《中国近代史资料丛刊·鸦片战争(一)》,上海人民出版社1957年版,第477页。
② 《宣宗实录》卷三〇九,《清实录》(第三七册),中华书局1986年版,第812页。
③ 《宣宗实录》卷三〇九,《清实录》(第三七册),中华书局1986年版,第819页。
④ [清]文庆等纂辑:《筹办夷务始末》第一册《道光卷二》,上海古籍出版社2008年版,第30—32页。
⑤ 《湖广总督林则徐奏为钱票无甚关碍宜重禁吃烟以杜弊源片》(道光十八年八月),中国第一历史档案馆编:《鸦片战争档案史料》(Ⅰ),天津古籍出版社1992年版,第359—360页。

箱,数目在数千只至一两万只,但均用来装贮茶叶、湖丝等货。而部分装银的箱子,也并非用来运银出洋,而是用于往闽、浙、皖等省采买货物。洋人所剩花银,确实是用木箱装贮,但也是按照规定带三成回国,伍绍荣等并无勾串包揽等情况。① 显然,广州官方与行商是利益相关体,具有相同的立场。但行商的地位是危险的,一旦北京方面决定要对鸦片走私采取手段,行商就会成为化解地方压力的牺牲品。

三、白银外流的数量问题及银贵钱贱之原因分析

1. 白银外流之数量

鸦片战争之前的官员及士大夫们均将鸦片的国内消费量或鸦片的进口量视为白银的外流数量,从经济学的观点看,这一计算方法显然是错误的,而导致的结果则是过高估计白银的外流数量。在此背景下,魏源的观点则值得注意,其根据道光十七年(1837年)的广东中外贸易数据指出:"外夷岁入中国之货,仅值银二千十四万八千元,而岁运出口之货,共值银三千五百有九万三千元,以货易货,岁应补中国银价千四百九十四万五千元。使无鸦片之毒,则外洋之银有入无出,中国银且日贱,利可胜述哉!"② 可见,从合法贸易的角度,中国始终是处于贸易顺差的地位。魏源是当时唯一能从贸易差额的角度讨论白银外流问题的人。中国经济史学家胡寄窗说:"自先秦以来所有的对外贸易的论述,魏源的分析才算是第一次进入科学分析的领域,是外贸理论的飞跃。"③魏源虽然没有明确判断中国每年因鸦片进口而导致的白银外流的总量,但其以道光十七年(1837年)的中英贸易为例,该年按正常贸易,英国"应岁补中国银七百余万元",因为鸦片的关系(魏源认为该年销售鸦片四万箱),"中国反出口二千二百万元"。④ 可见,魏源认为道光十七年(1837年),仅广东一处就因鸦片进口而耗费白银2900余万元。按严中平先生的研究,当时1银元约值0.72两,则可估算出白银2088万余两。这个数字比黄爵滋等人的估计要小一些,但数量也是巨大的。

---

① 《宣宗实录》卷二八八,《清实录》(第三七册),中华书局1986年版,第441—442页。
② [清]魏源:《海国图志》卷二《筹海篇四·议款》,岳麓书社1998年版,第37页。
③ 胡寄窗:《中国近代经济思想史大纲》,中国社会科学出版社1984年版,第32—33页。
④ [清]魏源:《海国图志》卷二《筹海篇四·议款》,岳麓书社1998年版,第36页。

那么鸦片战争之前中国白银外流的数量到底是多少呢？如前文所述，因鸦片贸易的数额难以精确，而鸦片价格的变化又较大，使得这个问题在学界亦没有统一的说法。要弄清楚这个问题，首先要估算出大概的鸦片贸易值，其次要从中西贸易差额的角度去理解白银外流的问题，而不能简单地将鸦片贸易额等同于白银外流数量。以往学者研究鸦片贸易的数额多以马士的《中华帝国对外关系史》及《东印度公司对华贸易编年史》所载数据为基础资料，而加以补充推算，往往差距较大。李伯祥等人的估计是从1830至1840年，外国输入中国的鸦片总值是163384000元，①约合白银1.18亿两。龚缨晏认为，从1817年至鸦片战争之前，输入中国的鸦片值为1.6亿两白银。② 刘鉴唐的估计则很高，其认为鸦片战争前40年间中国用于购买鸦片的白银达到6亿两。③ 吴义雄根据《广州纪事报》和《广州周报》的资料，判断1821—1839年，鸦片贸易额为西班牙元210411814元，④约值白银1.51亿两。还有诸多学者的研究，鉴于篇幅，不一一列出。

根据前文笔者的研究及推算，从1821/1822至1838/1839年，中国购买鸦片共花费约1.52亿两白银。这19年的鸦片走私是最为猖獗的，考察鸦片战争之前的鸦片输入数量，绝大多数亦是在此19年中。中国的白银外流，即入超亦在此时间段出现。而此19年的贸易数据又是有较为权威的原始资料支撑，不太需要研究者加以过多的主观推断及估算。因此，笔者以此19年作为考察鸦片战争前鸦片输入及白银外流的时间段。笔者的结论与吴义雄的研究最为接近。近20年的贸易数额，相差不到1000万两，这是高度匹配的。龚缨晏的统计年数比笔者多了四个贸易年度，应该说与笔者的推算亦较为接近。若根据前表，仅统计1830—1839年的数据，则为白银8800余万两。这与李伯祥等人的估算1.18亿两，有不小的差距。但考虑到李伯祥的数据中含有1840年的贸易额14057100西元，即1000余万两白银，因此，其与笔者的数字相差亦不悬殊。至于刘鉴唐的估算则显然过高，已有不少学者对此表

---

① 李伯祥、蔡永贵、鲍正廷：《关于十九世纪三十年代鸦片进口和白银外流的数量》，《历史研究》1980年第5期。

② 龚缨晏：《1840年前输入中国的鸦片数量》，《浙江大学学报（人文社会科学版）》1999年第4期。

③ 鉴唐：《鸦片战争前四十年我国白银外流数字》，《社会科学》1983年第6期。

④ 吴义雄：《鸦片战争前的鸦片贸易再研究》，《近代史研究》2002年第2期。

示过怀疑。① 因此,笔者认为,鸦片战争前19年的鸦片贸易数额1.6亿两白银是较为符合实际的。但是,1.6亿两白银并不能作为中国白银外流的数量。它们中的相当一部分抵销了英美等国在中国购买的茶叶及其他商品,这些商品被运往英国、美国、印度等地方。还有部分现银被作为贷款借给了中国的行商,这才有《南京条约》中所谓的"商欠"问题。而多余的部分,即贸易差额才以现银的形式运出了中国。

根据严中平的研究,从1830/1831年度至1838/1839年度的9个贸易年度,中国对印度共计出超3176万余两,年均约353万两。鸦片走私最猖獗的1833/1834—1838/1839这6个贸易年度里,年均出超达428万余两。严中平指出,这是印度孟买、加尔各答、马德拉斯三个海关的中印之间的白银流动统计。应该说,印度方面的数字是比较准确的,因为白银出口在中国是非法的,但进口到印度是合法的。因此印度海关的中印白银对流的资料应该涵盖了东印度公司广州商馆、私商(走私)、中国其他地区出口到印度的白银。严中平认为,白银的对印出超,只是中国白银流出的最低限。对欧美和亚洲的其他地区一定还存在相当数量的白银出超。因而其判断鸦片战争前夕中国每年的白银流出量,即使是保守的看法,似乎也绝不在1000万两以下。② 严中平还考察了中国与新加坡之间的白银与鸦片的对流问题,并借此说明这个问题。但从其研究来看,鸦片战争前中国对新加坡的白银出超仅年均数万两。③

笔者认为,严中平先生从中国对印度的白银出超角度去观察这个问题,方法科学,其结论亦比较接近历史事实。但每年区区428万余两的出超额,与晚清以来国人一以贯之的认识极不相符,亦似乎降低了帝国主义对中国鸦片侵略的程度。故严先生只得推测除了对印度有白银出超外,还有对欧美等其他地区的出超,因而得出中国每年白银外流的数量超过1000万两的结论。易言之,严中平先生认为当时中国对欧美等地区的年出超额达到600余万两。

当时英国、印度、中国是一种三角贸易的关系。英国的工业产品运往印

---

① 见王宏斌:《禁毒史鉴》,岳麓书社1997年版,第58页;龚缨晏:《1840年前输入中国的鸦片数量》,《浙江大学学报(人文社会科学版)》1999年第4期;吴义雄:《鸦片战争前的鸦片贸易再研究》,《近代史研究》2002年第2期。
② 严中平等编:《中国近代经济史统计资料选辑》,科学出版社1955年版,第28—29页。
③ 严中平等编:《中国近代经济史统计资料选辑》,科学出版社1955年版,第35页。

度,印度的鸦片运往中国,中国以茶叶、生丝等支付这些进口货物,差额则以现银付还印度。因此,中国的白银外流,主要就是流向印度。当然在三角贸易之外,中英之间亦有直接贸易,英国会有少量的毛织品和金属品运到中国。但1830—1839年,中英之间(不含印度)的直接贸易,中国白银总入超6411212元,年均641121.2元,合白银46万余两。而美国虽然也从土耳其运输少量鸦片来中国,但仍以贩运贸易为主,且购买中国的茶叶、生丝等物品均是现银支付。鸦片战争前,中国对美国的贸易始终保持顺差。战前9个贸易年度中国对美国白银入超为27347045元,计白银1968万余两,年均218万余两。①

表2-2　1830/1831—1838/1839年度中国与相关国家的白银对流表②

单位:两

年份	流往印度	流往英国	流往美国	流往新加坡	总计
1830/1831	2771809	300174	－132232		2939751
1831/1832	1614152	－1372789	－1786227		－1544864
1832/1833	1690610	1159998	－491414		2359194
1833/1834	3755807	－803131	－2880000		72676
1834/1835	3474410	1377654	－2880000	18873	1990937
1835/1836	3760357	3016080	－2880000	101465	3997902
1836/1837	3556238	－203311	－2880000	79762	552689
1837/1838	4999907	2319857	－2880000	22929	4462693
1838/1839	6139477	－6583559	－2880000	17274	－3306808
总计	31762767	－789027	－19689873	240303	11524170
年均约	3529196	－87670	－2187764	48061	1280463

---

① 根据林满红《银线:19世纪的世界与中国》(江苏人民出版社2011年版)第69—71页的统计数据加以计算得出。

② 资料来源:流往印度及新加坡的数据取自严中平等编:《中国近代经济史统计资料选辑》(科学出版社1955年版,第34—35页)。流往英国及美国的数据取自林满红:《银线:19世纪的世界与中国》(江苏人民出版社2011年版,第73页),并按1银元＝0.72两白银的公式将银元换算成银两。需要说明的是,林满红根据伦敦海关档案列出了中国持续输往印度的白银数量,大大高于严中平的数字。笔者无法解释二者差异的原因。但林满红的数据来自"Messenger, India and China",而严中平的数据则来自"不列颠博物院手稿部所藏手稿"及"英国国会蓝皮书"。二者相较,笔者取权威性更高的原始档案资料。

据上表,鸦片战争之前的9个贸易年度里,中国流出白银1152万余两,年均128万余两。这是一个比以往任何认识及预想都要低得多的数据。这个数据的真实性如何呢?毕竟在经济史中一个长时段推测性的计算中,任何参数的极小误差,或研究路径的差异,都会导致结果的巨大偏移。其实年均128万余两的白银外流,与严中平的研究结果是十分匹配的,只是严先生考虑到中国与欧美的贸易,而夸大了数据,却忽略了当时若没有鸦片这一商品,中国始终都是处于贸易顺差的地位。此外,有经济学者从货币供给与贸易平衡的角度考察鸦片战争之前的白银外流问题,其得出的结论是"在1838/1839年以前的22年中,中国对外贸易逆差或白银外流累积总额为4084万两,年平均186万两"。该学者还指出,若考虑到中国与日本、朝鲜、东南亚诸国及俄罗斯的贸易,白银外流的数字可能会更少一些。虽然中国与这些国家的贸易规模不大,缺乏相应数据,不能做出准确的判断,但猜想中国似乎是处于出超的地位。① 因此,经过对上述资料的比对及分析,笔者认为鸦片战争之前约10年的时间里,中国外流的白银数量为1150万余两,年均128万余两。

2. 银贵钱贱之原因分析

银贵钱贱实质上反映了国内白银通货数量不敷经济发展之用的问题。关于明清以来国内流通白银的数量问题,学界尚无定论。据学者研究,宋代(公元1200年以前)白银存量约1亿—1.5亿两,因元朝禁止白银流通,大量白银流失中亚各国,加上窖藏及陪葬,故留存到明朝初期的白银不超过3000万两。② 明初开始实行银本位的货币制度,如前文所述,中国是一个银矿匮乏的国家,故整个明代的国内白银总开采额仅2600余万两。③ 故在16世纪中期之前,白银尚未大规模流入的情况下,整个明代的白银流通量约为5600万两。从16世纪中期开始,白银通过对外贸易流入中国。关于明代白银流入的数字,中外学者均有研究,且数据相差较大,从数千万至两三亿不等。④

---

① 贺力平:《鸦片贸易与白银外流关系之再检讨》,《社会科学战线》2007年第1期。
② 刘光临:《明代通货问题研究——对明代货币经济规模和结构的初步估计》,《中国经济史研究》2011年第1期。
③ 王裕巽:《明代白银国内开采与国外流入数额试考》,《中国钱币》1998年第3期。
④ 全汉昇估计1550—1645年,明代的白银流入为4580余万两,吴承明估计为8500万至1.1亿余两,日本学者神木哲男及山村耕造则估算2.3亿至2.8亿余两。参见刘光临:《明代通货问题研究——对明代货币经济规模和结构的初步估计》,《中国经济史研究》2011年第1期。

国内学者庄国土及美国学者万志英（Richard von Glahn）的研究利用了不少新资料，是在修订前人研究基础上的成果。庄国土认为，明代白银流入额为2.52亿两。① 而万志英估算从1550至1645年，白银流入为1.9亿余两。② 则我们大体可以将2亿两作为明代白银流入的数字。而1645—1700年（清代前期）时段的白银流入，只有万志英作过估算，为3472万余两。③ 此外，庄国土估算，从1700年至19世纪30年代中国白银开始出超之前，白银流入的数量为2.63亿两。④ 而全汉昇则估算为4.3亿两。⑤ 二人的研究都未包含与日本及俄罗斯贸易的白银流入。因此，笔者认为至清代中期之前的白银流入当不低于3.5亿两。

根据上述推算，则从16世纪中期到清代白银开始外流之前，国内的存银约为：5600万＋2亿＋3472万＋3.5亿≈6.4亿两。而德国学者弗兰克对中国白银流入的统计远远高于其他学者，其认为1800年之前的两个多世纪内，中国获得来自欧洲、日本、马尼拉及其他地区的白银共6万吨。⑥ 根据1吨等于2.7万两，则6万吨白银相当于16.2亿两。但弗兰克是从全球白银的产量来考察这个问题的。若考虑到全球的非货币用银、铸币耗损、运输流失等因素，其数字应远低于16.2亿两。无法估计上述非货币用银及耗损占到产量的多少，若粗略地将这个比例确定为五分之一，则1800年之前的两个多世纪内，白银流入数量为12.96亿两。加上至明代前期的国内存银5600万两，则达到13亿两以上。很难对这个数字的准确性加以评估，暂且将之定为国内白银流通的最高值，则清代白银外流前，国内的白银存量约为6.4亿—13亿两。根据前文笔者的计算，鸦片战争前9年白银外流数字为11524170两，那么约占国内存银的0.89％—1.8％。近10年的时间，货币存量出现这样的变化，似乎并不是十分显著的经济现象。

那么如此"微量"的白银流出为何对清代的影响如此之巨呢？人口问题

---

① 庄国土：《16—18世纪白银流入中国数量估算》，《中国钱币》1995年第3期。
② 参见刘光临：《明代通货问题研究——对明代货币经济规模和结构的初步估计》，《中国经济史研究》2011年第1期。（笔者将原文中百万两换成两表示。）
③ 贺力平：《鸦片贸易与白银外流关系之再检讨》，《社会科学战线》2007年第1期。
④ 庄国土：《16—18世纪白银流入中国数量估算》，《中国钱币》1995年第3期。
⑤ 徐瑾：《白银帝国》，中信出版集团2017年版，第12页。
⑥ ［德］贡德·弗兰克：《白银资本》，刘北成译，四川人民出版社2017年版，第134—140页。

是很容易引发关注的。从明代中期至乾嘉时期,人口持续快速的增长,是否使得国内存银远不敷经济社会发展的需要?关于明清人口数量问题,学者间的争议亦比较大。但大体还是承认,从明末战乱到清初的安定,随着经济发展,生产恢复,人口呈现出渐进的趋势。而到了乾隆时期,人口则呈现出迅速增长的趋势。在白银大规模流入之前的 16 世纪中期,根据梁方仲的统计,明嘉靖三十一年(1552 年),为 6334 万人。① 但这一数字遭到诸多学者的质疑,因为明代政府统计的只是一部分人口(纳税人口)。另据何炳棣研究,中国人口从 14 世纪后期的约 6500 万发展至 1600 年约为 1.5 亿,至乾隆末年,又增为 3.13 亿。② 应该说,清代的人口数据还是比较清楚的,雍正"摊丁入亩"之后,人口隐匿的情况大为减少。从乾隆六年(1741 年)以后,清朝又开始有了逐年调查的人口数据,此时的数字已经是全国人口,而不是所谓的"丁"。根据户部清册,乾隆五十六年(1791 年)的人口为 3.04353 亿③,这与何炳棣的研究结论匹配度极高。结合前述相关数据,我们大概可以认为,从 16 世纪中叶白银开始大量输入,至乾隆末年开始显现白银危机的 250 年里,国内白银存量从 5600 万增至 6.4 亿—13 亿两,约增 10.4—22.2 倍。人口数从 6500 万增至 3.1 亿,约增 3.8 倍。就这些数据的比对尚不能得出国内存银是否够用的结论。我们不妨用货币与 GDP(国内生产总值)的幂律关系对此问题加以考察。

据研究,1600 年中国名义 GDP 为银 9 亿两,1840 年为 44.8 亿两。240 年间增长 396%,年均增长率为 0.67%。若剔除物价变化的影响,则 1840 年实际 GDP 为 14.03 亿两,240 年以来仅增长 55%,年均增长率仅 0.18%。④ 按现代经济学的规律,广义的货币增长率约为 GDP 增长率的两倍。从 16 世纪中期到清代白银危机显现之前,国内货币在 200 余年增长了 11 倍至 23 倍。从 GDP 角度考察,国内的白银存量是完全够用的。当然并不能完全将现代经济学中货币与 GDP 的幂律关系作为衡量前资本主义时期经济的标

---

① 梁方仲编著:《中国历代户口、田地、田赋统计》,上海人民出版社 1980 年版,第 64 页。
② 何炳棣:《明初以降人口及其相关问题 1368—1953》,中华书局 2017 年版,第 312 页、319 页。
③ 根据严中平等编《中国近代经济史统计资料选辑》(科学出版社 1955 年版)第 362 页附表计算得出。
④ 刘逖:《1600—1840 年中国国内生产总值的估算》,《经济研究》2009 年第 10 期。

准,只能作为一个大体的参照系。

从明代中期以来,中国农业生产的发展及劳动生产率的发展基本处于停滞状态。在此背景下,人口的迅速增长和货币供应量的持续增加,是造成市场供求关系的变动,并保持200余年间物价呈上升趋势的两大因素。① 而在这200余年中,流入的白银大大超过中国商品流通的需要。据吴承明先生的估算,到1840年时,中国市场上流通的几种主要农产品的商品值尚不到2.5亿元②,即1.8亿两白银。虽然除了农产品外,市场上尚有工业品、手工艺品、奢侈品的消费及流通,我们亦很难获得市场内所有商品的价值,但作为一个超级农业大国,若主要农产品的价值为1.8亿两白银的话,那么6.4亿—13亿两白银的货币存量无论如何应该是足够的,何况国内的短距离及小额贸易均使用制钱,这200余年间,清朝政府及民间私铸的铜钱亦在增加。

因此,从名义GDP、物价的角度观察,即使在清代人口不断增加的情况下,国内的白银货币存量应该也是够用的。但古代中国,并无金融信用制度,除了房产、田地等固定资产外,就是白银这样的硬通货。故每逢乱世,土地集中,分配严重不均,财富益发向权贵聚集,这导致大量白银被存储而未能进入流通领域。顾炎武曾言:"万历中赤金止七八兑,崇祯中十兑,江左至十三兑。"魏源认为此"亦非由鸦片之故,盖世乱则藏金者多也"。③ 可见,自明代中期以来,白银窖藏就是影响银贵钱贱的一个重要因素。清代中期后,社会动乱、民生凋敝,白银窖藏之数量难以详考,只能根据史料察看一斑。《清史稿》有云:"乾隆季年,诸贪吏首亶望,次则郑源璹。"王亶望因甘肃赈灾案发后,"籍其家,得金银逾百万"。郑源璹于嘉庆按治,"具服收发库项,加扣平余,数逾八万"。④ 而巨贪和珅抄家时,"藏银、衣服数逾千万……地窖埋银三百余万两"。⑤ 乾隆中后期,吏治败坏,官员普遍贪腐。但案发被抄家,窖藏之银被公之于众者,仅为冰山一角。因受资料限制,这一问题还需要进一步的专题研究。

---

① 王玉茹:《中国近代物价总水平变动趋势研究》,《中国经济史研究》1996年第2期。
② 吴承明:《中国资本主义与国内市场》,中国社会科学出版社1985年版,第109页。
③ [清]魏源:《圣武记》卷十四,中华书局1984年版,第562页。
④ 赵尔巽等:《清史稿》(第三十六册),中华书局1977年版,第11075—11077页。
⑤ 赵尔巽等:《清史稿》(第三十五册),中华书局1977年版,第10756—10757页。

综上,此处的结论是,清代的白银危机于嘉庆初年开始显现,当时鸦片走私的规模并不大,故清廷朝野经过30余年的讨论,方形成"天下皆知漏卮在鸦片"的共识,这一共识对于日后中外形势的影响至为重要。但银贵钱贱似乎并非鸦片这一单一因素而造成。鸦片战争之前近20年的时间里,中国因鸦片走私而实际花费白银约1.5亿两,此数甚为巨大,亦因此使得中国从白银的入超国成为出超国。从经济学角度而言,我们并不能将鸦片销售额直接等同于白银外流的数量,根据国际贸易收支原理,鸦片战争之前近10年的时间里,中国外流的白银数量约为1150万余两,年均128万余两。从贸易规模而言,中国仅仅是略微出现逆差,收支大体相当。而相对于国内约6.4亿—13亿两的存银数量,这一数字亦不算大。但如前文所述,清代对白银的依赖性极强,对流通领域白银数量的变化极为敏感。这也是在嘉庆初年,中国贸易仍处于出超的情况下,清代统治者就已经开始重视白银问题的原因。因社会内部贫富分化而导致的白银窖藏,使得大量白银未能进入流通领域,造成实际上白银数量的减少。虽然这一现象在历史上亦经常出现,但限于资料,此问题尚需进一步研究。在此情况之下,逐年扩大的鸦片走私贸易,使得中国的白银问题迅速恶化。毫无疑问,因鸦片走私,中国的白银问题才能称为"白银漏卮"。因此,虽然表面上鸦片战争之前中国白银出超的数量并不大,但鉴于白银对中国经济的重要性,1.5亿两的鸦片走私额对中国经济的影响是灾难性的。试想,若无鸦片走私,清朝始终处于较大规模的贸易顺差地位,白银年年有入超,国内经济状况当然不可同日而语。但若无鸦片走私,野蛮的英帝国又岂能长期容忍银根吃紧的状况,处于弱国地位的清政府最终仍难逃被动挨打的局面。

四、鸦片贸易对于印度、英国、中国之影响

在18和19世纪,成瘾性消费品在全球流行和蔓延,并极大影响了历史的进程和人们的日常生活。其中与中国有关的两种成瘾性消费品是茶叶和鸦片,正是这两种主要商品使中国卷入了全球化大潮之中。沟通这两种商品的是我们常说的三角贸易,其简单的路线图是:英国将印度的鸦片出口到中国,从中国进口茶叶到英国,将英国棉纺织品等工业产品出口到印度。然而,在此三角贸易中,印度、英国、中国三者的命运却截然不同。

鸦片生产与贸易对于印度社会的影响反映在多个方面。首先,以巴斯商人为主的印度人通过直接参与鸦片贸易获得巨额利润。巴斯人为琐罗亚斯德教徒,是印度第一批从事鸦片走私的人。自1756年之后,巴斯人陆续以"英王陛下臣民"的名义入华,人数最多时曾占广州口岸"夷商"的1/3,仅次于英国人。嘉庆时期外禁政策逐渐严厉后,东印度公司停止了在广州与中国行商的鸦片贸易,此后从事小规模鸦片经营的港脚商主要便是巴斯人。① 从19世纪20年代开始,东印度公司为了保证孟加拉鸦片的销售,禁止麻洼鸦片从孟买出口。但因麻洼鸦片具有价格优势,在中国畅销,巴斯人便不顾公司禁令而向中国走私麻洼鸦片。他们一般与怡和洋行合作,走私行为一直延续到1831年东印度公司取消限制政策。此后巴斯商人交纳每箱175卢比的通行税,则可以在孟买将白皮土装船出口。以前2/3的麻洼鸦片都是从葡萄牙控制的达曼出口,自从公司改变政策后,9/10的麻洼鸦片都是从巴斯人的故乡——孟买出口的。② 总之,从18世纪末到19世纪40年代,以巴斯人为主的印度商人通过参与鸦片贸易获得了宝贵的商业经验,建立了地区之间和地区内部的联系,了解了国际贸易的复杂性,获得了较充裕的资本。此外,鸦片贸易带来的巨额贸易顺差和贵金属弥补了印度的财政亏空,为印度民族资产阶级成长与发展提供了宝贵的资本积累来源。英属印度政府和土邦王公通过税收得益,大、中、小印度商人在鸦片的贸易流通中各分得一杯羹,而在鸦片代理和管理机构工作的印度人则是通过就业获得了谋生之道,仅在管理孟加拉鸦片的机构工作的印度职员就有数千人。③

就英国方面而言,三角贸易的每个环节都由英国人控制,财富自然也都流往英国。东印度公司利用汇票、运费豁免、钱财过户、预付款、收据等一整套汇划方式,将在广州的出超余额变成了用来购买中国茶叶的资本,茶叶运回英国卖出,再支付各种汇票。对于港脚商人而言,他们通过这种方式实现了将自己在亚洲的财产安全顺利地转运回本国的目的。"个人贸易、港脚贸易以及东印度公司的贸易就这样被有机地联系在一起,纳入了英国—中国—

---

① 郭德焱:《巴斯商人与鸦片贸易》,《学术研究》2001年第5期。
② [英]格林堡:《鸦片战争前中英通商史》,康成译,商务印书馆1961年版,第119页。
③ 金永丽:《19世纪鸦片生产与贸易对印度社会经济的影响》,《鲁东大学学报(哲学社会科学版)》2014年第1期。

印度三角贸易的体系中。"①三角贸易最关键的一点是,买卖都在伦敦结账,无论是公司还是个人,所有的财富都必须在伦敦才能实现。而且,三角贸易中最核心的商品是鸦片,只有鸦片才是"造成19世纪中国与西方'世界贸易'全局变动"的商品。②鸦片比茶叶及棉纺织品具有更大的战略重要性,因为只有用鸦片才能平衡三角贸易,解决英国对华贸易逆差的问题。正如马士所言,"在中国鸦片的销售,仍是特选委员会主要赖以获取他们回程茶叶投资的资金供应"。③

鸦片进入中国,直接造成了中国社会的衰败。它不仅耗费了中国的大量财富,而且严重损害了中国人民的身体健康,使得中国人承担了100余年"东亚病夫"的屈辱,更直接导致了中国社会19世纪的全面危机。有学者将19世纪的中国称为"鸦片帝国",认为鸦片对中国造成的毁灭性影响怎么说都不过分,鸦片在摧毁中国人身体健康的同时,也彻底摧毁了中国政府。

英国—印度—中国的三角贸易在近代国际贸易史上占有突出的地位。在这个三角贸易中,英国居于主导地位,三角贸易的形成完全是英国人操纵的结果。中国则居于中心的地位,因为其中的两种关键商品茶叶和鸦片皆与中国有关。在这个复杂的交易网中,英国是最大的得益者,印度是英国人利用的工具,而中国则是最大的牺牲品。

---

① 龚缨晏:《鸦片的传播与对华鸦片贸易》,东方出版社1999年版,第176页。
② 郭卫东:《转折——以早期中英关系和〈南京条约〉为考察中心》,河北人民出版社2003年版,第120—121页。
③ [美]马士:《东印度公司对华贸易编年史:一六三五——一八三四年》(第四卷),区宗华译,广东人民出版社2016年版,第104页。

第三章 雍正、乾隆、嘉庆三朝的禁烟

第一节 雍正与乾隆时期

一、雍正时期:中国历史上的第一个禁毒令

自明代中期以来,鸦片一直作为药品纳税进口。万历十七年(1589年),明政府规定阿片每10斤税银2钱,万历四十三年(1615年),税率降到每10斤税银1钱7分3厘。至康熙二十五年(1686年)则增至10斤纳税银3钱,此后又于每包(即每担,约100斤)加税银2两4钱5分。①

雍正七年(1729年)时,中国鸦片进口量为200箱。很难估计当时全国的药用鸦片数量,亦不清楚除了海关纳税进口的200箱鸦片外,是否还有走私入口。在福建沿海,厦门、漳州、泉州一带却流行混合烟草吸食鸦片的现象,并出现了专门供人吸烟的鸦片烟馆。此一现象,首先引起了沿海地方官员的警惕。雍正六年(1728年)十一月初六日,广东碣石镇总兵苏明良奏呈"严禁贩卖鸦片以拯民生折"。清代前期,鸦片问题不具有全局性,尚未如嘉道年间引起朝野的广泛关注,因而我们所能利用的研究资料并不多。该折是当时比较全面反映鸦片问题,并最能体现清统治者对此问题认识的文献。故将该折全文录下:

---

① [明]张燮:《东西洋考》卷七《税饷考》,中华书局2000年版,第142、144页;于恩德:《中国禁烟法令变迁史》,河南人民出版社2016年版,第15页。

窃照鸦片一项，产自外洋，近来闽广洋商以药材为名，兴贩获利。惟闽省厦门、台湾最甚。因而一种无赖闲棍勾引良家子弟，以此射利。用小铜锅将鸦片炮制成膏，然后将烟丝入内拌匀，亮干为烟；又截竹为筒，内贮棕丝，以便呼吸。乃私设官舍，聚集数人，成群结党，相依枕席，循环递吸，夜聚晓散，夜夜如是，从无间断。初吸之时，晕迷似醉，身体颇健，淫荡非为，更难枚举，是以少年子弟易坠其术中。迨至年深日久，血枯肉脱，纵自知鸦片所害，急欲止之则百病丛生，或腹痛而脱肛，或头晕而迷乱，或咳嗽而呕吐。一吸此烟则诸病立愈，精神百倍，虽苟延一息，然死期日迫。但吃此烟，必列肴馔、果品相兼而食，不致速害。及至家业荡尽，称贷无门，即相率为盗。是厦门、台湾盗贼之盛者，皆由于鸦片之根源，是鸦片贻害地方匪鲜浅矣。然地方官虽有禁止，不过代兵役开需索之端。以臣愚见，欲除此害，必绝其源。伏讫我皇上敕部通行闽粤督抚，严禁洋商。嗣后如有兴贩鸦片及私开鸦片馆者，或被拿获，或被首告，即将洋商船户铺家地保邻佑人等，概行从重治罪，并严加处分漫无觉察之地方官，庶民命拯而盗源息矣。①

通过该折，我们分析得出：其一，吸食鸦片的方式是混合吸食，且在厦门、台湾一带流行。其二，对吸食鸦片烟后的生理症状的描述并不夸张，较为准确，这与鸦片战争前后的民间传说及文学作品大不相同。其三，吸食鸦片烟经济消耗大，且常常表现为一种集体行为。此对地方治安及社会稳定极有影响，这亦是苏明良的关注重点。其四，当时地方官对吸食鸦片烟的行为已经有所禁止。联系到雍正的朱批："前为鸦片烟一事，业经有谕颁发。此奏系应行者，该部详议施行。"可见清代的禁烟并非如一般所认为的是始于雍正七年，事实上，不迟于雍正六年，清廷已经下达了禁烟的命令，此命令为地方所执行并作为"开需索之端"的依据。虽然现今未能发现相关资料，但可以想见，当时的禁烟令尚未成为系统的法律政策。其五，苏明良并未提出禁止吸

---

① ［清］苏明良：《奏为敬陈严处分以靖盗源厚民生而兴教化管见事》（雍正六年十一月初六日），中国第一历史档案馆藏宫中档全宗，档号：04-01-30-0414-011。

食鸦片烟的建议,只是要求朝廷对兴贩鸦片、私开鸦片馆者及失察的地方官严加治罪。若考察雍正七年(1729年)颁布的禁烟的内容,与此折有直接关系。

雍正七年(1729年)清廷颁布了《惩办兴贩鸦片烟及开设烟馆条例》:"兴贩鸦片烟照收买违禁货物例,枷号一个月,发近边充军。若私开鸦片烟馆,引诱良家子弟者,照邪教惑众律拟绞监候。为从,杖一百流三千里。船户地保邻右人等,俱杖一百徒三年。如兵役人等借端需索计赃,照枉法律治罪。失察之泛口地方文武各官,并不行监察之海关监督,均交部严加议处。"①此条例由刑部议定,并载入《大清律例》中,其施禁范围仅止于上年苏明良所建议之兴贩鸦片、私开烟馆、官吏失察等几项。从量刑而言,兴贩鸦片烟属收买违禁货物,枷号一个月,发近边充军(2500里)。而私开鸦片烟馆则属邪教惑众罪,判处绞监候。从犯处杖100流3000里,这是流刑中的最高等级,即"满流"。

为何兴贩鸦片烟比私开烟馆的处罚要轻许多?笔者认为,在清统治者眼中,鸦片烟馆是将单独吸食鸦片烟的行为聚合为集体行为,将鸦片烟对个人身体健康的伤害上升为对社会秩序稳定的危害。加强社会控制是统治者立法中最根本的意图,亦是将私开鸦片烟馆比同邪教惑众罪的原因。需要指出的是,尽管兴贩鸦片烟的处罚轻于私开鸦片烟馆,但与其他犯罪相比,其处刑还是较重的。如兴贩私盐3000斤以上发附近(2000里)充军,私贩焰硝100斤以上满徒(4年劳役)。② 同为违制货物,且鸦片烟的流毒并未成为全国性的问题,量刑的差距体现出立法者的何种意图?笔者认为,兴贩私盐与焰硝损害的是政府垄断的经济利益,而鸦片烟在时人眼中却是"助淫欲""淫荡人心"的于社会风俗大有妨害之物。在儒家"重义轻利"的观念下,从社会风俗道德的角度看待鸦片烟,是"白银漏卮"问题产生之前清廷朝野的主导看法。

至于为何不将禁止吸食鸦片烟列入条例,于恩德谓"其立法之意安在,并不可得而知"。③ 于恩德显然未看到苏明良的奏折,若比较苏之奏折与条例,即可发现,刑部在议定条例时,几乎完全参照了苏的建议。但二者的出发点

---

① 《惩办兴贩鸦片烟及开设烟馆条例》,马模贞主编:《中国禁毒史资料》,天津人民出版社1998年版,第5页。
② 蒋秋明、朱庆葆:《中国禁毒历程》,天津教育出版社1996年版,第8页。
③ 于恩德:《中国禁烟法令变迁史》,河南人民出版社2016年版,第16页。

显然不同。苏明良之意图或许是"不可得而知",或许是认为兴贩及开馆是问题的根本原因,杜此根本则吸食者自然消亡。而刑部作为法律的制定及施行机关,议定则例则会考虑诸多的细节问题。值得注意的是,刑部将苏折中"鸦片"及"鸦片馆"一律置换为"鸦片烟"及"鸦片烟馆"。因为当时鸦片作为药材是可以纳税进口的合法商品,因此兴贩鸦片及鸦片在医疗中的使用均为合法行为。至于鸦片的药用无非就是制作成药用合剂而吞服,而吸食烟草在当时也是合法的。故从国家立法层面,似乎很难将个人吸食鸦片烟的行为定为非法。此鸦片禁令只能禁止兴贩鸦片与烟草的混合制品,以及提供吸食这种混合制品的场所的行为。立法的尴尬使得此法令在实践中的执行常陷于混乱。

雍正八年(1730年),清廷又出台了《惩治流寓台湾之人民兴贩鸦片烟条例》:"台湾流寓之人民,凡无妻室者,应逐令过水,交原籍收管。……其越界生事之汉奸如在生番地方,谋占番地并勾串棍徒包揽偷渡,及贩卖鸦片烟者,亦分别治罪,逐令过水。"①从康熙二十二年(1683年)清廷收复台湾,至此已近半个世纪,虽然清廷在台湾设府县治理,制度一如大陆,但从上述谕旨可知,对人民的管理还是有差别的。此禁令的出台,说明台湾在郑氏20余年的统治下,非但未能肃清荷兰殖民者的鸦片遗毒,且成为吸食鸦片最为严重的地区,成为向大陆贩运鸦片的一个基地。

雍正朝禁烟法令的颁布,标志着中国禁烟禁毒历史的开端。但此法令是不完善的:既未能从市场供给方面禁止国外鸦片的进口,亦未能从消费需求方面禁止国内民众的吸食,而仅试图控制国内售贩的中间环节,自然不可能取得理想的效果。而事实上,从雍正七年(1729年)的禁令后,中国的鸦片进口数量是逐年递增的。从海关数据看,从雍正七年(1729年)至乾隆三十八年(1773年),每年约增加20箱的鸦片进口。这表明了国内吸毒现象在蔓延,吸毒群体在扩大。

虽然中国未停止合法鸦片的进口,但外国人获悉中国的禁令后,显然并不清楚所谓鸦片与鸦片烟的区别,至少对于英国东印度公司而言,从事这项贸易被认为是具有风险性的。雍正十一年(1733年),东印度公司的"康普顿号""温德姆号""奥古斯塔斯王子号"三艘货船驶往广州,各船到马六甲之前,

---

① 马模贞主编:《中国禁毒史资料》,天津人民出版社1998年版,第6—7页。

船长们收到公司管理会的命令：

> 前时经圣乔治要塞开来的船只，经常带鸦片到中国出售，现在不知在你的船上是否有这种商品带往该市场，我们认为，我们有责任（或恐怕你不知道）通知你，中国皇帝最近制定严厉禁止鸦片的律令。科罚办法是，凡在你的船上发现，一律没收，不仅将船只及货物没收，而且将敢于向你们购买者处以死罪，顾虑及此，必须采取更有效的办法，防止发生这种不幸事件。为此，你必须尽可能用最好的办法，严密查询及检查你的船，查看船上有没有这样的东西，如果有，你应立即在离开马六甲之前，将它从你的船上拿走，无论在什么情况下，不得携带也不准你的船运载这样东西到中国，否则你要负违反公司命令的危险责任。①

这是东印度公司在中国的航运记录上第一次出现鸦片的资料。显然，东印度公司方面错误地领会了中国的禁烟法令。雍正七年的禁烟令只针对国内鸦片烟的贩运及私开烟馆，并未禁止鸦片进口贸易。且贩运鸦片烟亦并不是死罪，即使私开烟馆所谓的"绞监候"也不等同于死罪。这是清代的一种缓刑制度。因为死刑的决定权掌握在皇帝手中，地方政府审理的死刑案只能定为"斩监候"或"绞监候"，待到秋审时才能决定是否处死。显然，东印度公司对中国的法律及禁令是比较隔膜的。虽然发出此项命令的管理会主任特纳，曾于雍正十年（1732年）在广州，但其所获得的只是中国通事用广东英语告诉他的一些信息。英国东印度公司的禁令似乎未起到多大的效果，因为葡萄牙人、法国人、荷兰人、英国散商们并不受此项禁令的制约。但是我们并不能据此认为，东印度公司此时实行着一种"明禁暗运"的政策。② 此时东印度公司并未能垄断孟加拉的鸦片，其为了维持与中国的茶叶贸易，没有触犯中国禁令的理由。而到18世纪70年代，公司垄断孟加拉的鸦片贸易后，其关注的市场依然是马来地区，中国并未进入公司的视线。

---

① ［美］马士：《东印度公司对华贸易编年史：一六三五——一八三四年》（第一卷），区宗华译，广东人民出版社2016年版，第242页。

② 于恩德：《中国禁烟法令变迁史》，河南人民出版社2016年版，第16页。

二、乾隆朝:禁烟令的重申与扩展

尽管鸦片的输入规模在不断扩大,但乾隆朝前中期只是延续了雍正七年的禁烟令,并未有新的变化。东印度公司亦十分谨慎地对待中国的禁令。乾隆十五年(1750年),公司给来华船只发出训令:"商人亦通知我们,有一艘英国船的职员拿出一些鸦片出售;由于这种商品在本口岸是严厉禁止的,我们希望你一定要向属于你船上的各个职员或其他人员查询,是否藏有,如果他们有,你必须尽力用有效办法制止它在此上岸,这会使我们尊敬的雇主受到极大的妨碍。"①这是东印度公司对华方面的第二次有关鸦片的资料。

乾隆二十二年(1757年),英国取得孟加拉的霸权地位。虽然东印度公司开始关注鸦片之利益,但此时鸦片贸易依然由商人自由经营。公司深恐鸦片贸易会影响到对华的正常贸易,故对于非公司的船只是否装载鸦片是十分警惕的。乾隆二十九年(1764年),皇家战舰"亚尔古舟号"驶入黄埔,公司董事部听闻该船及其他私人贸易曾载运鸦片,故要求将此事的详细情况向公司报告。并称,向中国输入鸦片会使公司利益大受损害,只有公司的船才能豁免对于鸦片的搜查。②乾隆三十八年(1773年)东印度公司开始垄断了孟加拉的鸦片产销,鸦片利益对公司开始变得重要起来,但其重点是在东印度群岛及马来半岛。

由于中国国内鸦片吸食的现象进一步扩大,且开始出现了以烟枪灼火直接吸食烟膏的吸食方法,此法更为直接、成熟,是鸦片流毒蔓延滋长的必然结果③;故乾隆四十五年(1780年),清廷再颁鸦片禁令,禁止药用之外的鸦片进口,禁止烟具的输入及贩卖。④ 没有资料显示对医用鸦片的进口规定了限额,亦不清楚海关如何判定所谓医用的标准,很可能此禁令在实践中无法执行,或成为海关吏员索讹的凭借。而禁止烟具的贩卖,说明统治者已经察觉到吸食方式的变化,此条似乎亦隐含着禁止吸食之意。但从鸦片进口的增量

---

① [美]马士:《东印度公司对华贸易编年史:一六三五——一八三四年》(第一卷),区宗华译,广东人民出版社2016年版,第332页。
② [美]马士:《东印度公司对华贸易编年史:一六三五——一八三四年》(第一卷),区宗华译,广东人民出版社2016年版,第345页。
③ 蒋秋明、朱庆葆:《中国禁毒历程》,天津教育出版社1996年版,第11页。
④ 姚薇元:《鸦片战争史实考》,人民出版社1984年版,第12页。

来看,乾隆朝的禁令似乎亦未起到作用。而且,乾隆四十七年(1782年),因多种原因导致传统鸦片市场的销售困难及东印度公司的财政危机,东印度公司第一次以公司的名义开始向中国运输鸦片,但并不成功,只有200箱在广州及澳门售出。而广州方面的官吏对此并非不知情,海关监督向船只的保商索取20000两礼银后,便颁发了出口执照。马士认为,中国海关承认鸦片贸易事实的存在,"而20000两就等于或者补偿输入本地消费的200箱每箱100两的关税"。① 可见,清廷的腐败是导致鸦片流毒蔓延的根本内因。

但此后东印度公司的船只似乎暂时停止了将鸦片运往中国的行为。因当时公司驻广州之航务长,以中国政府严禁鸦片,寄函加尔各答,表示不满意于公司从事鸦片贸易。此后伦敦东印度公司理事闻此消息,亦认为从事私运损害公司名誉。② 但东印度公司在印度的鸦片政策直接鼓励、纵容了散商将孟加拉鸦片从不同渠道输入中国。乾隆五十三年(1788年),英国方面给中国特使卡思卡特中校的训令说:"你必须预防有可能会向你提出关于在中国境内严禁并为帝国法律所禁止的鸦片买卖的规定。如果讨论到这个问题,必须极度小心。无疑,我们印度领地出产的鸦片,有相当的部分流入中国,而该处的人们的嗜好,使对这种有害麻醉品的需要日形增加。但是,假如提出强硬要求,要在商约中规定不得运鸦片入中国的一条;你必须答应,而不要冒着丧失其他重大利益的危险,来抗争这方面的自由。至于我们在孟加拉售出的鸦片,只有任其在公开市场碰机会,或在东部海面分散曲折的贸易上寻找销路。"③由此训令可知,英国对鸦片的危害是十分清楚的,但认为中国人的嗜好才是贸易得以延续的原因。此时中国市场对于孟加拉的鸦片利益已经占有很重要的地位,英国方面极度希望不以东印度公司的名义运入中国鸦片的同时,孟加拉的鸦片能以曲折的途径占有中国广大的市场。

---

① [美]马士:《东印度公司对华贸易编年史:一六三五——一八三四年》(第二卷),区宗华译,广东人民出版社2016年版,第91页。
② 于恩德:《中国禁烟法令变迁史》,河南人民出版社2016年版,第16页。
③ [美]马士:《东印度公司对华贸易编年史:一六三五——一八三四年》(第二卷),区宗华译,广东人民出版社2016年版,第187页。

第二节　嘉庆朝的禁烟

乾隆晚年的吏治腐败及民间鸦片吸食方式的变化是导致鸦片流入量增大及吸食人数增加的两大因素。更为严重的是吸食阶层开始扩大,士大夫及官僚阶层亦开始沾染上吸食鸦片的习惯,而且鸦片流毒的区域亦开始从广东、福建沿海向内地蔓延。嘉庆帝的继位是以革新政治的形象出现的,其亲政第一年便诛杀了权臣和珅,并开始整肃官场纲纪。而此时的白银危机已经开始显现,皇帝立即将目光投射到国外鸦片的进口问题上。在此背景下,吸食鸦片的行为遭禁止,鸦片作为药品而合法进口的历史亦遭终结。

一、鸦片烟外禁的时间问题

鸦片烟外禁的时间在学界略有争议。晚清以来,一般说法均认为嘉庆元年(1796年)清廷开始禁止鸦片的进口。如魏源:"嘉庆元年,因嗜者日众,始禁其入口。"[1]民国学者于恩德:"嘉庆元年,清廷又颁布一新禁烟法令。"[2]对"嘉庆元年外禁说"明确提出异议,并进行详细考证的是日本学者井上裕正,其认为嘉庆元年(1796年)的外禁是子虚乌有,而外禁开始的时间应该是嘉庆四年(1799年)[3](其观点详见下文)。笔者认为,井上裕正的考证推翻了"嘉庆元年外禁说",但其论据不足以支撑所谓的"嘉庆四年外禁说"。关于外禁时间的考证,其标准的界定是一个关键性的问题。标准不一,会导致历史当事人及后世研究者的主观认知差异,而将此问题弄得扑朔迷离。鸦片烟外禁,是禁止外国商人将鸦片烟运入中国。这是一个关乎中外贸易的法律关系问题,其标准必须包含两方面的构成要件:其一,皇帝颁发谕旨,或相关部门(刑部)出台具体的法令,明确外国商船禁运鸦片之行为,并告知违令处罚的相关措施;其二,广东地方政府或粤海关根据清廷法令,针对外国商船贩运鸦

---

[1]　[清]魏源:《道光洋艘征抚记》,《魏源集》上册,中华书局1983年版,第168—169页。
[2]　于恩德:《中国禁烟法令变迁史》,河南人民出版社2016年版,第22页。
[3]　[日]井上裕正:《清代鸦片政策史研究》,钱杭译,西藏人民出版社2011年版,第167—181页。

片的行为开展实际的查禁行动。以此标准观之,嘉庆二十年(1815年)之前,皇帝从未有外禁之谕旨颁发,清廷亦未针对外国商船采取任何执法行动。其时,清廷在广东沿海稽查鸦片走私的对象,始终是国内不法商贩及贿纵卖放之官员。这仅是执行了雍正七年(1729年)颁发的《惩办兴贩鸦片烟及开设烟馆条例》,对相关人员的处罚亦是根据此条例进行的。显然,这属于内禁之范畴,而非外禁。

1. "嘉庆元年外禁说"辨误及"嘉庆四年外禁说"的形成

井上裕正否认"嘉庆元年外禁说",并提出"嘉庆四年外禁说"的证据有以下三个方面:

(1) 从清廷颁布法令的惯例而言,井上裕正认为"大凡一项禁令在颁布之时,如此前已有某一先行禁令,一般情况下都要提及。然而,当我们阅读嘉庆四年、十二年、十四年各禁令时","虽然发现十二年和十四年禁令提到了四年禁令,却无一处提及元年禁令"。①

(2) 道光十四年(1834年)九月十日,两广总督卢坤奏:"伏查外洋鸦片流入中华,由来已久。其初本以药材贩运入关,完税行销,沿海商民沾染外夷习气,煎膏吸食。迨嘉庆四年,前督臣以鸦片有害民生,禁止入口,贩运者不得入关。"②道光十六年(1836年)七月二十七日,两广总督邓廷桢亦奏:"迨嘉庆四年,前督臣觉罗吉庆议以外夷之泥土,易中国之货银,殊为可惜。且恐内地人民辗转传食,废时失业,奏请不许贩卖,犯者拟罪。"③井上裕正认为:"以上两奏虽然都提及了嘉庆四年对鸦片的禁止措施,却无一言涉及嘉庆元年禁令。而且两奏中所谓'迨嘉庆四年云云',语同'及至嘉庆四年才开始'之意,这说明,所谓嘉庆元年的禁令,至少在这两位上奏者的印象中并不存在。"④

(3) 井上裕正认为:"当时,东印度公司的广东地区负责人密切关注着清政府的动向,如发生颁布禁止鸦片贸易的上谕这类重大事件,他们绝不会忽略。实际上……最详尽地保存了嘉庆四年(1799年)'外禁'情况的史料,就

---

① [日]井上裕正:《清代鸦片政策史研究》,钱杭译,西藏人民出版社2011年版,第168页。
② 中国第一历史档案馆编:《鸦片战争档案史料》(第一册),上海人民出版社1987年版,第158页。
③ [清]文庆等纂辑:《筹办夷务始末》(第一册),上海古籍出版社2008年版,第12页。
④ [日]井上裕正:《清代鸦片政策史研究》,钱杭译,西藏人民出版社2011年版,第168页。

是东印度公司的记录,通过行商将此禁令转述于外方的粤海关签发之公文,英译后全文收录于《编年史》中。但即使在这篇英译的公文中,也全然未提及嘉庆元年(1796年)的禁令,处理1796年度各类资料的《编年史》第52章中,也未涉及任何有关鸦片禁令的事情。"且"更具决定意义的史料"是:"1798年12月9日,位于广东的东印度公司管货人向孟加拉总督提交了一份报告,转述了清政府可能会对鸦片输入加以禁止的情报,然后说:'但有一点则是确实的,最近,没有发出这类禁令的迹象。'"故"根据英国东印度公司方面的上述史料,'嘉庆元年鸦片外禁'之说同样不能成立"。①

井上裕正还详细考证了"嘉庆元年外禁说"形成的原因,即:道光十六年(1836年),清廷开展了"弛禁"与"严禁"之讨论,相关奏折及上谕被英国在广东的中文秘书兼翻译马儒翰译成英文。在这些翻译中普遍存在一个问题,即将中文中的"嘉庆初年"(初期)译成"嘉庆元年"(第一年),如朱嶟奏折中的"如鸦片烟一项,嘉庆初年,立禁已有专条",译成:"And in regard to opium, special enactments were passed for the prohibiting of its use in the fist year of Keaking(1796)."[关于鸦片,在嘉庆的第一年(1796年),就制定了禁止其使用的特别法令。]朱嶟奏折之英译本作为附录被收入英国驻华商务监督义律致外相巴麦尊的报告中,此报告又被收入英国政府提供给议会的文件中。另外,该折之英译本还被《广州纪事报》《广州周报》《中国丛报》等广东的英文刊物发表,居于广州的英国商人便形成了"嘉庆元年鸦片禁令"的印象。因此,1839年5月23日,广州英国商团给巴麦尊的请愿书中就指出:"鸦片对中国的输入,虽然曾在支付关税的基础上被认可,但1796年时遭到了禁止。"这份请愿书两天后发表于《广州周报》,后又被《新加坡自由报》转载。林则徐在广州主持禁烟,为了解西洋事,其组织翻译的外文报纸,主要有《广州纪事报》《广州周报》《新加坡自由报》等。翻译成中文的新闻记事,先以《澳门新闻纸》为名,后经取舍选择,编成《澳门月报》。《澳门新闻纸》第一册中记载:"前时,鸦片准纳饷进口,至一千七百九十六年(嘉庆元年丙辰)才止。"《澳门月报》三《论禁烟》亦载:"前时,鸦片准纳税进口,至一千七百九十六年才禁止。"而魏

---

① [日]井上裕正:《清代鸦片政策史研究》,钱杭译,西藏人民出版社2011年版,第169—170页。

源在编辑《海国图志》时,大量利用了林则徐组织翻译的《澳门新闻纸》与《澳门月报》。故魏源的《夷艘入寇记》《海国图志》《道光洋艘征抚记》均记载:"及嘉庆元年,因嗜者日众,始禁其入口。"因此,鸦片战争之后,"嘉庆元年外禁说"开始出现于利用魏源这批资料的一系列著作中。①

笔者认为,根据井上裕正的论述,可以推翻"嘉庆元年外禁说",特别是其"嘉庆元年外禁说"的形成过程,可谓考证严密,令人信服。但据其论证逻辑及所依赖的史料,不足以支撑所谓的"嘉庆四年外禁说"。事实上,与"嘉庆元年外禁说"一样,"嘉庆四年外禁说"亦是一个伪命题。

2."嘉庆四年外禁说"的辨误

笔者将按照历史事件的时间顺序,对井上裕正所依据的史料加以逐一辨析。

(1)井上裕正所谓"嘉庆四年外禁说"的核心证据来自嘉庆四年(1799年)十一月十一日粤海关监督佶山的一份知照。这份知照由托马斯·斯当东翻译成英文,收入美国学者马士所著《东印度公司对华贸易编年史》中。该知照的中文原件已失,目前所见是《东印度公司对华贸易编年史》第二卷收录的中译本,现摘录如下:

> 兹接抚院来函称:"……为杜绝此种祸根,必须阻塞其源,余等经缜密查访,此物系外国人输入,经由虎门进口,由湾泊该处之引水船或巡船运至深井,或以小艇从澳门分散偷运至省会。而沿途关卡之胥吏弁兵,虽明知其所为,但任由通过而不问,必因受巨额贿赂无疑。
>
> "目前如不竭力剪除祸害,则后患何堪设想!是以余等特颁此令,通告全省各地及各关卡文武官弁一体知照,随时随地严行查禁,一经发觉此种行为,即予惩处。同时,余等要求海关监督大人亦颁发严令,饬谕该管之官吏、家人及各关卡等弁兵,今后必须对引水船只、巡船及渔船等,严行搜查,有无夹带烟土,如有违犯,即予拿捕,

---

① [日]井上裕正:《清代鸦片政策史研究》,钱杭译,西藏人民出版社2011年版,第170—180页。

送官究办,治以应得之罪。如虽经余等公告,仍敢收受贿赂,暗中卖放者,必将严行追查其所经过地区与关卡,一经查明属实,决不宽贷。如有其他办法与章程,能加强禁止与查拿者,希海关监督大人于复函时,并予通知。"

接获上函,本官亦同样查究鸦片来源,发觉实系由外国船只运入,是以即令驻澳门税口委员,转知该处外国头目及各船指挥,饬谕彼等,本官决意禁止鸦片一物输入本口岸;假如发生此等事端,余等将按照接获之通告严行查缉。

除回复抚院大人之咨会外,特将上述命令饬谕行商,彼等更应凛遵毋违,并转饬各国大班,以便彼等严遵此令,禁止各该国船只运入鸦片。如今后任何船只运来此项物品,必无行商敢于妄行承保,或敢于承销舱货,如敢故违,本官将此事报告总督与抚院,即将该行商严查并处罚,决不稍予宽贷。行商必须按例回复,俾知彼等已遵奉此令。①

对这份知照进行分析,可以得出以下几点结论:

其一,从产生该知照的背景而言,粤海关监督佶山收到的仅是广东方面的来函,并未有任何共同阅知的文件,亦没有只言片字提及这是奉皇帝的谕旨。需要说明的是,海关监督属内务府职官,由皇帝简任。由于粤海关通过行商实行对外商的管理,故按照惯例,涉及沿海问题的处理,皇帝均要求军机处将相关谕折抄发给两广总督、广东巡抚、粤海关监督等共同阅知。一般来说,若清廷有外禁之谕旨,粤海关监督并不需要通过广东督抚的传达。即便嘉庆皇帝有外禁的谕旨给广东督抚,那么函告中必须提及这是奉谕旨的行动。可见,此次广东方面的行动,并无来自北京的任何指示。

其二,知照明确指出,函告粤海关的是广东抚院,即巡抚陆有仁②,而不是两广总督吉庆。在日后的嘉庆十二年(1807年)、十四年(1809年)的粤海关知照及道光十四年(1834年)、十六年(1836年)的卢坤与邓廷桢奏折中反

---

① [美]马士:《东印度公司对华贸易编年史:一六三五——一八三四年》(第二卷),区宗华等译,广东人民出版社 2016 年版,第 380—382 页。

② 钱实甫编:《清代职官年表》(第二册),中华书局 1980 年版,第 1648 页。

复出现的关键人物吉庆,在此事件中是完全缺位的。这说明吉庆与嘉庆四年(1799年)的知照并无直接关系。

其三,由函告可知,为杜绝鸦片入口,广东地方当局已经命令全省关卡严查引水船、巡船等船只,并要求粤海关方面对其所管辖的关卡及官吏亦照此办理。显然,此次广东地方政府的行动仅仅是针对引水等中国船只的检查,拿捕究办的只是中国的走私者,其对粤海关的要求亦是仅止于此。

可见,嘉庆四年(1799年),清廷并未颁布外禁谕旨,广东地方政府的查禁亦仅是针对中国的走私船只及受贿卖放的官员。虽然粤海关方面,让税务委员及行商向外国船只转达禁令,但这属于对函告的自我延伸理解,并非清廷的政策内容。而且粤海关亦未有任何针对外商船只的实际行动。因此,无论是从国家律法层面还是从禁令的实际操作层面,"嘉庆四年外禁说"均不存在。

(2)井上裕正所谓的"嘉庆十二年(1807年)及十四年(1809年)的两次禁令均提及四年(1799年)禁令"的说法存在诸多模糊甚至讹误之处。

嘉庆十二年(1807年)十月,浙江道监察御史郑士超以"粤东吏治废弛",奏请朝廷"严饬整顿"。其第四条即为"鸦片烟一项":"……近者省城内外,公然开设烟馆,工商士庶靡然成风。宴会则以之款客,嫁娶则用作妆奁……现由闽粤延及各省,以至京城内外,亦均有私贩私销处……粤海关监督稽查洋船货物,是其专责。闻该处把口书役人等,递年坐抽私税,盈千累万。因擅放入关,直行无阻。该监督亦收受陋规,难保无通同放纵之情弊。"①郑士超是广东籍言官,此折当是其回籍时的见闻。嘉庆帝认为郑士超"所有奏上五条,俱属切中时弊",关于鸦片烟的问题,其指出:"此虽属事之小者,然于地方风俗,殊有关系。该省并不实力查禁,可见积习因循,毫无整顿。著即一律严拿,按法惩治。并责令粤海关监督于洋船过口时,稽查杜绝,毋许透漏干咎。"②(笔者注:此处"洋船"非指外国船只,下文详解。)

粤海关监督常显获令后,于十一月二十一日向行商发出告示:

---

① [清]郑士超:《奏为敬陈粤东吏治废弛情形请旨严饬整顿事》(嘉庆十二年十月二十六日),中国第一历史档案馆藏军机档(录副奏折),档号:03-2498-023。

② 《仁宗实录》卷一八六,《清实录》(第三〇册),中华书局1986年版,第462—464页。

......嘉庆四年,前任海关监督佶与总督吉一致同意启奏皇上,恳陈行商与外国人之间商业来往进行之方法;在该奏章上,彼等向皇帝陛下呈请,必须将鸦片完全没收并予以禁止。此奏议深得皇上嘉许,并经记录在案……顷接部院与抚院发下关于鸦片同一事件之法令一份,内知会本官,皇上谕旨规定,所有外国船只于驶入本国口岸时,应经检查有无此项物品,以便预防走私夹带运入……尔等行商一经收到此令,即应遵照,并立即将其转谕外国大班——通知彼辈,勒令将其在彼辈各国所有来船公布,俾能一体知照,鸦片原为本朝禁止之物,是故彼等不得将其夹带入口……如彼等有敢于违犯或规避此令者,一经各关员吏查出此物,不独鸦片予以焚毁,而担保该船之行商、通事及外国人之运带此物者,将必受到极严之惩处。①

这就是所谓嘉庆十二年(1807年)禁令。该禁令的确提及嘉庆四年(1799年),两广总督吉庆与粤海关监督佶山上奏皇上,要求将鸦片没收禁止云云。但吉庆之奏折究竟是哪一件?内容如何?以往论者多语焉不详。中国第一历史档案馆中,嘉庆四年(1799年)吉庆的题本、奏折共 161 件,经梳理,并未见有奏请禁烟之内容。按清代的奏折制度,从雍正时起,即命令"内外臣工将御批奏折敬谨查收呈缴","若抄写、存留、隐匿、焚弃,日后败露,断不宥恕,定行从重治罪"。② 又"京中外省臣工的奏折,凡奉有御批者,除谢恩、陛见及请安奏折外,其余奏折,无论发抄或不发抄,皆另录副本一份存查"。③ 这就是奏折的呈缴及录副制度。笔者认为,若军机处录副中无吉庆此奏折,则存在以下三种可能:第一,该折根本就不存在。第二,该折遗失了。毕竟,从档案的保管层面而言,一史馆未必保存了所有的军机处录副奏折。第三,奏请禁烟之内容在附片中,而不见正折。从清代宫廷档案收储流传情况看,折、片分离现象所在多有。值得注意的是,粤海关监督常显的告示却提供了检寻吉庆奏折的线索。由告示可知,吉庆奏折之主题是"恳陈行商与外国人之间商业

---

① [美]马士:《东印度公司对华贸易编年史:一六三五——一八三四年》(第三卷),区宗华等译,广东人民出版社 2016 年版,第 82—83 页。
② 庄吉发:《清朝奏折制度》,故宫出版社 2016 年版,第 1 页。
③ 庄吉发:《清朝奏折制度》,故宫出版社 2016 年版,第 138 页。

来往进行之办法"。据此,该奏折似乎应为嘉庆四年(1799年)十一月二十日,吉庆所上的《奏为奉旨查办西洋夷商来粤贸易情形事》,但该折并未有所谓外禁鸦片烟的内容。① 井上裕正未见到此折原件,但其从《清实录》中已经注意到此折的内容,亦承认该折并无一句提到鸦片问题。② 那么,该奏折是否有附片,以及有关鸦片之内容是否存于附片中呢?以目前所掌握的资料还很难判断。但可以确定的是,吉庆奏折的军机处录副时间为十一月二十日,而此前九天,即十一月十一日,粤海关监督佶山就根据巡抚陆有仁的来函发出了禁烟知照。显然,无论有无附片,以及附片内容为何,均与所谓的嘉庆四年(1799年)之知照无关。而且佶山在知照中明确说是接到巡抚的来函,而非总督吉庆的命令,更未提及自己会同吉庆上奏禁烟。可见,常显对四年(1799年)知照的背景较为隔膜,所谓十二年(1807年)禁令本身就包含着诸多错误的历史信息。

再看嘉庆十四年(1809年)禁令。该禁令是两广总督兼署粤海关监督百龄于六月二十日谕令全体行商的知照:

> ……售卖鸦片,实属有违向来禁令,前总督吉会同前关部佶,早已在嘉庆四年下令禁止……
>
> 何以此种恶习不能根除。只因法令未经转告外人,使彼等尊奉;故此彼辈明知该船载有鸦片,但仍以查究消息告知,而隐庇外人将其私行运入……
>
> 是以除厉行严禁外,本官特颁此令,饬令该行商等务必凛遵;并即将本令内容,严行转知全体外人,此后不得再行偷运鸦片入口。如彼等私行运入,保商自应即行禀报,一经查获,即将该船拿捕并驱逐出口,亦不准该船仍留在广交易。
>
> 如该保商胆敢与彼等串同私行售卖,且不呈报者,一经发觉,除拿捕该船并驱逐出口外,亦必将该行商逮捕法办,治以应得之罪,决不稍予宽贷。

---

① [清]吉庆:《奏为奉旨查办西洋夷商来粤贸易情形事》(嘉庆四年十一月二十日),中国第一历史档案馆藏宫中档,档号:04-01-06-0005-002。
② [日]井上裕正:《清代鸦片政策史研究》,钱杭译,西藏人民出版社2011年版,第31页。

抑尤有进者，本官勒令无论何人，凡担保外国船只，在其起货时，必须向总督与关部出具甘结，确保该船并无私运鸦片……①

百龄于嘉庆十四年(1809年)正月，由山东巡抚迁两广总督。② 其履任后就开始奉旨调查前任吴熊光在十三年(1808年)英军强行登陆澳门事件中的失职之处。此前，吴熊光已经因"开舱见好于夷人，示之以弱"被革职。③ 百龄于嘉庆十四年(1809年)四月二十九日，上《奏为遵旨查明吴熊光在任地方公事不能随时清理及办理英人入澳错谬事》一折。④ 最终，吴熊光以"示弱失体，其疚实无可辞"，被"发往伊犁效力赎罪"。为此，嘉庆皇帝还特别提醒各省封疆大吏："守土是其专责，遇有关涉外夷之事，尤当立时亲往勘办，务臻妥协，方为无忝厥职。"⑤井上裕正分析，在嘉庆帝警告各省大吏之背景下，百龄又上《奏为酌筹华夷交易章程事》。⑥ 但根据军机处的录副，百龄上奏的时间为四月二十日，还早于调查吴熊光的奏折。⑦ 笔者认为，根据百龄当时面临广东沿海夷务处理之背景，其拟定华夷交易章程及发布上述鸦片禁令，均是为了稳定英军占领澳门事件对广东地区造成的诸多不利局面，应为顺理成章之事。另据井上裕正引马士之推测，百龄发布禁令似乎还有更深的商业背景，即与昆水官及其他行商间的竞争倾轧相关。因昆水官从事了一项由其他行商所垄断的生意，故竞争者便鼓动百龄禁烟。而昆水官的生意伙伴原本是准备以鸦片投机款付给昆水官的。百龄禁烟令发布后，付款计划被搁置。⑧

---

① [美]马士：《东印度公司对华贸易编年史：一六三五——一八三四年》(第三卷)，区宗华等译，广东人民出版社2016年版，第140—141页。
② 钱实甫编：《清代职官年表》(第二册)，中华书局1980年版，第1444—1445页。
③ 《仁宗实录》卷二〇三，《清实录》(第三〇册)，中华书局1986年版，第715—716页。
④ [清]百龄：《奏为遵旨查明吴熊光在任地方公事不能随时清理及办理英人入澳错谬事》(嘉庆十四年四月二十九日)，中国第一历史档案馆藏军机档(录副奏折)，档号：03-1521-087。
⑤ 《仁宗实录》卷二一〇，《清实录》(第三〇册)，中华书局1986年版，第819—821页。
⑥ [日]井上裕正：《清代鸦片政策史研究》，钱杭译，西藏人民出版社2011年版，第39页。
⑦ [清]百龄：《奏为酌筹华夷交易章程事》(嘉庆十四年四月二十日)，中国第一历史档案馆藏军机档(录副奏折)，档号：03-2144-010。
⑧ [美]马士：《东印度公司对华贸易编年史：一六三五——一八三四年》(第三卷)，区宗华等译，广东人民出版社2016年版，第119—120页；[日]井上裕正：《清代鸦片政策史研究》，钱杭译，西藏人民出版社2011年版，第40页。(笔者注：昆水官在马士的英著原文中为"Conseequa"，当为丽泉行行商潘长耀，见梁嘉彬：《广东十三行考》，广东人民出版社1999年版，第303—304页。)

无论嘉庆十四年(1809)禁令的背景如何,可以明确的是,百龄既未奉有禁烟谕旨,此后亦未有针对外船的查禁行动,故不能视为外禁。若仔细分析禁令内容,还会发现有多处讹误:其一,所谓"售卖鸦片,实属有违向来禁令,前总督吉会同前关部饬,早已在嘉庆四年下令禁止"云云。根据前文分析,粤海关监督佶山在接到巡抚陆有仁的来函后,才向行商发出知照,但并不是与总督吉庆会同发出。甚至没有证据显示,吉庆与此事件有何相关性。其二,嘉庆四年(1799年)、十二年(1807年)的海关知照,均通过行商向外人转达了相关意思。何来所谓的"此种恶习不能根除,只因法令未经转告外人"之说呢?可见,百龄对嘉庆四年(1799年)、十二年(1807年)知照的来龙去脉并不十分清楚。

(3) 道光年间的两任两广总督卢坤、邓廷桢均在奏折中提及嘉庆四年(1799年)吉庆奏请禁烟。笔者认为,这或许与吉庆的《奏为奉旨查办西洋夷商来粤贸易情形事》有关。当时,虽然清廷在对外贸易中处于顺差地位,但由于国内经济依赖白银流通,统治者对国内存银的变化是十分敏感的。故朝廷最关注的广东沿海问题并不是鸦片,而是白银漏卮。此前,嘉庆帝曾有上谕给吉庆,论及在中西贸易中,中国耗银极多,特别是钟表、玻璃这些昂贵却不实用的奢侈品"巧取中国之银数千数百",要求吉庆对如何"不使内地银两被夷人巧赚"提供建议。吉庆遵旨复奏,认为用中国的白银换取外国的钟表、玻璃等物是以有用易无用,"未免稍损元气",其给出的建议是:"若内地不以此等为要物,夷商自无从取巧。"①嘉庆在奏折的批复中自辩"朕从来不贵珍奇,不爱玩好,乃天性所禀,非矫情虚饰",并强调自己视这些物品如"粪土",要求吉庆等"勿令外夷巧取,渐希淳朴之俗"。②尽管,对于银漏问题而言,君臣间的空洞讨论根本无济于事,但是形成了用中国有用之银换取钟表、玻璃这些无用且如粪土的珍奇之物是损害中国元气的共识。在此逻辑之下,将不但无用且破坏淳朴之俗的鸦片视为粪土就更加顺理成章了。而就在此期间,广东巡抚陆有仁函告粤海关,让其加强鸦片走私的查禁。这很容易形成吉庆的奏折与此次禁烟令有关的印象。故虽然吉庆奏折并未提及鸦片问题,却并非与

---

① [清]吉庆:《奏为奉旨查办西洋夷商来粤贸易情形事》(嘉庆四年十一月二十日),中国第一历史档案馆藏宫中档,档号:04-01-06-0005-002。
② 《仁宗实录》卷五六,《清实录》(第二八册),中华书局1986年版,第719—720页。

鸦片流入全无关系。井上裕正亦认为吉庆与皇帝的"上述书信往来肯定与该项禁令有着密切联系"①，这一说法是有道理的。

或许令人难以理解的是，几任海关监督的公开告示、两位封疆大吏的奏折均"言之凿凿"论及"四年禁烟"，无论是对外知照还是示以皇帝，难道他们敢于无中生有吗？笔者认为，在此类公文中，主观上或许不会无中生有，但客观上由于对某类问题的无知或因袭陈说，会造成无中生有的情况。严肃的行政公文所记载的亦未必是历史真相。我们只要将前述史料再梳理一遍，即可发现这一问题。嘉庆四年（1799年），粤海关监督佶山的告示非常明确地说明，海关方面是接到广东巡抚陆有仁的函告，根据函告要求而准备加强对鸦片贸易的查禁，这是最为接近历史真相的表述。而十二年（1807年），海关监督常显的告示则谓前海关监督佶山与两广总督吉庆一致同意启奏皇上，要求禁烟。十四年（1809年），百龄的告示又有了变化，谓前总督吉庆会同前海关监督佶山，下令禁止鸦片。而且该告示无视四年（1799年）、十二年（1907年）的禁令均转达外人的事实，居然认为"何以此种恶习不能根除，只因法令未经转告外人"。十年内，在同一部门的告示中对同一事件的表述居然有了不同的三个版本。此外，道光十四年（1834年）、十六年（1836年）的卢坤与邓廷桢的奏折内容亦多有矛盾之处。如卢坤之"前督臣以鸦片有害民生，禁止入口"，而邓廷桢却是"前督臣觉罗吉庆以外夷之泥土，易中国之货银，殊为可惜"，才"奏请不许贩卖，犯者拟罪"。二者所阐述的吉庆奏请禁烟的原因并不一致。更令人费解的是，早在雍正七年（1729年）清廷就拟定了针对国内开设鸦片烟馆及兴贩鸦片烟的科条②，若吉庆再奏请"不许贩卖，犯者拟罪"不是莫名其妙吗？显然，若将相关史料连续起来考察就可看出，诸多历史当事人对鸦片问题的确缺乏关注和研究，对清廷禁烟政策之演变比较隔膜。此外，嘉庆四年（1799年）粤海关监督佶山的告示对吉庆一字未提，反而是多年之后的常显、百龄、卢坤、邓廷桢等人一再提及，且在各自的表述中，吉庆的角色地位亦不断发生变化。这一现象从传播学角度而言，亦符合随着时间推移，陈说被逐渐放大、固化的规律。

---

① ［日］井上裕正：《清代鸦片政策史研究》，钱杭译，西藏人民出版社2011年版，第31页。
② 马模贞主编：《中国禁毒史资料》，天津人民出版社1998年版，第5页。

那么，为何会出现上述历史当事人在严肃的公文中存在诸多讹误及相互矛盾之处呢？考察清廷的奏折制度或许可以探究一二。以两广总督卢坤和邓廷桢为例，若检索档案目录可以发现，道光十四年（1834年），卢坤所上题本及奏折共230件，约3天就要赶办2件。道光十六年（1836年），邓廷桢所上题本及奏折共277件，约5天就要赶办4件。① 这个工作量应该是当时督抚的均量。由于公文数量庞大，绝大多数的奏折均由督抚给指导意见，幕僚文吏具体操办。那么奏折是如何保存的呢？一般来说，上奏官员会保存奏折底稿，而底稿是随个人而行的，并不保存于地方官衙。如曾国藩在九江水战中遗失奏折底稿，多年以后只得委人从京中抄回原奏。② 又如，《李鸿章全集》的出版即利用了大量李氏后人所保存的收藏于上海图书馆的李鸿章个人文稿，其中就有不少奏折底稿。而获皇帝朱批的奏折，则必须呈缴，个人不得抄写、存留。朱批奏折与廷寄均锁在折匣内发送，一起返回并庋藏在内廷，不公之于众，亦不出现于邸抄中，绝大多数的官员亦接触不到。③ 按此制度，奏折一般保存三份：一份底稿随官员个人，一份由宫中存档，一份由军机处录副。易言之，常显、百龄、卢坤及邓廷桢的幕僚书写文牍时并不能阅读到前任总督的奏折原文，故对禁烟政策溯及既往的叙述只是因袭陈说，从这些文件叙述中的矛盾之处，亦可证明此点。值得注意的是，与卢坤、邓廷桢差不多同时代的魏源对鸦片问题的研究是比较深入的，但在其著述中从未见嘉庆四年（1799年）禁烟之说。

综上所述，"嘉庆四年外禁说"是不成立的。

3. 嘉庆二十年（1815年）鸦片烟外禁政策形成之分析

明确的政策规定与实际的执法行动是鸦片烟外禁的两个构成要件。据此，笔者认为清代鸦片烟外禁的时间应始于嘉庆二十年（1815年）。而嘉庆四年（1799年）、十二年（1807年）、十四年（1809年）的禁令均不能作为外禁的开始。前文已经对"嘉庆四年外禁说"进行了辨误，下面将逐一分析十二年（1807年）、十四年（1809年）、二十年（1815年）禁令，以证明鸦片烟外禁实始

---

① 见中国第一历史档案馆目录查询系统。
② 朱东安：《曾国藩传》，辽宁人民出版社2014年版，第72页。
③ ［美］白彬菊：《君主与大臣：清中期的军机处（1723—1820）》，董建中译，中国人民大学出版社2017年版，第102、114页。

于嘉庆二十年(1815年)。

如前文所述,嘉庆十二年(1807年),嘉庆帝在收到郑士超的奏折后"责令粤海关监督于洋船过口时,稽查杜绝,毋许透漏干咎"。① 粤海关监督常显在接到命令后,即饬令行商向外商转达禁令:"皇上谕旨规定,所有外国船只于驶入本国口岸时,应经检查有无此项物品,以便预防走私夹带运入……如彼等有敢于违犯或规避此令者,一经各关员吏查出此物,不独鸦片予以焚毁,而担保该船之行商、通事及外国人之运带此物者,将必受到极严之惩处。"②

这似乎是嘉庆帝首次明确下达了对外商船只进行查禁的谕令。从常显随后颁布的禁令而言,此点亦似乎毋庸置疑。但非常值得注意的是,此处"洋船"是否就是指外国船只？事实上,明清时期,洋船常泛指在海中航行的大船。如明代沈德符在《万历野获编》中记道:"正统七年三月,又命南京造洋船三百五十艘。"此处"洋船"显然不是指外国船只。而检索档案可以发现,嘉道时期的"洋船"多指从事海上贸易的中国大船,如:嘉庆年间的浙江巡抚阮元《为题请核销杭州等府属办解各项料价洋船水脚等项用过银两事》,两江总督百龄《奏为粤洋盗匪张保呈缴大号洋船战守均为得力请将此船安置虎门留为巡防等事》,直隶总督温承惠《奏为酌定洋船抵津停泊地方及卸货退泊日期事》;道光年间的山东布政使杨庆琛《奏为遵旨饬查山东洋面抢劫案件并严查金格成号可疑洋船事》,直隶总督琦善《奏为搜获洋船烟土有方获邀奖叙一事谢恩事》《奏为委员常驻关口查验运津夹带和售鸦片洋船事》。③ 事实上,笔者考察了上百篇有关当时沿海问题的奏折上谕,"洋船"一词无一是指外国船只。限于篇幅,不能一一列举。因此,笔者认为上述嘉庆帝所谓的"洋船"仍是指从事海上贸易的中国船只。那么当时将外商的船只称为什么呢？同样通过档案检索可以发现,当时的上谕、奏折中对外商船只多数情况下称"夷船",少数情形称"外船"。可见,"洋船"与"夷船"在历史语境中的区别是清晰

---

① [清]郑士超:《奏为敬陈粤东吏治废弛情形请旨严饬整顿事》(嘉庆十二年十月二十六日),中国第一历史档案馆藏军机档(录副奏折),档号:03-2498-023;《仁宗实录》卷一八六,《清实录》(第三〇册),中华书局1986年版,第462—464页。
② [美]马士:《东印度公司对华贸易编年史:一六三五——一八三四年》(第三卷),区宗华译,广东人民出版社2016年版,第82—83页。
③ 见中国第一历史档案馆藏军机档、宫中档,档号:02-01-008-002809-0019、03-2138-079、03-2143-023、03-2984-045、03-4007-026、04-01-08-0177-005。

的,不应产生歧义。常显本人对此亦是相当了解的,其在给嘉庆的奏折中亦是用"夷船"指代外国商船的,如嘉庆十六年(1811年),常显所奏《粤海关壬申年份税饷短少实因夷船阻风少到事》。① 那么常显为何将谕旨中"洋船"强解为"夷船"呢?笔者尚不能解释其动机,或许是为了增加查禁行动的合法性,亦或许是暗示从事鸦片贸易的商人们:有了皇帝的谕旨,海关的压力会增加,因此贿赂成本也应相应增加。

根据分析,我们可以明确的是:嘉庆十二年(1807年),嘉庆帝并未有外禁谕旨颁布。虽然粤海关在知照中声明奉有皇帝谕旨,但这是海关监督常显对谕旨的误解或歪曲。从禁令发布的形式而言,通过行商向外商转达意思,并不是中国官方与外商发生的直接法律关系。从禁令内容而言,对违犯者如何稽查、如何处罚未有具体规定,执行的困难亦很大,并不能算是一个完整的法令。事实上,该禁令颁布后,海关所谓的查禁行动依然针对的是行商及中国船只,未有任何资料显示,外商船只遭到海关的检查。

嘉庆十四年(1809年),两广总督兼署粤海关总督百龄再次通过行商向外商转达禁令:"此后不得再行偷运鸦片入口。如彼等私行运入,保商自应即行禀报,一经查获,即将该船拿捕并驱逐出口,亦不准该船仍留在广交易。""如该保商胆敢与彼等串同私行售卖,且不呈报者,一经发觉,除拿捕该船并驱逐出口外,亦必将该行商逮捕法办,治以应得之罪,决不稍予宽贷。""抑尤有进者,本官勒令无论何人,凡担保外国船只,在其起货时,必须向总督与关部出具甘结,确保该船并无私运鸦片。"②

前文已详述该禁令的背景。相比较嘉庆十二年(1807年)禁令而言,其规定保商要出具外商船只没有载运鸦片的甘结,规定了将违令外船驱逐出口,并禁止贸易的措施。这些具体且操作性强的规定在嘉庆二十年(1815年)禁令中得以保留。但此次禁令亦未获有皇帝的命令,针对外商船只的检查依然未得到执行,故无论从政策层面,还是实践执行层面均不能称为外禁之开始。

---

① [清]常显:《奏为粤海关壬申年份税饷短少实因夷船阻风少到事》(嘉庆十六年三月二十日),中国第一历史档案馆藏军机档(录副奏折),档号:03-1769-080。
② [美]马士:《东印度公司对华贸易编年史:一六三五—一八三四年》(第三卷),区宗华译,广东人民出版社2016年版,第141页。

在此后的数年中,嘉庆帝虽然多次对沿海鸦片问题发布谕旨,但从没有涉及外国商船查禁的内容。如嘉庆十六年(1811年)二月,因湖北巡抚钱楷奏请查禁外洋鸦片,皇帝再次责成各处海关监督、沿海督抚认真查察,"嗣后海船有夹带鸦片烟者,立行查拿,按律惩办。如委员胥吏有卖放情弊,均予重惩"。① 嘉庆十八年(1813年)六月,因京城发现侍卫官员买食鸦片烟②,清廷出台了禁止鸦片吸食的法令(详见下文)③。但嘉庆仍认为鸦片泛滥的原因在内而不在外,"奸商嗜利贩运,陷溺多人,皆由各处海关私纵偷越",故其再次严饬"沿海各关,如查有奸民私贩鸦片烟,冒禁过关,一经拿获,将鸦片烟立时抛弃入海,奸商按律治罪"。④ 可见,至此嘉庆帝在禁止鸦片烟的斗争中所要查禁的对象始终是嗜利奸商和私纵偷越之海关。

嘉庆二十年(1815年),情形开始发生变化。该年的兴亮私贩鸦片案与朱梅官案,直接推动了清廷鸦片烟外禁政策的最终形成。兴亮是广州驻防正红旗满洲骁骑校,其乘随副都统萧昌年班进京之机,沿途兜售鸦片。此案牵涉较广,除兴亮本人被"发往新疆效力赎罪"外,沿途"失察之泛口地方文武官员"亦遭"职名咨参"。⑤ 而广州将军本智,粤海关监督祥绍则"交部议处"。⑥ 嘉庆对兴亮一案极为重视,开始思考更为严厉的禁烟措施。兴亮案刚处理完毕,嘉庆就接到两广总督蒋攸铦有关拿获朱梅官等人贩运鸦片案的奏报。蒋攸铦在奏折中说明朱梅官与外商交易时,外商无现银而以鸦片作为抵押款,朱梅官不得已而受之。此后,朱梅官被发配新疆。⑦ 实际上朱梅官是鸦片巨商。虽然该案根据蒋攸铦的奏请,以偶然之鸦片案件结案,但该案涉案人员达十余人,窝案特征十分明显。清廷对案件之背景亦并非全无所知。故蒋攸铦倍感压力,极力在皇帝面前充当禁烟行动的急先锋。嘉庆二十年(1815

---

① [清]钱楷:《奏陈管见严饬闽粤海口各关监督夹带鸦片事》(嘉庆十六年二月十三日),中国第一历史档案馆藏军机档(录副奏折),档号:03-2423-002。
② 《仁宗实录》卷二七〇,《清实录》(三一册),中华书局1986年版,第655页。
③ 中国第一历史档案馆编:《鸦片战争档案史料》(Ⅰ),天津古籍出版社1992年版,第5—6页。
④ 中国第一历史档案馆编:《鸦片战争档案史料》(Ⅰ),天津古籍出版社1992年版,第15页。
⑤ [清]董诰:《奏为审拟私带鸦片之广东骁骑校兴亮事》(嘉庆二十年正月初十日),中国第一历史档案馆藏军机档(录副奏折),档号:03-2423-006。
⑥ 中国第一历史档案馆编:《鸦片战争档案史料》(Ⅰ),天津古籍出版社1992年版,第15页。
⑦ 中国第一历史档案馆编:《鸦片战争档案史料》(Ⅰ),天津古籍出版社1992年版,第15—18页。

年)三月,其奏请朝廷:"请于西洋货船到澳时,先行查验,并明立赏罚,使地方官知所惩劝。"此奏印证了前述笔者的分析,即嘉庆十二年(1807年)、十四年(1809年)禁令中所谓对外国船只的检查根本未得到执行。而嘉庆的谕旨更能说明问题:

> 嗣后西洋货船到澳门时,自应按船查验。但此时查禁之初,先当向该夷人等明白晓谕。著该督等广为出示……"嗣后尔等货船到澳,均需逐船查验,如一船带有鸦片,即将此一船货物全行驳回,不准贸易。若各船皆带有鸦片,亦必将各船货物全行驳回,俱不准其贸易,原船即逐回本国。……若敢于私自制造,希图就近牟利,则法律具在,即与在中国私传天主教无异,必重治尔等之罪,不能宽恕。"如此剀切示谕,该夷人等自各畏惧凛遵,不敢违禁售卖,以后仍随时认真查验,庶可杜绝来源。……嗣后有拿获鸦片烟之案,除查明地方委员等,有得规故纵情事应严参办理外,其仅止失察者,竟当概行宽免处分。至所请拿获兴贩烟斤自二百斤至五千斤以上,分别纪录加级及送部引见。……将此谕令知之。钦此。①

可见,至此皇帝才有谕旨,要对"西洋货船"进行检查,并明确是"查禁之初"。该谕令对执行、处罚等措施亦有明确的规定,算得上是较为完整的政策法令。故嘉庆二十年(1815年),清廷在政策层面才开始了鸦片烟的外禁。值得一提的是,将拿获鸦片烟斤的数量作为官员加级与送部引见的依据,却出现了意想不到之"效果",日后海关与缉私官兵对兴贩者的卖放就是以提取一定比例的鸦片为条件的。道光年间的水师副将韩肇庆就是借此成为"缉毒英雄"而擢升为总兵的。

在实践执行层面,清廷亦从此时开始了针对外国商船的检查行动。事实上,目前东印度公司档案中,保留的最早的中国方面搜船的记录也是嘉庆二十年(1815年)。该年5月2日,英国散商船只"凯瑟琳号"从孟加拉驶抵黄埔,并将所载鸦片转送美国船只"莉迪亚号"。两广总督派出一名军官搜查美

---

① 《仁宗实录》卷三〇四,《清实录》(第三二册),中华书局1986年版,第38页。

船,尽管遭抗议,但还是得以开舱检查。① 此后,两广总督蒋攸铦还专门制定了检查章程,宣布"今后,凡葡萄牙船舶驶入澳门,必须将舱货向海关呈报,以便派人检验"。② 以往葡萄牙船只驶经外洋口岸及返回澳门是免予查验的。这再次证明了嘉庆二十年(1815年)才真正对外国船只有所行动了。澳葡政府对中国的搜查行动是比较配合的。为保证鸦片利益在查禁行动之下不受损,澳葡方面试图寻求通过贿赂的方式解决问题。③ 但遭到非葡萄牙商人,主要是英国商船的抵制。澳门立即恢复了禁止葡萄牙以外的商船运载鸦片由澳门上岸的规定,这导致了英国商船开始将鸦片集中运往黄埔。此外,英国方面对于中国的查禁行动亦是极为抵制的。东印度公司曾明令"凡悬挂英国国旗之船,必须拒绝搜查","英国私人船只,各船长亦必须拒绝搜查",其表面原因是冠冕堂皇的"为保持国家之尊严",而在其内部的一份文件中则承认是避免"将来对于欧洲与中国之贸易,恐发生恶果"。④ 这个"恶果"当然是指最富有利润的鸦片贸易受损。由于英船的抵制,甚至偶然还派出兵船示威,清廷之搜查常常只得放弃。嘉庆二十年(1815年)后,中外因搜船而频繁发生摩擦,亦证明了二十年(1815年)才是行动之开始。

综上,无论从谕旨政策层面,还是从实际查禁行动的执行层面,嘉庆二十年(1815年)才真正开始了鸦片烟的外禁。此后,嘉庆皇帝涉及鸦片问题的谕旨,亦不再回避,均明确要求加强对外商的查禁。如二十二年(1817年)给两广总督蒋攸铦的谕旨:"夷人所带鸦片烟泥是例禁之物……再次向外商晓谕中国禁令,将来有犯必惩。……嗣后不得托词未悉例禁。"⑤而嘉庆二十五年(1820年),两广总督阮元与粤海关监督阿尔邦阿再颁禁令,该禁令并未提及四年(1799年)、十二年(1807年)、十四年(1809年)禁令的有关内容,却有"翻阅案卷,查知嘉庆二十年间……应对各船加以盘验"⑥云云。可见,嘉庆

---

① [美]马士:《东印度公司对华贸易编年史:一六三五——一八三四年》(第三卷),区宗华译,广东人民出版社2016年版,第265—266页。
② [美]马士:《东印度公司对华贸易编年史:一六三五——一八三四年》(第三卷),区宗华译,广东人民出版社2016年版,第266页。
③ 于恩德:《中国禁烟法令变迁史》,河南人民出版社2016年版,第38页。
④ 于恩德:《中国禁烟法令变迁史》,河南人民出版社2016年版,第30—33页。
⑤ 《仁宗实录》卷三三二,《清实录》(第三二册),中华书局1986年版,第375页。
⑥ [美]马士:《东印度公司对华贸易编年史:一六三五——一八三四年》(第三卷),区宗华译,广东人民出版社2016年版,第433页。

二十年(1815年)确为鸦片烟外禁之始。

笔者据清廷外禁谕旨的颁布及针对外船的实际查禁行动这一标准,而将外禁鸦片烟的时间锁定为嘉庆二十年(1815年)。与此相关的两个问题还需要再加以说明。其一是关于嘉庆四年(1799年)吉庆的奏折问题。根据常显告示所提供的线索,基本可以确定吉庆所奏应为《奏为奉旨查办西洋夷商来粤贸易情形事》。该折并未有奏请禁烟之内容,至于该折是否有附片,以及禁烟内容是否存于附片之中,尚不得而知。但从时间上而言,吉庆所奏晚于嘉庆四年(1799年)粤海关的告示。而根据前文的分析,即便是嘉庆四年(1799年)的海关告示亦不能视为外禁之始,又何况是与海关告示都无关系的吉庆奏折呢?易言之,在笔者的论证逻辑中,吉庆有无奏请禁烟并不是考证外禁时间的关键。其二是因主观认知的差异,历史当事人与后世研究者所理解的"外禁"是否一致的问题。虽然嘉庆四年(1799年)、十二年(1807年)、十四年(1809年),粤海关方面多次向外商转达禁令,这或许可视为历史当事人所理解之"外禁"。但如前文所述,此既非国家法令,亦未有实际执法行动,对鸦片贸易也未产生任何影响,故自然不能视为外禁之始。而嘉庆二十年(1815年),皇帝谕旨要求对外船进行查验,且明确是"查禁之初",并规定了具体的处罚措施,当视为比较完整的外禁法令。而此后又在实践层面展开了对外国商船的执法行动,并对沿海鸦片贸易产生了实际的影响,导致鸦片走私从"澳门时代"进入"黄埔时代"。因此,将嘉庆二十年(1815年)作为外禁之始与历史事实是契合的。

二、禁止吸食法令

嘉庆十八年(1813年)六月,京城发现有侍卫官员买食鸦片烟。[①] 嘉庆帝对此极为震怒。随后清廷颁发谕旨:"著刑部定立科条,凡商贩售卖鸦片者应作何治罪;侍卫官员等买食者应议以何等罪名;军民人等买食者应议以何等罪名;区别轻重,奏定后通行颁示。"需要注意的是,雍正七年(1729年)禁止"兴贩鸦片烟",主要指运输批发,而此处"商贩售卖"则指零售。事实上,虽然买食鸦片烟原无科条规定,但历年刑部审理时"俱照违制律杖一百"。刑部奉

---

① 《仁宗实录》卷二七○,《清实录》(第三一册),中华书局1986年版,第655页。

旨后很快便拟定章程,规定:"嗣后侍卫官员买食鸦片烟者,比照官员赌博情罪,革职、杖一百、枷号二个月。军民人等买食者,杖一百,枷号一个月。兴贩及开馆者,仍照旧例治罪。"此外,对于买食鸦片的内廷太监人等,则"立行查拿,枷号两个月,发往黑龙江,给该管处官员为奴"。①

至此,清廷经过了近100年的时间终于完善了禁止鸦片烟的主要法律环节。

三、嘉庆年间禁烟效果之分析

嘉庆皇帝个人对禁烟的态度是十分积极的,在其统治期间,国家的禁烟治理体系得到进一步完善。一方面从消费需求上加以遏制,首次颁布了禁止吸食鸦片烟的法令;另一方面从鸦片烟的来源上加以杜绝,明确了不再将鸦片作为药品征税进口,禁止外国商人及沿海商贩走私鸦片的行为。但禁烟效果不理想,自嘉庆五年(1800年)至嘉庆二十五年(1820年)的20年中,每年的鸦片输入量多在4000箱以上,个别年景甚至突破5000箱(详见第二章)。这与乾隆中后期年均输入1000箱的数量相比增长了4倍有余。而与之对应的是,吸毒现象亦由东南沿海向内地乃至京城进一步蔓延,而吸食人群亦由所谓"市井无赖"扩大至侍卫、官员、太监等,如嘉庆二十一年五月,四川省按察使司发布禁烟告示:"近闻川省私□□鸦片烟者日渐增多,自因销路渐宽、获利较重所致。"②

为何在逐渐严厉的禁烟政策之下,鸦片的贩卖及吸食却渐趋泛滥呢?

其一,嘉庆皇帝自己对鸦片烟的危害未有足够的认识,其统治初期的禁烟,着眼点与前朝一样,是基于道德风俗方面的认识。如前述嘉庆十二年,嘉庆在郑士超奏折的批复中就认为鸦片烟"此虽属事之小者,然于地方风俗,殊有关系"。而正是因此,嘉庆朝的禁烟法令虽渐趋严厉,但立法层次不高,对相关人犯的处罚多见"照违制律""比照官员赌博情罪""照邪教惑众罪""与在中国私传天主教无异"等,始终未形成相对独立完整的刑罚科条。更为重要的是,在当时涉及广东问题的上谕及奏折中,除了鸦片问题外,还有抗租、抗

---

① 中国第一历史档案馆编:《鸦片战争档案史料》(Ⅰ),天津古籍出版社1992年版,第5—7页。
② 《巴县档案中保存的嘉庆二十一年禁烟告示》,《四川档案》2010年第2期。

粮、海盗、会党、客家、华侨、苦力、疍民、械斗、汉奸等问题,若忽略了各问题之间的整体关联性,仅将鸦片问题作为孤立的地区风俗问题加以考虑,则不能从国家治理层面发挥禁烟法令的效果。

其二,官吏受贿纵容私运是禁烟法令失效之最大原因。如外商运鸦片至广州,广州地方官吏常借端诈索,以增加个人之私利。据当时在华贸易的外商描述:"自从禁止鸦片以来,鸦片贸易在地方官吏纵容默许之下,仍然在黄埔与澳门两地进行,而且有些官吏监视着鸦片一箱箱搬运,每箱收费若干,又有些官吏距离走私地方较远,则每年接受贿赂若干,纵容私运者干犯禁令。"而且"用外国船只载运鸦片直到黄埔的做法,一直持续到1820年,没有受过任何干预和骚扰"。① 嘉庆二十四年(1819年)十月,东印度公司的一艘小艇从黄埔驶往广州途中,被海关拦截,并发现鸦片10—12磅重,但保商付出6000元将事情解决,公司方面认为这样的付出是微小的。② 东印度公司方面对粤海关监督的认识是:"一般人相信,海关监督因暗中鼓励此种违法贸易而发财,故彼决不积极设法禁止。"③对两广总督的认识则为:"总督关于禁烟之语,不过官样文章而已,毫无积极禁止贸易之意,因政府久以纵容私运为发财之机会。"④在此情形下,印度当局向港脚商人拍卖鸦片时,循例告知他们,现在中国有禁烟法令,但同时亦坦白劝告他们,用不着为此紧张。⑤ 有些洋商甚至认为:"再也没有比偷运鸦片到中国来更简单的事情了。"⑥朝廷对于地方官吏的卖放并非不知情,但除了屡颁上谕饬令沿海各省官吏严密查禁外,并未有有效有力的措施改变这种状况。嘉庆曾谕令广东、福建、浙江、江苏等省督抚若发现海关监督有"阳奉阴违",并"私收税课"的行为,则"实力查参,将该监督先行革职,由驿具奏,朕必从重惩治"。⑦ 海关监督是由皇帝直接简

---

① 姚贤镐编:《中国近代对外贸易史资料(1840—1895)》(第一册),中华书局1962年版,第315—316页。
② [美]马士:《东印度公司对华贸易编年史:一六三五—一八三四年》(第三卷),区宗华译,广东人民出版社2016年版,第398页。
③ 于恩德:《中国禁烟法令变迁史》,河南人民出版社2016年版,第21页。
④ 于恩德:《中国禁烟法令变迁史》,河南人民出版社2016年版,第25页。
⑤ [美]张馨保:《林钦差与鸦片战争》,徐梅芬、刘亚猛等译,福建人民出版社1989年版,第19页。
⑥ [英]格林堡:《鸦片战争前中英通商史》,康成译,商务印书馆1961年版,第101页。
⑦ 《仁宗实录》卷二七一,《清实录》(第三一册),中华书局1986年版,第673—674页。

放的内务府官职,嘉庆竟令督抚先行革职,再行具奏,亦可见其禁止鸦片决心之一斑。嘉庆二十五年(1820年),嘉庆曾密令两广总督阮元密查在鸦片案中,粤海关监督阿尔邦阿及前任祥绍有无收受私税一事。① 但实际情况是,地方沿海官员与海关亦互相掩护,互相参奏之事从未发生。

其三,清代中期,国力衰弱。虽然统治者仍以天朝上国自居,但实际上对那些不服膺于中国礼仪的西方人是怀有畏惧心理的。而这种畏惧是羞于启齿、难以言表的。在对外关系的处理上亦以避免摩擦、不生事端为原则。广东当局既害怕因执法摩擦而酿成事端,影响自己的乌纱帽,又不想破坏地方官员的整体利益,因而尽量以不生事为原则,有时甚至近乎荒诞可笑。嘉庆二十二年(1817年),一艘美国货船携带鸦片在外洋被劫,被戕多命。两广总督蒋攸铦除了将劫犯李广奉等枭首正法外,竟然奏报朝廷,以该船"系初次来广,不谙例禁","重洋远涉,人财两空,稍堪怜悯",要求朝廷"量加赏恤"。② 蒋攸铦遭到嘉庆帝的揶揄:"该夷人所带鸦片烟泥是例禁之物……不行究治,已属恩施,何得再加赏恤。"并令蒋攸铦再次向外商晓谕中国禁令,将来有犯必惩。并警告蒋攸铦,嗣后不得"托词未悉例禁"。③ 而嘉庆皇帝的态度又何尝不是如此呢?其对鸦片烟的查禁对象长期以来都是国内奸商与各口贪官,甚至自欺欺人地认为"若粤海各口,查禁认真","则外夷商人皆知鸦片烟为中国厉禁之物,不能售卖获利,自必不复携带"。④ 显然,嘉庆希望通过内禁的方式而让外人主动不将鸦片运来。但是一个惧于对外的政权,其对内治理能力亦必然是孱弱的。清廷对鸦片问题的控制与解决完全力不从心,在一定程度上已经失去了对法令政策的监督执行能力,因此鸦片问题必定迅速蔓延。

---

① [清]阮元:《奏报奉上谕详查鸦片一案阿尔邦阿及祥绍确无私税入己事》(嘉庆二十五年三月二十一日),中国第一历史档案馆藏军机处全宗(录副奏折),档号:03-2423-013。
② 《两广总督蒋攸铦奏报美鸦片船被抢恳量予赏恤并晓谕严禁片》(嘉庆二十二年六月初六日),中国第一历史档案馆编:《鸦片战争档案史料》(第一册),上海人民出版社1987年版,第20页。
③ 《仁宗实录》卷三三二,《清实录》(第三二册),中华书局1986年版,第375页。
④ 《仁宗实录》卷二九〇,《清实录》(第三一册),中华书局1986年版,第966页。

第四章　道光朝的禁烟

道光皇帝统治时期,清朝面临着无可挽回的衰落。道光帝力图中兴,本人亦勤政节俭,其整顿吏治、盐政,通海运,平定张格尔叛乱,政治上并非一无所成。其对禁绝鸦片烟的态度亦是十分认真、坚决,丝毫不逊色于他的父亲嘉庆皇帝。据说,道光帝年轻时也曾沾染鸦片烟瘾,后痛下决心,方弃此恶习。其曾曰:"此物不禁绝,使流行于内地,不但亡家,实可亡国。"①这种认识,无疑是在前代"伐性戕生,伤风败俗"的认识基础上更进了一步。

第一节　道光朝前期的禁烟

一、叶恒澍事件及其影响

道光元年(1821年)七月,叶恒澍因买卖110斤鸦片被捕。叶恒澍事件对于日后的鸦片走私而言,是一个重要的转折点。叶恒澍是一个通过捐纳获得州同职衔的澳门地方职员,长期充当外国鸦片商与广东地方官员间的中介人角色。其被捕时似乎认为,自己的罪行可以因牵涉到政府官吏的渎职行为而减免,但事情并非其想象的那样,可能叶恒澍供出了行贿之情事,遭到广东方面的报复,而未能幸免于罪。14年后(道光十五年),鸿胪寺卿黄爵滋在一份奏折中称:"从前夷人俱在澳门开庄,有承卖总头叶四者,颇有势力,只许夷

---

① [清]雷瑨:《蓉城闲话》,《中国近代史资料丛刊·鸦片战争(一)》,神州国光社1954年版,第314页。

人兑换货物，不许售卖银两。后叶四以罪办去，夷人颇以为喜……自后俱用现银交易。"①不清楚该折中叶四为何人，若是叶恒澍，则此案之背景就更为复杂。

叶恒澍被捕后，广东当局开始采取部分严厉措施禁止鸦片贸易，驱逐了墨罗佩号（英）、欧亨尼亚号（英）、急庇仑号（美）三艘商船，并告知永不许来广州买卖。中国方面的行动是根据嘉庆二十年（1815年）的禁令作出的。急庇仑号（美）上的鸦片数量虽然不清楚，但东印度公司的一封信件表明，墨罗佩号（英）与欧亨尼亚号（英）船上有大量鸦片，数额约1200箱。此后，关于行商担保的问题，东印度公司向中国提出要求，即全部散商的船只，将由四位最富有和最有信用的总商轮流担保。两广总督同意了这个要求，并选择了浩官、茂官、潘启官及章官作为保商，且不容推卸此责于其他行商。此四行商分别为怡和洋行的伍敦元、广利洋行的卢文锦、同孚洋行的潘正炜（第一代潘启官潘振承之孙）、东生洋行的刘德章。② 广东当局的理由是"此四行商，皆系殷实之人，谅其不至置身家性命于不顾，而无所畏忌也"。③ 四大行商的压力是巨大的，随后，他们联名致函东印度公司贸易特选委员会，恳请通知各处不得私运鸦片来广，若不知禁令而运来鸦片，则无论如何不得驶入口内。如被发现，则不能为其担保，且必须即刻禀知政府大宪。并称，此事关系行商身家性命。④ 而上述三艘船曾停在黄埔，也是行商在压力下告发的。

虽然叶恒澍案牵涉重大黑幕，但两广总督阮元隐瞒了实情，将之作为一起孤立事件处理。仅叶恒澍等三名主犯依兴贩鸦片烟罪枷号一个月，发近边充军，并无任何政府官员受到惩处。而且阮元直到道光二年（1822年）闰三月二十八日，才向道光帝汇报了这一事件。⑤ 或许此案的审理旷日持久，但在此期间，阮元却将走私鸦片的全部责任推向洋商。其于道光元年（1821

---

① 中国第一历史档案馆编：《鸦片战争档案史料》（Ⅰ），天津古籍出版社1992年版，第191页。
② 见梁嘉彬：《广东十三行考》，广东人民出版社1999年版，第282—288、293—296、259—270、301—303页。
③ ［美］马士：《东印度公司对华贸易编年史：一六三五—一八三四年》（第四卷），区宗华译，广东人民出版社2016年版，第49页。
④ ［美］马士：《东印度公司对华贸易编年史：一六三五—一八三四年》（第四卷），区宗华译，广东人民出版社2016年版，第52页。
⑤ ［清］阮元：《奏为拿获在香山县澳门地方贩卖鸦片烟人犯叶恒澍等审明定拟事》（道光二年闰三月二十八日），中国第一历史档案馆藏军机档全宗（录副奏折），档号：03-4005-002。

年)十月十四日,奏请将严禁鸦片经理不善之洋商首领伍敦元革去顶戴:"盖洋商与夷人最为切近,夷舡私带鸦片,即能瞒臣等之耳目,断不能瞒该商等之耳目。如果该商等不徇情面,遇有夷舡夹带,即禀明遵旨驳回舡货,不与贸易,且于鸦片未来之前,先期告诫,晓以利害。夷人数万里而来,岂敢因夹带违禁物件,自断茶叶等项正经买卖?如此官商同心合力办理,纵不能一时全行断绝,而远夷闻风忌惮,再历数年,竟可冀此风渐息。乃频年以来,从未见洋商禀办一舡,其为只图见好于夷人,不顾内地之受害,显而易见。洋商伍敦元系总商居首之人,责任尤专,各国夷商亦为最熟。今与众商通同徇隐,殊为可恶……相应请旨,将伍敦元所得议叙三品顶戴摘去,责令率同诸洋商遵旨杜绝。"①

道光元年(1821年)十一月十九日上谕:"鸦片流传内地……夷船私贩偷销,例有明禁。该洋商伍敦元并不随时禀办,与众商通同徇隐,情弊显然。著将伍敦元所得议叙三品顶戴,即行摘去,以示惩儆。"②

正如笔者在前文所论断,行商与粤海关及广东地方官员的交情一向尚好,按经验推断,行商与官方肯定长期存在利益输送,但关键时期,官对商的"切割"却丝毫无情面可言。阮元先奏请处理伍敦元,后再汇报叶恒澍案件,手段颇为老辣。

叶恒澍事件引起广东方面的严厉查禁,澳门及黄埔的鸦片市场遭到封锁。短期之内的效果开始显现,鸦片价格下跌,澳门、黄埔的鸦片交易在两三个月内甚至陷于停顿,外国商行纷纷发出紧急函件取消买进鸦片的期货合同。③ 不少外国鸦片商人对此印象深刻,并称时常处于提心吊胆之中。④ 黄埔的严禁,使得外国鸦片商船全部驶入伶仃洋,对华鸦片贩运开始进入伶仃洋时代。关于伶仃洋时期鸦片走私的具体情形前文已详述,此不赘。值得注意的是,此后广东地方官员与行商之间在鸦片贸易方面所承担的责任关系开始发生变化。原先外商船只停于黄埔时,需要得到行商的担保方能贸易,而

---

① [清]阮元:《奏为申明严禁鸦片并洋商伍敦元经理不善请摘顶事》(道光元年十月十四日),中国第一历史档案馆藏宫中档全宗,档号:04-01-30-0367-001。
② 《宣宗实录》卷二六,《清实录》(第三三册),中华书局1986年版,第468页。
③ 蒋秋明、朱庆葆:《中国禁毒历程》,天津教育出版社1996年版,第21页。
④ [英]格林堡:《鸦片战争前中英通商史》,康成译,商务印书馆1961年版,第101、110页。

发现鸦片,行商要负主要责任。因此在叶恒澍事件中,阮元能将责任完全推到伍敦元身上,并奏请革去伍氏顶戴。而在伶仃洋时代,外商的合法货物依然停在黄埔,经由行商担保后进行贸易,而鸦片船只则全部停往伶仃洋,无须行商担保。事实上,当时的情况是"伶仃每到一船,就成为一艘鸦片船到达的报告资料"。① 因此,所有的鸦片案件将由地方官来承担所有责任。

伶仃洋的情形很快便为中国方面所知悉,海关监督及两广总督亦多次通过行商转饬外商禁止将船只停泊于伶仃洋。虽然"这些谕令令人觉得可怕,但没有一个人理会它,甚至需要执行这些命令的水师或海关官吏也是如此;委员会通常是搁置不理"。② 英国东印度公司特选委员会给海军少将欧文的信件中表明,中国众多官员因受贿而包庇鸦片贸易。往伶仃洋查办的船只常常是运载鸦片的工具。③ 在此情形之下,短暂萧条的鸦片贸易又迅速繁荣起来。

二、"广东立场"与《酌定失察鸦片烟条例》的出台

尽管嘉庆十八年(1813年)清廷已经发布禁止吸食鸦片烟的法令,但京城的鸦片吸食并未得到任何有效的抑制。道光元年(1821年)底,城北的一起治安事件,则混合了赌博、奸情与鸦片吸食,涉案者是一名户部银库的库丁。④ 这显示出,鸦片吸食有与其他需要打击的有损社会风俗的丑陋现象夹杂在一起的迹象。

道光二年(1822年)二月,御史黄中模奏报皇帝,指出"洋商与外夷沟通贩卖鸦片烟,海关利其重税,遂为隐忍不发"。为此,道光帝颁发上谕,令两广总督阮元"密访海关监督,有无收受黑烟重税,据实奏闻"。⑤ 风闻此事的粤海关监督达三获得道光帝的召对,其回任后立刻向皇帝表态,对"严禁纹银出

---

① [美]马士:《东印度公司对华贸易编年史:一六三五——一八三四年》(第四卷),区宗华译,广东人民出版社2016年版,第102页。
② [美]马士:《东印度公司对华贸易编年史:一六三五——一八三四年》(第四卷),区宗华译,广东人民出版社2016年版,第297页。
③ [美]马士:《东印度公司对华贸易编年史:一六三五——一八三四年》(第四卷),区宗华译,广东人民出版社2016年版,第314页。
④ 中国第一历史档案馆编:《鸦片战争档案史料》(Ⅰ),天津古籍出版社1992年版,第32—33页。
⑤ 《宣宗实录》卷二九,《清实录》(第三三册),中华书局1986年版,第529页。

洋,黑烟进口"的谕旨当"竭尽血诚,严密稽查","务期弊端杜绝"。①

广东地方当局与粤海关在查禁鸦片方面的利益与立场上,多数情形下是一致的。故面对皇帝下达的密访任务,广东巡抚嵩孚首先奏参碣石镇千总黄成凤等人拿获鸦片变卖分肥一案,以显示广东高层在惩处官员卖放贿纵方面的决心。此举使得黄成凤被朝廷革职。② 随后,嵩孚在另一份奏折中向道光帝汇报,经过"密加查访",粤海关监督并无收受鸦片黑税一事。嵩孚还奏称,鸦片防杜之法,"多行于鸦片已入内地之后,不能行于鸦片未入内地以前",因此"饬令洋商于夷船进口之时,轮流查察,加保。如失于查察,或通同徇隐,即将认保轮查各商分别惩办,以清源流而除积弊"。③ 嵩孚的观点十分值得注意,其从地方官场利益的角度出发,试图将查禁鸦片的责任转化到内地及负有担保责任之行商。显然,广东官僚在处理有关鸦片案件时,免责与不生事是根本原则。

道光帝显然对奏折并不轻信。道光二年(1822年)十一月,达三奉旨留任粤海关监督,其在谢恩折中向道光帝保证"税课丰盈",而道光的朱批却耐人寻味:"税课丰盈固是职守当然,查禁鸦片,尤是洋口要务。果能实力禁绝,能无偷漏包庇之弊,方为不负恩任。勉之。"④为此,达三奏称,"实无丝毫征收鸦片重税之事",并辩解"海关征收税课,均有户部颁发商人亲填簿册,年终送部察核,并广东督抚亦每月造具货色清册,密行咨部核对,断难私将鸦片税银混入清册之内"。⑤

京中舆论对广东方面依然不利,该年十二月,御史尹佩棻奏称,私带鸦片烟的情形以广东最为严重,其原因是"地方官不认真查缉"及"粤海关之包税"。而当时类似的御史奏折并不在少数,距离广东数千里的中央监察官们对沿海的情形似乎十分了解。持类似观点的奏折亦十分符合道光帝的胃口,

---

① [清]达三:《奏报回任接印日期事》(道光二年闰三月初三日),中国第一历史档案馆藏宫中档全宗,档号:04-01-12-0360-059。
② 《宣宗实录》卷三六,《清实录》(第三三册),中华书局1986年版,第639页。
③ 《广东巡抚嵩孚奏为遵旨严饬洋商及各关口查禁偷运白银并贩卖鸦片烟折》(道光二年五月二十五日),中国第一历史档案馆编:《鸦片战争档案史料》(Ⅰ),天津古籍出版社1992年版,第45页。
④ [清]达三:《奏为奉旨留任一年谢恩事》(道光二年十一月初二日),中国第一历史档案馆藏军机档全宗(录副奏折),档号:03-2531-025。
⑤ 《粤海关监督达三奏为粤关并无征收鸦片重税事片》(道光二年十一月二十三日),中国第一历史档案馆编:《鸦片战争档案史料》(Ⅰ),天津古籍出版社1992年版,第47页。

其在上谕中指出，鸦片烟之风未尽革除，"以致蔓延滋甚"的原因就是"海口守巡员弁卖放偷漏"，并再次命令两广总督阮元及粤海关监督达三"于通商各口岸地方，并关津渡口"认真查拿。① 而随后阮元及达三的复奏，仍坚持称到任以来，严行稽查，已经处理了一批卖放贿纵的官员，并且"现在内港及黄埔、澳门、虎门及各海口，尚无偷运"，"亦无减价卖与兵丁及奸民包揽渔船上税之事"。② 对于广东当局与粤海关的攻守同盟，道光帝并无办法，只得在达三的奏折中以朱批的形式再次提醒："鸦片一项，果能禁绝，著有成效，方为不负差委。"③

道光初年，广东沿海的鸦片问题已成顽疾。在某种程度上，行商、广东官僚、粤海关已经形成了一个利益共同体。在鸦片问题上亦形成了具有普遍共识的"广东立场"，即竭尽所能地支持"内禁优先"及"弛禁"（详见下文），转化压力与免除责任。但他们之间的关系是动态的，鸦片禁令松弛时，行商与下层官僚通过参与及卖放的方式获得直接利益，并负责将其中一部分利益向上输送。而禁令严厉时，他们往往成为化解地方压力的牺牲品。无论在何种情况下，广东督抚及粤海关监督这样的高级官僚，至少在表面上对官场的卖放贿纵装作不知情，他们只以陋规这一清代官场普遍存在的形式取得部分鸦片利益。而无论是最高统治者道光帝，还是对国家事务负有监察责任的御史们，对广东的这一情形亦并不糊涂。经过数年中央与地方通过奏折及上谕而进行的文字上的博弈后，至道光三年（1823年）八月初二，由吏部、兵部奏请的《酌定失察鸦片烟条例》终于出台。此条例对广东的针对性极为明显：

> 鸦片烟一项流毒甚炽，总由地方官查拿不力所致。向来地方官只有严参贿纵之例，并无议处失察之条。且止查禁海口洋船，而于民间私熬烟斤，未经议及，条例尚未周备。嗣后如有洋船夹带鸦片烟进口，并奸民私种罂粟煎熬烟膏，开设烟馆，文职地方官及巡查委

---

① 《宣宗实录》卷四六，《清实录》（第三三册），中华书局1986年版，第817页。
② ［清］阮元：《奏为严切查禁鸦片偷运入口并节次拿获惩办情形事》（道光三年二月初七日），中国第一历史档案馆藏军机档全宗（录副奏折），档号：03-4005-004。
③ ［清］达三：《奏为遵奉上谕通饬澳门等各口严密查禁鸦片事》（道光三年三月二十九日），中国第一历史档案馆藏军机档全宗（录副奏折），档号：03-4005-005。

员,如能自行拿获究办,免其议处。其有得规故纵者,仍照旧例革职。若只系失于觉察,按其烟斤多寡:一百斤以上者该管大员罚俸一年,一千斤以上者降一级留任,五千斤以上者降一级调用。武职失察处分亦照文职划一办理。其文武官拿获烟斤议叙,均著照旧例行。至滇省迤西迤东一带,将罂粟花熬为鸦片,必须严为禁止。著该督抚严饬地方官,晓谕居民,不准私种罂粟,以尽根株。①

就禁烟立法而言,从禁开馆、禁贩卖,到禁入口、禁吸食,再到失察官员的处分,标志着清代经过近百年的时间,其禁烟法令不断完善、成熟,形成了相对完整的体系,但亦显示出鸦片逐渐泛滥、猖獗的百年历史。此条例还有两处值得注意:其一,叶恒澍事件后,在鸦片案的责任问题上,广东已经失去了洋商这一屏障。其二,民间私种罂粟、煎熬烟膏的情形似乎已经不是零星与孤立的事情了。

条例的出台并未遏制住鸦片流毒的进一步蔓延,从走私进口的数量看,除了道光元年(1821年)叶恒澍事件后因严厉查禁而受到短期影响外,很快便出现了更为凶猛的增长势头。1821—1822年度,鸦片的输入为5000余箱,此后逐年上升,至1825—1826年度则突破10000箱,而至1832—1833年度,鸦片进口量则达到24000余箱(详见表2-1),增长的速度十分惊人。此一时期输入量增加的原因除了官吏包庇纵容、徇私卖放外,还有前章所述的因大量廉价麻洼鸦片的输入而造成的包含孟加拉鸦片在内的所有鸦片价格的暴跌。这导致了中国烟民的吸食成本降低,市场需求量扩大。此外,伶仃洋时期已经形成了十分成熟的以武装走私为后盾、以鸦片趸船及各路窑口为销售端口的鸦片贩运体系。这在客观上亦增加了中国缉私的难度。

三、"广东立场"的持续发酵:"内禁优先"与"弛禁"论的酝酿

今日我们回看历史,知道禁烟禁毒是一项综合治理的系统工程。它包含三个环节:其一,禁止鸦片进入国内,从毒品来源上加以杜绝;其二,禁止国内民众吸食,从消费市场及需求终端加以遏制;其三,禁止贩运及开设鸦片烟

---

① 《宣宗实录》卷五六,《清实录》(第三三册),中华书局1986年版,第993页。

馆,从毒品流通领域加以管控。不难看出,前两方面是治本措施,第三方面是中间环节。将三方面结合的综合治理,方能有效地杜绝鸦片烟的泛滥。而由于上文所分析的原因,雍正朝的首次禁止鸦片烟是从禁止贩运及禁开鸦片烟馆这一中间环节入手的。此时鸦片烟的流通及吸食主要集中于福建沿海地区,远不至后世之所谓泛滥。而雍正施政严猛,吏治亦不至后世之因循腐败。若雍正朝能从禁入及禁吸的根源入手,则或许能遏制住鸦片疯狂传播的势头。到嘉庆年间,虽然先后颁布了外禁及禁吸食的上谕,但朝野舆论均认为输入鸦片为吸烟毒害之根本,故欲除此毒害当先禁运。而当时广州又为外国鸦片输入之唯一入口,故朝廷及内地官员均强调广东方面应担负起禁止鸦片烟的主要责任。而广东方面,从免责及利益方面考虑,却始终宣扬外禁困难,禁吸食(内禁)才是根本的论调。到了道光年间,广东与内地的这种争论则愈发激烈。而当道光帝明确态度,内禁优先论彻底失败后,广东方面又开始酝酿着弛禁政策。

1. 包世臣的"拔本塞源"与程含章的《论洋害》

包世臣(1775—1855),字慎伯,号倦翁,安徽泾县人,清代著名学者。嘉庆十三年(1808年)举人,以大挑试用为江西新喻县令,后遭弹劾罢官。包世臣长期留心经世致用之学,勤于实际考察,对漕运、水利、盐务、农政、刑名等均有研究,曾任朱珪、百龄、陶澍、裕谦、杨芳等大员之幕僚。关于包世臣论述吸食鸦片与白银外流之关系,前章已经论述,此处介绍其提出的解决措施。

包世臣认为"鸦片之禁已严,而愈禁愈盛"的原因是"以中其毒者则难以自止,而司禁之人,无不早中其毒,又复得受肥规,即再加严法,终成具文"。

包世臣给出的方法是,因"此物内地无种(自嘉庆十年后,浙江台州、云南土司,亦有种罂粟取膏者。然必转贩至澳门,加以药料方可吸食,是内土亦待成于夷药,仍不得谓为内物)",故"但绝夷舶,即自拔本塞源"。

对于断绝贸易的影响,包世臣认为,"一切洋货皆非内地所必须,不过裁撤各海关,少收税银二百余万两而已。国课虽岁减二百万,而民财则岁增万万,藏富于民之政,莫大于是"。

对于当时普遍流行的说法,即中外"互市已久,而骤绝之,恐生他患",包世臣则认为,"从来外患,必由内奸,通商各国以英夷为强,然其地其民不足当中华百一,前此屡次骄蹇,皆洋商嗾之,而边镇文武和之。夫海防大政也,亦常政也,互市后司防者上下据为利薮,废弛本职而反张夷威,以恫吓中外。现今东西两洋皆与中华互市,西洋来市,东洋往市,西洋夷民所必须者,内地之茶叶、大黄,则照宝苏局采买洋铜之例,准商人携不禁货物,赴彼互市,彼货仍可通行,西夷更何词之有?且关撤则洋商罢,夷目无汉奸为谋主,自必驯贴"。①

易言之,包世臣的"拔本塞源"就是以完全断绝中外贸易的方式禁止鸦片烟的流入。包世臣久任大吏幕僚,深悉吏治之腐,对官僚、行商极度不信任,故其判断目前的禁烟政策根本不能阻止鸦片的流入。

程含章(1762—1832),字象坤,号月川,云南景东人。清代官员、诗人。嘉庆六年(1801年),会试不第,以大挑分发广东,以封川县知县用。此后便开始了其在广东20年曲折的仕宦生涯。程含章在封川官声极好,被称为"青天",却被总督吉庆奏参革职。封川士绅为此赴省具呈,代求捐复,未能如愿。此后三年,程含章闲置广州。与包世臣一样,程含章广泛接触了解社会问题,对清中叶的政治现实亦有深刻认识和切身感受,并以诗歌来反映政治现实。当时东南沿海海盗盛行,给了程含章复出的机会。嘉庆九年(1804年),其申请加入水师,四年后因军功"居最,送部引见,奉旨发往广州以知州用"。此后数年间进入上升通道,历任署东莞知县、署雷州府同知、署连州知州、化州知州、惠州知府、广州知府、山东兖沂曹济道、山东按察使、河南布政使、广东巡抚。在广州任官期间,创立羊城书院,主持了粤秀、越华、龙溪等书院的重修工程。其曾被两广总督蒋攸铦称为"粤东第一好官",是广东公认的"循吏兼能吏",光绪年间的《广州府志》赞其"善政不可胜举"。②

程含章的《论洋害》称:"天下之大利在洋,而大害亦在洋。诸番所产之货,皆非中国所必需。若大呢、羽毛哔吱、铜、锡、绵花、苏木、药材等类,每岁约值千万金。犹是以货换货,不必以实银交易。于中国尚无所妨。惟鸦片一物,彼以至毒之药,并不自食,而乃卖与中国,伤吾民命,耗吾财源。约计每岁所卖不下数百万金。皆潜以银交易,有去无来。中国土地,所产岁有几何,一

---

① [清]包世臣:《安吴四种·庚辰杂著二》卷二十七,《中国近代史资料丛刊·鸦片战争(一)》,神州国光社1954年版,第538—539页。
② 王钟翰点校:《清史列传》卷三十五,中华书局1987年版,第2725—2726页;[清]戴肇辰等:《(光绪)广州府志》卷六十六《建置略三》,光绪五年(1879年)刊本。

岁破耗数百万,十岁破耗数千万,不过二三十年,中国之白金竭矣。近来白金日渐昂贵,未始不由于此。实堪隐忧。或曰:严海口,谨关津,但令海关不收其税,便可禁其不来。不知沿海数千万里,处处皆可登岸。虽有十万兵,不能守也。利之所在,不胫而走,不羽而飞,岂必定由关津。海关向无鸦片之税,皆系传闻之讹。至于禁兵役之包蔽,拿烟馆之售卖,有犯者重治其罪,皆系皮毛之治,无益于事。必欲正本清源,惟有绝其人,不与交通贸易而后可。然试思其人之能绝焉否耶?彼诸番之与中国交易,已数百年矣。一旦绝之,则必同心合力,与我为难,兵连祸结,非数十年不定。而沿海奸民,素食其利,且将阴为彼用。海滨僻静,不可胜防。且胜负兵家之常。但令中国小有挫败,则谣诼纷乘,群起而攻之矣。天下事自我发之,须自我收之。岂可以兵为戏而浪开边衅哉!为今之计,止可严谕各国,不许夹带鸦片。某船有犯者,即封其舱,不许贸易。而于沿海口岸,及城市镇集,严密察访,有屯卖大贩,即置于法。没其财产入官,妻孥配边。其关津口岸之查禁,自不待言。又广为教诫,使民回心向道。或者其稍止乎?事有明知其害,而不能即去,必姑俟之异日,以待其机之可乘者,此类是也。"①

程含章与包世臣均以举人大挑而入仕。包世臣遭罢官后,以其经世之才为众多大僚所青睐,成为嘉道年间的"全能幕僚"。程含章同样仕途不顺,遭弹劾后以军功复职,累迁至广东巡抚。其在广东20年,对广东之官场、行商、民情、夷情、匪情等了如指掌,虽然在某种程度上,《论洋害》有站在广东官僚、行商的立场进行辩护之嫌,但其道出的中外贸易难以断绝之情由不无道理。其"必姑俟之异日,以待其机之可乘者"的禁烟策略亦是广东方面服从于现实的无奈之议。而且其指出"不知沿海数千万里,处处皆可登岸。虽有十万兵,不能守也","彼诸番之与中国交易,已数百年矣。一旦绝之,则必同心合力,与我为难,兵连祸结,非数十年不定。而沿海奸民,素食其利,且将阴为彼用。海滨僻静,不可胜防"。联想到日后鸦片战争之情形,程含章之判断不可谓不准确。需要指出的是,与包世臣一样,程含章亦认为鸦片流入是中国白银外流的主要原因,而从当时朝野讨论白银漏卮的奏折及上谕看,嘉道之交的舆论普遍认为白银外流的主要原因是偷运出洋及贩进洋钱交易,直至道光九年

---

① [清]程含章:《论洋害》,见郑振铎编:《晚清文选》(上),西苑出版社2003年版,第21页。

(1829年)之后,才有鸦片流入导致白银外流之共识。后世研究者常提及引用包世臣之文章,却忽略了程含章的洞察力与预见性。

2. 李鸿宾:"内禁优先"

鸦片贸易移于伶仃洋后,广东地方官失去了行商这一缓冲屏障,查禁责任增加。此后,"广州立场"开始强调外禁困难,内禁优先。李鸿宾的"严禁分销绝其来路"是典型代表。

李鸿宾于嘉庆二十三年(1818年)四月,由署礼部右侍郎授广东巡抚,嘉庆二十四年(1919年)闰四月改漕督,道光六年(1826年)五月,接替阮元任两广总督,至道光十二年(1832年)八月遭革职。① 其在广东面临的最棘手的问题就是白银外流及鸦片入口。与前任阮元一样,其作为广东利益的密切相关者,总是极力摆脱广东在白银漏卮及鸦片入口这两方面的责任,因此其在奏折中常常避重就轻,甚至隐瞒实情。但与阮元不同的是,李鸿宾几乎不将行商作为替罪羊而进行谴责,甚至在多数事件中均维护行商的形象及利益。

道光九年(1829年)正月,福建道监察御史章沅奏称,至广东贸易之夷人将鸦片"伪标他物名色,夹带入粤,每岁易银至数百万两之多"。② 而李鸿宾于六月初一上《奏报酌议广东严禁偷漏官银出洋及私货入口章程事》③,在奏复中,其认为自己执行禁令十分严格,夷船入口,总要饬取并无夹带烟泥字据,保商加具保结,方准开舱。且历查各夷船,并无将鸦片伪标他物名色,夹带入口的情况。李鸿宾所述或许为实情,因为自叶恒澍事件后,鸦片贸易已经不是以夹带的形式进行了,而是以专门载运鸦片之商船停泊于伶仃洋进行贸易,故驶入黄埔之商船确已无鸦片。但显然,李鸿宾避重就轻,隐瞒了伶仃洋鸦片贩运的严重情形。若完全如李鸿宾所述,那么内地的鸦片从何而来?其如何对道光帝交代呢?李鸿宾一方面承认虽然夷商来粤,不敢私带禁物,但夷船水手难保无一二设法巧藏,暗为贩卖。其保证对于"此等偷漏夹带之弊,必当再行严密查禁,以清其源",并表示已经再次"严饬地方文武,令督各口员弁丁役人等,节节稽查,实力访稽"。如果洋商及员弁丁役等有通同卖放

---

① 钱实甫编:《清代职官年表》(第二册),中华书局1980年版,第1666—1667、1445—1458页。
② 中国第一历史档案馆编:《鸦片战争档案史料》(Ⅰ),天津古籍出版社1992年版,第55页。
③ [清]李鸿宾:《奏报酌议广东严禁偷漏官银出洋及私货入口章程事》(道光九年六月初一),中国第一历史档案馆藏宫中档全宗,档号:04-01-35-1362-032。

之情事,必"从重究治"。另一方面,其又隐约透露伶仃洋的鸦片贩运情形,告知道光帝,已"严饬巡洋舟师,及地方文武,派拨巡船于夷船来粤湾泊洋面之时,严密巡查,倘有民船拢近,立即拿解究办,以防代运鸦片,及违禁货物"。此处,李鸿宾已经为日后伶仃洋的严重情形为朝廷所知预留了退路。

十月,李鸿宾再次上奏指出,"该夷船每当未进口之先,停泊外洋,兼乘雨夜,潜用快艇,分途偷运。纵沿海巡查员弁,棋布星罗,断不敢稍有疏懈,而港汊纷歧,实有难以周察之势。夷烟则仍不免蔓延,官银则恒虞漏卮"。① 可见,李鸿宾对朝廷采取的是逐步透露伶仃洋鸦片贸易情形的措施,以免日后过于被动。此时道光帝似乎对伶仃洋的具体情形并不知悉,其依然认为"番船装载鸦片,驶至澳门、厦门等处附近关津停泊",并颁发上谕,要求李鸿宾就"如何截其来路,如何禁其分销"妥议具奏。②

井上裕正认为,此谕旨是道光帝要李鸿宾就"外禁"与"内禁"的相关措施作具体讨论。③ 笔者认为,道光帝所谓"截其来路"自然是加强海上查禁,断绝鸦片由外洋输入之途,但"禁其分销"并非指内地对鸦片贩运的控制,而是指广东方面禁止鸦片往内地运销。也就是说在此上谕中,"截其来路"与"禁其分销"都是广东方面应该处理的问题,否则道光帝不会将两个问题都交由两广总督筹议。但此上谕给了李鸿宾直接向道光帝提出"内禁优先"的机会。其于道光十年(1830年)三月初五上《奏为筹议严禁鸦片分销章程事》,指出:"鸦片流毒无穷,为害尤巨,诚如圣谕,必须绝其来路,禁其分销,乃能澄源绝流,俾免遁匿。惟分销系在内地,密为之防,与严制之法,尚可随时处置。来路则出自外夷,相隔大海至数万里之遥。若欲阻其不至,非若越南暹罗等国,如有违法,尚可严切照会该国王,饬令禁止。是来路似未易截,仍惟有严禁分销,使其辗转偷卖之地在在堵截。该夷等见发贩不行,致无重利可图,或遂抑其满载而来之念,是仍以禁分销为截来路之策也。"④ 在此折中,李鸿宾强调了海上"绝其来路"之困难,因为出产鸦片之外夷并非若越南、暹罗这样的藩

---

① [清]李鸿宾等:《密奏英船私带鸦片入口偷买官银出洋请禁其贸易折》(道光九年十月二十八日),中国第一历史档案馆编:《鸦片战争档案史料》(Ⅰ),天津古籍出版社1992年版,第60页。
② 《宣宗实录》卷一六三,《清实录》(第三五册),中华书局1986年版,第527—528页。
③ [日]井上裕正:《清代鸦片政策史研究》,钱杭译,西藏人民出版社2011年版,第86页。
④ [清]李鸿宾:《奏为筹议严禁鸦片分销章程事》(道光十年三月初五日),中国第一历史档案馆军机档全宗(录副奏折),档号:03-3619-007。

属国,其并不听从大清号令。故只有加强内地鸦片运销的查禁,使得鸦片在中国失去消费市场,夷人无利可图,自然就不再运载鸦片而来。显然,李鸿宾在此偷换概念,将道光帝的禁止鸦片向内地运销,有意地理解为禁止鸦片在内地的行销。因此,其筹议的结论就是,由内地加强查禁鸦片贩运才是断绝鸦片来路之办法。

随后李鸿宾又上奏透露伶仃洋的贸易情事:"无如法立弊生,内地奸民每于夷船初泊外洋,即乘深宵雨夜,私赴洋面,潜向夷船接买,由偏僻港汊偷运各处售卖。"李鸿宾此举的目的是进一步表达只有禁止内地鸦片分销,才能杜绝鸦片来源的观点。在此奏折的附片中,其列出了禁纹银偷漏与鸦片分销的六条措施。核心思想就是"只可严禁内地分销,庶以渐塞来路",其理由为"奸民偷运鸦片入口,载赴各处分销,辗转窝藏售卖,断难瞒省城内外文武各衙门书差兵役等耳目,必因得受陋规,知情纵放,方敢肆行运货"。因此其建议"鸦片运赴各省,沿途皆有关卡,应责成关卡搜查"。① 不清楚道光帝是否明了李鸿宾之真实意图,在随后的谕旨中,道光帝认可李鸿宾所奏六条"尚为详悉",但又令李鸿宾"认真查察,务当严饬所属实力奉行,有犯必惩"。②

道光十一年(1831年)五月二十四日,湖广道监察御史冯赞勋的奏折拉开了对李鸿宾"内禁优先"论的全面回击。冯的奏折开篇便指出外禁重于内禁之观点:"惟内地所种之烟浆易绝,而外洋所来之烟土无穷,固宜清其去路,尤当绝其来路,庶其害可除。查鸦片烟来自外洋,实聚于广东,欲清其源,当自广东始。"随即冯折十分详细地阐明伶仃洋面鸦片趸船交易的情形,并给出"拔本塞源"之建议:"烟趸为囤积渊薮,尤宜驱除净尽,应责总督、关督,严禁各夷于货船之外,不得另设船只。其或不遵,将该国货船,一并驱除出境,以肃王章而申例禁。如此则来路绝而其源清,夷船虽有烟土,无出藏匿销售,嗣

---

① [清]李鸿宾:《奏为查禁纹银出洋鸦片分销各弊会议章程事》(道光十年五月十日)、《呈会议查禁纹银出洋鸦片分销各章程六条清单》(道光十年五月十日),中国第一历史档案馆藏军机处全宗(录副奏折),档号:03-4005-012、03-4005-013。(笔者注:一史馆在档案目录中将此两件奏折误记为道光九年五月十日,而《鸦片战争档案史料》中的此两件奏折的时间为道光十年六月十七日,后者似乎为军机章京的录副时间。)

② 《宣宗实录》卷一七〇,《清实录》(第三五册),中华书局1986年版,第640页。

后自不肯复带,不一二年,内地将不禁而自绝矣。"①

冯赞勋于李鸿宾提出"内禁优先"后十余日便奏陈此折,针对李鸿宾之论十分明显。冯赞勋曾以翰林院编修出任山西乡试正考官及陕甘学政②,或许亲见西北省份之罂粟种植与吸食情形。而其广东籍之身份,使其格外关注家乡情形,又可通过回籍省亲及书信往来的方式获得较多广东方面的信息。与嘉庆朝御史郑士超一样,这些在中央任职之广东籍言官,形成了与广东地方当局迥异之立场。究其实质,所谓"广东立场"代表着广东之官场利益,而广东籍言官无论是通过与家人旧友之书信往来,还是回籍所亲自体验到的感性认识,他们获得的是广东民间对鸦片烟毒泛滥的一种普遍担忧。通过科举阶梯入仕的读书人,往往会有一种为家乡父老请命的欲望或冲动。身为言官,品级不高,却有着专折奏事的职务权利。这就不难理解,为何广东籍京官总是与广东督抚及粤海关在沿海问题上唱反调。

冯赞勋的奏折使得道光帝完全明了伶仃洋的鸦片贸易情形,其于第二日便下达了给李鸿宾的上谕,指出:"鸦片烟多系来自外洋,实聚于广东,若不杜绝来源,是不揣本而齐末。虽内地严禁章程,于事究无裨益。"并令李鸿宾就"如何使烟土不能私入,洋面不能私售,各夷于货船之外,不得另设船只之处,悉心酌议"。务必做到"将来源杜绝,以净根株,勿令流入内地,以除后患"。③显然,道光帝也认为杜绝来源是禁绝鸦片烟之本,若此点做不到,内地禁烟的章程再严厉,也于事无补。

十二月,李鸿宾再次上奏,依然强调外禁困难。其奏折的观点主要有三:

其一,承认冯赞勋奏称的伶仃洋鸦片贸易属实,谓"该夷人遂皆于伶仃洋,先行抛泊逗留,以便在彼偷卖。该处当大洋之中,四通八达,不惟附近奸匪驾艇私往价买,凡通洋各省无不航海而来,借贩货为名,驶向伶仃,暗购烟泥,扬帆而去"。这是广东方面在奏折中第一次出现伶仃洋的地名。

其二,阻止鸦片烟的来源是不可能的。"鸦片来自英吉利国、港脚等处,历来内地官员从不与通文檄。非如越南、暹罗等国,可以照会该国王,谕令不

---

① [清]冯赞勋:《奏为缕陈鸦片烟积弊请饬严禁事》(道光十一年五月二十四日),中国第一历史档案馆藏军机处全宗(录副奏折),档号:03-4005-030。
② 钱实甫编:《清代职官年表》(第四册),中华书局1980年版,第2955、2706页。
③ 《宣宗实录》卷一八九,《清实录》(第三五册),中华书局1986年版,第995—996页。

准载运前来。是鸦片来路无从向其阻止……夷船夹带鸦片,历数万里之遥,断未有不图销售、甘心带回之理……盖大洋广阔,即四路跟踪巡缉,已启碇远飏,查察既有难周,追拿亦皆弗及。"

其三,要广州方面禁止鸦片向内地分销亦很难做到,因为有很多外省船只往伶仃洋贸易。"迨该夷船停泊伶仃洋外洋私卖,若专系省河快艇乘夜偷买,及潮、雷、琼等府私由海洋贩运,则人地皆属本省,犹可慭以严威,四路堵御。今则福建之厦门、浙江之宁波、直隶之天津,俱有海船直达伶仃,与夷船私相授受。重洋浩淼,隔省前来,其势实难兜截。纵使多排水师兵船围捕,甚或用炮轰击,难保其不潜避旋来,是销路亦无从尽遏。"①

道光皇帝对李鸿宾的辩解似乎无可奈何,只是在上谕中强调"鸦片烟来自外洋,必应遏止来路",并再次重申所谓的晓谕洋人、开导洋人、若查处鸦片不准开舱卖货等陈词滥调。② 与此同时,内地鸦片烟的种植亦分散了清廷的注意力。虽然清廷并未如李鸿宾所希望的那样,明确内地重于沿海之政策,但因内地鸦片烟的种卖吸食情形有加重的趋势,故清廷暂时将鸦片治理之重心放在内地的种植、吸食方面。

无论朝廷对两广的局面如何不满,但还必须倚重这个官僚队伍。虽然他们并未能解决白银与鸦片这两个皇帝最为关心的沿海问题,但仕途极为顺利。蒋攸铦由两广总督改四川总督,后入京授刑部尚书,又改直隶总督,并于道光五年(1825年)授体仁阁大学士,入值军机处。③ 蒋攸铦之继任者阮元先由两广总督改云贵总督,后又授协办大学士,再迁体仁阁大学士。④ 蒋、阮二人可谓官运亨通。李鸿宾与其前任一样,极得皇帝恩宠。道光十年(1830年)九月,李鸿宾授协办大学士。⑤ 十一年(1831年)正月京察,因"历任封疆,实心任事,著加恩交部议叙"。⑥ 因该年八月为道光帝五旬万寿庆辰,皇帝谕

---

① [清]李鸿宾:《奏为遵旨查议广东杜绝鸦片来源办法事》(道光十一年十二月二十四日),中国第一历史档案馆藏宫中档全宗,档号:04-01-01-0732-021。
② 《宣宗实录》卷二〇五,《清实录》(第三六册),中华书局1986年版,第23页。
③ 钱实甫编:《清代职官年表》(第一册、第二册),中华书局1980年版,第89、147、1450、1453、1454页。
④ 钱实甫编:《清代职官年表》(第一册、第二册),中华书局1980年版,第93、94、1455页。
⑤ 钱实甫编:《清代职官年表》(第二册),中华书局1980年版,第1457页。
⑥ 《宣宗实录》卷一九四,《清实录》(第三五册),中华书局1986年版,第1064页。

令"各省督抚将军副都统等,俱著不必进京朝贺"。① 但李鸿宾却于八月得以赴京觐见,且"祭先师孔子,遣协办大学士两广总督李鸿宾行礼"②,并"加恩赏戴花翎"。③ 可见,对于李鸿宾而言,入阁办事或入值军机,均为指日可待之事。

但李鸿宾的运气显然不如前任蒋攸铦及阮元,他成为广东方面击鼓传花的最后选手。道光十二年(1832年),广东连州瑶民暴动,官兵镇压不利,连吃败仗。六月,李鸿宾遭"拔去花翎,革职留任"的处分。④ 虽是民变,却与鸦片有关。八月的谕旨指出了问题的关键:"该省调至军营战兵六千余人,不惯走山,沿海各营兵丁,多有吸食鸦片烟者,兵数虽多,难于得力。"最终李鸿宾遭"交部治罪"。⑤

随后冯赞勋的一篇奏折决定了李鸿宾的最终命运。道光十二年(1832年)八月二十六日,冯赞勋奏称:"臣窃见近日闽粤各省兵丁吸食鸦片烟者甚多,即将弁中食者亦复不少。以故相率效尤,愈食愈众。将不能禁弁,弁不能禁兵,远近成风,恬不为怪,无事则偷安懈怠,有事则孱弱不堪。现在连州进兵疲软误事,此其彰明较著者。若不严行查禁,将来日甚一日,不惟一兵不得一兵之用,窃恐一省不为一兵之用,其为遗患不可胜言……上年五月间,臣曾将鸦片烟弊源委奏请饬交广东督抚查办,为正本清源之计。臣未得见该督抚复奏,未知作何办理?如果实力奉行,何至兵丁肆行吸食营武废弛若此?查鸦片烟来自外洋,实聚于广东,广东之源不清,各省断难禁绝。"⑥

冯赞勋奏折的实质是指出广东目前兵丁鸦片吸食之情形乃是李鸿宾未实力奉行外禁的结果。第二日(八月二十七日)道光帝阅折后,感叹李鸿宾"名为查禁,实未正本清源,殊为可恨",并要求新任两广总督卢坤到省后"必须查明鸦片烟因何延入内地之由,即可大为防闲,为拔本塞源,一劳永逸之计

---

① 《宣宗实录》卷一八三,《清实录》(第三五册),中华书局1986年版,第886页。
② 《宣宗实录》卷二〇五,《清实录》(第三六册),中华书局1986年版,第23页。
③ 王钟翰点校:《清史列传》卷三十六,中华书局1987年版,第2860页。
④ 《宣宗实录》卷二一四,《清实录》(第三六册),中华书局1986年版,第157页。
⑤ 《宣宗实录》卷二一八,《清实录》(第三六册),中华书局1986年版,第241页。
⑥ [清]冯赞勋:《奏请严行查禁弁兵吸食鸦片折》(道光十二年八月二十六日),中国第一历史档案馆编:《鸦片战争档案史料》(Ⅰ),天津古籍出版社1992年版,第123—124页。

策"。① 而李鸿宾则"从重发往乌鲁木齐效力赎罪"。② 至此,广东方面所提出的"内禁优先论"彻底失败,此后广东方面开始积极策划响应所谓的"弛禁论",此论调不啻广东当局于鸦片战争之前所奏的最后挽歌。

3. 吴兰修:《弭害》

吴兰修,字石华,广东嘉应(今梅州)人,是弛禁论的著名论者,嘉庆十三年(1808年)举人,曾任信宜县训导及广州著名的粤秀书院的监院。③ 吴兰修在广州颇有文名,嘉庆二十三年(1818年),两广总督阮元主持重修《广东通志》,其得以参与,并在分撰中名列第一。④ 嘉庆二十五年(1820年),阮元建书院学海堂⑤,在改建广东乡试号舍时还征求过吴兰修等人的建议。⑥ 后阮元聘吴兰修为学海堂八学长之一。⑦ 而此时的程含章正在广州知府的任上,并主持了粤秀书院的兴修。⑧ 可见,吴兰修是与广东高层往来密切的地方文人的著名代表,其对鸦片问题的论述具有天然的"广东立场"。

《弭害》云:"天下之害,常与利相因……其弭害之策者三:上焉者,拔本塞源,次则严法厉禁,下则避重就轻,亦如是止矣。若鸦片者,其于人也,利一而害百。其于国也,无纤末之利,有莫大之害。其弭之也,几于无策……请得而条议之……嘉庆初食者甚少,不二十年,蔓衍天下,自士大夫以至贩竖走卒,群而趋之,靡然而不返。所谓利一而害百者此也……然而天地之数散之甚易,聚之甚难。以中原易尽之藏,填海外无穷之壑,日增月益,不知其极。所谓无纤末之利,有莫大之害者此也。论者谓下闭关之令,绝其互市,捐一百余万之税,留一千余万之银,则失小而得大,此拔本塞源之说也……论者又谓民情之玩法也,非重典不能止。此严法例禁之说也……法非不严也,禁非不厉

---

① 《著两广总督卢坤查明鸦片烟延入内地之由事上谕》(道光十二年八月二十七日),中国第一历史档案馆编:《鸦片战争档案史料》(Ⅰ),天津古籍出版社1992年版,第126页。
② 《宣宗实录》卷二二六,《清实录》(第三六册),中华书局1986年版,第374页。
③ 王钟翰点校:《清史列传》卷七十二,中华书局1987年版,第5978页。其生卒年无考,约生于乾隆后期,卒于鸦片战争之前。
④ [清]阮元、陈昌齐等:《(道光)广东通志》卷首《职名》,道光二年(1822年)刊本。
⑤ [清]阮元、陈昌齐等:《(道光)广东通志》卷一百二十九《建置略五》,道光二年(1822年)刊本。
⑥ [清]梁鼎芬、丁仁长等:《(宣统)番禺县续志》卷十四《吴兰修官师傅》,民国二十年(1931年)刊本。
⑦ 陈泽泓:《学海堂考略》,《广东史志》2000年第1期。
⑧ 王钟翰点校:《清史列传》卷三十五,中华书局1987年版,第2726页。

也,而弊仍不止,何也。盖法令者,胥役之所借以为利也。立法愈峻,则索贿愈多,其包庇如故,护送如故,贩与食者卒如故也……查海关旧例,药材款下,鸦片每百斤税银三两,又分头银二两四钱五分。嗣后请饬外夷照旧纳税,交付洋行,兑换茶叶。内地种者勿论。至夷船出口,止准带光面洋银,其内地戳印等银,照纹银例,一体严禁,由洋商报查具结。关口盘获者给之,密报者给半,具结不实者罪。如是则通天下之货,留海内之银,十年以后,生计复矣……南方罂粟三月成苞,收浆之后,乃种早稻,所妨者麦耳。夫三熟之田,二稻一麦。稻之利八,麦之利二。鸦片之利数倍于麦,其益于农者大矣。"①

《弥害》一文亦是建立在对"拔本塞源"的驳斥基础之上的。其核心有二:一是弛鸦片入口之禁,照旧纳税,行商购买不得付银,只得兑换茶叶,以货易货。如此则"通天下之货,留海内之银"。二是弛内地种植之禁。就主要谷物的播种季而言,罂粟种植虽然影响小麦,但对水稻无任何影响。且"鸦片之利数倍于麦,其益于农者大矣"。

4. 卢坤:《粤士私议》

《弥害》成文的时间大抵为卢坤接任两广总督之前。此前卢坤为湖广总督,而瑶民暴动先于广东在湖南爆发,其镇压有功,受到道光帝嘉奖,并调任两广。道光帝在卢坤抵任伊始即谕令:"该督等务当严饬沿海关津营县,于洋船未经进口以前,严加巡逻,务绝其勾串之源头。复于进口时,实力搜查,毋许夹带。"②

前任总督李鸿宾的前车之鉴,使得卢坤到任后加紧沿海鸦片的查禁。道光十四年(1834年)六月,广东水师在伶仃洋面拿获快蟹船一只,人犯三名,烟土378斤。据供认,他们曾收开设大窑口之姚九银两36000两赴伶仃洋向夷船购买鸦片。③ 这是广东方面查获并公开上报朝廷的最大鸦片走私案件。据闽浙总督程祖洛奏称,以往烟禁颇弛,有福建内地奸民驾船往广东洋面购买烟土。而广东洋面查禁后,有夷船在内地奸民导引下赴闽洋面交易。④

---

① [清]梁廷枏:《夷氛闻记》,《中国近代史资料丛刊·鸦片战争(六)》,神州国光社1954年版,第6—7页。
② 《宣宗实录》卷二三五,《清实录》(第三六册),中华书局1986年版,第511页。
③ [清]卢坤:《奏为拿获广东出洋贩卖鸦片烟土人船李亚祖等查办情形事》(道光十四年六月二十日),中国第一历史档案馆藏宫中档全宗,档号:04-01-01-0758-032。
④ 中国第一历史档案馆编:《鸦片战争档案史料》(Ⅰ),天津古籍出版社1992年版,第142页。

卢坤督粤时，面临着比所有前任更为严峻的局面，除了银漏及鸦片外，还有中英双方长期累积之矛盾。此时，英国新任商务监督律劳卑试图绕开行商自行与总督交往，且不恰当地使用了平行书信。这一举动自然被广东方面视为严重的挑衅事件，双方甚至闹到封舱闭市，英国兵船穿入内河，中英互相开炮之地步。卢坤为此遭到摘去双眼花翎及革职留任的处分，后以"终能办理妥善，不失国体而免衅端"，加恩赏还太子少保衔及双眼花翎，但仍带革职留任之处分。① 在此背景下，卢坤自然深刻体会到广东居官之大不易，免责与不生事亦成为其首要原则。卢坤一方面奏称已经令水师催促停泊洋面之夷船，并禁止民船与夷船接济交易，且严拿走私快艇，为此水师已经击沉多艘快艇。另一方面又强调伶仃洋在数百里之外之外洋，兵船并不能确定何船趸载鸦片，亦不能于众船聚泊之时，用炮火轰击，致失天朝怀柔之义。卢坤提醒道光帝，鸦片由夷船载来，若无内地匪徒勾串贩运，夷人即有私货亦无从行销。故严拿走私尤为扼要。② 虽然，卢坤所奏称广东方面在内河走私，民船走私方面采取了多项措施，但强调外禁之困难，其与前任之立场并无多少差异。自李鸿宾后，广州已无人敢公开宣扬"内禁优先"论，故"弛禁"就成为"广东立场"的内在逻辑及必然归宿。

就在卢坤最为困难之际，其与广东巡抚祁贡读到了吴兰修的《弭害》一文，因"见而心折"，故将之与其他人的相关言论编为《粤士私议》，并作为附片上奏给道光帝。③ 在该片中，卢坤陈述了英人船坚炮利，断不甘心舍弃鸦片利益，且"重洋浩淼之中，番舶乘间出没，势难防堵无遗"。卢坤认为鸦片问题已经"势成积重，骤难挽回"。在其"屡经周谘博采"后，获得这样三种民间建议：其一，"有谓应行照昔年旧章，准其贩运入闽，加征税银，以货易货，使夷人不能以无税之私货，售卖纹银者"；其二，"有谓应弛内地栽种罂粟之禁，使吸烟者买食土膏，夷人不能专利，纹银仍在内地运转，不致出洋者"；其三，"更有谓内地所得不偿所失，不若从此闭关，停止外夷贸易"。前两点是吴兰修《弭

---

① 中国第一历史档案馆编：《鸦片战争档案史料》（Ⅰ），天津古籍出版社1992年版，第164页。
② 中国第一历史档案馆编：《鸦片战争档案史料》（Ⅰ），天津古籍出版社1992年版，第157—159页。
③ ［清］梁廷枏：《夷氛闻记》，《中国近代史资料丛刊·鸦片战争（六）》，神州国光社1954年版，第7页。

害》之观点,卢坤虽认为"与禁令有违,窒碍难行",但其所谓"暂为羁縻""徐图禁绝"显然是倾向于弛禁观点的。第三点是包世臣之严禁观点,卢坤直接将之否定,谓"夷人在粤贸易已阅二百余年,且亦不止英吉利一国,万无闭关之理。况奸犯到处皆有,勾窜外夷为鬼为蜮,纵使闭关,亦未必即能净尽,更无此办法"。①

卢坤以向皇帝介绍民间私议的方式委婉地提出了弛禁的建议。皇帝的态度是耐人寻味的,其并未对卢坤这一明显的试探行为有所斥责。或许道光帝对弛禁论亦略有心动,毕竟银漏问题才是其最关心的,若既能堵住白银外流的缺口,又能免去沿海无穷无尽之麻烦自然是最好不过了。但全面弛禁又面临着十分严肃的道德拷问,一方面要变更自曾祖、祖父、父亲诸位先皇帝,乃至自己继位以来一贯相承的国策,这解释起来颇为麻烦。另一方面,其亦深知弛禁论必然会遭到朝内御史台谏,乃至内地多数大臣的强力反对,面对朝野汹汹舆论,即使身为皇帝,也是不好应付的。因此,道光帝阅折后并未对弛禁观点有所表态,却继续令卢坤"务当严加约束,外则巡以舟师,内则谨防海口,使不致行销无忌,亦不致越驶他省。总期相机妥办,严行禁绝,方为不负委任"。②

应该说卢坤是第一个侧面向皇帝提出弛禁建议的官员,虽然未获认同,但皇帝的暧昧态度亦给了广东方面日后继续待机提出弛禁论的空间。一年后,卢坤病逝任上,虽未能如阮元之"入阁办事",却也避免了李鸿宾那样革职遣戍的命运。再一年后,另一个在广东有着长期任职经历的官员许乃济,向皇帝正式公开地提出了全面弛禁鸦片烟的建议。

5. 许乃济:"例禁愈严,流弊愈大"

许乃济,浙江杭州人,嘉庆十四年(1809年)进士,任过山东道监察御史及兵科给事中,是典型的台谏官员。若不是有广东任职经历,其鸦片论调应与冯赞勋等同僚一致。嘉庆二十二年(1817年)至二十三年(1818年),许乃济曾应两广总督阮元之邀,在广东粤秀书院当山长。③ 阮元与许乃济的交往

---

① 中国第一历史档案馆编:《鸦片战争档案史料》(Ⅰ),天津古籍出版社1992年版,第165—166页。
② 《宣宗实录》卷二五八,《清实录》(第三六册),中华书局1986年版,第931页。
③ [日]井上裕正:《清代鸦片政策史研究》,钱杭译,西藏人民出版社2011年版,第144页。

可能始于其浙江巡抚任内。阮元曾于乾隆六十年（1795年）任浙江学政①，后于嘉庆四年（1799年）十月至十四年（1809年）八月任浙江巡抚②，其间应与钱塘大族许家有不少交往。许乃济之父许学范为乾隆三十七年（1772年）进士，曾任刑部员外郎。许乃济兄弟七人，三人进士，四人中举，有"七子登科"之美誉。许乃济与其弟乃普、乃钊及堂兄弟乃赓、乃安，五人均以进士中式，先后入翰林院，时称"五凤齐飞入翰林"。许家兄弟在杭州当地，乃科举佳话。故同样翰林出身的阮元在杭州任职时当与许家有密切之来往。这就不难理解，嘉庆二十二年（1817年）阮元刚到两广总督任上，便邀请许家长子许乃济赴粤主持粤秀书院。许乃济时任翰林院编修，属闲职，有长期离京的条件。此后许乃济又于道光五年（1825年）至十三年（1833年），在广东先后任肇罗道、督粮道、高廉道，并于道光十二年（1832年）十一月至十三年（五月），离粤赴京前，还兼署广东按察使约半年时间（原任杨振麟病假）③。道台是知府之上一级地方行政长官，按察使乃主管一省司法之官员。可以推测，许乃济在广东仕宦八年，对广东的政情、民情，特别是鸦片顽疾，当有较深刻的了解，也处理过相当多的鸦片案件，具备了"广东立场"的客观条件。

道光十六年（1836年）四月二十七日，时任太常寺少卿的许乃济向道光帝上奏了近代史上著名的《鸦片烟例禁愈严流弊愈大应亟请变通办理折》及《请弛内地民人栽种罂粟之禁片》。在该奏折及附片中，许乃济详述了鸦片烟之产地、特性、种类、危害、历来贸易之情形等，特别是指出鸦片走私贸易岁耗中国银1000万两以上，造成严重的"银贵钱贱"危机。且"以中原易尽之藏，填海外无穷之壑，日增月益，贻害将不忍言"。

虽然许乃济亦认为中国不在乎每年百余万两的海关税收，但其不赞成包世臣之"绝夷人之互市"的拔本塞源说。因为：其一，西洋诸国与中国通商已有千余年之历史，不能因英吉利一国贩卖鸦片而断绝与所有国家的通商。其二，断绝通商将危及沿海数十万恃通商为生计的民众利益。其三，断绝通商并不具有实际操作性，亦不能禁止鸦片入口。因夷船在大洋外，随地可以择岛为壑，内洋商船，皆得而至，故不能止私货之不来。

---

① 钱实甫编：《清代职官年表》（第四册），中华书局1980年版，第2685页。
② 钱实甫编：《清代职官年表》（第二册），中华书局1980年版，第1648—1658页。
③ 钱实甫编：《清代职官年表》（第三册），中华书局1980年版，第2137—2138页。

许乃济指出目前的严禁鸦片烟之政策引起诸多弊端:其一,禁烟法令成为胥役棍徒借此牟利的工具,且法愈峻则胥役之贿赂愈丰,棍徒之计谋愈巧。其二,良民受累,不可胜计。许乃济指出自己在广东臬司任内,鸦片案件报案纷纷,但栽赃讹诈,所在多有。

那么如何解决目前的鸦片问题呢?许乃济给出四条措施:其一,循海关旧例,将鸦片作为药材纳税进口,但只准以货易货,不得用银购买。所有洋银、纹银,一律禁止出洋。若有犯被获者,鸦片销毁,银两充赏。其二,禁止文武官员、士子、兵丁吸食鸦片,违令者立于斥革,且该管上司及保结统辖官,有知而故纵者,仍分别查议。其三,除官员、士子、兵丁之外的民间贩卖吸食者,一概勿论。其四,允许内地民人栽种罂粟。

许乃济认为,实行上述四条措施,则每年可阻中原千余万金之偷漏。至于民间吸食者,率皆游惰无志,不足重轻之辈,亦有年逾耆艾,而食此者,不尽促人寿命。海内生齿日众,断无减耗户口之虞。此外,中原土性和平,所种罂粟烟性平淡,食之不甚伤人。若内地之种日多,夷人之利日减,迨至无利可牟,外洋之来者自不禁而绝。而且,南方气暖,晚稻收割后开始种植罂粟,待二三月开花结实,收浆后乃种早稻。故罂粟种植不但不妨害农业,且有利于农夫的经济。许乃济还提醒道光帝,鸦片烟终难禁绝,若待民穷财匮而再想改弦易辙,则已悔不可追。①

关于此折之背景并不十分清楚,似乎与阮元不无关系。阮元时任体仁阁大学士并管理兵部②,其一向被广东之外人视为弛禁论之领袖。井上裕正认为,"阮元之出任大学士一事,显然意味着出现了让'弛禁'论正式提案能得到皇帝接纳的有利政治局面"。而四年后,英国《泰晤士报》于道光帝的全皇后去世时发表了一篇文章,称全皇后有较大的政治影响力,其向地方派遣了许多心腹任高级官员,许乃济属于她的圈子。③ 按这种说法,似乎许乃济、阮元、全皇后等人构成了一个支持弛禁政策的政治集团。笔者认为,以许乃济与阮元之关系,该折的酝酿其可能会向阮元汇报协商,但皇后干预政治,甚至

---

① [清]文庆等纂辑:《筹办夷务始末》第一册《道光卷一》,上海古籍出版社2008年版,第9—11页。
② 钱实甫编:《清代职官年表》(第一册),中华书局1980年版,第94页。
③ [日]井上裕正:《清代鸦片政策史研究》,钱杭译,西藏人民出版社2011年版,第144—145页。

操作政府人事安排，以清代之制度言之，几无可能。即便是时人笔记野史、街谈巷议亦无此情节，不知数千里之外的广东外商据何作此判断？井上裕正亦认为"无法找到足以证明这篇文章可信性的其他史料"。

笔者认为，许乃济之动机要从其个人的思想寻找根源。虽然一般论者均认为许乃济此折乃是吴兰修《弭害》之翻版，但其弛禁之观点并非受吴兰修之影响。据梁廷枏《夷氛闻记》，许乃济兼署广东按察使时，已经知道鸦片烟"非恃文告可禁，害将无所底止也，时怀隐忧，而未得所以清源之法"。在此时，许乃济遇到"宜最投契"之同年生何太青。何太青是广东顺德人，与许乃济均为嘉庆十四年（1809年）进士，并同选庶吉士。散馆后，许乃济授编修。何太青出任地方县官，任过仁和（属杭州府）县令，乃许乃济家乡之官员。许乃济在广东任道员期间，何太青罢官回籍，想来此时二人接触当较为频繁，对鸦片之顽疾有过深入讨论。何太青谓："纹银易烟出者，不可数计，必先罢例禁，听民间得自种罂粟。内产既盛，食者转利值廉，销流自广，夷至者无所得利，招亦不来，来则竟弛开禁，而厚征其税，责商必与易货，严银买罪名，不出二十年将不禁自绝。实中国利病枢机，如无敢举以入告何？"许乃济听后大为所动，并向吴兰修征求意见，吴兰修亦极为赞同，这才有所谓《弭害》一文。① 可见，何太青回籍经年，对广东鸦片问题有深刻之观察及思考，他才是目前所见提议"以土抵洋"之弛禁论者第一人。

当时的许乃济以道员之身，并无专折奏事之权，其在给上级的汇报中，还常常按惯例以辖区内没有鸦片种植及买食情形奏报。但其与何太青、吴兰修等人的讨论，说明他关心鸦片问题之利害，为此作了不少调查研究。回京后的许乃济任太常寺少卿，正四品官员，级别不算太高，但也是中央部门的副长官。从利益纠葛而言，其早已在"广东立场"之外，并无冒险上折之必要。或许老友何太青之"实中国利病枢机，如无敢举以入告何"的感叹始终萦绕其心，正如其在奏折中所言："臣以一介菲材，由给事中仰沐圣恩拔擢，历官中外，前任岭表监司将十年，报称毫无，深自愧恨。而于地方大利大害，未尝不随时访问。因见此日查禁鸦片，流弊日甚一日，未有据实直陈者，臣既知之甚

---

① ［清］梁廷枏：《夷氛闻记》，《中国近代史资料丛刊·鸦片战争（六）》，神州国光社1954年版，第7页。

确,曷敢壅于上闻?"历史事件并不总有复杂之政治背景,也许这就是许乃济上折之朴素动机。虽然弛禁论在后世饱受诟病,许乃济亦为此被冠为弛禁论之代表,并牺牲了政治生命。日后之历史亦证明,弛禁之下的"以土抵洋"虽获成功,但毒祸肆虐华夏,乃病国害民之大者,哪有所谓"实中国利病枢机"?但回顾历史,我们不能忽略许乃济的政治勇气。从某种程度而言,许乃济之"杜漏卮而裕国计"亦是严禁派之诉求。一禁一弛,看似背道而向,却殊途同归,亦可见历史之吊诡。

6. 道光帝的态度

道光帝收到许乃济的奏折后,虽未明确表态,但要求两广总督邓廷桢、广东巡抚祁𡎴、粤海关监督文祥妥议具奏。① 道光此举十分值得关注。笔者推测,若两年前卢坤的试探性奏折,已经使道光心动的话,此时许乃济的奏折足以令道光下定决心开鸦片之禁。从清廷政策出台的程序而言,一项政策的产生,首先是由官员或部门以奏折的形式向皇帝提出建议,而皇帝阅折后会将原折抄发给与政策相关的部门或地方加以讨论,若讨论结果得到皇帝批准,则经由内阁明发上谕的形式成为国家政策而得到施行。若皇帝在交有关部门讨论时,有明确的态度倾向,相关部门则会直接拟定章程即可。这是在清代专制政体之下,存乎君主、大臣、职能部门之间的具有一定民主性的协商机制。这种机制行之既久,已经得到充分认可和遵循。而两年前卢坤的奏折,很难在此机制中成为一项国家政策。因为,卢坤作为"广东立场"之利益相关者,其提出的建议仅从地方免责的角度出发,既与社会风俗道德相违背,亦与清廷四代皇帝施行了百余年的禁烟政策相抵触,无论在多大的范围进行讨论,都会遭到全面的否定。如前文所分析之种种原因,道光皇帝顾虑重重,当然不会绕开讨论程序而直接表态,毕竟这不太符合理法。但两年后的形势略有不同,许乃济是中央官员,已在"广东立场"之外,使得该折有了第三方讨论的可能性。

道光帝若是坚定的严禁论者,其对于许乃济的奏折有两种处理方式:一是直接加以驳斥否定,奏折根本不会进入讨论程序,也借此向朝野表明自己坚定的严禁态度。值得注意的是,无论是对卢坤还是许乃济的弛禁论,道光

---

① [清]文庆等纂辑:《筹办夷务始末》第一册《道光卷一》,上海古籍出版社2008年版,第11页。

均无只言片语的批评。二是将许乃济奏折在中央相关部门或更大范围的全国督抚将军间进行讨论。不难判断,一反道德与律法传统的建议自然不会有生存之机会。但道光帝采取另外的方式,仅将许乃济之奏折交由广东方面"妥议具奏"。而广东方面因鸦片烟问题与皇帝及清廷中央围绕着奏折和上谕已经进行了数十年的文字游戏了,故对于"广东立场",道光帝是十分清楚的。应该说,此时的他对于广东方面的议复结果是持期盼态度的。毕竟,有上奏环节,有讨论程序,改弦易辙的困难会小很多。而广东方面与皇帝亦有着高度的默契。道光十六年(1836年)七月,邓廷桢等人遵旨复奏,开篇即表明了赞同弛禁的态度:"立制贵乎应时,为政先宜除弊,若除弊而弊益甚,则不得不筹变通。"并指出目前的形势是"禁令愈严,私贩愈巧,每年所耗内地银两,为数愈益不赀",因此许乃济"胪陈时弊,均属实在情形,所请弛禁变通办理,仍循旧制征税,系为因时制宜起见,似应请旨遵照原奏"。如此,则"国计民生,均有裨益"。邓廷桢等还就如何以货易货,如何禁止纹银出洋及禁止官员、兵丁、士子吸食拟定了九条措施。①

需要说明的是,关于道光帝弛禁态度的分析,并非笔者的纸上谈兵。道光帝让广东大员讨论许乃济的奏折,这一事件本身所释放出的信号是十分明显的。这就不难理解为何邓廷桢等人敢于正面亮出弛禁观点,不难理解广东之外商为何如此兴高采烈。英商所办之《广州纪事报》全文刊载了许乃济奏折的英译稿,并认为这是鸦片贸易的转折点。一些外商推测道光皇帝已经同意了弛禁观点,这虽然并不确切,但也说明了在这个政策生成程序中,道光的举动已经为外商所把握和感知到。因此,广东方面乐观氛围的形成并不是一厢情愿的空穴来风。

7. 弛禁论胎死腹中

但邓廷桢的奏折尚未到京,许乃济的弛禁论即遭到内阁学士朱嶟和兵科给事中许球的上奏弹劾。朱嶟认为有法即有弊。诸如娼赌奸盗之禁,同样也被胥役棍徒借以取利,岂可因此而尽弛其禁,有病即须有药。法律有如堤防,昏愚之人才会因其稍有漏洞而尽行毁弃。至于以货易货,中国并无足够的茶

---

① [清]文庆等纂辑:《筹办夷务始末》第一册《道光卷一》,上海古籍出版社2008年版,第11—15页。

叶易换进口鸦片,最终仍将使用白银。况且,如果能禁白银出洋,岂不能禁鸦片输入?反之亦然,若能禁断鸦片的输入,则白银外流自然停止。更重要的是,民众为立国之本,深染恶习,为害较之白银外流尤甚,财富终归来自民众,"民贫尚可变,民弱不可救药"。① 因此必须进一步申严鸦片例禁。许球认为鸦片一旦弛禁,不禁售卖,便不能禁止吸食。若只禁止官员与士兵,而听民吸食,而官与兵皆从士民中出。何况明知鸦片毒害,而听其流行,并征收税课,堂堂天朝,无此政体。因此,许球建议,必须严定治罪条例,惩处参与鸦片贸易的奸民、行商、窑口、快蟹、兵役等,并逮捕臭名昭彰的外国烟贩。②

朱嶟与许球的上奏举动不仅使广东方面措手不及,对道光帝而言亦是一个意外,因为道光帝并未命令朱嶟与许球对许乃济的奏折发表意见。未经谕旨议复而上奏讨论另一大臣的奏折是不同寻常的举动。故朱嶟与许球的奏折中仅驳斥弛禁之观点,并未出现许乃济的名字,这使得针对性不那么明显,表面上亦未破坏议事程序。这里还涉及奏折的处理机制问题。奏折是大臣与皇帝之间的直接沟通文书,具有一定的私密性,并不像题本那样经由通政使司的审核到达内阁,再经过内阁的票拟才到达皇帝手中。按一般程序,许乃济之奏折经由宫内奏事处直接到达道光帝手中,道光阅后将处理意见交给军机处执行,朱批奏折经过军机章京的录副后,即遵照皇帝的指令,以军机大臣廷寄的方式由兵部驿站负责发往广东。也即在制度上,许乃济的奏折是具有一定机密性的。无论是《广州纪事报》的全文刊载,还是朱、许二人的上奏,都说明了许乃济奏折在京城及广州的舆论场域中具有较大的影响。而朱嶟、许球未获旨而奏劾弛禁,让道光帝看到了开禁的困难与阻力。故道光十六年(1836年)八月初九,道光帝将朱嶟及许球之折抄发给广东方面,并要求邓廷桢等人"将折内所奏如贩卖之奸民、说合之行商、包买之窑口、护送之快蟹、贿纵之兵丁,严密查拿各情节,悉心妥议,力塞弊源,据实具奏"。③ 对于广东方面而言,道光帝的立场显然是不坚定的。

如果说朱嶟、许球二人的奏折让道光帝产生了犹豫,那么两个月之后的

---

① 蒋秋明、朱庆葆:《中国禁毒历程》,天津教育出版社1996年版,第59页。
② [清]许球:《请禁鸦片疏》,《中国近代史资料丛刊·鸦片战争(一)》,神州国光社1954年版,第475页。
③ 《宣宗实录》卷二八七,《清实录》(第三七册),中华书局1986年版,第427页。

江南道监察御史袁玉麟的奏折则让其完全打消了顾虑,彻底断绝了弛禁的念头。道光十六年(1836年)十月,江南道御史袁玉麟上奏清廷,认为大臣如果恪遵严谕,事事求一实字,则天下断无办不动之事。而那些弛禁论者,是因为不能实心实意禁绝纹银出洋,倡导弛禁仅仅是图自己方便。袁玉麟指出弛禁"戾于是非者有三":其一,既违背祖制,亦违背皇帝一贯以来的谕旨。其二,今日之民,即异日之官,今日之官,亦有时因事革而为民。故禁官不禁民是刑章不能共守,坏政体而伤治化也。其三,按海关旧例,以年销售二万余箱鸦片计之,不过税银十二三万两。即加倍取税,不过二十余万两,再加一倍,亦不过五十余万两。徒有增税之名,毫无裕课之实,是见小利而伤大体也。

袁玉麟还指出弛禁"暗于利害者有六":其一,纹银出洋与鸦片之禁的关键在于认真查办,不在严禁与弛禁的区别。严禁时尚不能认真查办,弛禁就更不待言。而中国之大黄、茶叶与外国之呢羽、钟表贸易大体相抵,若每年增加二千万两的鸦片进口,不可能做到以货易货,白银还是外流。这是开门揖盗。其二,若弛内地罂粟种植之禁,因"鸦片之利,数倍于农,小民无知,孰不弃农而趋利乎",如此则"膏腴之区,且尽化为鸦片之壤,是夺农功而耗本计也"。其三,弛禁者所谓"愚民自戕其生,不足深惜"的议论乃是"局外痛心疾首之言","皇上如天之仁,何忍一夫不获",故弛禁后"靡靡昏昏,何所底极,是绝民命而关国脉也"。其四,因兵皆来自民,所谓禁兵不禁民,而终无净禁之日。此后,全国军队疲弱,不堪设想。其五,弛禁后,原来贪腐贿纵之官员、洋行奸商、走私快蟹等,"前此藐法行为,甚为得计,此后更复何所顾忌,是济奸民而同洋匪也"。其六,最为重要的是"天下之患莫大于一发而不可收,弛禁之令一下,海内必靡然从风",此后"百弊丛生,日甚一日",即使后悔弛禁之策,但"已成一积重难返之势"。因此,袁玉麟请求皇上"立斥弛之议"。① 袁玉麟的奏疏,驳斥有力,危害剖析亦十分清楚。道光帝顾虑打消,一方面是因为严禁舆论的强大,其没有勇气挑战,另一方面也是因为朱嶟、许球、袁玉麟等人奏折的剖析的确令人信服,道光帝在心理上对此是认同的。

形势的逆转,让广东方面极为失望。十一月二十日到达北京的邓廷桢等

---

① [清]文庆等纂辑:《筹办夷务始末》第一册《道光卷一》,上海古籍出版社2008年版,第15—17页。

人的奏折完全是一篇牢骚满腹的控诉书。邓廷桢认为严禁论者"所陈议论，极为正大"，但"果能循旧辙而立收功效，又孰肯冒不韪而亟议更张"？指出"建言者倡论于局外，故抵掌较易敷陈；当事者肩任于局中，则措手宜有分寸。知行各别，易地皆然"。邓廷桢抱怨目前的弛、禁之争是"不求其实，而徒争其名"，表明自己不依违两可，亦不胶执一偏，仅以务实的态度在杜绝纹银出洋方面下功夫。并以"善猎者不示兽以阱，善战者不输敌以谋"，暗喻清廷"毋须重颁涣号，往复申明"，以致"汉奸巧避，外夷居奇"。邓表示自己与广东官员将同心协力，"明惩汉奸以威，而绝其勾串；暗减夷商之利，而杜其贪饕。总以一年为期，相机酌办。如果小有成就，则从此步步吃紧，或可渐塞漏卮，不在此时争执虚名"。①

道光帝对邓廷桢的抱怨不置可否，对"该督等所见能见及此"表示赞赏，并要求广东官员"同心协力，认真巡察，惩汉奸之勾串，杜夷商之贪饕。总期银不出洋，行之有效，毋得徒托空言，务使名实相副"。② 至此弛禁与严禁的辩论结束，此后没有人再敢公开提出弛禁建议。邓廷桢等在广州开始驱逐外国烟贩，中国的禁止鸦片烟开始进入一个空前严厉的时期。

第二节 鸦片战争之前的严禁

鸦片战争前之所以出现严禁，表面上是弛禁派遭到普遍的反对，而实质上则是国内鸦片毒祸进一步恶化的必然结果。道光朝鸦片输入量的急剧增长说明了国内消费市场及消费需求的扩大，鸦片吸食习惯已经由东南沿海地区扩展到内地。下面将从国内的鸦片种植、贩售、吸食等方面考察清政府的禁烟措施。

一、罂粟种植及《严禁内地种卖鸦片烟章程》

前文曾提及中国早期罂粟种植的一些情况，自产鸦片的时间限于史料很

---

① ［清］邓廷桢：《奏为遵旨查办夷人在广东澳门贩卖鸦片杜绝民人吸食事》（道光十六年十一月二十日），中国第一历史档案馆藏宫中档全宗，档号：04-01-01-0781-044。
② 《宣宗实录》卷二九二，《清实录》（第三七册），中华书局1986年版，第525—526页。

难确定。但可以肯定的是,清朝前期云南省即使有自产鸦片,亦产量有限,且以药用为主。

包世臣说嘉庆十年(1805年)后,云南、浙江等地才开始有供作吸食的鸦片生产,但当时生产鸦片在技术上还不成熟,必须运至澳门进一步加工方可吸食。① 嘉道年间的梁绍壬曾说:"近日内地俱有能种者,在浙者曰'台浆',在闽者曰'建浆',在蜀者曰'夔浆'。"② 闽浙总督孙尔准在一份奏折中说浙江从道光元年开始,温州永嘉县之南溪,乐清县之西城堡,平洋县之湖里、麻洋,台州黄岩县之路桥、乌岩等处俱有鸦片栽种,仙居县尤多。③ 云南省栽种罂粟的记载,较早见诸道光三年(1823年)颁布的《酌定失察鸦片烟条例》的诏谕,其中提及"滇省迤西、迤东一带,将罂粟花熬为鸦片……著该督抚严饬地方官晓谕居民,概不准私种罂粟"。④

综上可见,嘉庆中期,中国鸦片的种植及生产已经有一定的发展,至嘉、道之交,鸦片种植的地方已经开始增多,多见于福建、浙江、四川、云南等处。这比吸食鸦片的方法传入中国,晚了大约100年。此后,栽种罂粟制造鸦片,完全是为了供应吸食,与原先充作医药的用途完全不同。

道光帝继位之初,国内罂粟种植不多,因而朝廷的注意力主要集中在查禁外国鸦片的进口方面。而就在李鸿宾提出"内地优先"之际,内地鸦片烟的种植引起了道光帝的注意。道光十年(1830年)六月,江南道监察御史邵正笏奏称,"浙江如台州府种者最多,宁波、绍兴、严州、温州等府次之。有台浆、葵浆名目,均与外洋鸦片无异。大伙小贩到处分销,地方官并不实力查禁,以致日久蔓延。此外如福建、广东、云南亦皆种卖,有建浆、广浆、芙蓉膏等名目。似此纷纷种卖,若不禁止尽绝,将来必传种各省,不特贻害善良,更属大妨耕作"。⑤ 道光帝阅折后令"各省督抚严饬所属确切查明"。⑥ 嗣后,各省遵

---

① [清]包世臣:《安吴四种·庚辰杂著二》卷二十七,《中国近代史资料丛刊·鸦片战争(一)》,神州国光社1954年版,第538页。
② [清]梁绍壬:《两般秋雨盦随笔》,上海古籍出版社1982年版,第176页。
③ [清]孙尔准:《奏为遵旨确查闽浙种卖鸦片并妥议章程折》(道光十年十月十三日),中国第一历史档案馆藏宫中档全宗,档号:04-01-01-0721-058。
④ 《宣宗实录》卷五六,《清实录》(第三三册),中华书局1986年版,第993页。
⑤ [清]邵正笏:《奏为浙江等省内地奸民种卖鸦片贻害民生请饬查严禁事》(道光十年六月二十四日),中国第一历史档案馆藏军机处全宗(录副奏折),档号:03-4005-014。
⑥ 《宣宗实录》卷一七〇,《清实录》(第三五册),中华书局1986年版,第644页。

旨纷纷奏报辖区内鸦片种植情形。由于邵正笏奏折中所指浙江罂粟种植的情形最为具体,故浙江巡抚及闽浙总督的态度最为积极,很快便奏报辖区内种植情形并拟定禁种章程。① 刑部根据闽浙总督孙尔准酌拟的章程议定了《严禁内地种卖鸦片烟章程》,规定:

> 嗣后内地奸民人等,有种卖煎熬鸦片烟者,即照兴贩鸦片烟之例,为首发近边充军,为从杖一百徒三年。地保受贿故纵者,照首犯一体治罪。赃重者计赃以枉法从重论。其知情容隐,虽未受贿,亦照为从例问拟。所种烟苗拔毁、田地入官,各督抚即责成该管道府督饬各属实力查禁。乘抽查保甲之便,于春间赴乡稽查一次,将有无私栽鸦片烟出具印结,年底由司会齐咨部,并著各督抚于每年具奏编查保甲折内,一并详晰声叙。如有拔除不尽,仍任流毒地方,即遵照道光三年部定处分,分别参办,毋稍徇隐。②

道光十年(1830年)十二月,《严禁内地种卖鸦片烟章程》以内阁明发上谕的方式颁布③,这是第一次以立法形式禁止鸦片种植及鸦片烟制作。此后,按照道光帝的旨意,内地十五省均奏报了辖区内鸦片烟的种植情形。除了邵正笏奏折中明确指出的浙江、云南、四川、广东等省承认有鸦片种植外,其他省份均以无罂粟种植上报。浙江省奏报罂粟种植在台州府属近山僻境,所制烟膏称为台浆,相邻之温州、宁波地区也有种植。云南省的奏报称"沿边夷民因地气燠暖,向种罂粟,收取花浆,煎膏售卖。名为芙蓉,以充鸦片。土

---

① [清]庆善:《奏为遵旨查禁浙省种卖鸦片事》(道光十年十一月二十八日),中国第一历史档案馆藏宫中档全宗,档号:04-01-01-0721-058;《奏为浙江查禁鸦片烟流毒章程事》(道光十年十二月十五日),中国第一历史档案馆藏军机处全宗(录副奏折),档号:03-4005-019。孙尔准:《奏为遵旨确查闽省种卖鸦片并妥议严禁鸦片流毒章程事》(道光十年十月十三日),中国第一历史档案馆藏军机处全宗(录副奏折),档号:03-4005-018。《奏为遵旨确查闽浙种卖鸦片并妥议章程折》(道光十年十月十三日),中国第一历史档案馆藏宫中档全宗,档号:04-01-01-0721-058。

② [清]卢荫溥:《奏为会议闽浙二省查禁种卖鸦片章程事》(道光十年十二月十八日),中国第一历史档案馆藏军机处全宗(录副奏折),档号:03-4005-020。

③ 中国第一历史档案馆编:《鸦片战争档案史料》(Ⅰ),天津古籍出版社1992年版,第72页。

境夷民栽种罂粟,系在迤西、迤南边外"。① 迤西即清初的永昌道,乾隆元年永昌府物产中即有鸦片一项,道光三年诏谕中又提及迤西、迤东有罂粟种植,可见这一地区罂粟种植开始得很早,云南内地的罂粟栽种或许就是由迤西传播而来。广东省奏报"惟潮州府属间有种植莺粟花之处,其余各属均无栽种之事"。② 潮州府是进口洋烟的汇聚地,这里种植罂粟可能是由东南亚地区传入,由当地烟贩率先种植。四川省奏报"闻会理州、平武州一带毗连番界,尚有种植罂粟花处所"③。会理在川南,属川滇交界处。平武在川西北,属川甘交界处。

  道光帝对各地所奏无种植鸦片的情形并不相信,如其诘问河南巡抚:"该抚何得以各属具报,均无种卖,遂信以为实。所称圣明例禁,出示晓谕,均属徒托空言。"④而报有私种情形的省份,多轻描淡写,似乎罂粟只是零星栽种。道光帝对此敷衍亦十分不满。其在云贵总督阮元的奏折中批道:"该督等仅以饬属查禁空言复奏,何以使地方官实力奉行,奸民知所敬惧?"阮元称云南罂粟"私种之处亦已铲毁",并保证"嗣后每年栽种之先,出示严行禁止,并将新例加等治罪",而且令省内各地方官于罂粟出土之时,"会同营员,亲赴所辖境内,无论远近,深山穷谷,逐处躧查锄毁一次。又于次年春末开花结苞之时,躧查铲毁一次"。而道光于此处的朱批为:"铲除二语,特觉不实。若令种植之家锄铲,是必不可信之事。若预带多人以备锄铲之用,又无此查办办法。不过一片纸上空谈耳。"对于沿途贩运烟土,阮元奏称,"饬各地方官在于关津要道税口加派诚妥胥役,不时督率,于经过行旅商脚,细查来去踪迹"。此处道光又加朱批:"当今之世,胥役之中,责其诚妥,盖亦难亦,无非多增一弊。"⑤

  道光帝十分警惕地方提出为了禁种而派员协同侦查的建议,除了上述给

---

  ① [清]阮元:《奏为遵旨议复查禁种卖鸦片烟章程折》(道光十一年五月初九日),中国第一历史档案馆编:《鸦片战争档案史料》(Ⅰ),天津古籍出版社1992年版,第77—78页。
  ② [清]李鸿宾:《奏为遵旨查办种卖鸦片并酌议章程事》(道光十一年五月十九日),中国第一历史档案馆藏宫中档全宗,档号:04-01-01-0732-027。
  ③ [清]鄂山:《奏为遵议禁鸦片烟章程并本省禁烟情形事》(道光十一年八月二十八日),中国第一历史档案馆藏军机档全宗(录副奏折),档号:03-4005-042。
  ④ 《宣宗实录》卷一八九,《清实录》(第三五册),中华书局1986年版,第992页。
  ⑤ 中国第一历史档案馆编:《鸦片战争档案史料》(Ⅰ),天津古籍出版社1992年版,第78页。

阮元奏折的朱批外，对于河南巡抚杨国桢的奏请亦表示："至所称于省外各府所属之朱仙镇等十处派员协同地方官侦查等语。该处商贾辐辏，自应严密侦查。惟一经派员，即恐借端滋扰，且地方官转可推诿卸责。所请派员协同侦查之处，著毋庸议。"①对山东巡抚讷尔经额折中提出的将随同查访未入流人员因功尽先补用的建议予以驳斥，并称这是"滥行渎请，致开奔竞之门"，故"此风断不可长，所请著不准行"。②可见，道光帝对地方官员的因循敷衍、借端滋扰、借端牟利的情弊是洞若观火的。

《严禁内地种卖鸦片烟章程》规定各地于每年抽查保甲之便，于春间赴乡稽查一次，并于年底由督抚在具奏编查保甲折内，一并详晰声叙。这体现了清廷试图将禁种与保甲制度相结合的治理思路。关于编查保甲，嘉庆二十年（1815年）正月上谕："编查保甲，于秋收后责令该管道府直隶州亲往协查禀报，岁底汇奏一次。"道光四年（1824年）五月上谕："著各督抚等严饬该府州县，将棚民逐细查察，按十户设立甲长，每年递换门牌，随时抽验。"③

自《严禁内地种卖鸦片烟章程》颁布后，各地督抚每年年底都借抽查保甲之时汇报辖区内有无鸦片种植情事。目前资料可见道光十一年（1831年）至道光十七年（1837年）各地奏报之大概情形。虽然年份信息并不连续，但依然可以看出，绝大多数省份在年底均以辖区内无鸦片烟种植奏报。似乎是鸦片战争之前全国几乎没有鸦片的种植，甚至在浙江、云南、四川、福建这些御史曾经奏劾的省份，亦似乎经过查勘而杜绝了种植，这当然不是历史的真实情况。道光十六年（1836年），朱嶟在上述反对弛禁的奏折中说："今闽、广、浙东、云贵，曾经科道各官奏请，禁栽罂粟采熬鸦片，然名禁而实未禁也。他省臣不敢说，即如云南一属种罂粟者漫山遍野，鸦片之出产，每岁亦不下数千箱。"④朱嶟是云南通海人，其情报来源应是可靠的。

云贵二省是仅有的在个别年份奏报过辖区内有零星种植的省份。道光十二年（1832年），贵州巡抚裕泰及护理巡抚麟庆均奏报拿获种植鸦片烟匪

---

① 《宣宗实录》卷一九〇，《清实录》（第三五册），中华书局1986年版，第1008页。
② 《宣宗实录》卷一八九，《清实录》（第三五册），中华书局1986年版，第994页。
③ ［清］周之琦：《奏为本年复查保甲并严禁鸦片事》（道光十五年十二月十九日），中国第一历史档案馆藏宫中档全宗，档号：04-01-01-0772-038。
④ 蒋秋明、朱庆葆：《中国禁毒历程》，天津教育出版社1996年版，第48页。

徒,原本是邀功之举,但年底奏报时就颇为麻烦了。该年贵州的奏报是"已经取具各属无种植的甘结"①,似乎经过严厉的查禁后已经没有种植了,而且措辞值得注意,是取得下属各地区负责官员的甘结,这是被告发依然有种植情况后容易免责的一种手段。道光十四年(1834年)及十五年(1835年),贵州巡抚裕泰连续两年在年终奏报时承认辖区内出现了鸦片种植情形,这是因为这两年贵州的种植再次遭到御史的参奏,贵州方面只得遵旨拿获,年底的奏报自然亦无法回避。② 云南方面的情形亦类似,因遭弹劾,故道光十五年(1835年)云贵总督戴士沅的奏报承认有偷种事实,但也强调云南方面的遵旨查禁工作的开展。③

与加强沿海外禁对广东方面的官僚所产生的压力一样,内地的种植查禁亦是令内地官员十分棘手的问题。道光年间任云南道员的彭毓崧晚年承认:"余尝劝民以种烟之田易而种谷,而民怨以为不通民情。然而年终出结,必曰'境内无栽种者'。州县以之欺大吏,大吏以之欺朝廷。"④可见,各地查禁私种,皆敷衍而已。在地方官员的层层隐匿之下,民间私种罂粟的现象一直在暗中滋长,未受到应有的遏制。而且长期以虚假的情形奏报皇帝,地方督抚的压力和负担着实不小。但从道光十六年(1836年)开始,这种压力骤然消除了。转机出现于十五年(1835年)底。由于各地每年均以同类奏报上呈,或许道光帝亦甚觉无趣,其在各督抚的奏折内朱批:"自明年年终为始,毋庸具奏。"因此,至道光十六年(1836年)底,只有广西与河南两省在保甲折内汇报了无鸦片种植的信息,而到十七年(1837年)底只广西一省还在做这样的

---

① [清]裕泰:《奏为遵旨查拿归化厅王金等种卖鸦片烟匪徒事并出具署内并无买食印结事》(道光十二年十二月十三日),中国第一历史档案馆藏军机档全宗(录副奏折),档号:03-4006-035;[清]麟庆:《奏为拿获种贩鸦片烟匪徒按例严惩并取具各属现无种买甘结事》(道光十二年十二月十六日),中国第一历史档案馆藏宫中档全宗,档号:04-01-01-0744-049。

② [清]裕泰:《奏为遵旨拿获种卖鸦片烟匪徒王金等按例严惩并出具署内并无买食印结事》(道光十四年十二月十三),中国第一历史档案馆藏宫中档全宗,档号:04-01-01-0758-018。[清]袁文祥:《奏请饬禁贵州民间栽种鸦片烟草开设烟馆事》(道光十五年三月二十六日),中国第一历史档案馆藏军机处全宗(录副奏折),档号:03-4006-040。[清]裕泰:《奏为本年兴义府等处查拿种卖鸦片匪徒赵履太等并出具署内无买食鸦片印结事》(道光十五年十一月二十三日),中国第一历史档案馆藏军机档全宗(录副奏折),档号:03-4006-051。

③ [清]伊里布:《奏为遵旨查明戴士沅等偷种鸦片并所属无买食鸦片烟事》(道光十五年十二月十九日),中国第一历史档案馆藏宫中档全宗,档号:04-01-01-0772-044。

④ 蒋秋明、朱庆葆:《中国禁毒历程》,天津教育出版社1996年版,第49页。

汇报。此后,便再无地区汇报鸦片种植情形了。

　　罂粟种植严重的地区依然会受到御史的关注,道光十八年(1838年)十一月,有人参奏云南"寥廓深山,邃谷之中,种植罂粟花,取浆熬烟,其利十倍于种稻",为此道光帝谕令云贵总督伊里布、云南巡抚颜伯焘通饬所属严申禁令。① 十二月,御史郭伯荫奏称"广西、四川、云南、贵州等省番舶不通之处,皆由本地民田遍栽罂粟熬炼成土,地利民生两受其害"。② 道光帝为此"著各该督抚严饬该管道府,督率各该州县,于所管地面剀切晓谕,实力稽查。遇有违例栽种,立即拔毁惩治。如此递加稽覆,自不难尽绝根株。并著该督抚于明春派委明干大员,周历各属,清查一次。如仍有栽种情弊,即将该地方官严行参办,以示惩儆"。③ 此后,又有人奏劾云南罂粟种植情况严重。④ 面对御史的奏劾及道光帝的严令,云贵总督伊里布及云南巡抚颜伯焘上奏申明自上任以来十分重视罂粟种植的查禁工作,并强调种植罂粟的沿边夷地"未便令员役前往勘办,致滋惊扰",只得"责成土司,实力稽查"。而且"滇省寥廓,虽据各属查明具结,然深山邃谷之中,人迹罕至,难保无牟利奸民,私行栽种,兵役人等受贿包庇情事"。⑤

　　广西方面的态度似乎较为积极,此前就将办理查禁烟土不力之梧州府知府刘锡方参劾后摘去顶戴。⑥ 郭伯荫参劾后,广西方面的查禁活动十分严厉,起获烟泥10余万两,并承认"太平、泗城、镇安、思恩各府属,地处极边,第与云南、贵州交界,向有栽种罂粟花,刮浆熬烟之事,名为芙蓉白"。⑦

　　贵州巡抚贺长龄奏称:"黔省民苗杂处,多有栽种罂粟、熬膏售卖之事。外省奸商每于栽种出土之初,亲来看估,预付银两,乡愚惟利是图,甘蹈法

---

① 《宣宗实录》卷三一六,《清实录》(第三七册),中华书局1986年版,第923—924页。
② [清]郭伯荫:《奏请谕禁内地各省栽种罂粟花事》(道光十八年十二月初二日),中国第一历史档案馆藏军机档全宗(录副奏折),档号:03-4008-025。
③ 《宣宗实录》卷三一七,《清实录》(第三七册),中华书局1986年版,第943页。
④ 《奏为云南各地种植罂粟花取浆熬烟者日多请饬下云南督抚严申禁令事》(道光十八年十二月初九日),中国第一历史档案馆藏军机档全宗(录副奏折),档号:03-4008-053。
⑤ [清]伊里布等:《奏为遵旨禁种罂粟并续获烟犯烟土折》(道光十八年十二月十八日),中国第一历史档案馆编:《鸦片战争档案史料》(Ⅰ),天津古籍出版社1992年版,第467页。
⑥ [清]梁章钜:《奏请将办理查禁鸦片烟迟缓梧州知府刘锡方摘去顶戴事》(道光十八年十月二十日),中国第一历史档案馆藏军机档全宗(录副奏折),档号:03-4008-014。
⑦ [清]梁章钜:《奏为查拿洋烟情形折》(道光十八年十二月二十九日),中国第一历史档案馆编:《鸦片战争档案史料》(Ⅰ),天津古籍出版社1992年版,第479页。

网……现据郎岱、普定、清镇、贵筑各厅县先后查明,民苗私种者,或数亩、十数亩不等,此外各州县地方栽种牟利者,尚不知有几。"①

综上可见,鸦片战争之前内地的罂粟种植,特别是云贵地区的罂粟种植情况已经较为严重了,虽然郭伯荫上奏后道光帝下令各地严加查禁,但总的说来,当时清廷禁烟的重点是在沿海的走私进口及内地的吸食问题。毕竟,白银漏卮已经使清政府感到切肤之痛,而官员民人的吸食又有损统治者一贯重视的道德风尚。罂粟的种植未成为全国的普遍性问题,其对国家的危害尚未显现出来,故相对而言,清廷对禁种的重视程度不若禁贩卖及禁吸食方面。

二、进口鸦片的贩运与清政府的查禁行动

1. 进口鸦片运销路线与国内市场的形成

鸦片入口后,沿着海陆两条线输入内地。

海路主要是闽粤商船夹带鸦片由东南沿海各口岸输入。海船夹带鸦片的数量很大,"动辄盈千累万"。如道光十八年(1838年)山东荣成洋面查获一广东商船,搜出鸦片13440两。同年天津亦查获一只夹带鸦片的广东商船,搜出鸦片131536两之多。② 而且各海口地方均有地方奸商痞棍与鸦片商船联络,并予以保护。如天津海口,每年闽粤商船前来贸易的常年有100只上下,城中有闽粤客民开设的会馆及铺户,商船到津,先由船长向稽查人员贿通,深夜将烟土运至会馆或铺户,"官若往拿,人少则逞凶抗拒,人多则闻风避匿"。③

陆路运销的主要路线有三条,均以广州为起点:其一是向西经过肇庆由水路进入广西和贵州;其二是向东经潮州和惠州进入福建,再由福建运销浙江和江西;其三是先向北汇总于曲江和乳源,然后经乐昌转运湖南,经南雄转运江西、浙江,再进一步运销到腹地诸省。④

鸦片输入内地后,在全国多数地区形成了销售市场,根据鸦片战争之前

---

① 中国第一历史档案馆编:《鸦片战争档案史料》(Ⅰ),天津古籍出版社1992年版,第495页。
② 蒋秋明、朱庆葆:《中国禁毒历程》,天津教育出版社1996年版,第30页。
③ [清]琦善:《奏为奉旨查拿天津屯贩鸦片烟土奸商委员审办情形折》(道光十八年八月初二日),中国第一历史档案馆宫中档全宗,档号:04-01-08-0177-003。
④ 蒋秋明、朱庆葆:《中国禁毒历程》,天津教育出版社1996年版,第31页。

各地官员的奏报,鸦片行销内地的主要市场有:

(1)东北市场。东北烟土主要来自海路,由山东、江苏、浙江、福建、广东等省商船夹带而来。这些商船停泊于锦州天桥厂,海城县没沟营、田庄台,盖平县连云岛,金州貔子窝,岫岩大孤山等沿海地面,明易货物,暗销烟土。东北海口对于闽粤商船而言,路途较远,运输成本较高,此市场的形成似乎与华北海口的严厉措施有关。如前述山东荣成查获之广东商船,即为躲避山东海口严查而意图往东北销售。而天津海口因直隶总督琦善的严禁,致使闽粤洋船不敢卸货,竟有 123 只起锚出口。清廷"虑其赴奉天另谋销售",令盛京将军耆英"委员堵截"。① 东北海口易入,华北海口严查,在市场机制的调节之下,竟使得流入东北的鸦片通过陆路再返回华北。道光十七年(1837年)十二月,奉天籍民人程朴需等 4 人在入关时先后被查获鸦片烟土,经审讯,均买自锦州、海城县等处。②

(2)华北市场(京城、直隶、山西)。天津是华北沿海鸦片输入口岸,其鸦片由东南沿海的商船夹带而来,京城、直隶、山西等处的鸦片多经由天津兴贩。③ 此外,直隶之鸦片亦有少部分由广东陆路夹带而来。山西之鸦片除由天津经固关至平定州入境贩运外,还有由湖北汉口转贩,经河南自茅津渡及天井关入境,当时汉口即已成为鸦片汇聚之地。④ 四川也有鸦片经陕西转贩山西蒲州府。⑤ 山西商人自办运销的情形也很常见。早在道光元年(1821年),御史郭泰成即奏称山西太古、介休等处有富商大贾贩鸦片烟牟利。⑥ 这些商贩往往至天津销售货物后即转贩烟土回籍。⑦ 道光十年(1830年),据在京城被拿获的烟贩邓八供称,其两次卖烟均是卖给山西太原府一位王姓商人。⑧

(3)西北市场(陕西、甘肃、新疆)。陕西之鸦片,多由前述之湖北及天津贩运而来(包含陕西商人赴天津自办运销)。"自湖北来者,入商州之龙驹寨

---

① 《宣宗实录》卷三一六,《清实录》(第三七册),中华书局 1986 年版,第 931 页。
② 《宣宗实录》卷三〇四,《清实录》(第三七册),中华书局 1986 年版,第 738 页。
③ 《宣宗实录》卷三一二,《清实录》(第三七册),中华书局 1986 年版,第 865 页。
④ 中国第一历史档案馆编:《鸦片战争档案史料》(Ⅰ),天津古籍出版社 1992 年版,第 333 页。
⑤ 蒋秋明、朱庆葆:《中国禁毒历程》,天津教育出版社 1996 年版,第 32 页。
⑥ 于恩德:《中国禁烟法令变迁史》,河南人民出版社 2016 年版,第 40 页。
⑦ 《宣宗实录》卷三一二,《清实录》(第三七册),中华书局 1986 年版,第 865 页。
⑧ 蒋秋明、朱庆葆:《中国禁毒历程》,天津教育出版社 1996 年版,第 32 页。

及兴安府属洵阳县之蜀河。自河南、山西来者(即由天津转贩),入潼关并同州府属之大庆关",然后"零星分聚于各府州县"。①

甘肃之烟土,一部分是由湖北转贩至陕甘地区的,另一部分是由边卡外的中亚地区输入的。关于甘肃输入烟土,时间较早的记载是大理寺少卿惠丰于道光十九年(1839年)七月的奏折,其称在甘肃任按察使时,曾处理过贩烟案件。烟土"由卡外安集延(又译为"俺的干",在今乌兹别克斯坦境内)等部落贩入,辗转贩入甘省"。②惠丰任甘肃布政使的时间为道光九年(1829年)十月至道光十二年(1832年)正月。③

新疆的鸦片由西路之伊犁、乌鲁木齐,南路之喀什噶尔、叶尔羌,北路之塔尔巴哈台、乌里雅苏台、科布多、库伦等"地处边陲、度员辽阔、多与外夷接壤"处,由"夷人入卡贸易,夹带"而来。④ 道光十九年(1839年)十二月,叶尔羌参赞大臣恩特亨额奏报:"伏查回疆各城,鸦片烟一物由内地贩来者绝少,往往有外夷贸易之人夹带进卡,因而各城流寓商民潜相购买,又复贩往乌鲁木齐一带地方,转辗售卖。"⑤道光十九年(1839年)底,乌鲁木齐查获贩烟吸烟人犯三十余起。⑥ 在喀什噶尔查获烟膏1000余两,烟具数十件。入卡内贸易的安集延商人由其头领自查,交出夹带烟土2266两。⑦ 叶尔羌亦查获数起贩运烟土案。陕西人马得贵、冯毓秀、冯毓财等自乌鲁木齐贩烟入叶尔羌,被缴获烟土6万余两。甘肃人陈良时、陈文河、陈文宣、陈文太等则一边在叶尔羌从事其他买卖,一边贩运烟土。⑧

(4)中东部市场(江苏、山东、河南、安徽)。江苏省的鸦片主要由沿海水路而来。上海县是东南数省贩烟之口岸,鸦片烟土由海路运至上海县入口,转贩苏州、太仓、通州各路。苏州之鸦片则分销全省及安徽、山东、浙江等邻

---

① 中国第一历史档案馆编:《鸦片战争档案史料》(Ⅰ),天津古籍出版社1992年版,第291—292页。
② 中国第一历史档案馆编:《鸦片战争档案史料》(Ⅰ),天津古籍出版社1992年版,第676页。
③ 钱实甫编:《清代职官年表》(第三册),中华书局1980年版,第2134—2137页。
④ 《宣宗实录》卷三二四,《清实录》(第三七册),中华书局1986年版,第1096页。
⑤ 中国第一历史档案馆编:《鸦片战争档案史料》(Ⅰ),天津古籍出版社1992年版,第785页。
⑥ 《宣宗实录》卷三二九,《清实录》(第三七册),中华书局1986年版,第1178页。
⑦ 蒋秋明、朱庆葆:《中国禁毒历程》,天津教育出版社1996年版,第36页。
⑧ [清]恩特亨额:《奏为拿获迪化州民马得贵等众多贩吸食鸦片烟犯分别定拟事》(道光二十年二月十九日),中国第一历史档案馆军机档全宗(录副奏折),档号:03-4013-034。

省地方。"大县每日计销银五六百两,小县每日计银三四百两。"①山东烟土除少部分由江苏转贩而来外,主要来自沿海水路。登州府所属沿海口岸,是闽粤商船输入烟土的主要入口。河南省烟土一是来自天津,二是由江西、湖北等省陆路转运而来。② 进入安徽省的鸦片,据巡抚色卜星额奏称:"即就安徽而论,大江之中,上下货船,往往夹带烟土,乘机销售。"③以此而言,烟土主要来自江西和江苏,沿长江水路转输各地。

(5) 中部市场(湖南、湖北、江西)。这是烟土转运的枢纽地区。烟土经此可转贩至川、陕、甘、豫、皖、晋等省。漕运总督周天爵即曾指出:"两湖、江西,为烟土出入之门户。"④湖南的烟土由广东而来。广东乐昌、乳源二县暨连州直隶州与湖南省之临武、桂阳、宜章等处接壤,广东之烟土即经由湖南郴州、宜章一带转输长沙。而湖北之烟土,一由长沙贩运,一由江西赣州、豫章(南昌)而来。鸦片至湖北后,以武昌汉口镇为汇聚地,再转运入陕、甘等地。江西之烟土,一由广东南雄直隶州经大庾岭输入,一由福建延平运入赣东赣南地区。这些烟土经赣州汇聚于豫章(南昌),然后分销川、陕、鄂、豫等省。⑤

(6) 西南市场(云南、四川、贵州、广西)。云南省罂粟种植较多,因此既有鸦片进口,也有自产鸦片向外销售。其东南连接广东省,南边紧邻交趾,两路均有烟土进入。但自19世纪30年代后期,由西南边外输入云南的鸦片要比从广东输入的多。主要是由外国人通过永昌府之龙陵、旋甸,腾越州之龙川江,普洱府之思茅,永平县之漾鼻,大理府之弥渡、下关,景东厅之猛统、中所等地区将鸦片贩入。⑥ 四川省的鸦片输入,一路来自云南,由永北厅之旧衙平,昭通府之牛街,鲁甸武定州之元谋、马街等处入川;一路为广东、浙江鸦片,由夔州府(奉节)入川;一路为湖北省鸦片,由广元县入川。⑦ 贵州的鸦片输入,其西部烟土主要来自云南,可能通过云南镇雄、宣威、彝平等边县输入

---

① 《宣宗实录》卷三一五,《清实录》(第三七册),中华书局1986年版,第909页。
② 蒋秋明、朱庆葆:《中国禁毒历程》,天津教育出版社1996年版,第33页。
③ 中国第一历史档案馆:《鸦片战争档案史料》(Ⅰ),天津古籍出版社1992年版,第287页。
④ 中国第一历史档案馆:《鸦片战争档案史料》(Ⅰ),天津古籍出版社1992年版,第302页。
⑤ 中国第一历史档案馆编:《鸦片战争档案史料》(Ⅰ),天津古籍出版社1992年版,第793、333、481页。
⑥ 中国第一历史档案馆编:《鸦片战争档案史料》(Ⅰ),天津古籍出版社1992年版,第774页。
⑦ 《宣宗实录》卷一九八,《清实录》(第三五册),中华书局1986年版,第1113页。

贵州毕节、威宁、盘县等地,再散销其他地区。其东部的烟土则主要由广东输入,由古州及铜仁入境。① 广西省的鸦片输入,主要是来自广东。鸦片经过广东肇庆输入广西梧州和浔州(桂平)两关口,再散销各地。② 这是广州入口烟土运销内地的西路。

(7) 东南市场(广东、福建、浙江)。广东省是全国鸦片的运销中心,鸦片由伶仃洋外趸船运入广州等地的"大窑口",再转输内地(详见前文)。福建省的鸦片,较早时候皆由广东输入,分水陆两路。水路,一是由广东商渔船只夹带鸦片,沿海而来,瞬息可通;一是由泉州、诏安等近海地方之奸民或赴粤买运,或私自出洋买贩。陆路,一是由广东潮州经福建漳州入境;一是由广东嘉应经福建汀州入境。③ 后来外国商船载鸦片北上,供应泉州、惠安等沿海烟贩,于是,福建省也渐渐成为鸦片进口的重要门户。④ 浙江省的鸦片输入亦分水陆两路。水路,由闽粤商船夹带鸦片输入浙江宁波、乍浦等口岸。陆路,一由福建泉州取道福州运入浙江温州等地;一由泉州西运延平,与漳州和诏安北运的烟土汇合,出省转运入浙西;一由江苏上海经苏州转输入浙。

2. 鸦片贩运群体

至鸦片战争前,已经形成了遍布全国的鸦片运销网络。那么,在这个网络中,从事毒品贩售的是些什么人呢?有学者认为 19 世纪 30 年代,全国以贩卖鸦片烟为生者达到 100 万人。无法对这一数字的准确性加以评估,考虑到当时的鸦片吸食人数(详见后文),100 万的专业贩毒者的规模似乎过于庞大,或许这仅仅是参与过这一贸易的人数。但从事鸦片贩运的群体是可供考察的,主要有以下几类:

(1) 商人。一是巨商大贾。如前述山西太谷与介休县的富商大贾私贩鸦片以牟厚利,以及山西、陕西商人赴天津销货后即转贩烟土回籍的情形。而闽粤商人的数量是最多的,当时直隶、江苏、山东三省破获的鸦片烟案,多数是广东商人贩运来的。⑤ 而在天津抓获的鸦片烟犯,亦多为闽粤籍。闽粤

---

① 《宣宗实录》卷三一八,《清实录》(第三七册),中华书局 1986 年版,第 974 页。
② 《宣宗实录》卷三一六,《清实录》(第三七册),中华书局 1986 年版,第 935 页。
③ 中国第一历史档案馆编:《鸦片战争档案史料》(Ⅰ),天津古籍出版社 1992 年版,第 336 页。
④ [美]张馨保:《林钦差与鸦片战争》,徐梅芬、刘亚猛等译,福建人民出版社 1989 年版,第 35 页。
⑤ 中国第一历史档案馆编:《鸦片战争档案史料》(Ⅰ),天津古籍出版社 1992 年版,第 418 页。

烟商中尤以潮汕商人最为出名,他们与鸦片的渊源很深。在东南亚地区的华侨中,以潮汕籍人最多,鸦片的吸食方法最先即主要通过华侨由台湾传入福建漳泉等地,这一过程可能亦有潮汕华侨参与。外国烟土自广州输入内地,潮汕等地也是烟土汇聚之地,当地殷富商贾为牟厚利,竞相趋之,因此最早向内地转输鸦片的主要是以潮汕商人为主的闽粤商人。即便在鸦片战争之后,上海成为鸦片输入的最大口岸,潮汕商人依然控制上海的鸦片运销长达数十年之久。① 此外,东南各海口地方及内地鸦片运销的汇聚枢纽地区,都有运销鸦片的商贾。运销鸦片的利润很大,如泉州鸦片每两售价5至6元,运至闽西建宁,每两便卖到16至17元。② 除去贿赂关卡巡役的开销,获利依然很大。商人资本雄厚,转而经营鸦片贩销或兼营贩销颇为便利。二是散商小贩。他们资金有限,多合伙聚凑资金进行短途贩销,或肩挑货担销卖广货,兼销鸦片。如:"粤省广货挑担,不下数千人,分出各省,名为零卖呢羽,而实则皆系兴贩鸦片之徒。结队成群,到处货卖。"③这些小贩虽属零销散售,但人数众多,销售数量也颇为可观。

(2) 帮会组织。一是中部地区的两湖与江西,这里会匪往往大伙贩烟,"动辄百十成群,犹如私枭之出没,器械森然,人视死而如归"④。二是东南地区的广东,"无籍匪徒,每人身带短刀一对,称为大货手。其纠人入伙谓之放台子……辗转纠约,动辄千百人……结党成群,一呼即应。近年又间有与私贩烟土匪棍互相勾结,明目张胆,四路招呼,持械护送,迹与盐枭无异"⑤。三是西南地区的川、黔等省,帮会贩运烟土也很猖獗。黔西南地区种烟,"内地奸民,勾结四川啯匪,携带刀予,前往贩烟"⑥。啯匪就是活动于川陕湘黔等地区的哥老会组织。可见当时帮会组织包运鸦片十分频繁。

(3) 衙门差役和守吏兵丁。道光帝曾在一份诏谕中说在官人役不仅得

---

① 蒋秋明、朱庆葆:《中国禁毒历程》,天津教育出版社1996年版,第38页。
② 徐宽厚:《鸦片祸华初史》,《大公报》1937年2月19日。
③ [清]文庆等纂辑:《筹办夷务始末》第一册《道光卷三》,上海古籍出版社2008年版,第48页。
④ [清]文庆等纂辑:《筹办夷务始末》第一册《道光卷三》,上海古籍出版社2008年版,第45页。
⑤ 中国第一历史档案馆编:《鸦片战争档案史料》(Ⅰ),天津古籍出版社1992年版,第416页。
⑥ 《宣宗实录》卷三二九,《清实录》(第三七册),中华书局1986年版,第1180页。

财卖放或得土分肥,而且"售烟者多系此辈"。① 如天津的衙役王治明,把持衙门,绰号王老虎,查办烟土辄以假土抵换,留真烟吸食贩卖。② 不过衙役兵丁官差在身,不可能长途贩运,一般是得到贿送的烟土或私吞缉获的烟土。除自吸之用外,转手销给当地烟馆或其他烟贩,有些窑口,也系衙门胥役与当地奸民合办。

除上述人等,少数官吏及京师太监也有参与鸦片贩售者。另外内地的一些无业游民、沿海船民也往往由烟商所雇佣,参与鸦片贩销。总的来说,由于贩销鸦片有厚利可图,参与其中的社会各类人等颇为可观。

3. 各地查禁行动

弛禁派遭批判后,在道光帝的督促之下,各省督抚因循敷衍之风大有改观,特别是从道光十八年(1838年)四月开始的关于严禁鸦片的大讨论,使得查禁活动在各地普遍趋于严厉,取得了一定成效。

表 4-1 道光时期各地拿获烟案数量统计表③

地区	时间								
	道光十年	道光十一年	道光十二年	道光十三年	道光十四年	道光十五年	道光十六年	道光十七年	道光十八年
京城	3	4		1	2	1	1		18
直隶							1		36
山东	1	2	1		2	1			12
湖北		1		1	1	1			9
贵州		1				1			7
四川	1		2		1	1			7
福建		1		2	1		1		9
广东	4	5	4	3	8	4	5	56	132
湖南		2			1				10
云南		3		1		1			9

---

① 蒋秋明、朱庆葆:《中国禁毒历程》,天津教育出版社 1996 年版,第 39 页。
② 《宣宗实录》卷三二四,《清实录》(第三七册),中华书局 1986 年版,第 1091 页。
③ 资料来源:中国第一历史档案馆军机档全宗(录副奏折)、宫中档全宗,《鸦片战争档案史料》(Ⅰ),《清实录》等。

(续表)

地区	时间								
	道光十年	道光十一年	道光十二年	道光十三年	道光十四年	道光十五年	道光十六年	道光十七年	道光十八年
安徽	2			1			1		13
山西		2		2		1			8
陕西		2		1	2				6
江西									2
山海关					1	1		3	12

上表数据均根据档案及《清实录》统计编算。需要说明的是，因档案的缺失及实录编者的选择性，使得上述资料并不连续，这仅是不完全统计。但依然能观察出鸦片战争之前清廷禁烟的趋势。道光十八年（1838年）之前，各省对禁烟工作并不十分重视，查获的贩卖鸦片烟案件的数量极少，亦或许选择性地上报。虽然道光十六年（1836年），许乃济的弛禁理论遭批判，但这一情形亦未有改观，只有广东一省明显加紧了查禁。而十八年（1838年），是鸦片战争之前全国禁烟最为严厉的一年。道光帝始终严旨督促各地查禁，如十月份，福建拿获出洋贩卖烟土施猴等犯，道光帝认为"早应如此严办，姑从宽既往勿论，嗣后务当严行督饬"①。广东"拿获拒捕之开设窑口囤积鸦片冯得圃等犯"，道光帝则认为"今日之患"，是由"历任大小文武，相率姑容"所造成，并表示"朕姑既往不咎，看汝等能否具有天良，所办若何耳"。② 在如此压力之下，广东等地似乎不敢懈怠。因查办成绩突出，十二月，两广总督邓廷桢及广东巡抚怡良等"以查缉纹银、鸦片烟人犯"获吏部议叙。③

除了上报的鸦片数量大幅增加外，各地缴获的烟土烟具的数量亦巨大。如天津查获私运鸦片的广东商船一只，缉获烟土131536两，在此之前已缉获烟土29000余两。江苏在苏州、上海缉获烟土67000余两，在江宁、扬州等地收缴烟具4000余件。到道光十九年（1839年），各地的查禁依然严厉。湖北省缴获烟枪1260余杆、烟膏12000余两，同期湖南省也收缴烟枪3540余杆。

---

① 《宣宗实录》卷三一五，《清实录》（第三七册），中华书局1986年版，第920页。
② 《宣宗实录》卷三一五，《清实录》（第三七册），中华书局1986年版，第906页。
③ 《宣宗实录》卷三一七，《清实录》（第三七册），中华书局1986年版，第947页。

广西省年初奏报已缉获烟土烟膏 152400 余两,收缴烟枪烟具 7000 余件,拿获人犯 120 余名。四川省年初已缉获烟土 6260 余两,收缴烟具 3340 余件。山西省五月缉获烟土烟膏 38000 余两,收缴烟具 15868 件。广东省的查禁历来为道光帝所关注,因而更为严厉。道光十七年(1837 年)下半年,邓廷桢调水师船驻泊伶仃洋面,不许陆上来的船只靠近,这样,沿海不法分子与外洋鸦片趸船的联系受到严重破坏。自道光十七年(1837 年)年初至十八年(1838 年)年末,广东当局共拿获人犯 489 名,截缴烟泥烟膏 233145 两,纹银及番银 12638 两,烟枪 10762 杆。道光十九年(1839 年)年初,又查获鸦片案 98 起,拿获人犯 217 名,收缴烟泥烟膏 20970 余两,烟枪 5720 余杆。① 在这种严厉的查禁之下,窑口老板和不法奸商大多隐藏逃匿,不少"快蟹""扒龙"船主因难以运送鸦片也把船拆毁,外商的鸦片开始出现严重的滞销。鸦片贩查顿也曾说:从未见到过广州像现在这样萧条。邓总督一直在毫不留情地逮捕、审判和绞死烟贩,这种雷厉风行的查禁看来不能指望短期内会有所缓和。② 外商办的《广州纪事报》自 1827 年开办时每期即刊登鸦片行市,到 1838 年底由于鸦片贸易已近乎停滞,只得停报鸦片价格。

除严厉查禁外,一些沿海省份还根据口岸地方鸦片易于输入的实际情形,拟定了一些地方性的禁令,如直隶省的《稽查天津海口偷漏鸦片烟土章程》、江苏省的《现办查禁海口贩卖鸦片烟土章程》以及《吴淞海口严查夹带鸦片章程》等。③ 道光帝并未满足于眼前的成效,不断颁发诏谕,饬令各省从严查禁,不得稍形松弛。道光十八年(1838 年)年底,谕令刑部审理烟案必须"倍加慎重,严行讯勘,务令水落石出"。十九年(1839 年)四月,再次谕令刑部审理烟案务必"细心研鞫,就现获人犯,将烟土来历、兴贩伙党及何处何人开设烟馆、同吸食者共有几人,逐层根究,按名查拿",以期"穷源竟委,净绝根株"。④ 十九年(1839 年)七月,又谕令各督抚,各省地方繁简、民俗并不一致,因此,民居稠密之处,若仅拿获一二起烟案,并不能认为来源已绝。要求各督

---

① 根据《鸦片战争档案史料》(Ⅰ)中的道光十八年及十九年奏折中数据加以统计。
② [美]张馨保:《林钦差与鸦片战争》,徐梅芬、刘亚猛等译,福建人民出版社 1989 年版,第 103、109 页。
③ 蒋秋明、朱庆葆:《中国禁毒历程》,天津教育出版社 1996 年版,第 65 页。
④ 中国第一历史档案馆编:《鸦片战争档案史料》(Ⅰ),天津古籍出版社 1992 年版,第 554 页。

抚加紧查察。① 在谕令严禁的同时,朝廷亦根据情形给各地文武官员以奖惩。如道光十八年(1838年)十二月,以拿获鸦片烟犯"予山东知州韩亚雄等升用有差""予山西知州周云凤等加衔议叙有差"②"予兵马司正指挥使李遇亨等升用有差"③。道光十九年(1839年)七月,以广东广州协副将韩肇庆为湖南永州镇总兵官。④(其人与鸦片走私者沆瀣一气,以鸦片为受贿物,以此成为缉私英雄而获升。)道光十九年(1839年)七月,将查拿鸦片烟不力的陕西知县张佩芬议处,降补有差。⑤ 复州知州鲍觐堂查拿鸦片烟犯不力交部议处。⑥ 奖惩有序,自然亦推动了各地的查禁行动。

三、鸦片战争前的吸食问题

与鸦片进口数量激增,内地贩销活动日渐猖獗相伴随的是,吸毒现象迅速蔓延,并趋于普遍化。

1. 吸食人数与吸食群体分析

在18世纪初之前,中国瘾者以吞服鸦片为主,参照印度人吞服鸦片的数量,每年约消费鸦片0.7斤。⑦ 当时的鸦片年进口量为200箱,约20000斤,足够供应28000余人消费,考虑到当时的鸦片还有药用功能,真正成瘾吞服者的数量可能还会小于此数字。当18世纪初,鸦片拌合烟草吸食的方法传入后,因拌合比例无法考察,故瘾君子的年消费量无法计算。但有两点是确定的:一是混合吸食所费鸦片应少于直接吞服,人均年消费量当在0.7斤以下;二是中国此时的年进口鸦片量大幅增加,18世纪末已经达到4000余箱。这两点事实即可推断出雍、乾两朝中国吸食鸦片烟的人数是急剧上升的。

自乾隆末年(即18世纪末)开始出现用烟枪灼火直接吸食鸦片的现象并逐渐普遍后,人均消费鸦片量大为增加。整个嘉庆朝的20余年间,鸦片进口

---

① 《宣宗实录》卷三二四,《清实录》(第三七册),中华书局1986年版,第1085页。
② 《宣宗实录》卷三一七,《清实录》(第三七册),中华书局1986年版,第945页。
③ 《宣宗实录》卷三一七,《清实录》(第三七册),中华书局1986年版,第948页。
④ 《宣宗实录》卷三二四,《清实录》(第三七册),中华书局1986年版,第1087页。
⑤ 《宣宗实录》卷三二四,《清实录》(第三七册),中华书局1986年版,第1086页。
⑥ [清]耆英:《奏为特参复州知州鲍觐堂等查拿鸦片烟犯不力请交部议处事》(道光十八年十二月十七日),中国第一历史档案馆军机档全宗(录副奏折),档号:03-4008-046。
⑦ 连东:《鸦片经济:以中国、东南亚和印度为视域(1602~1917)》,社会科学文献出版社2013年版,第62页。

量从 4000 余箱增长到八九千余箱,这与吸食方式的变化是相契合的。嘉庆初期,内地的吸食尚不普遍。但从嘉庆末道光初开始,鸦片吸食现象从东南沿海地区迅速向全国各地传播。这与上述道光年间鸦片行销市场的考察亦是一致的。包世臣在道光初年说:"其始惟盛于闽粤,近则无处不有。"①道光九年(1829年),福建道监察御史章沅奏称:"其始仅在海滨近地,今则渐染十数省之广。"②吏科给事中陶士霖于道光十八年(1838年)奏称:"始而沿海地方沾染此习,今则素称淳朴之奉天、山西、陕、甘等省,吞吸者在在皆然。"③通过上述官员的奏报可以看出,吸食鸦片的现象由东南地区向全国的蔓延,主要是在道光继位之后,而且蔓延的速度非常快。

那么当时全国吸食鸦片烟的人数大概是多少呢?这里仅能根据吸烟者每天消耗鸦片的数量,对当时的吸食鸦片烟人数进行一个大概的推算。包世臣与林则徐均曾说吸食鸦片者每天费银 1 钱。④ 他们二人为经世派知识分子,对鸦片这一社会问题极为关心,作过不少调查研究。包世臣以苏州的吸烟者为考察对象,林则徐时任两广总督,应以两湖,主要是武汉之吸烟者为考察对象。二者的一致性,说明当时成瘾者的吸食量及鸦片价格在全国具有趋同性。包世臣还指出,苏州地区鸦片价格是白银的 4 倍,如此则吸食者每天的吸食量只得 0.25 钱,即每年 9 两烟膏。这远远低于晚清及民国时期一般所认为的吸食量。晚清时李圭及民国研究者均认为成年瘾者每日消耗烟膏在 2 钱左右。笔者推断这样的差异性,或者是因鸦片战争之前有些人吸食时间短,烟瘾未达上限,或者是因价格昂贵限制了消费需求,又或者是当时的烟膏纯度较高。据清末及民国时期的资料,烟土熬制烟膏时,要加入一半重量的烟灰,还要掺入"料子膏",如牛皮胶、猪皮胶、苹果胶、红枣胶、金针胶等,如此则烟土与烟膏的转化率能达到 90%。没有资料表明,鸦片战争之前的烟土熬膏有加入杂质的现象,故我们只能暂按烟土煎熬成膏损耗 40% 计算。

---

① [清]包世臣:《安吴四种·庚辰杂著二》卷二十七,《中国近代史资料丛刊·鸦片战争(一)》,神州国光社 1954 年版,第 537 页。
② 中国第一历史档案馆编:《鸦片战争档案史料》(Ⅰ),天津古籍出版社 1992 年版,第 55 页。
③ 中国第一历史档案馆编:《鸦片战争档案史料》(Ⅰ),天津古籍出版社 1992 年版,第 253 页。
④ [清]包世臣:《安吴四种·庚辰杂著二》卷二十七,《中国近代史资料丛刊·鸦片战争(一)》,神州国光社 1954 年版,第 537 页。中国第一历史档案馆编:《鸦片战争档案史料》(Ⅰ),天津古籍出版社 1992 年版,第 359 页。

这样，每个鸦片吸食者年消耗烟土为15两。

如前文，据《东印度公司对华贸易编年史》及《广州纪事报》等提供的数据，鸦片战争前，中国的鸦片进口量均在20000余箱，1835—1836年度是进口高峰，为27111箱。若以该年计算，其中，孟加拉鸦片（公班土）11992箱（每箱120斤），麻洼鸦片14208箱（每箱100斤），土耳其鸦片911箱（每箱100斤），则共计鸦片2950940斤。① 根据人均消费15两计算，则吸食人数约为300余万。但需要注意的是，就烟民群体而言，吸食鸦片时间较短而未成瘾者也不在少数。即使在日后鸦片弛禁时期的四川省，罂粟遍种，吸烟之人极多，但"其中久瘾大瘾者无多，吸松香学顽吃者实居过半"②。"吸松香"是四川土话，指吸食不多，未成瘾的，或者叫作吸着玩的。因此，道光年间吸食鸦片现象虽然流传很快，估计大瘾久瘾者究系少数，多数人属于尚未成瘾而借烟为乐的情况。若以此而言，实际吸烟人数应该高于300万。这与当时人的认识还是相符合的。如包世臣认为，仅苏州城内的吸食者就有十数万。道光帝亦认为："鸦片流行内地，吸者日众，鬻者愈多，几与火烟相等。"③ 而当时在华外国人与清廷朝野的观察亦是一致的，他们发现，中国南方诸省人民多半吸食鸦片烟，在许多城市中，鸦片烟馆就像英国的杜松子酒店那么普遍，店铺和沿街小贩都摆出烟枪烟具供人购买。④ 当然，这些描述并不都很准确，比如苏州一城即有十数万人吸食，显然是夸张的，令人难以相信。但确定的是，鸦片战争之前，中外人士均形成了中国人普遍吸食鸦片烟的印象。当时鸦片进口的数量亦印证了这样一个事实：有过鸦片吸食行为的，或隔三岔五保持吸食习惯的人数极为庞大，但天天吸、日日吸的烟鬼相对数量不多。

那么吸食鸦片烟者是哪些人呢？据前述章沅的奏折称，"其始食此，仅系帮友长随，今则官民士绅皆所不免"。黄爵滋称"上至官府缙绅，下至工商优隶，以及妇女、僧尼、道士，随在吸食"⑤。林则徐认为："衙门中吸食最多，如

---

① 详见本卷第二章第三节。
② [清]刘光第：《南旋记》，载《刘光第集》，中华书局1986年版，第111页。
③ 《宣宗实录》卷一六三，《清实录》（第三五册），中华书局1986年版，第527页。
④ [美]张馨保：《林钦差与鸦片战争》，徐梅芬、刘亚猛等译，福建人民出版社1989年版，第36页。
⑤ [清]文庆等纂辑：《筹办夷务始末》第一册《道光卷二》，上海古籍出版社2008年版，第26页。

幕友、官亲、长随、书吏、差役,嗜鸦片者十之八九。"① 兵科给事中刘光三奏称:"现今直省地方,俱有食鸦片烟之人,而各衙门为尤甚。约计督抚以下文武衙门上下人等,绝无食鸦片烟者甚属寥寥。"② 蒋湘南的估计似较为具体:"官吏吸食鸦片,京官占十分之一二,外官占十分之二三,刑名钱谷幕友占十分之五六,长随吏胥不可以计数。"③ 根据上述多人的描述,可知鸦片战争之前,中国除农民外,多数阶层均有吸食鸦片烟者,而官僚缙绅、衙门差役吸食鸦片烟者极为普遍,给人留下了深刻的印象。的确,当时因进口洋烟价昂且主要销往城镇,农民不易获得,也无力购吸。故有所谓"四民中,惟农民不尝其味"的说法。但是鸦片进口对中国经济社会的危害,特别是银贵钱贱的危害,农民是首当其冲的受害者。

官僚阶层的吸食,对社会的影响极大。清朝官僚之"缺"(编制)只有2万人左右,即使实际在编官员超过编制,也不可能超出很多,加上幕僚、长随、书办、差役和官亲,估计人数不会超出40万,即使有一半的人吸鸦片烟,也不过20万人,绝对数量并不大。但是官吏中吸毒者众多这一现象,带来的负面影响不可低估。在中国这样一个以官为本位的国家里,官绅的行为和生活方式具有相当大的社会示范效应。官绅率先吸食,一般民众竞相效尤自然不可避免,而且官府衙门负有查禁之责。正如道光帝所说,拿烟之人即系吸烟之人,查禁的结果自然也是索贿纵放或得土分肥。道光帝继位十几年来屡颁诏谕严饬查禁而毫无成效,这是主要的原因之一。④

军队中吸食鸦片的现象也很普遍。如前文,道光十二年(1832年),湖广道监察御史冯赞勋上奏指出粤、闽、云、贵、川、浙等省兵丁吸食鸦片烟者甚多,出现将不能禁弁、弁不能禁兵的严重局面。⑤ 军队中吸食鸦片的流行,削弱了军队的素质和战斗力,以至疲软泄沓,营务废弛。虽然对于军队中的禁吸鸦片,道光帝是比较重视的,还为此处理了两广总督李鸿宾,但直到道光十八年(1838年),吏科给事中陶士霖仍奏称:"凡各署胥吏,各营弁兵,沉溺其

---

① 中国第一历史档案馆编:《鸦片战争档案史料》(Ⅰ),天津古籍出版社1992年版,第360页。
② 中国第一历史档案馆编:《鸦片战争档案史料》(Ⅰ),天津古籍出版社1992年版,第80页。
③ [清]蒋湘南:《与黄树斋鸿胪论鸦片烟书》,《中国近代史资料丛刊·鸦片战争(一)》,神州国光社1954年版,第505页。
④ 蒋秋明、朱庆葆:《中国禁毒历程》,天津教育出版社1996年版,第42—43页。
⑤ 中国第一历史档案馆编:《鸦片战争档案史料》(Ⅰ),天津古籍出版社1992年版,第124页。

中十有八九,虽据年终出结详报,实皆视为具文。"①可见,军队的吸食情况非但未得到遏制,反而益形严重。

2. "重治吸食者"之辩与《严禁鸦片烟章程》的颁布

清廷颁布《严禁内地种卖鸦片烟章程》后,又根据陕甘总督杨遇春的奏请,对"制造及贩卖鸦片烟具著照赌具之例惩办。其有将烟具携出修制者,许匠工首告,量予奖赏"。② 这是清廷第一次对生产售卖烟具规定了处罚措施,说明清廷开始重视内地的鸦片烟吸食问题。就在此规定颁布后不久,道光十一年(1831年)六月,清廷又据兵科给事中刘光三的奏请对吸食鸦片烟者加重了处罚:"嗣后军民人等买食鸦片烟者,杖一百枷号两个月,仍令指出贩卖之人,查拿治罪。如不将贩卖之人指出,即将食烟之人照贩卖为从例杖一百徒三年。职官及在官人役买食者,俱加一等治罪。各省督抚及地方道府州县官员,必须出具该管官署内无买食鸦片烟的甘结,每年于年终汇奏一次。如敢徇隐,从严参处。"③可见,虽然清廷未采取许乃济的建议,施行禁官不禁民的禁吸政策,但所关注的重点始终是官员兵丁。前述李鸿宾就是在此背景下因所辖兵丁吸食鸦片严重影响战斗力而被处理的。道光帝为此还颁发诏谕,要求各省督抚提镇,严饬所属水陆各营将弁,不得再有吸食。经过此次严禁,若再有吸食,如系将弁,立即参奏,如系兵丁,立即治罪,并将该管将弁一并议处。如该管督抚提镇因循泄沓,一经参奏查实,从重惩处,决不宽贷。④

根据谕旨,各地督抚从道光十一年(1831年)开始,每年都必须出具所属衙门无买食鸦片烟的甘结,并于年终汇报。与奏报属内无私种情形一致,各地均以所属无买食鸦片烟的情况上报。值得注意的是,江苏巡抚林则徐此前曾认为:"衙门中吸食最多,如幕友、官亲、长随、书吏、差役,嗜鸦片者十之八九。"其汇报时却称其所属各衙门并无买食鸦片烟事,虽然林则徐是将按察使及两淮盐运使的报告转呈清廷,但其称复查无虞,且各属没有阳奉阴违之事。⑤ 对于这种地方上千篇一律的形式主义的奏报,皇帝亦觉甚为无趣,于

---

① 中国第一历史档案馆编:《鸦片战争档案史料》(Ⅰ),天津古籍出版社1992年版,第253页。
② 《宣宗实录》卷一八九,《清实录》(第三五册),中华书局1986年版,第987页。
③ 《宣宗实录》卷一九一,《清实录》(第三五册),中华书局1986年版,第1010页。
④ [清]文庆等纂辑:《筹办夷务始末》第一册《道光卷二》,上海古籍出版社2008年版,第26—28页。
⑤ 中国第一历史档案馆编:《鸦片战争档案史料》(Ⅰ),天津古籍出版社1992年版,第193页。

道光十五年(1835年)年底令各地于明年不必再奏报鸦片种植情形及出具所属无买食鸦片烟的甘结。

虽然道光帝屡次严饬各省督抚实力查禁吸食问题,但禁令在各省差不多是一纸空文。直到道光十八年(1838年)四月,吏科给事中陶士霖仍奏称:"凡各署胥吏,各营弁兵,沉溺其中十有八九,虽据年终出结详报,实皆视为具文。"故其认为"非议以重刑,不能挽此积重之习"。① 至于对吸食者的处罚重到何种程度,陶士霖并未给出建议。而20天后,鸿胪寺卿黄爵滋的《请严塞漏卮以培国本折》引起了全国范围内的关于重治吸食者的大辩论。

黄爵滋(1793—1853),江西宜黄人,道光三年(1823年)进士,出翰林院后,由科道而京卿。黄爵滋对鸦片问题一直十分关心,如多数京官所认为的那样,其亦认为沿海严禁才是问题的根本。故其于道光十五年(1835年)九月,曾上奏指陈广东地方督抚藩臬之书差、吏役、水师、行商等通同作弊,参与贩运鸦片烟等情形。② 正是因为黄爵滋意识到贪腐盛行使得沿海禁烟难有成效,故道光十八年(1838年)闰四月的《请严塞漏卮以培国本折》体现出其重治内地吸食的思想。

黄爵滋认为,天下皆知漏卮在鸦片,然而塞堵之法行之十数年,终鲜成效,说明以往之严查海口、禁止通商、查拿兴贩等办法并不能达到禁绝鸦片烟的目的。因为"利之所在,谁肯认真查办","况沿海万余里,随在皆可出入",不可能防堵所有地方。外国烟船只停泊大洋,并不进入通商口岸,奸民牟利,主动前往购买,故断绝互市也不能断绝鸦片输入。众多的官员兵弁、幕友长随,不仅得贿容隐放纵,而且其本身沉溺烟毒者实居大半,烟馆窑口之设不仅未受查拿,反而受到包庇。那么,查禁的关键是什么呢?黄爵滋认为:"耗银之多,由于吸烟之盛,贩烟之盛,由于食烟之众。无吸食,自无兴贩;无兴贩,则外洋之烟自不来矣。"因此,最好的办法就是重治吸食。以往惩处吸食,仅止枷杖,不指出兴贩者,罪至杖一百徒三年,相对较轻,对于烟民而言,"断瘾之苦,甚于枷杖与徒,故甘犯明刑,不肯断绝",因而效用不大。如果论以死罪,则"临刑之惨急,更苦于断瘾之苟延",烟民必不至甘愿受刑而不肯戒断,

---

① 中国第一历史档案馆编:《鸦片战争档案史料》(Ⅰ),天津古籍出版社1992年版,第253—254页。

② 中国第一历史档案馆编:《鸦片战争档案史料》(Ⅰ),天津古籍出版社1992年版,第191页。

这样才能真正起到禁止吸食之效。因此,黄爵滋请求对吸食鸦片者给予一年期限,令其自动戒断。限期届满之后仍然吸食,即予重惩。现任文武官员如有逾限吸食者,加等治罪,并剥夺其子孙参加科举考试的资格。只有这样,方能促使吸食者洗心革面,白银外流的漏卮也可以堵塞。①

关于对吸食者重治死刑的建议,似乎并非黄爵滋首倡。当时不少官员士大夫均有相关讨论。在清代时,即有黄爵滋奏折出自张际亮之手的说法,亦有"子序、牧庵、龙门三人夜谈秉烛,遂成一稿,而黄树斋亟上之"之说法。②

道光帝接奏之后,未当即表示意见,而是交由盛京、吉林、黑龙江将军及各省督抚在全国范围内进行大讨论。③ 此后自五月至九月,盛京、吉林、黑龙江三个将军、全国十一个总督(含漕督及河督)、十五个巡抚纷纷遵旨上奏对黄爵滋的奏折发表看法。鉴于清廷严禁的态度已经明朗,此次讨论未有人再提出有关弛禁之建议。各将军督抚均认为鸦片流毒必须禁绝。但对于重治吸食一项,在先后送呈的二十九份奏折中,只有七份表示予以支持。综合反对派的意见:一是认为论罪必须衡情,吸食鸦片不过如酒色过度,自戕躯命,与杀人、强盗等十恶之罪同等量刑,实属过重。而兴贩及开馆的情节明显重于吸食,若吸食者治死罪,则兴贩及开馆者将无罪可加。二是认为治流必先清源,有贩售而后有吸食,故贩售为其源,吸食为其流,唯有重治贩售,遏其源方能绝其流,否则贩售不绝,何能独禁吸食。三是认为重治吸食无法做到,因吸食者遍于天下,论以死罪,必至诛不胜诛。开设烟馆罪至绞首,且无法隐匿,人犹冒死为之。吸烟于重门密室之中,无从发现。况兴贩、开馆者究属少数,只要奉法得人,不难查拿控制,而吸烟者滔滔皆是,法愈严,隐匿愈深,终难查办。

对黄爵滋的意见表示支持的是湖南巡抚钱宝琛、湖广总督林则徐、安徽巡抚色卜星额、两江总督陶澍、河东河道总督栗毓美、四川总督苏廷玉。他们虽然同意将吸食者治以死刑,但亦均认为兴贩者"自应比买食者尤严",从"情

---

① [清]文庆等纂辑:《筹办夷务始末》第一册《道光卷二》,上海古籍出版社2008年版,第26—28页。
② 杨国桢:《林则徐大传》,中国人民大学出版社2010年版,第222页。
③ [清]文庆等纂辑:《筹办夷务始末》第一册《道光卷二》,上海古籍出版社2008年版,第28页。

法两得其平"出发,均建议"则凡情重于吸食者,自应一律加重,以绝来源"。①在这些支持者中,以湖广总督林则徐的意见最为切要。其指出,对于吸食鸦片处以死刑的意见,有不少人私下讨论过,只是未敢像黄爵滋这样坦言上陈罢了,以今日之情势而言之,"流毒至于已甚,断非常法之所能防。力挽颓波,非严蒇济"。犹如重症病人,寻常药物不足以胜病,有时也不得不投以猛药。"夫鸦片非难于革瘾,而难于革心。欲革玩法之心,安得不立怵心之法。"同时,林则徐又提出了收缴烟具、劝令自新、加重惩处开馆、兴贩及制造烟具之罪、审断吸食之法等具体建议。②

真正打动道光帝的却是大辩论期间林则徐的另外一份奏片。林则徐于道光十八年(1838年)八月初二的一份汇报湖北省查拿烟贩收缴烟具的奏折中有一附片,此即著名的《钱票无甚关碍宜重禁吃烟以杜弊源片》。在该片中,林则徐再次强调:"与其执常法而有名无实,何如执重法而雷厉风行","法之轻重以弊之轻重为衡,盖因时制宜,非得已也"。特别是"若犹泄泄视之,是使数十年后,中原几无可以御敌之兵,且无可以充饷之银"③的论断,对道光帝触动很大,深为道光帝赏识。

时隔180余年后,我们再看那场关于重治吸食的大辩论自然不难作出判断。无论从立法层面的"情法两得其平",还是执法层面的"诛不胜诛",以死刑治吸食在司法实践中并不具有可操作性。但"数十年后,中原几无可以御敌之兵,且无可以充饷之银"的担忧和警告的确是振聋发聩的。而此时庄亲王奕窦和辅国公溥喜在尼僧庙中狎妓吸食鸦片一案,使得道光帝越发意识到问题的严重性,其立即谕令将二人的爵位革除,④并下诏要求京师步军统领衙门顺天府五城各饬所属,严密查拿买食鸦片者,"无论王公旗民,一体严拿,分别奏咨办理"。⑤同时又将许乃济降为六品顶戴,令其即行休致,并明确表

---

① 以上奏折见文庆等纂辑:《筹办夷务始末》第一册《道光卷二》至《道光卷五》,上海古籍出版社2008年版,第29—80页。中国第一历史档案馆编:《鸦片战争档案史料》(Ⅰ),天津古籍出版社1992年版,第263—394页。
② 中国第一历史档案馆编:《鸦片战争档案史料》(Ⅰ),天津古籍出版社1992年版,第270页。
③ 中山大学历史系中国近代现代史教研组、研究室编:《林则徐集·奏稿》(中册),中华书局1965年版,第601页。
④ [清]敬敏:《奏为遵旨分别议处庄亲王等赴尼僧广真庙内吸食鸦片等事》(道光十八年九月初八日),中国第一历史档案馆军机档全宗(录副奏折),档号:03-3795-020。
⑤ 中国第一历史档案馆编:《鸦片战争档案史料》(Ⅰ),天津古籍出版社1992年版,第390页。

示:"鸦片烟流毒内地,官民煽惑,传染日深……朕于此事深加痛恨,必欲尽绝根株,毋贻远患。"①在此背景下,湖北省的查禁行动受到道光帝的表彰②,林则徐则被召京陛见③。其间,道光帝谕令大学士、军机大臣、宗人府会同刑部审议各将军督抚之禁烟奏折,在此基础上议定新的严禁鸦片章程④,并要求各省将军督抚振作精神,认真查拿,不得稍有松懈。⑤ 十一月十一日,道光帝再申禁令,"嗣后文武官员军民人等,倘仍不知悛改,一经查拿,定行严办,决不宽贷"⑥。数日后又令内阁通谕严禁官员吸食鸦片,要求各部院堂官各省督抚以及各官署主管官员必须破除情面,对所属各员认真甄核查察,发现有买食鸦片者立即照例治罪。平时保举官员委派差使也须慎加遴选,不得有吸食鸦片者滥列其中,如一味姑息纵容,将来一经发现,除将吸食者本人治罪外,原上司官员及原保原派各官一并严行惩处。⑦ 道光帝不断严促的态度,对正在酌拟中的《严禁鸦片烟章程》影响较大。道光十九年(1839年)五月初二,大学士宗人府宗令敬敏等人将多部门历时9个月遵旨拟具的《严禁鸦片烟章程》呈奏道光帝。

《严禁鸦片烟章程》共三十九条,相对于以往的禁烟法令有很大的完善和改进,其主要内容及特点如下:

第一,章程的内容较为完备,涉及对鸦片的种、贩、售、吸、制、藏诸环节的规定,有很多是以往禁令所没有的。其一,开设窑口囤积鸦片者,首犯斩立决,枭首示众,从犯绞监候,房屋船只一律入官。其二,沿海员弁兵丁收受财物纵放烟土者,概拟绞立决。若未得贿,但知情徇纵,或漏信致令逃脱,则发往新疆,官弁为苦差,兵丁为奴。其三,寄囤夷船鸦片烟土者,照开设窑口从犯治罪(绞监候)。其四,得财卖放鸦片烟犯之官役人等,与本犯一体治罪,赃重者计赃,以枉法从重论。其五,禁卒人等为收禁人犯私行传递或代买鸦片

---

① [清]文庆等纂辑:《筹办夷务始末》第一册《道光卷五》,上海古籍出版社2008年版,第79页。
② 中国第一历史档案馆编:《鸦片战争档案史料》(Ⅰ),天津古籍出版社1992年版,第363页。
③ 中国第一历史档案馆编:《鸦片战争档案史料》(Ⅰ),天津古籍出版社1992年版,第394页。
④ [清]文庆等纂辑:《筹办夷务始末》第一册《道光卷五》,上海古籍出版社2008年版,第78页;中国第一历史档案馆编:《鸦片战争档案史料》(Ⅰ),天津古籍出版社1992年版,第391页。
⑤ 中国第一历史档案馆编:《鸦片战争档案史料》(Ⅰ),天津古籍出版社1992年版,第390页。
⑥ 中国第一历史档案馆编:《鸦片战争档案史料》(Ⅰ),天津古籍出版社1992年版,第422页。
⑦ 中国第一历史档案馆编:《鸦片战争档案史料》(Ⅰ),天津古籍出版社1992年版,第431页。

烟土供其吸食,发极边烟瘴充军。其六,兵役人等或地方匪棍栽烟诬赖讹诈抢夺,照诬良为盗例发远边充军。赃至120两以上者,为首拟绞监候。其七,开设鸦片烟馆者,首犯绞立决,从犯发新疆给官兵为奴,房屋一律入官。其八,栽种罂粟并煎熬售卖烟土者,首犯绞监候,从犯发极边烟瘴充军。若兴贩仅止一两次,并为数不及500两者,为首发新疆给官兵为奴,为从发极边足4000里充军。若栽种罂粟但未制烟售卖者,或收买烟土烟膏尚未售卖者,为首发极边烟瘴充军,为从杖100,流3000里。若遇持械拒捕者,格杀勿论。其九,吸食鸦片烟者,限期一年六个月戒除,嗣后一概拟绞监候。其十,制售鸦片烟具者,照制售赌具例治罪。

第二,各种规定更为具体明晰。以吸食鸦片为例,区分各类人等,如平民、在官人役及官亲幕友长随、职官、兵丁、觉罗宗室、太监,查获吸食鸦片,处理各有区别。对于自首也做了具体规定,分为三种情况:事未发而自首者准其免罪,已遭查缉而自首者按应处之罪刑减等科断,自首后复犯烟案,加等治罪,并不得再次自首。这也是原来的禁令中所没有的。另外,各种罪名的量刑依据也规定得更为具体,如:烟犯持械拒捕,量刑上区分主犯从犯、杀人伤人、在场助势等情况;兴贩烟土,量刑上区分首犯从犯、兴贩次数的多寡以及兴贩数量是否达到500两等情况。

第三,章程所定的各项处刑幅度较之以往均大为加重。该章程在拟定时就以重典惩治为主旨。在该章程中,开设窑口之罪处刑最重,首犯拟斩立决,并枭首示众,从犯同谋及接护人犯、知情受雇船户均拟绞监候,聚众持械拒捕,杀死人命之首犯也拟斩立决;其次是开设烟馆之首犯以及负有查拿之类的受贿故纵的官役兵弁,均拟绞立决。其余如栽种罂粟制造鸦片、多次兴贩鸦片或兴贩鸦片为数在500两以上者、兵役匪棍挟嫌栽赃诬赖,计赃在120两以上之首犯,或在法定期限届满之后仍然吸食鸦片者,均拟绞监候。而以往的禁令中只有开设烟馆之首犯拟绞监候,其余各罪量刑最高为满流,一般只是杖徒而已。

第四,章程对官员的渎职与失察的处分规定得尤为周详,各种罪名几乎都规定了该管官员相应的渎职或失察的处分。如开设鸦片烟馆,州县官知情故纵者革职,受贿故纵者治罪。若该管官员并不知情,则系失察。失察的处分视有无官署兵弁役吏包庇,如私开烟馆系吏役弁兵包庇,则失察之该管官降两级调用,府州官降一级留任,道员罚俸一年,两司罚俸9个月,督抚罚俸6个月。如私开烟馆并无吏役兵弁包庇情事,失察之该官降一级调用,府州官罚俸一年,道员罚俸9个月,两司罚俸6个月,督抚罚俸3个月。如能自行查出并拿获首犯,可免其议处。又如兵丁买食鸦片,该管各官知情故纵者革职问罪,止于失察者,该管官降一级调用,兼辖官降一级留任,提督总兵罚俸一年。该管各官自行查出究办者免其议处。这些规定对于地方各该管官员而言,无疑是一种较为严格的督促办法

第五,该章程根据当时的实际情形,还作了若干有针对性的规定,如:查办烟案功绩显著者予以奖拔,销毁烟土应严防偷换;建立朔望宣讲禁烟法令的制度,使禁烟法令广为人知;查办烟案既要严追根源,又要防止滥行收禁殃及无辜;吸食鸦片之案只准官府访查,不许旁人评告,以杜挟怨诬陷;判处流刑以上的烟犯请求留养者一概不许;等等。①

三日后,《严禁鸦片烟章程》经道光帝批准并颁布实施。这是中国禁烟禁毒历史上一部较早和较为系统完备的法令。它的颁布,对全国范围查禁烟毒的活动起到了积极的推动作用。该章程虽然是全面的禁毒法令,但也是道光十八年(1838年)关于"重治吸食"大辩论的直接结果,因此大辩论及该章程的颁布对于清廷查拿吸食鸦片烟案件之影响最为直接。

表4-2 道光十一年至十九年查获吸食鸦片烟案统计表②

吸食人犯	具体情节	奏报人	查获时间	处理结果
太监张进福等人	买食鸦片烟30余年	总管内务府禧恩	十一年十月	枷号、发配、给兵为奴
贝勒柯克色布库	与太监吸食鸦片烟	理藩院尚书博启图	十一年十一月	革职
光禄寺署正温灼桥	因吸食鸦片遭番役索诈	监察御史瞿溶	十一年十一月	革职

---

① 中国第一历史档案馆编:《鸦片战争档案史料》(Ⅰ),天津古籍出版社1992年版,第564—586页。
② 资料来源:中国第一历史档案馆军机档(录副奏折)、宫中档,《清实录》,《鸦片战争档案史料》(Ⅰ)。注:该表根据档案资料统计,以体现鸦片战争之前清廷对吸食鸦片烟者的处理方式。8年间全国查获吸烟案远不止表中数十件。

第四章 道光朝的禁烟

(续表)

吸食人犯	具体情节	奏报人	查获时间	处理结果
七品小京官林中庆	私吸鸦片烟遭捕役索诈	大学士管刑部卢荫溥	十一年十二月	解任
通州客民张秉恒	吸食鸦片烟遭州役索诈	直隶总督琦善	十二年十二月	按律定拟
徐沟县民王应彪	买食鸦片烟	山海关副都统孟魁	十五年三月	解交刑部
保康县典史杨干春	买食鸦片烟并讦告知县	湖广总督讷尔经额	十五年七月	革职拿问
学习寺丞张清衢	狎优吸食鸦片烟	大理寺卿琦琛	十六年九月	严讯革职
前帮办副丁王泳来	买食鸦片烟	漕运总督恩特亨额	十六年十二月	按律定拟
吏部笔帖士文椿	吸食鸦片烟	吏部尚书奕经	十八年七月	革职
男爵特克慎家人常名	吸食鸦片烟	步军统领奕经	十八年八月	交刑部审办
庄亲王奕窦、辅国公溥喜	尼僧广真庙内狎妓吸食鸦片	睿亲王仁寿	十八年九月	革爵
补盐大使春龄	熬制吸食鸦片烟	步军统领奕经	十八年九月	交刑部审办
二等男爵特克慎	吸食鸦片烟	大学士管刑部王鼎	十八年九月	革爵
三等伯爵桂明	吸食鸦片烟坚不承认	步军统领奕经	十八年十月	革爵
正阳门内老段王氏	吸食鸦片烟	监察御史舒光	十八年十月	交刑部审办
宗室荣祥	藏匿鸦片烟具容人吸食	宗人府令肃亲王敬敏	十八年十月	交刑部会同审办
安庆协都司章学经	宿娼吸食鸦片烟	两江总督陶澍	十八年十一月	革职
唱戏人朱庆丰	吸食鸦片烟	山海关副都统祥厚	十八年十一月	
甘肃武举王万金	吸食鸦片烟	卓秉恬	十八年十一月	革职审办
解饷官陈权	吸食鸦片烟	大学士管刑部事王鼎	十八年十一月	
广东盐知事姚绍庆	宿娼吸食鸦片烟	步军统领奕经	十八年十一月	交刑部审办

(续表)

吸食人犯	具体情节	奏报人	查获时间	处理结果
大兴县民茅福等	吸食鸦片烟	山海关副都统祥厚	十八年十一月	交县审办
房山县知县宋嘉玉、署密云县知县冉学诗、宝坻县典史王心培	吸食鸦片懒于听断词讼	卓秉恬	十八年十一月	革职永不叙用
侍卫普安国等	吸食鸦片烟	监察御史恒毓	十八年十一月	交部严审
黄冈县董长椿	玩忽违禁吸烟	湖北巡抚伍长华	十八年十一月	
常熟县候选未入流职官邓文煌	在衣铺吸食鸦片烟	步军统领奕经	十八年十二月	交刑部审办
宗室良鉴	携带鸦片烟及烟具	直隶总督琦善	十八年十二月	解送宗人府会同审办
候选未入流赵同壹等	贩吸鸦片烟并制售烟具	兵科给事中恒春	十八年十二月	送刑部审办
宗室国英、觉罗贵荣	吸食鸦片携带烟枪烟具	盛京将军耆英	十八年十二月	送盛京刑部会同审拟
候补盐知事纪瑛图	吸食鸦片烟	兵科给事中恒春	十八年十二月	交刑部审办
正白旗汉军续顺公玉山家人毛成等	吸食鸦片烟并夹带私参入关	山海关副都统祥厚	十八年十二月	交刑部审办
民人王洛二	贩卖吸食鸦片烟	盛京将军耆英	十八年十二月	
署洳河同知王养度	曾经吸食鸦片	山东巡抚经额布	十九年正月	革职提审
顺德民人麦秋等	贩卖吸食鸦片烟	署直隶总督琦善	十九年正月	
候补布都司萧巽元、候补县丞温观洪、候补从九品叶林桂、候补未入流郑绍康	吸食鸦片烟	河南巡抚桂良	十九年正月	
旗人特克兴阿	熬制吸食鸦片	步军统领奕经	十九年二月	
分发甘肃县丞沈梅	吸食鸦片聚赌宿娼	步军统领奕经	十九年二月	交刑部审办
工部员外郎钟瑞家人赵四	吸食鸦片殴伤官兵	步军统领奕经	十九年二月	交刑部审办
天津县民刘桢等	贩卖吸食鸦片烟	署直隶总督琦善	十九年二月	

(续表)

吸食人犯	具体情节	奏报人	查获时间	处理结果
长汀县候选未入流职官刘礼恭	吸食鸦片烟	步军统领奕经	十九年二月	
山西太谷县民胡壮沅	兴贩吸食鸦片烟	署直隶总督琦善	十九年二月	
乌程县南浔巡检刘玉麟	吸食鸦片烟	浙江巡抚乌尔恭额	十九年二月	
工部员外郎觉罗钟瑞	吸食鸦片烟已戒除	宗人府宗令敬敏	十九年三月	革职
吏部笔帖士觉罗钟禧	吸食鸦片烟		十九年三月	发往军台效力赎罪
四川总督宝兴之子	吸食鸦片烟		十九年三月	宝兴罚俸一年不准抵销
多罗贝勒绵誉之子	吸食鸦片烟	宗人府宗令敬敏	十九年三月	绵誉失察处分
捐纳布司理问衔董荣	吸食鸦片烟	步军统领奕经	十九年三月	
天津县民于五等	售卖吸食鸦片烟	步军统领奕经	十九年三月	交刑部审办
天津县民孙兆林等	兴贩吃食鸦片烟	署直隶总督琦善	十九年三月	
镇国将军奕蓤	吸食买卖鸦片烟	宗人府宗令敬敏	十九年三月	
前任大定府经历陈培玉	吸食鸦片烟	贵州巡抚贺长龄	十九年三月	咨部斥革
天津县民李泳庆	吸食鸦片烟	署直隶总督琦善	十九年四月	
从九品捐职吴克仁	吸食贩卖鸦片烟	监察御史恒毓	十九年四月	交刑部审办
龙溪县民黄儆等	兴贩吸食鸦片烟	署直隶总督琦善	十九年四月	
湘潭县民许开甲	兴贩吸食鸦片烟	湖南巡抚裕泰	十九年四月	
候补经历翟声雷	吸食鸦片烟	两广总督邓廷桢	十九年四月	
山西绛州民人乔大等	贩卖吸食鸦片烟	兵部尚书管顺天府事卓秉恬	十九年五月	
前任御史裕安	吸食鸦片烟	兄裕诚	十九年五月	自请议处
前任户部笔帖士恒廉	买食鸦片烟	大学士管刑部事王鼎	十九年五月	

(续表)

吸食人犯	具体情节	奏报人	查获时间	处理结果
兵部笔帖士成顺	吸食鸦片烟	大学士管刑部事王鼎	十九年五月	
大兴县民何二	吸食鸦片烟	步军统领奕经	十九年五月	交刑部审办
马甲张二	吸食鸦片烟	大学士管刑部事王鼎	十九年五月	
和州州同施肇奎	吸食鸦片烟	安徽巡抚色卜星额	十九年五月	
广东候补经历翟声、雷方城，候补县丞吕需霖，候补盐知事郝大同	曾吸食鸦片烟	两广总督邓廷桢	十九年五月	即行革职
候选道员周定邦	吸食鸦片烟	大学士管刑部事王鼎	十九年	革职审问
前任户部湖广司郎中周仲仿	吸食鸦片烟，养雇打手	监察御史焦友麟	十九年六月	
扬州民人张登寿	兴贩吸食鸦片	署直隶总督琦善	十九年六月	
大兴县民王成	吸食鸦片烟	监察御史庆瑞	十九年六月	交刑部审办
署南昌府通判试用布司理问杨尚炯	吸食鸦片烟	江西巡抚钱宝琛	十九年六月	
黄平营都司马鸣珂	吸食鸦片烟	云贵总督伊里布	十九年六月	
惠安县民王资	吸食鸦片烟	闽浙总督钟祥	十九年六月	
高阳县知县周尔烃	在京候选时吸食鸦片治病，已经戒除	署直隶总督琦善	十九年七月	革职
长安民人马潮汶	吸食鸦片烟	署直隶总督琦善	十九年七月	
署思州府知府孟怀川	曾吸食鸦片	贵州巡抚贺长龄	十九年八月	勒令休致
福建乡试士子	出闱时查获夹带策本，吸食鸦片	福建巡抚吴文镕	十九年八月	
监生邓宗炎、廪生林延槐	出闱时被查获夹带鸦片烟膏	广西巡抚梁章钜	十九年八月	
灵石县民张厚德	兴贩吸食鸦片烟	直隶总督琦善	十九年八月	
大兴籍民谢四等	吸食鸦片烟	步军统领奕经	十九年八月	交刑部会审

（续表）

吸食人犯	具体情节	奏报人	查获时间	处理结果
遵义县民堂洸元	兴贩吸食鸦片烟	湖南巡抚裕泰	十九年八月	
善化县刑名幕友孙德圃	吸食鸦片烟	贵州巡抚贺长龄	十九年八月	
通州民人马达大等	兴贩吸食鸦片烟	直隶总督琦善	十九年九月	
长芦盐运候补知事李征休	吸食鸦片烟	英诚	十九年九月	
署新阳县县丞陈敬之	吸食鸦片烟	署两江总督陈銮	十九年九月	革职勒令休致
钱塘县主簿苏盛春	吸食鸦片烟	浙江巡抚乌尔恭额	十九年九月	
浦下验掣关盐大使查鼎等	吸食鸦片	署闽浙总督魏元烺	十九年九月	
候官县教谕欧阳林	吸食鸦片烟	署闽浙总督魏元烺	十九年九月	
瓜州司巡检赵景堂	被控吸食鸦片并违抗搜查	南河总督麟庆	十九年十一月	革职严讯
民人祝万选	兴贩吸食鸦片烟	直隶总督琦善	十九年十一月	
游击罗舒祥	私存鸦片烟具	步军统领奕经	十九年十一月	交刑部会宗人府审办
饶平县民沈辛观	兴贩吸食鸦片	直隶总督琦善	十九年十月	
福山县民潘二	贩卖吸食鸦片烟	步军统领奕经	十九年十二月	交刑部审办
天津民人王起荣	兴贩吸食鸦片烟	直隶总督琦善	十九年十二月	
瑞安县典史裘雍泰	吸食鸦片烟	浙江巡抚乌尔恭额	十九年十二月	
监生金忠等	贵州乡试夹带鸦片	贵州巡抚贺长龄	十九年十二月	
候选州同王传心	贩卖吸食鸦片烟	乌鲁木齐都统惠吉	十九年十二月	革职拿问
郎中庆玉	因贪腐抄家发现烟具			
户部员外郎葆淳	吸食鸦片烟	大学士管刑部事王鼎	十九年	

四、林则徐的广东禁烟

1."林钦差"赴粤

林则徐(1785—1850),福建侯官人,字元抚、少穆,嘉庆十六年(1811年)进士。早在嘉庆十一年(1806年),林则徐即以举人身份任厦门海防同知书记,负责处理商贩洋船、米粮兵船的文书记录。从那时起,年仅21岁的林则徐便开始关注东南沿海的鸦片问题。此后,长期任职地方的实际体察,加深了其对鸦片问题的思考。林则徐认为"鸦片以土易银,直可谓之谋财害命"①,故其始终坚持严禁立场,并认同黄爵滋的对吸食者处以极刑的观点。与其他督抚所不同的是,林则徐并不将鸦片问题视为一件地方政务中的麻烦事而因循敷衍,其解决鸦片问题的态度一贯主动积极,甚至将解决鸦片问题作为事业的追求,其在江苏巡抚及湖广总督任内,均忠实地执行了道光帝的禁烟法令,且工作业绩亦得到皇帝的表彰。更为重要的是,林则徐对鸦片问题的认识和思考常常打动道光帝,故道光帝一旦下定决心以严厉的政策去解决鸦片问题,林则徐就成为执行这项政策的不二人选。

林则徐接到进京陛见的谕旨后,于道光十八年(1838年)十一月初十日抵京,自十一日至十八日,日日受到道光帝的召见,并奉旨在紫禁城内骑马②,可见道光对林则徐之隆信与眷顾。君臣二人之召对内容并无直接史料记载,多在日后林则徐致友人的书信中体现。据这些书信,道光帝在召对中勉励林则徐放手禁烟,并表示自己"断不遥制"③。十一月十五日,道光颁布谕旨,"命湖广总督林则徐为钦差大臣,驰往广东查办海口事件,该省水师兼归节制"。④ 道光还警告两广总督邓廷桢、广东巡抚怡良不可存观望之心及推诿之心,并要求邓廷桢尽泯畛域,与林则徐合作,为中国去除鸦片这一大患。⑤ 虽然当时京城内外已不闻弛禁之言,但"慎启边衅"还是官场普遍之舆

---

① [清]林则徐:《查议银昂钱贱除便民事宜折》,中山大学历史系中国近代现代史教研组、研究室编:《林则徐集·奏稿》(上册),中华书局1965年版,第135页。
② 中山大学历史系中国近代现代史教研组、研究室编:《林则徐集·日记》(上册),中华书局1962年版,第315—316页。
③ 杨国桢:《林则徐大传》,中国人民大学出版社2010年版,第237页。
④ 《宣宗实录》卷三一六,《清实录》(第三七册),中华书局1986年版,第930页。
⑤ 《宣宗实录》卷三一六,《清实录》(第三七册),中华书局1986年版,第933页。

论。林则徐自己似乎对此行并无担忧,其出京前曾感叹:"死生命也,成败天也,苟利社稷,不敢竭股肱以为门墙辱没。"①离京赴粤途中,林则徐传牌沿途各州县,"不必另雇轿夫迎接","所有尖宿公馆,只用家常便饭","随身丁弁人夫,不许暗受分毫站规、门包等项,需索者即须扭禀,私送者定行特参"。② 公正清廉是林则徐的一贯形象,而一位能够破除官场积习而起衰振弊的钦差大臣亦正是道光帝所需要的,毕竟禁烟行动也是一场与国内官场的腐败吏治所进行的斗争。

此时的广东,总督邓廷桢与巡抚怡良的查禁行动极为严厉。因两年前邓廷桢曾向道光帝表示其将与广东官员同心协力,"以一年为期,相机酌办","不在此时争执虚名"。故自从弛禁与严禁的大辩论后,广东的查禁行动日甚一日,至道光十八年(1838年)年底,内河的鸦片贸易已基本停止,绝大多数走私船已被拆毁,退出了走私网。广东方面先后查获纹银、鸦片案件140余起,烟泥烟膏共重10720余斤,并起获烟枪、烟具及自行呈缴共1万余件。为此,邓廷桢、怡良获交部议叙之褒奖。③ 根据英国驻华商务监督义律给外相巴麦尊的报告,当时的情形是:"鸦片贸易的停滞仍在延续,通货的冻结已经引起巨大普遍的困窘。"④可见,在林则徐到达广东之前,广东的禁烟已经十分严厉,这为林则徐的工作开展奠定了良好的基础。而对于林钦差的到来,广东方面亦倍感压力。就在林则徐抵达广州的10天前,十三行商馆前的广场上,烟贩冯安刚被执行绞刑。外商认为这是"对于外侨商馆地区的放肆的侵辱",还为此降国旗以示抗议。⑤ 显然,在林则徐抵粤之前,广东的中外关系之气氛已然较为紧张。

2. 收缴鸦片的斗争

林则徐于道光十九年(1839年)正月抵粤后,立即与邓廷桢、怡良、关天培(虎门水师提督)、豫堃(粤海关监督)等筹议禁烟事宜。林则徐认为广州外

---

① 杨国桢:《林则徐大传》,中国人民大学出版社2010年版,第237页。
② 中山大学历史系中国近代现代史教研组、研究室编:《林则徐集·公牍》,中华书局1963年版,第46页。
③ 中国第一历史档案馆编:《鸦片战争档案史料》(Ⅰ),天津古籍出版社1992年版,第452页。
④ 杨国桢:《林则徐大传》,中国人民大学出版社2010年版,第237页。
⑤ 《英军在华作战纪》,《中国近代史资料丛刊·鸦片战争(五)》,神州国光社1954年版,第23页。

商之鸦片多囤积于趸船,即使趸船被驱逐出伶仃洋,亦只是暂时躲避,绝不可能将鸦片带回本国,必然还会寻求在中国销售的机会。因此,要断绝鸦片,"必须将其趸船鸦片销除净尽"①。林则徐认为行商在鸦片走私中"掩耳盗铃,预存推卸地步,其居心更不可问",而所谓"以货易货四字,竟是全谎"。因此,二月初四,其传见众行商,历数罪状,令他们"立即逐一据实供明,以凭按律核办"。② 林则徐还通过行商给在粤外国人一份谕帖。这是其第一次致广州全体外国人的文书,其中明确指出:外国人到了大清帝国的领土上,就应同当地人一样遵守中国的法律。现在皇上已下定决心禁断烟毒,内地人等已不敢再参与鸦片贩售,为彻底根绝鸦片毒害,所有外国人应于3天之内答复并交出货船中的所有鸦片,全部销毁,并须立下甘结,保证今后永远不再挟带鸦片,否则一经查出,货尽没收,人即正法。林则徐表示:"若鸦片一日未绝,本大臣一日不回,誓与此事相始终,断无中止之理。"③林则徐晓谕洋商之奏稿亦使得道光帝大为感动,赞之"卿之忠君爱国,皎然于域中化外矣"④。在此种形势下,行商们的压力是可想而知的,他们告诉鸦片商们,若不缴出鸦片,行商们将会有性命之忧。因为"钦差大臣这样说,他就会这样办"⑤。为了督促外商交出鸦片,伍绍荣甚至向罗素洋行表示自己愿意承担部分缴纳鸦片的损失。⑥ 在行商的劝说下,外商仅答应交出1036箱鸦片,同时保证不将鸦片运入广州。⑦

当时在粤从事鸦片贸易的外商英国人最多,其他国家的商人所囤积的鸦片数量并不大,故他们一方面观望英国人的态度,另一方面在形势严峻时愿意主动交出为数不多的鸦片来取得安全方面的保障。而英国驻华商务监督

---

① 中山大学历史系中国近代现代史教研组、研究室编:《林则徐集·奏稿》(中册),中华书局1965年版,第628页。
② 中山大学历史系中国近代现代史教研组、研究室编:《林则徐集·公牍》,中华书局1963年版,第56—57页。
③ 中山大学历史系中国近代现代史教研组、研究室编:《林则徐集·公牍》,中华书局1963年版,第59页。
④ 《宣宗实录》卷三二〇,《清实录》(第三七册),中华书局1986年版,第1016页。
⑤ [美]张馨保:《林钦差与鸦片战争》,徐梅芬、刘亚猛等译,福建人民出版社1989年版,第142页。
⑥ [美]威廉·C.亨特:《广州"番鬼"录》,冯树铁译,广东人民出版社1993年版,第139页。
⑦ [美]张馨保:《林钦差与鸦片战争》,徐梅芬、刘亚猛等译,福建人民出版社1989年版,第184页。

义律在英国鸦片商人如何行动中的作用是极为关键的。作为贵族出身的废奴主义者，义律本能地厌恶鸦片贸易以及与鸦片相关的一切。其曾公开抱怨："一项大宗贸易要依赖于一项稳定持续进行的走私，来买卖一种价格昂贵，又经常性地大起大落的邪恶的奢侈品，是不可能有好结果的。"其还向外相巴麦尊表示没有人比自己"对在中国沿海进行的这种不光彩的、罪恶的武装走私怀有更深的憎恶。我已经坚定地在我职权范围内，用所有合法的手段，牺牲我在过去几年里所生活于其中的这个社会中的全部个人享受，来阻止它"，甚至还曾表示要"把英国鸦片走私贩子的命运丢给严厉的中国法律去制裁"。义律的态度，使得颠地等鸦片商批评他"措置失当""管理混乱"等。①但义律亦明白鸦片走私在中英贸易中的地位及自己被派往中国的任务是什么。同时，其对于中国方面的所有关于贸易的管理规定亦十分不满。因此，在查禁鸦片的行动中，义律还是选择了保护参与鸦片走私的英国商贩。面对林则徐的压力，义律发誓要抵抗"对外国人及其财产的侵害……作为女王的官员，这是我的首要职责"。这时他眼中的曾厌恶的大鸦片商颠地居然成了"我们在广州最可尊敬的商人之一"。②

  义律的干涉及此后颠地阻挠美国商人交纳鸦片的行为激怒了林则徐。③在传讯颠地遭拒后，二月初九，林则徐下令海关监督停止一切贸易，撤出洋馆中的中国买办及雇佣的仆人，并派兵封锁了十三行区，将大约359名外国人包围在里面。声明外商交出1/4的鸦片后，买办和仆役可以回去工作。交出1/2鸦片后，从黄埔到澳门的渡船可以恢复通航，交出3/4鸦片后，守卫兵丁可以撤除。一旦所有鸦片如数交出，正常的贸易即可恢复。④鉴于这种情况，义律的态度来了一个大转变，其答应林则徐，英商将交出所有鸦片，并禀报囤积在趸船上的鸦片总数量是20283箱。⑤但同时他向商人们声明所交

---

① ［英］蓝诗玲：《鸦片战争》，刘悦斌译，新星出版社2015年版，第81—82页。
② ［英］蓝诗玲：《鸦片战争》，刘悦斌译，新星出版社2015年版，第84页。
③ 中山大学历史系中国近代现代史教研组、研究室编：《林则徐集·公牍》，中华书局1963年版，第60页。
④ 中山大学历史系中国近代现代史教研组、研究室编：《林则徐集·公牍》，中华书局1963年版，第61页。
⑤ 中山大学历史系中国近代现代史教研组、研究室编：《林则徐集·公牍》，中华书局1963年版，第67页。

鸦片的价值由英国政府和他本人负责赔偿。为了争取英国政府赔偿烟价,烟贩们按照所缴纳鸦片每箱1元进行摊派,集资2万元寄回英国,作为活动政府的经费。① 义律为何要如此做呢？其在二月底一份致外相巴麦尊的信中写道:"在我们与这个帝国的交往中,它的政府无端地发起侵害英国人的生命、自由、财产和冒犯英国政府尊严的行动,这是第一次……他们剥夺了我们的自由,我们的生命掌握在他们手中。"但中外资料均显示,当时商馆中的外国人虽然暂时行动受限,但生命及财产并未受到威胁。义律此举在国内亦受到政敌的指责,认为其毫无必要插手林则徐与英国商人之间形成的僵局。中国行商亦不理解为什么要赔这么多钱,根本不需要那么多。② 或许义律的动机就是中外史学界一贯以来所认为的那样,即把中国官方查禁外商的违禁行为升格为中英政府间的争端。正如大鸦片贩孖地臣所说的那样:由于收缴鸦片,中国人已经陷入圈套,他们现在必须直接向英王负责。③ 三月份,义律再次致函巴麦尊,要求英国政府抓住这个合适有利的机会对中国予以惩罚,同时敦促巴麦尊发表一项意愿宣言,表示要对英国臣民蒙受的损失索取全部赔偿。④ 一个曾公开宣称自己憎恨鸦片贸易的贵族绅士,最终竟成为他的政府为了鸦片而发动一场战争的鼓动者。

林则徐得到义律的承诺后,立即恢复了商馆的饮食供给,并和邓廷桢商议了鸦片收缴的具体措施。根据林则徐的命令,商馆内的鸦片定于二月十五日全部搬到馆外,由官方所派委员验收;黄埔港内货船上的鸦片,由委员于十六日乘船前往验收;存放于澳门的鸦片,运赴沙角海口,听候随时验收;散在外洋船只上的鸦片,由委员持义律信件,令驶至沙角海口,随到随缴。而伶仃洋、九洲洋等洋面趸船上的鸦片数量是最为巨大的,林则徐等人极为重视,由委员持义律信件,传谕趸船驶入沙角洋面,林则徐、邓廷桢等从十七日至十九

---

① [英]格林堡:《鸦片战争前中英通商史》,康成译,商务印书馆1961年版,第185页。
② [英]蓝诗玲:《鸦片战争》,刘悦斌译,新星出版社2015年版,第86页。
③ [美]张馨保:《林钦差与鸦片战争》,徐梅芬、刘亚猛等译,福建人民出版社1989年版,第160页。
④ [美]张馨保:《林钦差与鸦片战争》,徐梅芬、刘亚猛等译,福建人民出版社1989年版,第185页。

日亲临虎门,会同水师提督关天培逐船验收。① 为确保万无一失,林则徐还拟定了《收缴趸船烟土章程》,对收缴趸船鸦片的各个环节作了详细具体的规定。② 收缴过程虽然不无曲折,但总体还算顺利,三月十八日,经验收的鸦片已逾 14000 余箱。于是林则徐撤商馆之围,并准许开舱贸易,但命令颠地等 16 名鸦片烟贩待烟土尽数缴纳,才能离开商馆。③ 据英国外交部档案所存凭条,至四月初九日,鸦片的收缴工作全部完成,中国方面共收缴鸦片 20283 箱又 27 斤又 7 个。④ 此后,商馆外人获得完全的自由,少数鸦片贩子如颠地、孖地臣等奉命具结后被驱逐出境,多数英国人随义律前往澳门。⑤

林则徐收缴鸦片的行动以胜利告终,这是中国有史以来查禁鸦片最为成功、彻底的一次行动。虽然有学者认为林则徐采取扣押外国人为人质,迫使其交出鸦片的做法不够策略,激化了矛盾,但有一点是肯定的:如果不解决外国商人对中国走私鸦片的问题,只对中国人严加查禁,按照道光十八年(1838年)以来的禁烟形势,鸦片危害可能会明显减少,但要彻底根绝烟毒,则不可能做到。而且英国对中国的合法贸易以及在印度的经济,全都依靠鸦片贸易得以繁荣。这与清政府的严禁鸦片政策必然发生冲突,即使只查禁中国人,如果严格认真地执行禁令的话,这种冲突同样不可避免。林则徐收缴鸦片的行动向世界宣示了中国禁绝鸦片的决心,是禁烟运动中一项巨大的成绩。

3. 虎门销烟

林则徐在收缴鸦片的同时还颁布了《禁烟章程十条》,作为广东禁烟的指导性文件。其主要内容为:吸食者限期断瘾,烟具一概缴官;遇有告发,文武官员亲带兵差入室搜查;广开指揭之门,允许下属揭发上官;加强保甲,发挥士绅在禁烟中的作用;文武生员由教官查核学册,五人互保,缴官备案;士兵五人一伍,互相连环保结;幕友、官员、长随均将衙署内有无吸食鸦片烟之人

---

① 《札广州府颁发收缴鸦片章程四条》,见陈锡祺主编:《林则徐奏稿·公牍·日记补编》,中山大学出版社 1985 年版,第 33 页。
② 中山大学历史系中国近代现代史教研组、研究室编:《林则徐集·公牍》,中华书局 1963 年版,第 67 页。
③ 中山大学历史系中国近代现代史教研组、研究室编:《林则徐集·公牍》,中华书局 1963 年版,第 97 页。
④ [日]佐佐木正哉编:《鸦片战争前中英交涉文书》,(台湾)文海出版社 1977 年版,第 210 页。
⑤ 杨国桢:《林则徐大传》,中国人民大学出版社 2010 年版,第 273 页。

出具甘结;出洋船只,五船互保;客寓、寺观、饭店设立循环号簿,将客居者姓名每五日送该管衙门考核,许店主随时告密;客商过关投税,先由行户经纪人检查后将货单保结,到关时交委员核对并抽查货物。① 除了《禁烟章程十条》外,林则徐还颁发了《查禁营兵吸食鸦片条例》《编查保甲告示条款》《省城设局收缴鸦片章程》等②,作为禁烟章程的补充规定。

严厉的查禁行动效果显著,至三月二十九日,广东共捕获烟犯 1600 名,收缴烟土烟膏 461526 两有奇,烟枪 42741 杆,烟锅 212 口及其他烟具若干。到五月十八日,一个多月的时间里,又查获制贩吸食案 140 件,拿获人犯 192 名,缴呈和缉获的烟土烟膏达 187179 两有奇,烟枪 27538 杆,烟锅 353 口。前后收缴烟土烟膏近 65 万两,烟枪 7 万余杆,成效可谓显著。由此也可以看出作为烟土输入口岸的广东鸦片流毒情形的严重。而这些收缴的烟土烟枪,十之八九来自潮州府。③

六月,林则徐又在广州举办了一次观风试,即省级的模拟科考,来自越秀、越华和羊城等书院的 645 名生员参加了考试。考试的内容除了常规的八股文外,还加试了四个题目,涉及鸦片烟贩的姓名、窑口或零售店的店名、地址、参与鸦片活动的官府人员以及禁止贩售、吸食的办法等内容。加试的题目考生可就自己所知来回答,不须在答卷上签名。这样,林则徐获知了许多鸦片烟贩及参与鸦片活动的官府人员的姓名及其行踪。④ 此后,林则徐对水师中参与鸦片走私的将弁进行清查,长期与鸦片贩串通勾结并以"缉私英雄"的形象而受到皇帝擢升的韩肇庆及若干名低级军官如蒋大彪、徐广、王振高等均受到了惩办。

从趸船收缴的 2 万余箱鸦片暂时存放于虎门海边,如何处理亦是一个大问题。道光帝先是有旨,令"查明实在箱数,派委明干员弁解京,以凭覆

---

① [清]梁廷枏:《夷氛闻记》,《中国近代史资料丛刊·鸦片战争(六)》,神州国光社 1954 年版,第 10—11 页。
② 中山大学历史系中国近代现代史教研组、研究室编:《林则徐集·公牍》,中华书局 1963 年版,第 54—55、62 页。
③ 中国第一历史档案馆编:《鸦片战争档案史料》(Ⅰ),天津古籍出版社 1992 年版,第 609 页。
④ [清]梁廷枏:《夷氛闻记》,《中国近代史资料丛刊·鸦片战争(六)》,神州国光社 1954 年版,第 12 页。

验"①。后因御史邓瀛奏陈长距离运输的困难及成本,道光帝改变主意,令林则徐、邓廷桢、怡良等人"督率文武员弁,公同查核,目击销毁,俾沿海居民及在粤夷人,共见共闻,咸知震詟"②。林则徐等人遵旨就地销毁鸦片,其方法是"浸化":在虎门镇口村码头旁的海滩高地,开挖两个边长15丈余尺的方形大池,池底铺石,四周拦桩钉板,以免渗漏。池前面设一涵洞,后面通一水沟。先由沟道车水入池,撒盐成卤,将逐个切成四瓣的鸦片投入卤水中,浸泡半日,再将整块烧透的石灰抛下,搅拌浸化。③ 2万余箱鸦片的销毁时间亦较长,从四月二十日,林则徐祭告海神"令水族先期暂徙,以避其毒"④,至五月十五日全部销化,费时15天。除留下公班、白皮、金花、小公班四种烟土各两箱,预备解京作为样土外,共销毁烟土2376254斤。⑤ 但若考虑到度量衡的历史变化及道光时期海关的关平银与库平银的差异等因素,虎门销烟所销毁的鸦片数量按今日之标准当约为2872891斤。⑥ 这应当是虎门销烟较为准确的鸦片数量。

林则徐主持的虎门销烟是中国乃至世界禁毒史上的重大事件。当时在粤外国人多数对中国官员的腐败贪利、民众的愚昧落后印象深刻,而忽视中华民族所蕴含的良知及道德的力量,故他们均不相信中国政府会将收缴的鸦片销毁。义律开始抵制向林则徐缴纳鸦片的态度,亦与这种心理及认识相关。缴烟过半之时,义律给巴麦尊写信说:"估计这批鸦片将作为政府专卖,而使今后的鸦片贸易合法化。"他确信中国政府可能建立一种偿还原主烟价的基金,以某种方式付出某种代价。而广州商馆的不少外商亦"断言中国人不会焚毁一两鸦片"。林则徐一方面要遵守道光帝"俾沿海居民及在粤夷人,共见共闻,咸知震詟"的指示,另一方面亦为了显示中国禁毒的决心,其出示晓谕,允许沿海居民及在粤夷人前往观看鸦片销毁之过程。不少夷商及传教士均前往观看,在事实面前他们的看法亦得以改变。如传教士裨治文在参观

---

① 《宣宗实录》卷三二〇,《清实录》(第三七册),中华书局1986年版,第1015页。
② 《宣宗实录》卷三二〇,《清实录》(第三七册),中华书局1986年版,第1020页。
③ 中国第一历史档案馆编:《鸦片战争档案史料》(Ⅰ),天津古籍出版社1992年版,第594页。
④ 中山大学历史系中国近代现代史教研组、研究室编:《林则徐集·日记》,中华书局1962年版,第342页。
⑤ 中国第一历史档案馆编:《鸦片战争档案史料》(Ⅰ),天津古籍出版社1992年版,第611页。
⑥ 唐立鹏:《"虎门销烟"销化鸦片数量新考》,《长春教育学院学报》2012年第5期。

记中写道:"我们曾反复考察过销烟的每一个过程,他们在整个工作进行时细心和忠实的程度,远出于我们的臆想,我不能想象再有任何事情会比执行这一工作更忠实的了。在各个方面,看守显然是比广州扣留外国人的时候严密得多。镇口有个穷人,因仅试图拿走身旁的一点鸦片,但一经发觉,几乎立即被依法惩办。即使偷去一点鸦片,那也是要冒着极大的生命的危险的。目击后,我不得不相信这是一个事实。"其他传教士亦认为:"鸦片是在最彻底的手段下被销了……在世界史中,一个非基督教的君主宁愿销毁损害他的臣民的东西,而不愿出售它来装满自己的腰包,这是唯一的一个实例。全部事务的处理,在人类历史上也必将永远是一个最为卓越的事件。"美国美部会中国分会在澳门印发公开信《致基督教兄弟们》说:"在过去几十年里,那些理应宣传福音及类似的善行的人们,却听任绝望与不幸泛滥人间。这种潮流现在被抑制住了,但尚未被完全制服。中国政府把 2 万箱的鸦片烟销毁,而不是把它变卖成 1000 万元乃至 1500 万元来充实国库。这种举动尽管发自异教徒的心灵,仍将长久地被看作道德力量和正确原则相结合的例证。中国人取得这项物品的新奇策略也许是不对的,但东西落入他们手中之后,竟能把它毁掉,这是令人难以置信的。然而事实真是这样——全部被销毁了。"①

因此,虎门销烟不仅是一场反走私的胜利,更是中国人民理性和良知的胜利,其历史意义远远超出禁止鸦片烟本身。林则徐是中国近代史上第一位杰出的民族英雄。

4. 具结与反具结

虎门销烟的行动是顺利而振奋人心的,然而要求外商出具永不夹带鸦片的甘结是一场艰难的交涉。早在二月初四的谕帖中,林则徐就提出过出具甘结的要求,此后在收缴鸦片期间,林则徐亦多次重申,并于二十一日颁发给外商甘结的统一格式,其核心为"自本年交秋以后,货船来粤,如查有夹带鸦片者,即将其全部货物尽行入关,不准贸易,其人亦听天朝处死,愿甘伏罪"②。

出具甘结的要求遭到义律及多数外国人的抵制。据说当行商将甘结带

---

① 以上所引义律信件、裨治文的参观记及《致基督教兄弟们》等内容均摘自杨国桢:《林则徐大传》,中国人民大学出版社 2010 年版,第 283、285 页。
② 《催取不带鸦片甘结谕帖》,见陈锡祺主编:《林则徐奏稿·公牍·日记补编》,中山大学出版社 1985 年版,第 36 页。

给义律让他签署时,义律甚至将甘结撕碎并扔进壁炉里,并让行商转告中国官员,"他们什么时候想要我的命,尽快来拿好了,但是要再拿签具甘结的事儿来麻烦他们自己或者麻烦我,那是白费力气"。① 因为在义律看来,商馆外面已经围了有四个星期的全副武装的中国士兵肯定得到命令,即:"如果我们企图逃跑,就杀掉我们。""那么,何必还需要我们具结同意在未来的时期去杀掉别人呢?"② 义律的不满甚至愤怒是显而易见的,在此期间其给英国外交部门的信件中称中国此举是"迫害",是"一个国家敢于对另一个国家犯下的最无耻的暴行"。③

义律为何对甘结持如此反对之态度呢?其在给林则徐的禀复中提出两点理由:一是具结不符合英国法律,自己没有权力要求商人遵守;二是具结会连累同船没有夹带鸦片的他人。④ 关于第一点,其本质是治外法权之争。这一点的理由并不充分,林则徐当时已经找人翻译了部分国际贸易中的一般规范及原则的书,因此对义律等人所谓"本国定例"的借口不以为然,甚至义律自己面对林则徐的"假使别国有人至英吉利贸易而不遵尔国法令,尔国主肯容之乎"诘问,亦只得承认"所论别国之人到英国贸易,必遵英国例禁,而英国之人到天朝贸易,亦须恪守天朝法度,其理甚是"。⑤ 但义律等外国人认为中国法律野蛮、残忍,对中国司法制度极无信心,且极端蔑视。故虽然治外法权并不符合国际惯例,英国方面却始终为此而争取。关于第二点,除义律外,其他在粤外国人亦均认为"如查有夹带鸦片者,即将其全部货物尽行入关,不准贸易,其人亦听天朝处死,愿甘伏罪"的处理决定,打击面过大,会祸及很多无辜的人,因此所有人都强烈反对出具甘结。广州知府、番禺知县、南海知县等官员曾到各国商人公所与外商沟通,美国、荷兰领事曾到会,英国商人借口已将争端委托给驻华商务监督义律处理,而拒绝参加会谈。尽管广州方面的官员反复保证,甘结只针对夹带鸦片者本人,但并不能消除外国人的疑虑。或许,所谓的疑虑亦仅仅是反对具结的借口,故无论怎么解释,均不会得到认

---

① [美]张馨保:《林钦差与鸦片战争》,徐梅芬、刘亚猛等译,福建人民出版社1989年版,第269页。
② 杨国桢:《林则徐大传》,中国人民大学出版社2010年版,第296页。
③ [英]蓝诗玲:《鸦片战争》,刘悦斌译,新星出版社2015年版,第93页。
④ 陈锡祺主编:《林则徐奏稿·公牍·日记补编》,中山大学出版社1985年版,第38页。
⑤ 陈锡祺主编:《林则徐奏稿·公牍·日记补编》,中山大学出版社1985年版,第36—41页。

同。在此情形下,广州方面的官员态度趋于强硬,并以拘留相威胁,这更激起外商的对抗情绪,双方的会谈不欢而散。①

义律十分清楚英国商人从事鸦片走私的人数,若同意出具甘结或许将面临多数英国人在广州被处决的局面,因此义律向林则徐表示:"若中国方面坚持出具甘结,英国人及英国商船将离开中国。"②此后,义律在林则徐驱逐部分英国烟贩出境后,下令全体英商撤离广州至澳门。从改善双方的贸易关系而言,义律此举是失败的。显然,林则徐并不担心中英之间贸易停止的问题,事实上此前广东方面一向以"封舱闭市"作为迫使外商就范的手段,从未有国人以此"反威胁"。故在林则徐看来,义律此举简直匪夷所思。但若单纯就激化矛盾,最终迫使英国方面对华采取军事干涉的目的而言,义律此举极为关键。正如英国学者蓝诗玲所言:"这种利益的冲突被英国商人中的主战派给合理化了,他们把这种利益变成了进行国际武装冲突的光荣的正当理由。"③

林则徐认为夷人与中国正常贸易即可获得巨额利润,他们"惟利是图",断不肯为了鸦片而舍却广东码头。④ 林则徐坚持认为"夷人最重然诺,即议一事,订一期,从不爽约……彼愈不肯轻易具结,即愈知其结之可靠,亦愈不能不向其饬取"。⑤ 道光十九年(1839年)五月,朝廷根据林则徐的奏请,规定:"此后夷人如带有鸦片烟入口图卖者,即照开设窑口例,拟斩立决。为从同谋者,从严拟绞立决。……起获烟土全行销毁。其同船之众,是否均系知情,亦由该督抚分别酌量惩治,所带货物概行入官,以杜贪顽而严法禁。"⑥朝廷的谕旨给林则徐的"货尽没收,人即正法"的具结措施提供了法律依据。

尽管林则徐为了解夷情作了很多努力,其亦以"近代中国开眼看世界之

---

① 杨国桢:《林则徐大传》,中国人民大学出版社2010年版,第295页。
② [美]张馨保:《林钦差与鸦片战争》,徐梅芬、刘亚猛等译,福建人民出版社1989年版,第187页。
③ [英]蓝诗玲:《鸦片战争》,刘悦斌译,新星出版社2015年版,第103页。
④ 中山大学历史系中国近代现代史教研组、研究室编:《林则徐集·奏稿》(中册),中华书局1965年版,第640页。
⑤ 中山大学历史系中国近代现代史教研组、研究室编:《林则徐集·奏稿》(中册),中华书局1965年版,第689页。
⑥ [清]文庆等纂辑:《筹办夷务始末》第一册《道光卷七》,上海古籍出版社2008年版,第109页。

第一人"的形象受到后世之赞誉,但其对当时英国及中英关系的认识与判断并不十分确切。比如其确信外国人饮食结构中,生肉居多,因而没有中国的茶叶和大黄,则不能帮助消化,不能生存。因而英中贸易对中国可有可无,但对英国不可缺少。他还告诉道光皇帝,夷兵枪炮厉害,但击刺步伐并不娴熟,而且腿足裹缠,屈伸不便,登岸便失去战斗力。① 林则徐推测夷人"宰割乌鸦与罂粟之液同渍一池,遂成鸦片。窃想夷人死即弃尸,一任乌鸢啄肉,是以夷书所载外国之鸦有高至数尺者"②。因此,在外国人眼中,林则徐除了不接受贿赂、禁止鸦片烟坚决外,其愚昧、无知、狂妄的形象与此前的广东督抚们并无任何不同。而随后发生的"林维喜事件"又激化了双方的矛盾。在九龙一番小规模的海上冲突后,双方重回谈判桌,林则徐亦先后批准了愿意具结的英船"土林加沙尔号"及"担麻士葛号"进入黄埔港贸易③,甚至允许将"具结与搜查二事合而为一",即:愿意具结的船只,则可直接贸易免于搜查;不愿具结的船只,则在沙角接受检查后,若无鸦片,仍可照常贸易。④ 此时的义律,虽然其身份为英国驻华商务监督,其行为却一意促成两国间的战争,他拒绝了林则徐的让步,这导致了谈判的破裂,使得战争一触即发。

---

① 中山大学历史系中国近代现代史教研组、研究室编:《林则徐集·奏稿》(中册),中华书局1965年版,第676页。
② 中山大学历史系中国近代现代史教研组、研究室编:《林则徐集·奏稿》(中册),中华书局1965年版,第680页。
③ 中山大学历史系中国近代现代史教研组、研究室编:《林则徐集·公牍》,中华书局1963年版,第144—145页;《林则徐集·日记》,中华书局1962年版,第356页。
④ 中山大学历史系中国近代现代史教研组、研究室编:《林则徐集·公牍》,中华书局1963年版,第147页。

第五章　鸦片贸易的合法化与全面弛禁(上)

鸦片战争的具体过程非本书讨论之范围,但战后之条约体系对鸦片走私贸易的影响极大。虽然鸦片贸易在条约中并未取得合法地位,但一方面中国以洋银 600 万元补偿广东英国商人向林则徐缴纳的鸦片的费用,这在法理上似乎承认了这些鸦片是"合法商品"。另一方面,中国割让香港岛,开五口通商,以及治外法权的丢失①,使得鸦片走私贸易更加便利且肆无忌惮,鸦片的输入数量较之战前更有增加,严禁鸦片的政策事实上已难以坚持。由于英国当局的军事干涉和外交压力,以及清朝政府本身的财政困窘,至咸丰八年(1858 年),清廷最终放弃严禁政策,给予鸦片贸易合法化的地位。从此,鸦片的输入逐年增加,国内鸦片的种、贩、售、吸也相应变得合法,于是,外来洋烟和国产土烟竞相流行,鸦片流毒在全国范围严重泛滥。

第一节　鸦片贸易合法化的交涉

一、英方致力于鸦片贸易合法化的原因

英国政府长期致力于鸦片贸易合法化,有四个方面的原因:一是鸦片贸易有着巨大利益,这是平衡中英贸易差额的主要手段。据统计,19 世纪 30 年代英属印度政府每年所收鸦片税饷 500 万至 1000 万元不等。每年解至英

---

① 《南京条约》,见《道光条约》第 1 卷,沈云龙主编:《近代中国史料丛刊续编》第八辑,(台湾)文海出版社 1974 年版,第 34—37 页;《虎门条约》,见《道光条约》第 3 卷,沈云龙主编:《近代中国史料丛刊续编》第八辑,(台湾)文海出版社 1974 年版,第 24—30 页。

国 300 余万元。① 二是对中英两国贸易关系稳定性的诉求。鸦片贸易的不合法地位,将不可避免地导致中国官方与鸦片走私者之间的冲突,这种冲突若长期存在,会使得中英两国的关系陷入危险的境地,这同样不符合英国的利益。三是英国方面认为鸦片贸易的本质在于中国的消费需求。若中国无人吸食鸦片烟,英商自然也不会万里迢迢冒险运入鸦片。中国政府没有能力禁止国内民众的吸食,就很难阻止鸦片的走私。四是英国方面认为鸦片贸易合法化也符合中国利益。中国政府会得到可观的收入,以前鸦片商贩用以贿赂海关官员的钱将以关税的形式归属中国政府。

虽然英国方面极力希望促成鸦片贸易的合法化,但并不敢通过武力公然强迫清政府接受。这主要是因为英国国内反对鸦片贸易的运动日益高涨。在英国,1839 年底,反对鸦片贸易已形成包括工人、工商业资本家以及人道主义者等社会各阶层人士广泛参与的社会运动。宪章派支持中国政府的严禁鸦片政策,反对英国政府的战争目的。人道主义者谴责罪恶的鸦片贸易公然践踏中国法律,摧残中国人的身体和道德。工商业资本家从自身经济利益出发,认为鸦片大量输入中国,大量资金用于购吸鸦片,必然抑制中国对其工业制造品的需求,从而摧垮中国这个广阔的市场,因而也强烈反对鸦片贸易。部分资产阶级上层人士也加入了反对鸦片贸易的阵营。1840 年 5 月 1 日,英国伦敦各界人士举行集会,进行反战请愿,对英国臣民违反中国法律向中国输入鸦片,使英国的道德宗教情感遭到蹂躏,使基督教的形象在全世界黯然失色,使英王国卷入一场反对多达 3 亿 5000 万人民的战争而深感痛心。1842 年 12 月 3 日的《泰晤士报》发表社论指出:鸦片贸易有罪于中国,在道德上有负于中国,吁请英国当局放弃鸦片贸易。一些议员在国会的发言中也指出:鸦片贸易不仅使合法贸易严重缩减,危害了英国制造业的利益,而且完全背离了一个基督教王国的职责,并玷污了其荣誉,因此要求政府废除罪恶的鸦片贸易。面对如此众多的压力,英国当局不得不掩饰自己维护鸦片贸易的立场,希望通过"劝说"的方式,要求清政府主动放弃烟禁,实行鸦片合法贸易。战争尚未结束时,英外相巴麦尊即要求侵华军总司令懿律及驻华全权代

---

① 姚贤镐编:《中国近代对外贸易史资料(1840—1895)》(第一册),中华书局 1962 年版,第 318 页。

表义律努力促使对华鸦片贸易合法化。巴麦尊特别强调不能让中国觉得英方使用了强迫手段,而且鸦片贸易也会使中国得到可观的税收。① 但战争期间,英方并未有机会就此问题与中国协商,故战争结束后,英国谈判代表便不断向清廷提出鸦片贸易合法化的要求。

二、璞鼎查的交涉

亨利·璞鼎查(1789—1856),首任香港总督,英国海军出身,曾在印度殖民政府任职近40年。1841年4月,正值鸦片战争期间,璞鼎查代替义律被英国政府任命为驻华全权代表。其上任伊始便接到外相巴麦尊的信函,要求其与中国代表谈判鸦片贸易合法化的问题。② 璞鼎查所任之驻华全权代表,既有外交官的身份,又拥有对在华军队的指挥权。其带领军队先后占领厦门、定海、镇海、宁波、南京,并在《南京条约》的框架基本议定后,便开始考虑向中国方面提出鸦片贸易合法化的问题。

璞鼎查与清廷代表钦差大臣耆英在黄埔、虎门等地就鸦片贸易合法化问题有过三轮交涉。笔者未能发现关于这些交涉的中国方面的资料,而英方的相关文件记载却比较详尽。根据英方文件,璞鼎查所表达的意思大概为:中国自身的消费需求是鸦片贸易存在的根源。英国政府即使禁止英属印度的鸦片生产,印度土邦也会种植大量鸦片,即使英国人不从事对华鸦片贸易,其他国家的商人也会把鸦片运入中国,因为中国有这样的需求。而且事实已经证明了,中国政府没有能力禁止国内民众的鸦片吸食,也没有能力阻止鸦片的走私行为,因此最好的办法就是使鸦片贸易合法化。璞鼎查还为中国算了一笔账,即每箱鸦片若征税50元,中国政府每年进口6万箱鸦片便可获税300万元。璞鼎查虽然按照英国外交部的方针,未敢公开使用强迫手段,却在一封给道光皇帝的信函中指出,鸦片是中英两国间爆发战争的根源,这一问题若不解决,未来依然存在不可知的风险。耆英当然不可能将这封充满威胁意味的信件转呈皇帝,甚至璞鼎查自己亦意识到这一点,或许他仅仅是为了提醒耆英本人才在信中用这样不客气的口吻。但事实上,在当时情况之

---

① *British Parliamentary Papers China*: *Vol. 31*, Irish University Press 1971, p.279.
② *British Parliamentary Papers China*: *Vol. 31*, Irish University Press 1971, p.280.

下,没有任何一个大臣敢于向道光帝提出鸦片贸易合法化的建议,耆英对这一点十分清楚。在谈判中,清方的态度始终是绝不公开承认鸦片贸易合法,并保持随时稽查的权力。对于璞鼎查诱惑中方所谓的每年 300 万元税收问题,耆英表示璞鼎查若能担保无论有无鸦片进口,中国都可以得到 300 万元税收,并且先预付 5 年,即 1500 万元,他就考虑奏请皇上接受鸦片贸易合法化的建议。① 显然,耆英是用英方不可能同意的条件来拒绝贸易合法化的要求。

由于双方的交涉始终不得要领,耆英决定将此事奏报道光帝。在奏折中,耆英汇报了璞鼎查多次对鸦片贸易合法化的试探,但其并未给出任何建议,仅称:"当此夷务初定之时,弛张均无把握,操纵实出两难。奴才反复筹思,迄无善策。所有现在目击耳闻情形,不敢缄默不言。"② 20 天后,道光谕令耆英:"鸦片烟虽来自外夷,总由内地民人逞欲玩法,甘心自戕,以致流毒日深。如果令行禁止,不任阳奉阴违,吸食之风既绝,兴贩者即无利可图。该大臣现已起程,著于回任后,统饬所属,申明禁令。此后内地官民如有开设烟馆及贩卖烟土并仍前吸食者,务当按律惩办,毋稍姑息。特不可任听关吏人等过事诛求,致滋扰累。总之,有犯必惩,积习自可渐除,而兴贩之徒亦可不禁而自止矣。"③

该谕令虽然内禁的态度比较明确,但未对鸦片进口的地位问题有任何表示。显然,经过战争的打击,道光帝事实上已基本放弃了鸦片外禁的政策,仅为了颜面问题,还维持着国内鸦片的禁令。但在璞鼎查看来,中国并未有任何关于鸦片贸易合法化的文件出台,这项贸易在法律上仍是危险并包含着随时导致中英两国关系破裂的可能性。因此,璞鼎查的外交努力并未成功。

三、德庇时的交涉

德庇时(1795—1890),英文名是"John Francis Davis",按现今之翻译惯例,应翻译为约翰·弗朗西斯·戴维斯。他是一个中国通,甚至在国内被称

---

① 璞鼎查与耆英交涉相关文件见 *British Parliamentary Papers China*:Vol. 31,Irish University Press 1971, pp. 280 – 288.
② 中国第一历史档案馆编:《鸦片战争档案史料》(Ⅶ),天津古籍出版社 1992 年版,第 340 页。
③ 中国第一历史档案馆编:《鸦片战争档案史料》(Ⅶ),天津古籍出版社 1992 年版,第 354 页。

为汉学家。他18岁就到了广州,任职于东印度公司,德庇时是其自取的中国名字。1816年,德庇时曾作为马戛尔尼使团随员到过北京。显然,在英国人眼中,德庇时是属于"见过大世面"的人。他先后担任东印度公司驻广州大班及英国政府驻华商务监督。1844年5月,德庇时接替璞鼎查成为第二任港督。德庇时认为,战后鸦片走私在通商口岸几乎处于半公开的状况,而中国政府因赔款的原因又需财孔亟,故德庇时对鸦片贸易合法化的谈判前景较为乐观。① 德庇时的判断并不算错误,只是中国财政方面的需求尚不迫切,直到太平天国战争时期,清廷的财政才糟糕到要开放烟禁的程度。

自道光二十四年(1844年)六月至二十七年(1847年)五月,德庇时与耆英有过四轮交涉。与璞鼎查不同的是,德庇时并不完全从中国执行禁令的能力及税收增加方面劝说耆英。其着重向耆英强调两点:一是从人的本性角度而言,越是被禁止的物品,人们越有获得的欲望。这样的需求并不是真实的,一旦取消禁令,鸦片的消费反而会减少。二是从白银流失角度而言,鸦片走私是隐秘的,白银是主要的交换媒介。若禁令取消,鸦片贸易的过程是公开而可控的,白银流失的问题会得到解决。德庇时指出,目前的状况是,中国政府不能有效控制海盗和走私盛行的问题,这会极大地损害中国政府的威信和尊严。而鸦片贸易合法化后,中国每年会得到150万至200万元的税收,而英国政府为了贸易的稳定亦会积极地阻止走私,保证中国的税收。

耆英对未来的税收前景持悲观态度,其担忧若中国承受道德的压力而取消禁令,肯定仍会有为了避税而走私的问题,故所谓数百万的税收并无保证。耆英表示自己完全清楚目前鸦片贸易的糟糕状况,但他是不会建议朝廷取消禁令的,因为他很清楚皇帝的态度,并希望德庇时理解自己的处境。耆英的态度令德庇时非常不满,德庇时指出连小孩子都能知晓鸦片贸易合法化后的好处,并表示其将绕开耆英直接与北京方面沟通。② 耆英当时的头衔是"大清大皇帝特派钦差大臣太子少保协办大学士兵部尚书两广总督部堂总理五

---

① *British Parliamentary Papers China*:Vol. 31,Irish University Press 1971,p. 294.
② 德庇时与耆英的交涉相关文件见 *British Parliamentary Papers China*:Vol. 31,Irish University Press 1971,pp. 294 - 307。

口通商善后事宜办理外国事务宗室耆"。①鸦片战争之后的一段时间内,中国与各国的所有条约几乎都是耆英代表中国签订的。可以说,在当时的体制下,耆英就是清廷的外交部长,甚至就是外交部。德庇时要绕开通商口岸的大臣与清廷直接联系,则是清廷在外交中最为忌讳的事情。如此不礼貌的措辞使得耆英的态度亦趋向强硬,此后的谈判自然不会有任何进展。

可见,中英双方在谈判中持有完全不同的价值观念。英国方面着眼于所谓"规范而公平"的贸易体系,而不论商品本身的性质。而中国方面维持禁令的很大原因在于鸦片本身"伐性戕生"的特性。要公开承认鸦片贸易合法,既与长期以来的国家政策不相符合,有损皇帝尊严,亦会在道德方面承担较大的压力。故中国政府希望在国内维持禁令,惩罚违反禁令的中国人,英国方面无须过问。而英国政府根据自己的法律去处理那些走私鸦片的商人,中国也无须过问。如此则国内烟民数量会减少,最终外来的鸦片供应也会减少。

值得注意的是,在与德庇时交涉期间,耆英还与美国代表顾盛签订了《望厦条约》,其中关于鸦片走私的规定是:"合众国民人凡有擅自向别处不开关之港口私行贸易及走私漏税,或携带鸦片及别项违禁货物至中国者,听中国地方官自行办理治罪,合众国官民均不得稍有袒护;若别国船只冒合众国旗号做不法贸易者,合众国自应设法禁止。"②鸦片贸易在中美贸易中的地位并不重要,美国不愿因鸦片贸易而激化与中国的矛盾,以致失去整个中国市场。故在《望厦条约》中,美国的诉求是体现和确定商业利益的原则,而不是对国家并不重要的鸦片贸易。这就不难理解,在条约中美国已经获得了治外法权,而涉及鸦片走私却"听中国地方官自行办理治罪",应该说这是美国的一种妥协。而这样的妥协亦或多或少影响了耆英与德庇时的交涉。

德庇时与其前任璞鼎查一样,虽然在鸦片贸易合法化的问题上作出不少努力,但几乎一无进展。他们的交涉对手耆英,始终不与英方在此问题上作实质性的讨论,而是采取周旋和回避的态度。正如耆英多次所言,在没有得到皇帝的批准之前,他是不敢把弛禁鸦片的问题当作进一步讨论的题目的。

---

① 《道光条约》第 7 卷,沈云龙主编:《近代中国史料丛刊续编》第八辑,(台湾)文海出版社 1974 年版,第 4 页。

② 《海关中外条约》第 1 卷,梁为楫、郑则民主编:《中国近代不平等条约选编与介绍》,中国广播电视出版社 1993 年版,第 690 页。

《中西纪事》的作者夏燮亦曾说,耆英面对英方鸦片贸易合法化的要求,"既不敢申明前禁,又不便擅定税章,遂置此款于不议"①。这种说法还是较为切合实际的。

如前文,就鸦片贸易的问题,道光帝对耆英有过明确的指示,概括说就是"外禁难以维持,内禁仍要坚持"。事实上,清廷自道光二十二年(1842年)《南京条约》签订以来,内地的鸦片查禁行动亦的确并未松弛,从目前所见资料来看,每年均有大量的鸦片案件奏报审理。因吸食贩卖鸦片受到处罚的除民人外,还有监生、武举、笔帖士、驻防八旗、协领等,甚至实缺知州、世袭男爵、近支宗室等亦不能幸免②。而对拿获烟贩的官员则给予奖励,如道光二十七年(1847年),中城御史志魁、给事中路慎庄拿获通缉在案的烟犯杜焜,道光帝特下谕旨,将志魁和路慎庄交吏部议叙,将杜焜交刑部审办。③ 可见朝廷的禁烟法令仍在执行。在这样的形势之下,不仅耆英不敢向道光帝作鸦片贸易合法化的建议,在德庇时之后继任港督的文翰干脆放弃了致力于鸦片贸易合法化的努力。直到咸丰四年(1854年),第四任港督包令时期,英国方面才又重新开始了鸦片贸易合法化的追求。

四、战后的鸦片走私问题

1. 鸦片走私数量统计

1840年,由于受战争的影响,鸦片输入数量锐减,但此后则逐年增加,至鸦片贸易合法化前夕,中国的鸦片走私达到了一个峰值,年输入量超过70000箱。关于这段时间的鸦片输入量的估计,学界多采用马士的统计,具体情形如下表所示:

---

① [清]夏燮:《中西纪事》卷九,《中国近代史资料丛刊·鸦片战争(五)》,神州国光社1954年版,第523页。

② 《奏为拿获宗室奕隆聚赌并存有鸦片烟具请将受雇开宝之杨大及赌徒交刑部审办事》(道光二十二年十月十七日),中国第一历史档案馆藏军机处全宗(录副奏折),档号:03-3811-015;《奏为审办世袭男爵德保开场聚赌究出其吸食鸦片请予革职严讯事》(道光二十八年六月二十五日),中国第一历史档案馆藏军机处全宗(录副奏折),档号:03-4073-028;《奏为遵旨查拿复州知州王安业吸食鸦片持符狡展事》(道光三十年十二月二十日),中国第一历史档案馆藏军机处全宗(录副奏折),档号:03-2798-115。

③ 刘锦藻:《清朝续文献通考》卷五十三《征榷二十五》,商务印书馆1936年版,第8083页。

表 5-1　1840—1860 年鸦片输入数量表①

年份	输入数量/箱
1840 年	20619
1841 年	34631
1842 年	33508
1843 年	42699
1844 年	28667
1845 年	39010
1846 年	34072
1847 年	40250
1848 年	46000
1849 年	53075
1850 年	52925
1851 年	55561
1852 年	59600
1853 年	66574
1854 年	74523
1855 年	78354
1856 年	70606
1857 年	72385
1858 年	74966
1859 年	75822
1860 年	58681

学者连东对马士数据的准确性表示怀疑,并根据英国国会文件资料制作了此段时间鸦片的输入量表格,现转如下,以供读者参考。

① [美]马士:《中华帝国对外关系史》(第一卷),张汇文等译,商务印书馆 1963 年版,第 626 页。

表 5-2　1841—1860 年鸦片输入数量表①

年份	鸦片输入量/箱
1841 年	17839.5
1842 年	25225
1843 年	31236
1844 年	30011
1845 年	32859.5
1846 年	34072
1847 年	38057.75
1848 年	46000
1849 年	49262.25
1850 年	47509
1851 年	48030
1852 年	56089.5
1853 年	56412.5
1854 年	60054.5
1855 年	69910.25
1856 年	63427
1857 年	66305.5
1858 年	68003.5
1859 年	74707
1860 年	54863

笔者认为,上述两个表格虽然在数据上有出入,但所反映出的问题性质及趋势是一致的,即鸦片战争之后的 10 余年间,鸦片走私规模逐渐增大,并在 19 世纪 50 年代后期达到了 70000 余箱的峰值。

2. 走私增加之原因

这一时期鸦片进口数量急速增长,原因主要有五个方面:

一是清政府的查禁在很多地方已经名存实亡。鸦片战争之后,多数地方

---

① 连东:《中国近代鸦片输入数量与价值研究》,河北师范大学未刊硕士学位论文,第 19 页。

官员对查禁鸦片已失去了热情,尤其是林则徐、邓廷桢等人被革职并发配伊犁的事实,使得地方官员更不愿认真查禁,招致纠纷。通商口岸的中国官员还在暗中收取规费,借以肥私,故鸦片贸易实际上处于一种既不受查禁又无须纳税的完全自由的状态。如在广州,鸦片买卖就在白天公开进行,"中国政府的低级官员就是主要的贩卖者,获利甚厚"①。在上海,"鸦片公开在大街上搬运,没有任何人加以阻止","鸦片在海关官员面前公开地通过,而且是唯一不受检查的进口货品"。有些外商认为,按照走私贸易一语的通常意义,对中国的这种公开进行的鸦片贸易已不能称为走私。

二是鸦片走私持续保持高额利润。这一时期,鸦片由印度运往中国,仍然是以"飞剪船"为主,这种运送鸦片的快速帆船当时有四五十艘。与19世纪30年代相比,这种飞剪船已有较大的改进,不仅装备齐全,而且航行速度超过了战舰。鸦片走私的高额利润,使飞剪船的船员成为竞争十分激烈的职业,"情况和过去争先恐后要做东印度公司的船员相像"。飞剪船上的许多船员都是以前的海军人员或上等人家的青年子弟,他们必须百般设法,长期等待,才能获得一个难得的空缺。这些鸦片走私贩,"表现了一种世界上空前的大胆和巧妙的航海本领,也获得了从所未有的利润"。②

三是中国门户洞开,鸦片走私长驱直入。鸦片战争之前,中国通商口岸只限于广州一地,战后则门户洞开,不仅通商口岸成为走私鸦片的据点,而且中国绵长的海岸线上,到处都有外国烟船游弋停泊。香港被割让后,逍遥于中国政府的禁令之外,很快便替代伶仃洋成为鸦片的主要集散地。大批鸦片由印度运至中国,往往先在香港卸存,改由趸船或小型快船北上运往通商口岸或非通商口岸。对于两广地区,香港又是鸦片的总分销处,由沿海各乡村渡船、渔船或私盐船驶至香港提货分销各地。

四是领事裁判权成为鸦片走私的政治庇护。当时参与鸦片走私的除英国商人外,还包括美国、丹麦、瑞典、葡萄牙等诸多国家的商人。英国驻上海领事阿礼国称这些走私者为"欧洲各国人的渣滓"。驻华公使包令亦说:"关

---

① 姚贤镐编:《中国近代对外贸易史资料(1840—1895)》(第一册),中华书局1962年版,第418页。

② 姚贤镐编:《中国近代对外贸易史资料(1840—1895)》(第一册),中华书局1962年版,第432页。

于鸦片的买卖,的确可以肯定地说,英国商人与其他外国商人之间只有很微小的,甚至没有什么差别。不论这种丑行或罪恶有多么大,这个责任,除了极少的例外,几乎是由整个外国商界平均分担的。"①马士也曾指出:"在中国的英美商家,每一个人都充分利用了他们的资力去作这项毒品生意。"此外,在华的外国洋行,如怡和洋行、颠地洋行、旗昌洋行、华记洋行、琼记洋行、麦克威克洋行、广隆洋行等,主要的业务就是鸦片走私。然而,在领事裁判权的保护之下,这些贩毒分子却可以不受中国法律的制裁。早期来华的外国领事,常常一身二任,亦官亦商,并以敛财聚宝为目的。李鸿章曾说:"上半天勾通作弊之商人,下半天即可亲自赴道署商办公事;此日到关受罚之商人,即明日道台来释之领事。"旗昌洋行是对华贩运鸦片的主要角色之一,自道光二十六年(1846年)旗昌洋行大班华尔考首任美国驻沪领事以来,历任领事几乎均由旗昌洋行包办。另外,如怡和、宝顺(即颠地)、广隆等靠贩卖鸦片起家的洋行,也有多人出任各国的领事。有的领事本人就是鸦片贩子,如怡和洋行的创办人之一、大鸦片贩孖地臣,居然从19世纪20年代即担任丹麦领事,直至鸦片战争之后仍然挂着这一头衔,而且他的洋行的船只,国旗也经常变换。这些领事不但无助于清政府查禁鸦片,而且对清政府的烟禁百般阻挠。如咸丰五年(1855年)八月上海的海关在清廷道台赵德彻的命令下搜查鸦片,在一艘外国商船上抄出25箱鸦片,结果英国领事会同美国、法国领事在租界的会审法庭上指控海关总税务司越权,为鸦片贩开脱罪责。赵德彻无法与之抗衡,只得将缉获的鸦片交还原主,一场纠纷始告平息。显然,有治外法权作为护符,外国烟贩自然无所忌惮。

五是租界成为中国禁烟法令之"飞地"。上海开埠后,外国洋行纷纷向中国业主租借土地,通过道光二十五年(1845年)《上海租地章程》,租地逐渐获得了独立的属地管理权力,到咸丰四年(1854年)形成了具有"国中之国"性质的租界。② 上海租界从其形成伊始,便成为鸦片走私的保护区。上海租界形成之初,已是烟馆林立,"贩卖鸦片和吸食都是毫不避人……整箱整箱的鸦

---

① 姚贤镐编:《中国近代对外贸易史资料(1840—1895)》(第一册),中华书局1962年版,第421—422页。
② 蒋秋明、朱庆葆:《中国禁毒历程》,天津教育出版社1996年版,第100—101页。

片在街上运来运去"①。

3. 走私中心:由广州至上海

鸦片战争之后一个显著的变化是,鸦片走私的中心迅速由广州转移到上海,上海成为最大的鸦片输入口岸。道光二十三年(1843 年)五月到十一月,仅半年时间,走私入沪的鸦片即达 8000 箱。到 19 世纪 50 年代初期,在上海从事鸦片走私的洋行有 9 家,运送鸦片的船只达 58 艘,鸦片的走私输入也逐年增加,道光二十七年(1847 年)为 16500 箱,二十九年(1849 年)为 22981 箱,咸丰八年(1858 年)为 33069 箱,接近鸦片输入总量的一半,在各口岸中高居首位。② 上海作为鸦片走私的中心,主要缘于其地理位置的优越。上海位于中国海岸线中部,长江入海口,背枕富饶的江浙平原地区,商贸发达,不仅是巨大的鸦片消费市场,也是鸦片行销中国腹地的理想的转运站。

在上海从事鸦片输入的洋行,除太平军占领上海及此后的一段时间内,将鸦片运至设在上海的仓库货栈向华商出售外,一般是将鸦片囤于吴淞口外的趸船上,然后,与华商洽谈,成交后由华商"凭夷商土票赴吴淞提货"。③ 在上海经销鸦片的华商,主要是以潮汕籍为主的广帮商人。潮汕商人与鸦片渊源极深,鸦片战争之前即开始经营鸦片运销,并经常由海路向上海运销鸦片。鸦片战争之后,上海开埠通商,成为鸦片走私新的中心,潮汕商人的足迹也随之而至。由于他们从事鸦片经营时间长,熟悉鸦片业务,又通英语,与外国烟贩或洋行交往颇深,且资金雄厚,因而很快便在上海垄断鸦片运销的业务。烟土由趸船运回城里后,除部分零售或熬膏分销外,大部分运销长江下游各省。潮汕商人在上海对鸦片运销的垄断,从鸦片战争之后开放上海为通商口岸时期起,一直持续到民国初年。④

4. 贸易逆差扩大

由于鸦片输入的急速增加,白银的外流也有增无减,这在 19 世纪 40 年代尤为明显。根据英国驻华领事道光二十七年(1847 年)、二十八年(1848

---

① [美]马士:《中华帝国对外关系史》(第一卷),张汇文等译,商务印书馆 1963 年版,第 609 页。
② 蒋秋明、朱庆葆:《中国禁毒历程》,天津教育出版社 1996 年版,第 102 页。
③ 太平天国历史博物馆编:《吴煦档案选编》(第六辑),江苏人民出版社 1987 年版,第 188 页。
④ 蒋秋明、朱庆葆:《中国禁毒历程》,天津教育出版社 1996 年版,第 102 页。

年)的商务报告,中国每年须以白银支付的贸易逆差为 1000 万元。① 道光三十年(1850 年)四月,英国驻上海领事阿礼国在致文翰的信函中也提及,二十九年(1849 年)上海由于鸦片进口,造成大约 250 万英镑的逆差,这一逆差即"由上海的中国人用白银偿付了"。② 太平天国时期(1851—1864 年),大部分贸易是在上海进行的,但仅在广州港,流出的白银即达 3000 万两。③

需要注意的是,到 19 世纪 50 年代,中国丝茶出口数量增大,部分抵偿了因鸦片进口而造成的贸易逆差。另一方面,由于世界黄金产量的增加,在法、美等通行复本位制的国家便出现了黄金普遍铸币作为流通手段并排斥白银的现象,因而出现了部分白银由西方国家向印度、中国等东方国家回流的现象。因为这些东方国家以白银为流通手段,银价高于当时的西方。不过,部分白银的回流,并不能抵偿因鸦片进口而造成的白银流出。事实上,因购买鸦片而造成的白银外流在整个 19 世纪都没有停止。

五、《通商章程善后条款》:鸦片贸易合法化的开端

1. 清廷之财政危机与英方之反应

鸦片战争后,英方经过十余年的努力,在鸦片贸易合法化方面却未得到任何进展。这一问题的最终解决还是来自中国内部的力量。在这十余年中,清廷自身对待禁烟的态度也在逐渐发生变化,禁烟的意志越来越动摇,主要原因就是财政上的极度匮乏。咸丰即位时,中国的白银危机已经持续了 30 年,加上战后的赔款、军费等支出,使得国库已经濒临枯竭。道光三十年(1850 年)至咸丰三年(1853 年),朝廷共拨给各省军费 2963 万两,而户部的白银库存,道光三十年(1850 年)尚有 800 万两,至咸丰三年(1853 年)只有 22.7 万两,连一个月的军费开支也无法维持。随着太平天国运动的不断壮大,军事行动的规模也继续扩大到南北十数省,税收锐减,清廷财政完全陷于罗掘俱穷的境地,不得不把寻觅财源的眼光转向了鸦片。早在咸丰二年

---

① 姚贤镐编:《中国近代对外贸易史资料(1840—1895)》(第一册),中华书局 1962 年版,第 522 页。
② 姚贤镐编:《中国近代对外贸易史资料(1840—1895)》(第一册),中华书局 1962 年版,第 523 页。
③ [法]谢和耐:《中国社会史》,耿昇译,江苏人民出版社 1995 年版,第 467 页。

(1852年)即曾有兵部的官员奏请鸦片专卖①,次年,御史吴廷溥也奏请弛鸦片之禁,建议对进口鸦片每箱征税40两。② 对此,咸丰帝虽未表示赞同,却也未申斥。

清廷的财政状况为英国驻上海领事阿礼国所把握,在其从《京报》上知悉吴廷溥奏折内容后立即给时任英驻广州领事及驻华商务监督包令去函,通知了这一消息。③ 包令收到信件后十分兴奋,连续两次给曾任外交大臣的曼斯伯利致函谈及这一问题,并对鸦片贸易的合法化持乐观的期盼。④ 但此时包令尚不是驻华公使,而两广总督叶名琛则"不竞不絿,不刚不柔","遇中外交涉事,略书数字答之,或竟不答"⑤。这样的交涉对手,包令连见一面都困难,更不可能在交涉上有任何进展。咸丰四年(1854年),包令接替文翰任第四任香港总督并兼任英国驻华公使,便开始积极地尝试与中国修约,其中亦包含鸦片贸易合法化的内容。修约是英、法、美三国联合行动的,但在当时的体制之下,他们连提出诉求的正式渠道都没有。几经周折,咸丰四年(1854年)九月十三日,包令与美国公使麦莲等在天津与长芦盐运使崇伦等会晤,提出了修约条款,其中有"鸦片土一项,准其一律进口,报税公允"。⑥ 值得注意的是,美国的修约请求中却不含鸦片贸易合法化的内容。尽管清廷内部出于财政考虑亦有弛禁的需求,但将鸦片贸易合法化包含在一揽子修约计划中,对于清廷而言,是难以开启谈判的。故咸丰认为"包令所称鸦片纳税,及欲进粤东省城,尤为反复可恶",其谕令崇伦等"务当按款正言驳斥,杜其妄求"。⑦ 崇伦等遵旨对包令的要求进行逐条驳斥。其中对于"鸦片土进口报税一事"的答复是"查贵国既系万年和约,似不应另有异议"。⑧

---

① [法]加勒利、伊凡原著,[英]约·鄂克森佛译补:《太平天国初期纪事》,徐健竹译,上海古籍出版社1982年版,第100—101页。(该书记载此官员名胡廷,笔者未查到胡廷任何职。)
② [美]马士:《中华帝国对外关系史》(第一卷),张汇文等译,商务印书馆1963年版,第619页。
③ British Parliamentary Papers China:Vol. 31,Irish University Press 1971, p.311.
④ British Parliamentary Papers China:Vol. 31,Irish University Press 1971, p.312.
⑤ 赵尔巽等:《清史稿》(第三十九册)卷三百九十四,中华书局1977年版,第11764页。
⑥ 《抄录英使呈出所谓变通条约各条清折》,《中国近代史资料丛刊·第二次鸦片战争(三)》,上海人民出版社1978年版,第46页。
⑦ 《军机大臣寄前任长芦盐政崇伦等英美要求各款予指驳上谕》(咸丰四年九月十五日),《中国近代史资料丛刊·第二次鸦片战争(三)》,上海人民出版社1978年版,第52页。
⑧ 《抄录指驳英使要求各款照会》,《中国近代史资料丛刊·第二次鸦片战争(三)》,上海人民出版社1978年版,第55—56页。

2. 清廷内部的反对力量

咸丰四年(1854年)十二月,兵部侍郎王茂荫奏称烟土在江苏公然贩运,只需照数捐厘,便可包送出境。这是目前可见最早的,在有军务的地方另立名目对鸦片抽税的资料。王茂荫对此并不赞同,认为此举"伤国体而厉商民"。① 王茂荫是马克思在《资本论》中唯一提及的中国人,其不仅反对鸦片征税,还反对厘金制度,有关其经济思想的研究目前并不充分。王茂荫的态度似乎让我们意识到,在鸦片贸易合法化的过程中,反对者的数量及力量在多数时候甚至占主要地位。以往的研究过多地关注部分官员对开征鸦片税的努力,而忽略了反对者的声音。或许正是王茂荫们的存在,使得咸丰五年(1855年),苏松太道试图对鸦片公开按箱征税的努力再次失败。②

咸丰六年(1856年),英国借"亚罗号事件"再次挑起战争,英国已经决定通过战争来达到修约的目的。此次战争爆发于英法联军与清政府之间,历时四年,史称第二次鸦片战争。战争爆发后,清廷既要镇压太平天国运动,又要抵御英法联军的入侵,可谓需财孔亟。不少负责军事的官员议论纷纷,均看中了鸦片厘金的财源。咸丰六年(1856年)六月,宗人府府丞宋晋奏请对进口鸦片实行抽厘,所得经费用于雇轮船助剿太平天国:"上海为夷商总汇,每年销售鸦片烟一项目,银两动以千万计。现虽例干禁止,而地方官假立名目抽厘,半归私囊。若能官为钳制,不必明立章程,而按数抽厘,百万之数不难凑集。"宋晋推荐浙江候补道缪梓、宁绍台道杨裕深等办理抽厘事务。③ 雇轮船之事,咸丰令钦差大臣两江总督怡良、江苏巡抚赵德辙、浙江巡抚何桂清等妥速会商,至于经费问题,却回避鸦片抽厘一事,"应需经费,并著该督抚等妥为筹划"。④

根据宋晋所奏,似乎咸丰六年(1856年),上海已经开始对鸦片抽厘,但名义上非鸦片税厘(即所谓"假立名目"),亦非官方行为,管理亦极为混乱。

---

① 中国第一历史档案馆编:《清政府镇压太平天国档案史料》(第十六册),社会科学文献出版社1994年版,第584—586页。
② [英]莱特:《中国关税沿革史》,姚曾廙译,生活·读书·新知三联书店1958年版,第59—60页。
③ 《保奏道员雇船抽厘片》,《中国近代史资料丛刊·洋务运动(二)》,上海人民出版社1961年版,第220—221页。
④ 《文宗实录》卷二〇〇,《清实录》(第四三册),中华书局1987年版,第170页。

既然皇帝回避谈鸦片抽厘,何桂清在奏折中亦含糊其词,称已派员"筹款办理"轮船的购募事宜。① 而所谓的筹款,则是由护上海道蓝蔚雯、候补知府吴煦、道员金安清等人与上海鸦片烟商议定,烟商以报效为名,"每箱愿捐库平银二十两"。② 但此次以报效名义对烟土抽捐似乎未获成功。咸丰六年(1856年)十月,吴熙(吴煦之兄)致吴煦函:"烟厘事已中止。"③此后,薛焕致吴煦函:"烟厘,大宪决意不办。"④关于不办的原因,咸丰七年(1857年)吴煦致王有龄函:"格于众论,旋即中止。"⑤而所谓的众论,笔者认为应该是当时多方均试图分润鸦片厘捐,上海方面难以应付各方复杂关系。如王有龄的一份信函:"近则南北各营,远则江西曾帅,或委员来沪会议,或奏请派员督办。"⑥可见,难以应付是上海方面取消定议的原因。而薛焕所指大宪为谁呢?咸丰八年(1858年)四月,吴煦的一份信函中指出:"六年秋间,议办洋货每箱捐银二十两……择九月初七日开局。初五日奉中丞抄示彭相家信,不准举办,遂即停止。"⑦按清制,中丞是巡抚的称呼,此处应该指当时的江苏巡抚赵德辙。⑧ 相是对军机大臣或内阁大学士的称呼,此处应指协办大学士、军机大臣彭蕴章。⑨ 可见,开局抽厘的前两天,在清廷中央高层的干预下,鸦片厘捐一事,胎死腹中。

经此折腾,不少人还是认为上海方面已经开征鸦片税厘。在江苏帮办军务的彭玉雯奏称,上海的鸦片烟厘若认真办理每年可得百数十万税金。但上海方面因"恐碍羡余,并不悉心经理",因此奏请朝廷"特派大员督同关道经理"。⑩ 在此情况下,两江总督怡良等不得不上奏否认在上海抽取鸦片烟厘,其称此举"不独显违谕旨,且以夷人屡求不准之事一旦作此掩耳盗铃之举,即

---

① 《文宗实录》卷二〇二,《清实录》(第四三册),中华书局1987年版,第194页。
② 太平天国历史博物馆编:《吴煦档案选编》(第六辑),江苏人民出版社1983年版,第189页。
③ 太平天国历史博物馆编:《吴煦档案选编》(第四辑),江苏人民出版社1983年版,第117页。
④ 太平天国历史博物馆编:《吴煦档案选编》(第六辑),江苏人民出版社1983年版,第194页。
⑤ 太平天国历史博物馆编:《吴煦档案选编》(第六辑),江苏人民出版社1983年版,第238页。
⑥ 太平天国历史博物馆编:《吴煦档案选编》(第六辑),江苏人民出版社1983年版,第216页。
⑦ 太平天国历史博物馆编:《吴煦档案选编》(第六辑),江苏人民出版社1983年版,第254页。
⑧ 钱实甫编:《清代职官年表》(第二册),中华书局1980年版,第1699页。
⑨ 钱实甫编:《清代职官年表》(第一册),中华书局1980年版,第105页。
⑩ [清]彭玉雯:《奏为敬陈管见以济军储事》(咸丰六年十一月二十七日),中国第一历史档案馆藏军机处全宗(录副奏折),档号:03-4279-061。

使每年可得百万,尚不可行,况处处受人挟制,徒饱言利者之欲壑,归公者不过十之一二,有损国体,无裨军饷"。咸丰的朱批是:"若明给执照抽收烟厘,必致处处受人挟制,担虚名受实害,甚非计之得也。"①咸丰六年(1856年),上海方面对鸦片抽收厘捐之事,几经周折,但未获成功。

3. 地方军政当局的突破

最先取得突破的是江南大营。咸丰六年(1856年)底,因兵勇饷银奇缺,钦差大臣和春两次参劾江苏督抚等在军饷协济方面不积极,并直接派人往苏松劝捐济急。② 在捐项中,鸦片烟亦列在其中,称为"义捐"。当时议定每箱捐豆规银10两,又以建造会馆为名,另收局费2两(不入捐票)。报捐者给以奖励。自咸丰七年二月开局,至闰五月结束,共捐得豆规银134990两。③ 没有证据表明,咸丰是否清楚苏松捐项中包含鸦片捐。而咸丰在和春与江苏督抚的矛盾中,持有的却是为江苏开脱的态度,且其认为和春派员前往苏松劝捐的行为并不合适,因为这是江苏督抚的职责。故咸丰令"所有和春前派各员,即著毋庸前往"。④

咸丰七年(1857年)四月,何桂清任两江总督。⑤ 其开始致力于整顿财务的工作,令王有龄"将丝茶沙船等捐及洋货义捐逐一清理"。⑥ 清理的结果则是,吴煦等人"传集广潮各商董,晓以大义,喻以利害",将原和春劝捐的每箱豆规银10两改为库平银20两,局费2两照旧,称为"广潮义捐"。因属于捐输性质,何桂清奏请对经营鸦片的华商照海疆例给予议叙。⑦ 咸丰对所谓"广潮义捐"即"鸦片义捐"的事实,似乎并不完全知情。因此,以往学者认为咸丰对地方抽收鸦片厘捐的行为给以默认的说法并不确切。但既然上海对鸦片烟进行劝捐,其方法必然会影响到其他通商口岸。

---

① 《两江总督怡良等奏未在上海抽取鸦片烟厘缘由折》(咸丰六年十二月二十七日),《中国近代史资料丛刊·第二次鸦片战争(三)》,上海人民出版社1978年版,第99—100页。
② 《文宗实录》卷二二二,《清实录》(第四三册),中华书局1987年版,第468—469页。
③ 太平天国历史博物馆编:《吴煦档案选编》(第六辑),江苏人民出版社1983年版,第215页、240页、287页。
④ 《文宗实录》卷二二二,《清实录》(第四三册),中华书局1987年版,第469页。
⑤ 钱实甫编:《清代职官年表》(第二册),中华书局1980年版,第1473页。
⑥ 太平天国历史博物馆编:《吴煦档案选编》(第六辑),江苏人民出版社1983年版,第222页。
⑦ 太平天国历史博物馆编:《吴煦档案选编》(第六辑),江苏人民出版社1983年版,第238—239页;于恩德:《中国禁烟法令变迁史》,河南人民出版社2016年版,第90页。

福建因林俊起义及太平军入闽,军饷告急。咸丰七年(1857年)春,福州知府叶永元在南台中洲设厘金总局,开征洋药厘金,每箱装烟土40颗,抽银元40。零碎烟土,每10斤抽银4元。均由总局发给照引为凭,准其随处营销。叶永元于该年九月以"擅开烟禁,抽取厘金"被参,并谓"所抽厘金大半官役分肥,充饷者不及十分之一"。清廷却认为洋药抽厘"因防剿需费,姑为一时权宜之计",但"不应张贴告示,骇人听闻,且妄称奏明,更属荒谬",要求闽督王懿德、巡抚庆端查明参处。① 由此可见清廷对洋药抽厘之态度。十二月,王懿德径直以"军糈支绌,暂济眉急起见"复奏,并称"倘实可以接济饷需、办理亦无窒碍,即将抽厘章程并每年约可收银若干,另行详晰奏办"。② 虽然目前未看到咸丰有同意此举的批示,但在咸丰八年(1858年)二三月间,福州和厦门亦开始对鸦片实行劝捐,每箱48银元。至夏间,浙海关又以对"税则未列举的外国产品"征税为名,设卡征收所谓的洋药税。③ 具体做法是由宁波本地窑户与洋商议定每箱鸦片的价值后,"赴官包缴每月厘金"。此外,江西之河口,安徽之屯溪,皆对洋药抽厘,并成为地方厘金之大宗。④ 如果说"广潮义捐"是借捐行厘的话,那么福建和浙江的做法则是名符其实的洋药税厘。

　　地方官员为解决急需的军政费用,率先冲破了禁令。而清廷中央对于地方大员的劝捐行为是认可的,但是否明白捐项中包含鸦片捐则很难说。这种鸦片义捐是极为怪异的。一方面,鸦片禁令并未废除,从事鸦片贸易者应受到法律的严厉处罚;另一方面,地方军政却从违禁品的交易中获得巨额的稳定收入,且从事违禁贸易的商人们因这项贸易有功于国家而受到体制内的褒奖。

4. 谈判再启与《通商章程善后条款》之相关规定

　　咸丰八年(1858年)五月,《天津条约》签订。此后,中外关于关税税则的谈判点转移到上海。清政府派出钦差大臣桂良、礼部尚书花沙纳会同两江总

---

① 《文宗实录》卷二三六,《清实录》(第四三册),中华书局1987年版,第670页。
② [清]王懿德:《奏请准许福建省抽取洋药厘捐事》(咸丰七年十二月初十日),中国第一历史档案馆藏军机处全宗(录副奏折),档号:03-4292-019。
③ [英]莱特:《中国关税沿革史》,姚曾廙译,生活·读书·新知三联书店1958年版,第59—60页。
④ [清]夏燮:《中西纪事》卷四四,同治七年(1868年)刻本,第11页。

督何桂清等与英美法三国代表额尔金、列威廉、葛罗等进行谈判。何桂清希望借机使上海的鸦片抽捐行为"名实相符",并将鸦片利益以合法的形式确立下来。值得注意的是,上海谈判的重点是关税税则,但咸丰帝对《天津条约》中的外使驻京、内地游历、长江各口通商、赔偿兵费后始退还广州城四项耿耿于怀,希望借助上海谈判之机,废除上述四项内容,甚至不惜以免除全部关税为代价。咸丰此举与清廷所面临的战争及财政之危局严重不符。而且,若关税全免,自然也不可能对进口鸦片征税了。

咸丰的建议遭到两江总督何桂清、钦差大臣桂良等谈判代表的软抵抗。八月二十一日,何桂清上奏:"今事已如此,惟有就会议税则,为补偏救弊之计,似未可顿改前约,以致借口失信,另起波澜。臣维征收关税,谓之稽征者,稽查其出入之货,是否违禁而征收其税也。若不征其出入口货税,则无所稽考,竟可任听该夷将我内地货物,即在内地贸迁,胥天下之利柄,尽归于该夷,而我民穷财尽矣。……臣愚以为利柄必应收回,税则不可轻免者在此也。"①在该折的附片中,何桂清还提醒咸丰:"否则转以钦差大臣所定条约,既不足凭,更坚其请觐之念,另起衅端,所关实非浅鲜。"同时何还借机提出弛禁鸦片烟的请求:"鸦片烟我虽有禁,彼则仍然贩运,今欲改其名而弛其禁,则内地匪徒不至于聚众护送,酿成巨患,其利系在我,于夷酋夷商均无出入。"②

由于咸丰对地方官员抽收鸦片捐的做法已经默许,事实上此时的他对于鸦片问题根本也不关心,故对何桂清弛禁鸦片烟的建议并未表示意见。咸丰此时关注的重点是以关税全免换取公使驻京等四项条款的废除。故八月二十三日,其给桂良等人的谕令是:"此时须将全免税课一层,明白宣示,使知中国待以宽大之恩,此后该夷获利无穷,无须再赴天津申诉冤抑,所许各项,自可全行罢议,此为一劳永逸之计。"③而二十九日对何桂清奏请的答复则是:"全免课税一节……仍遵原议办理……谅该大臣等接奉后必能遵照办理,不至固执己见……该督身任地方,为国家惜此帑金,是以不肯遽免夷税。然所

---

① 《两江总督何桂清奏钦差大臣桂良等行过常州会同筹议税则情形折》(咸丰八年八月二十一日),《中国近代史资料丛刊·第二次鸦片战争(三)》,上海人民出版社1978年版,第520—521页。
② [清]文庆等纂辑:《筹办夷务始末》第四册《咸丰卷三十一》,上海古籍出版社2008年版,第199页。
③ 《军机大臣寄钦差大臣桂良等此次前赴上海应照原定办法妥办上谕》(咸丰八年八月二十三日),《中国近代史资料丛刊·第二次鸦片战争(三)》,上海人民出版社1978年版,第523页。

求究为目前起见,并非一劳永逸之计策……前寄谕旨及朱批,已极详尽,无可再谕。何桂清受朕厚恩,断不至别有他意,特恐属员虑及免税后,无可沾润,因而设词淆惑,亦事所必有,该督当力持定见,勿恤人言。"①显然,咸丰认为关税与地方官员的利益相关,让何桂清不要听信属员的淆惑。

九月三日,何桂清再次上折,否定英国犯兵是为了关税。其指出五口通商以来,"已无洋行把持垄断之弊",夷人应完税课"亦无冒收中饱之弊"。而"所以复行称兵犯顺者,实系夷酋虚憍之气,为不得进广东省城与钦差大臣会晤起见"。至于"其欲更改税则章程者,因今昔物价不同也"。因此,即使"免其进出口货税,则利归于夷商所有",夷人"以为此系大皇帝于《天津条约》之外,特沛恩纶于夷商,而夷酋之所仰望者更奢,不独所许各项,不能全行罢议,且将并一二事,而不能消弭,从此借口要求,转生枝节"。在该折中,何桂清再次强调了"鸦片烟之弛禁与否,利害全在于我,于夷酋夷商皆无出入"的观点;并向皇帝表明了目前的财政困局:"自用兵以来,八旗绿营官兵俸饷甲米等项,发不以时,亦不足数,穷困已极。"

对于何桂清的坚持,咸丰显然已经逐渐失去耐心,其对该折的朱批为:"历次寄谕朱批,已剀切详明,勿庸再谕。"②而就在同日,桂良又在一份奏折中转述了江苏按察使薛焕的言论:"夷情诡谲,未可轻议条约,即将课税全免,不过夷商感恩,欲其罢弃全约,势必不行。"咸丰对桂良、何桂清等大员尚留有情面,对刚刚升迁按察使的薛焕则借机发泄自己的愤怒。其在桂良奏折的相应位置朱批:"未见该夷,何以知其势必不行,薛焕真贼之行径也。"③用语已经极不客气。

虽然咸丰的态度明确,但桂良、何桂清等人知道要推翻《天津条约》已经议定的条款是不可能之事,他们甚至不准备向三国提出此事,认为谈判的第一要事是"于税务中将赔偿一款,言明按年摊扣归还,以便令其交还广东省城,暂顾目前大局,其余各事只可从缓想法";并希望皇帝体谅谈判之困难:

---

① 《军机大臣寄两江总督何桂清止能五口通商其他一切干求悉归罢议上谕》(咸丰八年八月二十九日),《中国近代史资料丛刊·第二次鸦片战争(三)》,上海人民出版社1978年版,第525页。
② 《两江总督何桂清奏英情诡谲奢望不已应先清源杜渐办理方有把握折》(咸丰八年九月初三日),《中国近代史资料丛刊·第二次鸦片战争(三)》,上海人民出版社1978年版,第532—534页。
③ 《钦差大臣桂良等奏抵上海会商办理税则情形折》(咸丰八年九月初三日),《中国近代史资料丛刊·第二次鸦片战争(三)》,上海人民出版社1978年版,第528页。

"臣等非敢固执偏见,若稍可迁就,断无不遵照原定章程妥办之理。"①此后桂良、何桂清等又上"免税有十可虑折",指出免税的十个隐患,其中"可虑者十"即与鸦片烟相关:"既免夷税之后,而中国又收烟税,恐夷人谓我因有烟税之利,而始免其纳税,转致得所借口。"②

除了桂良、何桂清等人的抵制外,英国方面自然也是坚决拒绝的。正式谈判之前,何桂清派出薛焕、吴煦、王有龄等人与英方先行接触,并试探是否有可能改变《天津条约》中议定的诸如公使驻京之内的条款。而英方明确表示:"条约以外之事,均可商量,条约既定之说,万不能动。"③在此情形下,咸丰的态度亦开始转变,认同了谈判以税则问题为中心展开。如此,则鸦片贸易合法化的步伐加快了。鸦片进口税的征收是整个税则谈判的一个环节,但又与其他进口商品的税率不同。薛焕曾提出"洋药一项另立专条,不能照各货值百征五计算,应改为值百抽十。嗣后修改税则,均照此办理"。④ 按当时之鸦片价格,每百斤鸦片当征税40两。经过谈判,双方议定的税额为30两,约值百抽七八。咸丰八年(1858年)十月,桂良、花沙纳、何桂清等分别与英美法三国签订了《通商章程善后条约》,作为《天津条约》的补充条款。其中第五款规定:"向来洋药……,例皆不准通商。现定稍宽其禁,听商遵行纳税贸易。洋药准其进口,议定每百斤纳税银三十两,惟该商止准在口销卖,一经离口,即属中国货物,只准华商运入内地,外国商人不得护送。即《天津条约》第九条所载英民持照前往内地通商,并二十八条所载内地关税之例,与洋药无涉。其如何征税,听凭中国办理,嗣后遇修改税则,仍不得按照别定货税。"⑤

至此,英国政府长期为之努力的鸦片贸易合法化的诉求终于得以实现。此后,鸦片再次作为合法商品于中国海关纳税进口。以此为标志,中国亦开始进入鸦片之弛禁时代。值得注意的是,美国方面曾表示愿设法助中国禁

---

① 《钦差大臣桂良等奏洋务办理棘手及现在情形折》(咸丰八年九月初六日),《中国近代史资料丛刊·第二次鸦片战争(三)》,上海人民出版社1978年版,第535页。
② 《钦差大臣桂良等奏陈免税有十可虑折》(咸丰八年九月十一日),《中国近代史资料丛刊·第二次鸦片战争(三)》,上海人民出版社1978年版,第541—543页。
③ 《钦差大臣桂良等奏连日与英会议税则情形折》(咸丰八年九月二十日),《中国近代史资料丛刊·第二次鸦片战争(三)》,上海人民出版社1978年版,第547页。
④ 太平天国历史博物馆编:《吴煦档案选编》(第四辑),江苏人民出版社1983年版,第427页。
⑤ 《咸丰条约》第5卷,《近代中国史料丛刊续编》第八辑,(台湾)文海出版社1974年版,第36页。

烟,但中国方面表示"鸦片为中国例所当禁,仍有地方官办理"。故中美条约中亦将《望厦条约》中禁止鸦片贸易的条款取消。① 以此而言,鸦片贸易合法化不仅是英国当局胁迫的结果,也是清政府在巨大的财政压力下作出的一种无可奈何的选择。

第二节　税厘并征体制的形成

一、税厘分征体制下中央与地方之关系

根据《通商章程善后条约》所附《海关税则》,税厘分征是基本原则。② 即鸦片在通商口岸海关和内地常关纳税,在地方厘金局所设厘卡纳厘金。根据条约规定,洋药一经入内地,则何处征常关税,何处纳厘金,税厘多少,均与外商无关。

1. 税收的缴纳及报解

当时清政府讨论的结果是,将通商口岸每百斤征收 30 两的办法,推广到所有船只能到达的内地常关。而崇文门及各省由旱路转达者,则每百斤纳税 20 两,减 10 两作为脚费。③ 可见,鸦片实际所交纳的税与其销售地区及运销路线是相关的。以 100 斤鸦片为例,其税收情形有四种:若鸦片从通商口岸进口后直接到达吸食者手中,则所纳仅海关税为 30 两;若鸦片从通商口岸进口后,经水路到达内河常关,则实际征收的海关税加常关税为 60 两;若鸦片从通商口岸进口后,经旱路到达内陆常关,则实际要征收海关税加常关税为 50 两;若鸦片从通商口岸进口后,经水路到内河常关,再经旱路到内陆常关,则征收的海关税加常关税为 80 两。

由于鸦片在税收上如此有利可图,清廷中央对此十分重视,规定了与其他税收不同的专款报解制度。鸦片在通商口岸的纳税程序是:外商赴洋关报税,经税务司掣发货物验单后,径向海关监督管理下的海关银号缴纳税款,每

---

① 于恩德:《中国禁烟法令变迁史》,河南人民出版社 2016 年版,第 91 页。
② 王铁崖编:《中外旧约章汇编》(第一册),生活·读书·新知三联书店 1957 年版,第 117 页。
③ 于恩德:《中国禁烟法令变迁史》,河南人民出版社 2016 年版,第 92 页。

百斤征银30两,由银号收纳发给号收,洋关凭号收获准货物通关放行。税务司虽然不经管现金,对银号无从干涉,但手中留存的号收构成税收凭据,从而对税款拥有监督之权。洋药税银仍由海关监督报解,但必须另为一款,一月造报一次,每届三个月委解进京,不准截留抵拨。① 而对常关鸦片税的规定是:"各省关口,于所征此项税课,不必归入各关税额报部,而自接到部文之日为始,每三个月报部解库,各省不准留用。"② 显然,在制度上,鸦片税收全部归于中央政府,地方军政不得分润毫厘。海关有完全独立的解拨系统,在制度上地方官难以截留任何款项。常关税收由监督与地方官共同征收,地方官似乎有上下其手的机会,但程度有限。

2. 厘金的征收与报解

鸦片贸易的合法化是在江、浙、闽等地方大员的推动下得以实现的,他们的目的自然是通过对鸦片征收厘金的方式解决地方的军政费用紧张的问题。进口鸦片的厘金是由地方军政当局所设立的洋药厘捐局征收的。清廷对此仍希望能够有所控制或规范。咸丰九年(1859年)三月规定:"拟请军务各省份,所收洋药厘捐,准其留支军饷,仍按三个月造具细册,报部查核。其无军务省份,所收洋药厘捐,照前奏关税章程,按三个月一面造册报部,一面起解交库,不准留支别项支用,至滋牵混。"③ 咸丰十一年(1861年),户部颁布厘金章程,强调洋药厘捐"不准与货物牵混",要求各省督抚转饬各局局员"各收各厘,分别造册报部"④,即:对于有军务的省份,清廷希望厘捐要规范,并要清楚掌握厘金的数量及使用情况,不得作为军务之外开支;而没有军务的省份,所有厘捐亦要接拨中央。

3. 中央与地方的博弈

厘捐完全由地方政府控制,清廷缺乏相应的监督机制,战争期间又多有变通,因此有军务地区的报册有名无实,无军务地区亦上下其手,将厘捐挪作他用。各地区大员惯常使用的伎俩一是混淆洋药的常关税与厘捐,一是将洋

---

① 太平天国历史博物馆编:《吴煦档案选编》(第六辑),江苏人民出版社1983年版,第23页。
② 于恩德:《中国禁烟法令变迁史》,河南人民出版社2016年版,第92页。
③ 《惠亲王绵愉等奏酌拟抽收洋药厘捐征解办法折》,《中国近代史资料丛刊·第二次鸦片战争(四)》,上海人民出版社1978年版,第54页。
④ 罗玉东:《中国厘金史》,商务印书馆2010年版,第35页。

药与国产土药相混淆。因土药当时尚未成为一个独立的税种,列入百货之中,税率较低。如云贵总督张亮基曾称"滇省向无洋药",既无洋药,也就无洋药税可言。那么云南就只剩下土药的税厘了。厘金归地方,土药税归中央(税率低)。而清廷随即命令该地将所产土药与洋药分别征收税厘,不得以洋药混土药。① 可见,云南地区事实上也是有洋药进入的,而张亮基试图将洋药作为土药办理,自然侵夺了清廷中央的利益,对此清廷亦是心知肚明的。

更有甚者,地方当局还想直接染指洋药的进口税收。咸丰九年(1859年),闽浙总督王懿德提出"将洋药进口征收税银,仍归地方官委员征解",理论上,这个建议并不侵害中央的税利,但由地方官办理的结果,清廷是十分清楚的,王的建议自然遭到清廷的批驳。② 此外,鸦片的税与厘在一定程度上是一个此消彼长的关系,若关税过重,则会产生走私及偷漏,进一步影响地方厘金的征收。故对地方而言,对于不能沾染的洋药进口税希望少一点,这样较易征收到较多的厘金。咸丰九年(1859年)二月,钦差大臣桂良即奏称:"每百斤征银三十两,按关收税,凡贩运此货者,皆知税课较重,难保无绕越偷漏之弊,且向有地方土匪三五成群,包揽护送。今此项人等,无利可图,仍恐代为想法漏税,希图渔利,甚有不肖官吏,欲饱私囊,从中徇庇,亟应密为访察,以清弊窦。"③三月,两江总督何桂清联合各关监督上奏指出"税多则货贵,从此销路壅滞,漏卮可塞",并称"兴贩洋药,类多闽、粤犷悍之徒,各小口盘诘太严,则商贩恃众滋事,稽查偶懈,则兵役得贿纵行",请求朝廷"酌减征税之处"。④ 因洋药关税暂未开征,何桂清又奏请"洋药厘捐,酌量加增"。⑤ 咸丰对何桂清联衔关督奏请的行为极为愤怒,直斥何桂清等:"欲据向来私利,不肯吐出,昧良何若是之甚耶?"而遵旨议复何桂清奏折的惠亲王绵愉等认为"各关私征洋药税银,由来已久,一旦和盘托出,饬令据实征解,无可掩藏。该

---

① 赵尔巽等:《清史稿》(第十三册)卷一百二十五,中华书局1977年版,第3700页。
② 刘锦藻:《清朝续文献通考》卷五十一《征榷二十三》,商务印书馆1936年版,第8058页。
③ 《钦差大臣桂良等复奏洋药弊端折》,《中国近代史资料丛刊·第二次鸦片战争(四)》,上海人民出版社1978年版,第35—36页。
④ [清]何桂清:《奏为洋药关税过重请酌量减轻事》(咸丰九年三月十七日),中国第一历史档案馆藏军机处全宗(录副奏折),档号:03-4398-007。
⑤ [清]何桂清:《奏为洋药加增厘捐分别完饷解京请一律请奖事》(咸丰九年三月二十四日),中国第一历史档案馆藏军机处全宗(录副奏折),档号:03-4354-026。

督抚及该监督等联衔反复陈辩,无非曲护己私,多方隐饰"。此外,洋药征收厘捐,本与洋商之税无涉,毋庸再加且"不得以洋税抵作厘捐,以杜牵混"。①

既然清廷不能同意减少洋药的进口税而增加厘金,有些地方甚至鼓励洋药进口后绕开海关,直接交纳厘金后进口运销内地。根据咸丰十一年(1861年),总税务司赫德的奏报:"广东省城设有洋药抽厘总局,立于河南,有分局一处,此局抽厘,计银每箱五十两。即如有洋药在关上完纳正税三十两之后,即由分局有役往该货主,令其多纳五十两。但该局另有章程一条,如有人先到该局输纳抽银五十两,即无庸在关上完纳正税,并保其关上如将该货查拿充公,即由该局赔补。此事自系私行,从何而知?因十年下半年有海关拿获洋药三四箱充公,该货主未至海关求还,倒抵厘局,而该局即照所保,发给赔补之银二千余两。查粤海关征洋药税饷,本来有许多难处,又加以地方官如此办理,不但于所应行之事不相符,而另于国课并地方情形有碍。"②赫德所述之情形在其他地区的海关亦多有发生。显然,鸦片贸易合法化的初期,因税厘分征的制度,使得中央与地方在鸦片利益上产生了激烈的博弈。

鉴于地方军事的需要,清廷在本该完全拨付中央的洋药税方面亦作出了部分变通。如其曾规定内地常关征收的 30 两税银中的 20 两解赴江苏以应军需,10 两照章解京。③ 不清楚这一制度执行如何,即 10 两银子解京是否能正常进行。但咸丰十年(1860 年)十月,有资料显示江海关尚有 20 万两的洋药税银没有解到。而江苏巡抚薛焕以地方财政紧张为由,请"将江海关所征新增洋药税银,暂行留充上海防剿饷需,仍按季截数报部,核作收放,一俟军务稍定,即当尽数解京"④。虽然户部认为无从改拨,应不准行⑤,但此事显示出在战争时期,地方督抚对海关税收的影响力。如此亦可见,内地常关所规定的 10 两银子解京,估计执行情况亦不乐观。

---

① 《惠亲王绵愉等议复何桂清奏请减轻洋药关税一事折》(咸丰九年四月初五日)、《惠亲王绵愉等奏议复何桂清奏请增洋药厘捐一事片》(咸丰九年四月初五日),《中国近代史资料丛刊·第二次鸦片战争(四)》,上海人民出版社 1978 年版,第 58—61 页。
② 《总理各国事务恭亲王奕䜣等奏筹办赫德所递通商章程片》(咸丰十一年五月二十七日),《附抄录总税务司禀呈清单等件》(六、洋药),《中国史近代史资料丛刊·第二次鸦片战争(五)》,上海人民出版社 1978 年版,第 513 页。
③ 太平天国历史博物馆编:《吴煦档案选编》(第六辑),江苏人民出版社 1983 年版,第 285 页。
④ 太平天国历史博物馆编:《吴煦档案选编》(第六辑),江苏人民出版社 1983 年版,第 50 页。
⑤ 太平天国历史博物馆编:《吴煦档案选编》(第六辑),江苏人民出版社 1983 年版,第 55 页。

二、税厘并征：《烟台条约》及《烟台条约续增专条》

1. 税厘并征的提出

《通商章程善后条约》签订后，对于外商而言，虽然鸦片可以作为合法商品纳税进口，但鸦片要完全行销内地仍有两方面的障碍。一是外商只得将鸦片运入通商口岸，从通商口岸进入内地则是华商的特权。也就是说，外商不能分润内地鸦片贸易的利益。二是鸦片除了在通商口岸由海关按每百斤征收税银 30 两外，进入内地后，所征税厘完全由中国自主决定。对于第一条，并不是英国方面关注的重点。因为在《天津条约》签订后，外商可以将鸦片运入广州、福州、厦门、宁波、上海、营口、烟台、台南、淡水、汕头、琼州、汉口、九江、南京、镇江等 15 个通商口岸。这些城市已经覆盖了整个中国的东南地区，并延伸至中南地区的长江流域，而且随着外国侵略势力的扩大，中国开放的通商口岸越来越多。故这一限制，并无太大的实际意义。而关于第二点，即鸦片在内地的征税权问题，则始终是中英双方激烈争论的焦点。显然，清政府对行销内地的鸦片抽收税厘会影响到鸦片贸易的规模，进而有损英国商人的鸦片利益。因此，英方反对征收厘金，并最终由总税务司赫德提出了税厘并征的方案。

关于各地的洋药进口税的征收时间问题，以往的研究认为江海关、闽海关始于咸丰十一年（1861 年），粤海关始于同治元年（1862 年）。[①] 但在咸丰八年（1858 年）就签订了协约，清廷方面需财孔亟，似乎没有理由直到三四年后才开始征税。而从前述咸丰十年（1860 年）江海关尚有 20 万两洋药税没有解京和十一年（1861 年）广东地方当局鼓励洋药绕开粤海关直接抽厘金的事实可见，各海关征收洋药进口税的时间要早于此。

设于上海的江海关在第二次鸦片战争后，其贸易地位完全超过了广州，其鸦片进口亦是全国最多的地区。因此，对于上海进口鸦片的厘金问题，英国方面是最为关注的。上海方面对于进口鸦片除了按条约规定每百斤鸦片征收进口税银 30 两外，对华商另征税厘 50 两。于是，英国驻上海领事密迪乐出来阻挠，表示"洋商已完上海进口税，断不能重收税捐"，不准华商完缴税

---

① 蒋秋明、朱庆葆：《中国禁毒历程》，天津教育出版社 1996 年版，第 92 页。

厘。当时署江海关道吴煦以"捐款乃华商报效军需,非本额税可比。以俟军务平定,即需停止"回复,但密迪乐对此仍质疑,以致上海从事鸦片进口贸易的华商互相观望,增加了地方征收税厘的困难。① 需要说明的是,对华商征收的50两,在税收结构上并非都是厘金。其中30两是华商将鸦片运输出口的税收,20两是厘捐。② 据学者倪玉平的研究,上海有江海关和江海洋关之分。③ 笔者判断,江海洋关征收外商的进口税,而江海关向华商征收进口货物往内地的转运税,即所谓的出口税。因此,上述30两的出口税当是常关税。

无论如何计算,鸦片在通商口岸上海本地的税厘已经大大超过了进口正税,而且这些鸦片进入内地后还有数量不等的常关税和厘金。因此,英国驻华使馆参赞威妥玛亦称:"上海设局抽厘,征进口税银三十两外。又另征银五十两,与条约明文相谬,大为商民不便。"④并说:"药税多方扰累,只因江南官项,短绌已甚,竭力筹措……殊不知洋药与各货总同一理,征税太多,必致走私。倘仍持前办,其势必使商民裹足,数月之后一箱不至沪上,必如道光年间旧事,沿河分途私售。"恭亲王奕䜣等人将其事奏陈朝廷时指出:"该领事密迪乐有心阻挠,臣等揣量其情,一则洋药税征收过重,恐内地土药畅行,洋药贸易不畅,一则中国奸商勾串该领事,冀于新章开办之时,借端轻减。"威妥玛认为华商征税过重,其意也在于"避多就少,以为畅行洋药地步"。⑤ 易言之,英方反对征税过重,出发点在于税厘过重,影响鸦片向内地行销,因而要限制中国对洋烟进入内地的征税权。而清政府的用意,除了征收更多税款纾解财政困窘,也隐寓着以重税阻止洋烟长驱内地的目的,因此,坚持征税权力必须由中国自主决定。对于密迪乐、威妥玛的要求,清政府当即予以反驳:"洋药进

---

① [清]文庆等纂辑:《筹办夷务始末》第五册《咸丰卷七十三》,上海古籍出版社2008年版,第344页。
② 《总理各国事务恭亲王奕䜣等复奏威妥玛递禀关于抽收洋药税及华洋商人债务等折》(咸丰十一年正月初八日),《中国近代史资料丛刊·第二次鸦片战争(五)》,上海人民出版社1978年版,第377页。
③ 倪玉平:《清朝嘉道财政与社会》,商务印书馆2013年版,第120页。
④ [清]夏燮:《中西纪事》卷十八,见沈云龙主编:《近代中国史料丛刊》第十一辑,(台湾)文海出版社1966年版。
⑤ 《总理各国事务恭亲王奕䜣等复奏威妥玛递禀关于抽收洋药税及华洋商人债务等折》(咸丰十一年正月初八日),《中国近代史资料丛刊·第二次鸦片战争(五)》,上海人民出版社1978年版,第376—380页。

口每百斤征洋税三十两,售与内地商人,征华税三十两,厘税二十两,是征之洋商者仅有三十两,其余五十两皆征之华商,与洋商无涉。"①在清政府的反驳下,密迪乐和威妥玛无言可辩。

不久,总税务司赫德又插手其事,向清廷总理衙门呈递了一份清单,并指出:每年洋烟运抵中国约有7万箱,由于税厘太重,造成私自偷漏,因而实际纳税的只有6万箱。这个事实足以说明税率越高,走私偷漏愈甚。为了杜绝偷漏,赫德提出两种新的征税办法:一是进口时一次征税每箱60两,完税后运往各地不再另征。二是进口时征收洋税30两,再征华税15两,完税后准在通商之本府所属境内不再重征,出本府之境,凭地方官随时设法办理。赫德所提办法,实质上也是降低税率,按其说法,"若药税稍减,则征药之税虽轻,而纳税之药必巨"。②清政府虽然认为赫德所说有其道理,但并未实际采行其建议,洋烟进入内地的自主征税权得到了维护。

2.《烟台条约》的相关规定

咸丰八年(1858年)签订的中英《天津条约》第27款规定:"新定税则并通商各款,日后彼此两国再欲重修,以十年为限。期满须于六个月之前先行知照,酌量更改。"③至19世纪60年代,双方均有修约的需求。英国希望进一步扩大商业利益,而中国在外交上亦渐趋成熟,意识到以往外交的失败,希望通过修约逐步挽回利权。但双方修约的谈判几经周折,并不顺利,直至同治八年(1869年)九月才草签《中英新定条约》,其第12款规定:"英国允加征进口洋药税银。"④而与此同时签订的《新修税则》则明确洋药"进口税每百斤该征税银五十两"⑤。就单纯的这个税则而言,对中国是有利的,因为在不涉及厘金的情况下,进口税银提高了。但英国鸦片商人和英属印度政府强烈反对。关于其他的商业条款,诸多英商亦不满意,认为中国政府让步少而要求

---

① [清]李圭:《鸦片事略》,《中国近代史资料丛刊·鸦片战争(六)》,神州国光社1954年版,第221页。
② 《总理各国事务恭亲王奕䜣等奏筹办赫德所递通商章程片》(咸丰十一年五月二十七日),《中国近代史资料丛刊·第二次鸦片战争(五)》,上海人民出版社1978年版,第496页。
③ 《咸丰条约》(第5卷),《近代中国史料丛刊续编》第八辑,(台湾)文海出版社1974年版,第12页。
④ 王铁崖编:《中外旧约章汇编》(第一册),生活·读书·新知三联书店1957年版,第309页。
⑤ 王铁崖编:《中外旧约章汇编》(第一册),生活·读书·新知三联书店1957年版,第313页。

多,还不如咸丰八年(1858年)的《天津条约》。因此,《中英新定条约》遭到英国政府的否决。这种状况,意味着税厘并征问题仍然未获根本解决。因为清政府不仅有洋烟进入内地的征税自主权,而且鸦片的进口税由海关征收,内地税由常关征收,鸦片进口完纳进口税后,进入内地便须逢关纳税,遇卡抽厘,实际上仍难以畅行内地。

光绪二年(1876年),马嘉理事件发生,居间调停的赫德再次对鸦片税厘并征问题提出建议。其要点是,鸦片运抵通商口岸后向海关完纳每担120两的进口税,尔后在口岸30里的范围内概免重征。运出30里之外,则视为中国商品,不论何时、何地、在何人手中,均应缴纳一切内地税厘。① 这一方案与1861年赫德提出的方案相似,但税额大大提高。随后签订的中英《烟台条约》的第三款"洋药"规定:"英商于贩运洋药入口时,由新关派人稽查,封存栈房或船,俟售卖时洋商照则完税,并令买客一并在新关输纳厘税,以免偷漏,其应抽收厘税若干,由各省察勘情形酌办。"②这一规定似乎体现了赫德方案的精神,即所谓的税厘并征,将鸦片征收的内地税厘均改在口岸向海关一次性完纳。

虽然清廷很快便批准该条约,但其实总理衙门对此规定并不太满意。究其原因是,对于清朝的中央政府而言,在涉及鸦片厘金的谈判中的诉求有两个:一是尽量提高厘金,增加中国方面的收入;二是尽可能地使得厘金的征收可控、规范。因而总理衙门最初的想法是鸦片厘金统一税厘并与关税一同在海关征收,这样原本由地方军政所操办的厘金就完全收归中央了。但在条约中并未能实现总理衙门的这一意图。只能说新的条约规定中,厘金的缴纳更加规范和制度化了。但英国当局认为关于洋药的条款既未确定税厘数目,又未明文规定海关一次征收税厘后,输往内地不再重征,于英国不利,因而迟迟不予批准。此间,中英双方,主要是英驻华公使威妥玛与恭亲王奕䜣之间就此问题多次进行信函会商,但因目标差异过大,始终未能达成协议。而威妥玛以及英国政府在此事上亦陷入被动,中国驻英公使郭嵩焘在海外宣传中国政府已经开放了《烟台条约》中所规定开放的口岸,但英国政府不履行义务,迟迟不批准条约。英国政府在议会内亦受到质疑,威妥玛多次要求政府公开

---

① 戴一峰:《晚清中央与地方财政关系:以近代海关为中心》,《中国经济史研究》2000年第4期。
② 王铁涯编:《中外旧约章汇编》第一册,生活·读书·新知三联书店1957年版,第349页。

说明不批准条约的原因。他个人对恭亲王奕䜣的解释是,他本人并未意识到这个条约必须要由女王陛下正式批准,因为此前恭亲王与额尔金签订的诸多法律文件,女王并未正式批准,但也照样执行了。①

3.《烟台条约续增专条》的相关规定

在中英交涉期间,清廷内部又出现了关于增加洋药税厘的诸多方案。先是光绪五年(1879年)九月,翰林院侍读王先谦奏请加倍抽收洋药税厘。② 此后,左宗棠因在甘肃推行烟禁无效,转而改行"寓禁于征"的政策,其于光绪七年(1881年)入值军机,向朝廷上《奏为严禁吸食鸦片请先增洋药土烟税捐事》,左宗棠指出,"详察事宜,断非加洋药土烟税捐不可。税捐加则洋药土烟之价必贵,价贵则瘾轻者必戒,瘾重者必减,由减以至断瘾尚有可期",尤其对于进口洋烟,如果"加数甚微,不但瘾无由戒,适足为兴贩洋药者广其销路"。因此他提议将洋药税厘加至每百斤征银150两,土烟税厘照洋烟推算征收。③ 左宗棠寓禁于征的主张受到朝廷的重视,朝廷要求南北洋大臣、各省督抚及海关官员就左宗棠的建议,悉心妥议稽查章程,并表示"此事务在必行,该大臣等当熟筹办法,期于大局有裨"。④ 当时朝野舆论普遍支持弛禁国内鸦片,因此,左宗棠关于洋土药一体收税的建议获得赞同。但是将洋药税厘增加到150两则不仅遭到英方的反对,即便如李鸿章等人亦认为税厘太重会导致严重的走私。

就在左宗棠提出增加税厘的同时,广东富商何献墀提出设立洋药公司,进行鸦片专卖的计划,这个计划被转呈到李鸿章处。无独有偶,英国派往印度、中国考察鸦片贸易的代表团成员沙苗(Samuel)亦提出了一个类似的方案,并请赫德从中活动。沙苗计划的主要内容是:由中英两国政府批准由沙苗承包中国洋药贸易五年;试办有效,此后仍由沙苗接办;印度生产的鸦片全由沙苗包买,转售中国;在中国销售鸦片每担纳税银100两,中国政府不得在内地设卡征收税厘;中国政府应付白银两万两,作为沙苗的开办经费。

---

① 眭萌萌译:《中英鸦片贸易英文资料选译》,新华出版社2013年版,第94页。
② 朱寿朋编:《光绪朝东华录》(第一册),中华书局1958年版,第813页。
③ [清]左宗棠:《奏为严禁吸食鸦片请先增洋药土烟税捐事》(光绪七年五月初五日),中国第一历史档案馆藏军机处全宗(录副奏折),档号:03-6490-026。
④ 刘锦藻:《清朝续文献通考》卷五十一《征榷二十三》,商务印书馆1936年版,第8058页。

赫德接到沙苗的章程后,便极力向总署推荐,说明沙苗承包洋药贸易的可行性。① 与此同时,天津海关税务司德璀琳亦提出了一个包揽洋药计划,其主要内容是:印度每年运到中国的洋药以 90000 箱为限,每年递减 3000 箱,以 30 年为限,限满断绝来源;中印双方协商鸦片价格,中国每年按定价收买;中国方面严禁种植罂粟;洋药税课以每担 180 两银为准;洋药运到各口后,存放栈房,不准零售,批发若干,纳税若干;承办者须与某银行立约以每年 100 两付息 7 两进行借贷。②

李鸿章对上述的鸦片专卖方案兴趣浓厚,并派遣马建忠前往印度,作试探性的接触。由于访问的非官方性质,以及英属印度政府对于绕开英国驻华公使的接触持谨慎态度,此次接触并未有任何明显的效果。

光绪七年(1881 年)六月,李鸿章电函中国出使英国大臣曾纪泽,表示鸦片税厘并征能达到 100 两即可。但曾纪泽认为威妥玛目前坚持 80 两而不肯增,故中国 100 两的底线不宜遽然说出,还是坚持 110 两之数;而且此事的关键在于印度部及印度总督,英国外交部无权主持,自然与自己的谈判亦很难有实质性的结果。③ 光绪七年(1881 年)十一月,李鸿章和威妥玛在天津就鸦片税厘并征及洋药专卖等问题进行了谈判,双方在税厘数额及专卖资格等方面争论激烈,最后并未达成具体共识。

光绪九年(1883 年)正月,因英使威妥玛回国,总理衙门奏请由曾纪泽办理洋药税厘并征事务,并以李鸿章提出的 110 两税厘数额作为谈判的基础。而且,清廷还希望曾纪泽利用国外的禁烟舆论,与英外交部酌议洋药进口分年递减专条。④ 联系到前述德璀琳的专卖计划,可见鸦片分年递减的方案至少在 19 世纪 80 年代初就已提出,该方案经过近 30 年的酝酿,终于在清末成为中英双方的共识和谈判基础。

威妥玛回国后即"以耄昏勒休",不再参与谈判。鸦片税厘问题是由英国印度部主持的。事实上,英国外交部与曾纪泽的谈判是受到印度部与印度总

---

① 《英国议会文件——中英两国内阁、全权公使关于烟台条约签署的通信、备忘录——威妥玛爵士致恭亲王函》,女王文献办公室,1882 年,摘自睢萌萌:《从英国议会文件看〈烟台条约续增专条〉签订前中英关于鸦片税厘的纷争》,《南阳师范学院学报(社会科学版)》2011 年第 5 期。
② 王宏斌:《禁毒史鉴》,岳麓书社 1997 年版,第 202—205 页。
③ [清]曾纪泽:《曾纪泽遗集》,岳麓书社 1983 年版,第 189—190 页。
④ 朱寿朋编:《光绪朝东华录》(第二册),中华书局 1958 年版,第 1471 页。

督制约的。中国方面谈判的价码是110两,底线为100两。虽然印度部与印度总督并不认可100两之数,但经过英国外交部力争,似乎100两之数不成问题。因曾纪泽希望能坚持110两之数,故未曾立即答应。而且曾纪泽担忧,税厘并征虽然一次性的收入增加,"然变为板滞之局",日后难免流弊,故其希望在谈判中"欲留拆箱零卖抽税一层,以补苴于万一"①。

由于曾纪泽坚持110两之数,其谈判是艰难的却又是成功的。经过两年多的折冲,终于争得110两之数目。双方于光绪十一年(1885年)七月在伦敦签订了《烟台条约续增专条》,该"续增专条"规定:鸦片运入中国,先封存于海关,由华商承买,每箱完纳正税30两、厘金80两后方可起运内地。在海关纳缴税厘后的鸦片,凭海关印封和运货凭单运销内地,无须再完纳税捐。而且鸦片运入内地拆包分销时,如需收缴税捐,"均不得较土烟所纳税捐等项格外加增,亦不得别立税课"。洋烟税捐如以价格计征,应与土烟价格相较均算,不得有所偏抑。②

应该说,就曾纪泽的谈判目的而言,中国方面的诉求基本实现。但英国提出中国不能令有约各国一体遵照,英国有立废专条之权,并要求将此条写入条约。经过争论,英国意图通过照会体现,不载入正式条约文本。但关于英国输华鸦片逐年递减之议,印度部却坚决不允。英国方面称,照专条之约,印度每年将减少税课70余万英镑,中国若欲递减洋药进口,只能将来陆续议加税金以减吸食之人,而不能与英国政府商议此事。因为印度种烟之地,并不全部属于英国。曾纪泽为给将来修约加税留下根据,在专条首段加入"行销洋药之事须有限制约束之意"一语。③ 传统的观点认为,此条约使得鸦片贸易的合法化得到了完全的确认,而且中国内地常关对鸦片的征税权亦被剥夺。但对于清廷而言,虽然内地常关、关卡原来有的地区如闽粤各口的厘金能达到90余两,但内地关卡林立使得鸦片税厘在实际上的偷漏是十分严重的。专条签订后,这些地区的税厘收入表面上减少了,但通过在海关税厘并征,税厘的征收进一步规范,基本杜绝内地的税厘偷漏问题,而且从全国范围

---

① [清]曾纪泽:《曾纪泽遗集》,岳麓书社1983年版,第200—201页。
② 王铁涯编:《中外旧约章汇编》(第一册),生活·读书·新知三联书店1957年版,第472—473页。
③ 朱寿朋编:《光绪朝东华录》(第二册),中华书局1958年版,第1968页。

而言,清廷的鸦片收入是大为增加的。因此,从清廷的财政清理而言,《烟台条约续增专条》的积极意义是应当得到肯定的。

第三节　洋药进口数量与关税统计

在严禁鸦片烟的时期,鸦片是"伐性戕生""伤身败家""亡国灭种"之符号及代名词。此外,鸦片还给清廷惹来一场令朝野蒙羞的战争。因此在鸦片合法化时期(弛禁时期),清廷仍讳言鸦片。因鸦片在广泛吸食之前常常被当作药品,故在合法化时期,清廷便以"药"名之。进口鸦片称为"洋药",土产鸦片称为"土药"。本节则讨论在长达半个世纪的弛禁时期,中国进口洋药的数量及所征之税厘数量。

一、洋药的进口数量

1. 进口数量的统计

咸丰八年(1858年)后,鸦片的走私贸易变成了合法的洋药进口。对于英国人而言,"以《南京条约》而结束的鸦片战争终于胜利了",外国烟贩"自此以后再也不必为走私这项商品而感到耻辱了"。[①] 这一年,轮船也取代了飞剪船成为运输鸦片的主要工具。这一时期,鸦片的输入开始出现平缓的势头,从咸丰十一年(1861年)到光绪十六年(1890年),30年中鸦片的年平均进口量的波动幅度大致在5.5万担到7.5万担之间,只有同治元年(1862年)、三年(1864年),光绪五年(1879年)、七年(1881年)、十四年(1888年)、十五年(1889年)、十六年(1890年)的进口量超过7.5万担,光绪五年(1879年)的进口量最多,达到历史最高峰,计8.3万担。具体情形如下表:

---

① 《中国近代史资料丛刊·第二次鸦片战争(六)》,上海人民出版社1978年版,第187页。

表 5-3　1861 年—1911 年鸦片输入数量表①

年份	输入数量/担(1 箱≈1.1 担)
1861 年	60012
1862 年	75331
1863 年	62025
1864 年	75128
1865 年	56133
1866 年	64516
1867 年	60948
1868 年	53915
1869 年	53413
1870 年	58817
1871 年	59670
1872 年	61193
1873 年	65793
1874 年	69844
1875 年	62949
1876 年	69851
1877 年	70179
1878 年	72424
1879 年	83051
1880 年	71654
1881 年	79074
1882 年	65709
1883 年	67405
1884 年	67181

---

① 1861—1865 年的数据来自税务司狄克的报告,见姚贤镐编:《中国近代对外贸易史资料(1840—1895)》(第二册),中华书局 1962 年版,第 855 页;1866—1911 年数据来自海关资料,参见《中国近代对外贸易史资料(1840—1895)》(第二册),第 859 页;徐雪筠等译编:《上海近代社会经济发展概况(1882～1931)——〈海关十年报告〉译编》,上海社会科学院出版社 1985 年版,第 367 页。

(续表)

年份	输入数量/担（1 箱≈1.1 担）
1885 年	66645
1886 年	67788
1887 年	74350
1888 年	82402
1889 年	76041
1890 年	76636
1891 年	77227
1892 年	70929
1893 年	67912
1894 年	63051
1895 年	51525
1896 年	48930
1897 年	49217
1898 年	49785
1899 年	59100
1900 年	49201
1901 年	49466
1902 年	50801
1903 年	58478
1904 年	54766
1905 年	51890
1906 年	54225
1907 年	54475
1908 年	48347
1909 年	48917
1910 年	35358
1911 年	27808
总计	3151485

上表显示出,19 世纪 60 年代之后,鸦片进口趋于缓和,甚至出现减少的趋势。到 19 世纪 70 年代之后,鸦片进口在徘徊中又略有回升,但除少数几年外,回升的幅度不大。而 1880 年代的进口规模虽未减少,但波动较大。进入 1890 年代,鸦片进口衰落的趋势十分明显,至清末已跌落至 3 万担以下。

2. 进口趋势之分析

有两个方面的因素可以解释上述进口趋势的变化:

其一,19 世纪 60 年代,鸦片进口势头的减弱与走私逃税有一定的关系。表中所列鸦片进口数量,只是海关进口的数量,走私偷运或由常关进口的数量未计算在内。自咸丰八年(1858 年)起,外国鸦片纳税进口大多由香港转口输入,除正式向海关报关进口的以外,"其由帆船输入者,概系经华南各地常关,尤以经由珠江口为最多"。① 咸丰十一年(1861 年)七月,总税务司赫德即曾向总理衙门报告,现每年运至香港的鸦片在 7 万箱以上,各海关征税的箱数只有 6 万箱,"现在粤海关洋药漏税,一年约有五十万两"。② 以洋药进口每箱征银 30 两的税则估计,每年走私或由常关进口的鸦片应在 1 万箱以上。这种绕越海关输入鸦片的情况持续了很长时间。如同治十年(1871 年),运至香港的鸦片为 77105 箱,海关记录的进口量为 59670 担(每箱约为 1.1 担),十一年(1872 年),运至香港的鸦片为 85470 箱,海关记录的进口量为 61193 担,光绪元年(1875 年)运至香港的鸦片为 85454 箱,海关记录的进口量为 62949 担,八年(1882 年)运至香港的鸦片为 78553 箱,海关记录的进口量为 65709 担。③ 香港本地鸦片消费量很小,由香港复运销到其他地区的数量也很有限,从宽估计,总共不会超过 2000 担,其余部分则全部以走私的方式运入了中国内地。直到光绪十三年(1887 年)四月,九龙和拱北设立了海关,走私数量才有所减少。因此,自咸丰八年(1858 年),鸦片贸易合法化之后,鸦片进口势头减缓的部分原因在于相当数量的走私鸦片未在海关统计

---

① [英]班恩德:《最近百年中国对外贸易史》(中文),海关总税务司署统计科译印 1931 年版,第 169 页。

② 《总理各国事务恭亲王奕䜣等奏筹办赫德所递通商章程片》(附抄录总税务司赫德秉承清单要件,咸丰十一年五月二十七日军录),《中国近代史资料丛刊·第二次鸦片战争(五)》,上海人民出版社 1978 年版,第 505 页、502 页。

③ 海关进口数量根据《海关贸易册》所列数字;运至香港的鸦片数量取自 *British Parliamentary Papers China*:Vol. 40,Irish University Press 1971,p. 814。

中反映出来。

第二，中国土产鸦片对进口鸦片的替代。从 19 世纪 60 年代开始，市场开始出现廉价的中国土产鸦片。这些土产鸦片以价格上的极大优势部分地抵制了进口鸦片的增长。以四川鸦片为例，当时其在上海的价格仅为麻洼鸦片的一半略多。① 而麻洼鸦片即俗称之白皮土，其比孟加拉土即公班土的价格还要便宜许多。土烟抵制洋烟是晚清鸦片弛禁时期的一个明显现象，但这一现象在不同时期、不同地区的特征是不同的。就 19 世纪 60 年代而言，土产鸦片数量较多的地区是云南省，其他如四川、贵州、陕西、甘肃等省份，虽然有罂粟的种植及鸦片的生产，但数量并不多，且由于技术原因，鸦片质量不高，口感较差，掺假亦很严重。因此，当时土烟对洋烟的抵制作用主要体现在：满足或部分满足了鸦片产区及附近地区烟民尤其是下层烟民的消费需要，使进口鸦片扩大消费市场受到了抵制。这种抵制作用首先发生在鸦片产区，并随着土产鸦片数量的增加及生产技术的提高、烟质的改善而逐渐明显。② 这种地区间的区别是明显的，一般地说，东北地区的鸦片消费，主要由牛庄进口。华北地区的鸦片消费主要由天津和芝罘两港进口。其中天津进口的鸦片大部分是供应北京的消费。东南沿海地区的鸦片消费，由广州、汕头、福州、厦门、温州、宁波等口岸进口。台湾的鸦片消费以淡水和打狗为输入口岸。华中地区口岸较多，鸦片可由上海、镇江、芜湖、九江、汉口、宜昌、重庆等口岸输入，以上海的进口量为最多，次为镇江、芜湖，而汉口以上的宜昌和重庆，因靠近中国的主要产烟区，故只有零星的外国鸦片输入。至于西南和西北地区，鸦片战争之后则没有外国鸦片输入的直接记载。③ 上海、广州、镇江等经济发达的通商口岸，虽然有云、贵、川土产鸦片的进入，且价格低廉，但不受欢迎，无法与进口洋烟争衡。特别是上海，作为全国奢侈品的消费中心，又远离主要产烟地区，其鸦片进口数量直至 19 世纪 90 年代才有减少。可以说，上海是土烟抵制洋烟的作用最不明显的地方。

进口鸦片营销方式的变化，特别是针对土产鸦片的崛起而采取的措施亦是值得关注的一个问题。早期对华大量输入鸦片的主角是怡和、宝顺（即颠

---

① 张仲礼、陈曾年：《沙逊集团在旧中国》，人民出版社 1985 年版，第 20—21 页。
② 蒋秋明、朱庆葆：《中国禁毒历程》，天津教育出版社 1996 年版，第 106 页。
③ 蒋秋明、朱庆葆：《中国禁毒历程》，天津教育出版社 1996 年版，第 105 页。

地)等洋行。特别是怡和洋行,在鸦片战争后垄断上海乃至长江中下游地区的鸦片贸易达30年之久,销售鸦片总量达100万箱。而19世纪60年代后期,怡和、宝顺(即颠地)的地位开始趋于衰落,并最终由沙逊洋行起而代之。究其原因则是,怡和等洋行经营的鸦片是由印度当地的代理商和中间商所控制的,由于进货的渠道存在中间环节,因而鸦片的销售成本较高。沙逊洋行则不同,它的根据地在印度孟买,可以直接在原产地收购鸦片,甚至用高利贷的办法向烟农收购"青苗"。这些先天性的条件,保证了进货价格的低廉,在与其他鸦片商的竞争中占据了优势地位。此外,沙逊洋行为在孟买、香港和上海之间沟通鸦片行情,还特别编制了电报密码,对鸦片的质量也加以改进,使之更加醇厚适口。因此,到19世纪70年代初,沙逊集团已操纵了印度鸦片的70%。① 尽管中国土产鸦片大幅度增长,但印度鸦片的进口数量不仅未减少,反略有增长。19世纪80年代,哈同洋行崛起,在输入鸦片方面逐渐赶上沙逊洋行。为了避免在相互的竞争中两败俱伤,光绪十一年(1885年)沙逊与哈同两洋行一起在上海设立了"洋药公所",即鸦片交易所,统一鸦片牌价,以维护垄断性的销售利润。"洋药公所"持续约20年时间,共销售鸦片40万箱,平均每年2万箱。②

到19世纪80年代后期,在中国土产鸦片的强烈竞争下,进口鸦片的价格也逐渐下降,先是白皮土,继而是公班土。但这并不能挽回进口衰落的趋势,当时的情况是,即使价值下降30%以上,鸦片进口的数量仍然减少15%或16%。③ 因此鸦片商们不断向印度政府提出减少乃至完全取消鸦片税收的要求,以便降低鸦片的销售价格。光绪十六年(1890年),印度政府决定对运出的鸦片每箱减税50卢比,但许多商人认为这个减税的幅度仍不足以提高印度鸦片在中国市场的竞争力。十九年(1893年),印度实行币制改革,废弃了银本位币制。在世界白银对黄金不断贬值的情况下,银本位的废除导致了卢比对银元的升值。光绪八年(1882年),每百元上海银两可以兑换304—

---

① 张仲礼、陈曾年:《沙逊集团在旧中国》,人民出版社1985年版,第21—22页。
② 郑应时:《潮籍鸦片烟商在上海的活动及其与蒋介石政权的关系》,《广东文史资料》第21辑。
③ 徐雪筠等译编:《上海近代社会经济发展概况(1882~1931)——〈海关十年报告〉译编》,上海社会科学院出版社1985年版,第12页。

313.5卢比,十二年(1886年),只能兑换224—262.5卢比,到二十七年(1901年)进一步降低到每百元上海银两兑换182.5—212.5个卢比。[①]印度卢比对中国银元的升值,抬高了进口鸦片的价格,光绪十八年(1892年)每箱白皮土进口价格在355—432元,到二十七年(1901年)已涨至570—740元;公班土八年(1882年)每箱进口价格在361—448元,到二十七年(1901年)则涨至634—778元。进口鸦片价格的增高,使土产鸦片的价格优势更加明显。在上海,土产鸦片的价格只有进口鸦片价格的60%左右,而越往内地,土产鸦片的价格越低,进口鸦片的价格则因运输成本的增加而越加高昂。而且,中国土产鸦片在与进口鸦片的长期竞争中,质量也有了较大的改进,烟民之中,青年人吸食土烟的人越来越多,老年人由吸食洋烟改吸土烟的人也为数不少。这样,到19世纪90年代之后,中国土产鸦片逐渐取代进口鸦片已成普遍现象。外国鸦片的进口,经过近30年的徘徊之后,终于无可挽回地趋于衰落了。

二、洋药的税厘统计

1. 税收统计

1861年,由江海关、闽海关(包括福州、厦门和三都澳三个关)和东海关率先开始对进口鸦片征税[②],此后津海关、粤海关(包括粤海、潮海、琼海、北海、三水、江门、甘竹、九龙、拱北九个关)和台湾关(包括沪尾、打狗、基隆三关)也相继开征。自海关开征进口鸦片税以来,历年所征税银总额,以光绪十四年(1888年)最高,达250余万两。之后,由于鸦片入口数量渐有减少,所征税总额也逐渐降低,至1910年降为119万余两。可见,进口鸦片税收额的变化趋势与上述进口鸦片规模的变化趋势是相符合的。

---

① 徐雪筠等译编:《上海近代社会经济发展概况(1882～1931)——〈海关十年报告〉译编》,上海社会科学院出版社1985年版,第66页、第65页。

② 此为海关有正式记载的时间,如前文所述实际时间当早于此。

表5-4 各海关进口鸦片税收总数表①

年份	税款/库平两
1861年	407918
1862年	1142913
1863年	1422002
1864年	1525118
1865年	1691777
1866年	1839184
1867年	1801921
1868年	1661835
1869年	1585638
1870年	1738338
1871年	1279598
1872年	1813500
1873年	1900031
1874年	2010337
1875年	2039640
1876年	1960587
1877年	2131971
1878年	2046956
1879年	2332049
1880年	2339656
1881年	2231108
1882年	1993449
1883年	2008862
1884年	2107996
1885年	2008895
1886年	1976131

① 资料来源于汤象龙编著:《中国近代海关税收和分配统计》,中华书局1992年版,第113—119页。

(续表)

年份	税款/库平两
1887 年	2227760
1888 年	2525574
1889 年	2282012
1890 年	2272377
1891 年	2311533
1892 年	2174827
1893 年	1969155
1894 年	1919668
1895 年	1557293
1896 年	1450058
1897 年	1478656
1898 年	1408270
1899 年	1748498
1900 年	1522979
1901 年	1491889
1902 年	1521501
1903 年	1803911
1904 年	1645491
1905 年	1473578
1906 年	1596477
1907 年	1679932
1908 年	1555592
1909 年	1322674
1910 年	1196441
历年总计	89133556

在各海关中，以江海关所征鸦片税最多，从开征时起，至宣统二年(1910年)停征，共征税银 31559690 两。其余依次为粤海关 19477596 两、闽海关

13809266两、浙海关6748313两。① 可见,上海、广东、福建、浙江是鸦片输入的主要地区。在北方,鸦片的输入以天津为主要口岸,其次是牛庄。而靠近土产鸦片产区的海关所征进口鸦片税极少,如重庆关共征税银256两,宜昌关所征税银915两,②这表明进入该地区的进口鸦片为数甚少。海关税收归清廷中央所有,50年的时间里,仅进口鸦片即征税近9000万两,对财政的意义还是很大的。

需要说明的是,进口鸦片除了在海关缴纳进口税外,还有内地开馆卖烟的营业税及名目繁多的临时税收。营业税称为"坐厘"或"牙帖"。如光绪十九年(1893年)温州鸦片烟铺每卖1斤要缴纳14元"牙帖"。据载,当时凡售卖鸦片,必须请领部帖。各州县牙帖依户数多寡分繁盛、次盛、简僻三等。二千户以上为繁盛,一千户以上为次盛,五百户以下为简僻,一年分别交银1000两、750两、500两。以上是生土的营业税,此外还有熟膏的营业税。据《皇朝掌故丛编》指出,光绪年间之烟膏部帖依繁盛、次盛、简僻三等,一年分别为50两、40两、30两。但各地的征收方式及税率并不一致。如广东省,熬1两鸦片课银3钱,显然这与前述温州的定额税不同,属于从量税。而进口鸦片的临时税,各地的名称及税率差距较大,如上海称为帖饷、海防、销号,汕头则是海防经费,福建则需缴纳华税、加捐军饷、票税等。③ 无论是营业税还是临时税,都归于地方政府,且多数是县级政府,因各地的名目及税率的复杂性,使得税额总数是难以统计的,但数量肯定是巨大的。

2. 厘金统计

根据《通商章程善后条款》第五款的规定,进口鸦片在海关报缴洋药税每百斤征银30两后,即由华商承购,运销内地,逢关纳税,遇卡抽厘。大抵行销越远,所遇关卡越多,抽收的厘金也越重。因各关卡抽厘的比率不相同,且多数是一笔糊涂账,因此厘金抽收总数额的统计是比较困难的。罗玉东的《中国厘金史》之附表"历年各省厘金收入分类及各类之百分比(同治八年—光绪三十四年)"中统计了此时期内各省洋药厘金的总数。但光绪十三年(1887

---

① 蒋秋明、朱庆葆:《中国禁毒历程》,天津教育出版社1996年版,第94页。
② 蒋秋明、朱庆葆:《中国禁毒历程》,天津教育出版社1996年版,第94页。
③ 林满红:《晚清的鸦片税(1858～1906年)》,微信公众号"近现代史研究资讯"2018年3月13日。

年)《烟台条约续增专条》签订后,洋药厘金由海关与洋药税同时并征,虽然部分省份的货厘报告中仍列有洋药厘金一项,但性质已经发生变化。如闽浙两省的洋药厘金收入是由海关转拨的。江苏的所谓洋药厘金全部为"坐厘",即洋药栈之营业捐。而河南所谓之洋药,实际是陕甘运来的土产鸦片。只有山东一省所收的确是应归海关征收之洋药厘金,这是因为山东海口多,海关初办并征,未能兼顾无遗,故尚有一部分洋药厘金(年5000余两)及少数洋药税(年100余两)仍由地方厘局征收,但自光绪十七年(1891年)后,则全由海关征收,嗣后山东省货厘报告中的洋药厘金仅指每年不满300两的洋药铺捐。① 因此,统计洋药厘金的数额,光绪十三年(1887年)之前,可参考罗玉东之《中国厘金史》。此后,海关开始对洋药税厘并征,每百斤征税银30两,抽厘金80两,洋药厘金的抽收始有确切的统计。故光绪十三年(1887年)之后的洋药厘金,海关数据应是权威的。

表5-5 洋药厘金数额表(1868—1886)②

年份	厘金数/库平两
同治八年(1868年)	559970
同治九年(1870年)	543438
同治十年(1871年)	484052
同治十一年(1872年)	479363
同治十二年(1873年)	493253
同治十三年(1874年)	435461
光绪元年(1875年)	485906
光绪二年(1876年)	326351
光绪三年(1877年)	424341
光绪四年(1878年)	452484
光绪五年(1879年)	574786
光绪六年(1880年)	528314
光绪七年(1881年)	606020

---

① 罗玉东:《中国厘金史》,商务印书馆2010年版,第163页。
② 罗玉东:《中国厘金史》,商务印书馆2010年版,第480页。

(续表)

年份	厘金数/库平两
光绪八年(1882年)	593346
光绪九年(1883年)	455763
光绪十年(1884年)	453548
光绪十一年(1885年)	572733
光绪十二年(1886年)	781694
总计	9250823

值得注意的是,上表中历年各省厘金之总数均为数十万两,而从光绪十三年(1887年)海关税厘并征后,每年征收的洋药厘金均达到数百万两,前后悬殊。难以想象,英国方面长期追求的税厘并征的结果是为了每年多付出数百万两的洋药厘金,即使这项征收变得规范化。1932年,罗玉东在北平社会调查所进行厘金的研究工作,其所依据的主要资料是2000多件晚清各省有关厘金的报告。① 显然,这些报告是严重缩水的。究其原因,是各地方军政当局试图躲避清廷中央对厘金征收及使用情况的监督。如前文所述,咸丰十一年(1861年),户部颁布厘金章程,强调各省的洋药厘捐"不准与货物牵混","各收各厘,分别造册报部"。② 虽然厘金归地方征收,但对于有军务的省份,清廷希望厘捐要规范,并要清楚掌握厘金的数量及使用情况,不得作为军务之外开支。而没有军务的省份,所有厘捐亦要接拨中央。而事实上,有军务地区的报册有名无实,无军务地区亦上下其手,将厘捐挪作他用。清廷对此非不知情,曾谓"各省原定洋药厘捐,本较洋税为重,乃总计所收厘金竟远不及进口之税,是承办各员奉行不力,减成折收,任令奸商隐匿偷漏,巡役包庇分肥所致,情弊显然"。③ 但清廷对此并无办法。笔者认为,各省征收的洋药厘金的真实数量当不少于日后海关征收的厘金数额。

---

① 罗玉东:《中国厘金史》,商务印书馆2010年版,第733页。
② 罗玉东:《中国厘金史》,商务印书馆2010年版,第35页。
③ [清]刘长佑:《奏为遵旨筹议加征土药税厘梗概事》(光绪七年七月初七日),中国第一历史档案馆藏军机处全宗(录副奏折),档号:03-6491-022。

表 5-6　各海关历年征收鸦片厘金总数表(1887—1910)①

年份	厘金数/库平两
光绪十三年(1887 年)	4252746
光绪十四年(1888 年)	6566282
光绪十五年(1889 年)	6098548
光绪十六年(1890 年)	6101511
光绪十七年(1891 年)	6254014
光绪十八年(1892 年)	5871177
光绪十九年(1893 年)	5343198
光绪二十年(1894 年)	5219816
光绪二十一年(1895 年)	4107540
光绪二十二年(1896 年)	3915839
光绪二十三年(1897 年)	3887811
光绪二十四年(1898 年)	3670448
光绪二十五年(1899 年)	4666631
光绪二十六年(1900 年)	4173564
光绪二十七年(1901 年)	3939854
光绪二十八年(1902 年)	3747202
光绪二十九年(1903 年)	4797268
光绪三十年(1904 年)	4296536
光绪三十一年(1905 年)	3911003
光绪三十二年(1906 年)	4234247
光绪三十三年(1907 年)	4476208
光绪三十四年(1908 年)	4148807
宣统元年(1909 年)	3832319
宣统二年(1910 年)	3191800
历年总计	110704369

海关数据中,洋药税收与厘金是大体符合 30∶80 这一比例的。自光绪

---

① 资料来源于汤象龙编著:《中国近代海关税收和分配统计》,中华书局 1992 年版,第 120—121 页。

十三年（1887年）起至宣统二年（1910年）的24年里，各海关共征收洋药厘金1亿1000余万两，超过50年洋药进口税的征收总数。若算上咸丰八年（1858年）至光绪十三年（1887年），由各地自行抽厘的30年时间，则厘金的总数更是大大超过进口正税。

3. 洋药税厘对清廷财政之意义

由上文可见，在鸦片贸易的合法化时期，清廷从洋药中所征收的税收约为8900余万（不含归属地方政府的营业税及临时税），而抽收的厘金数量当在1亿2000万以上，税厘合计超过2亿两。洋药税厘不仅绝对值巨大，其在清廷税厘收入中所占有的权重亦极大。这由洋药的高税率及高货值所决定。

首先，洋药的税率远远高于一般洋货。一般洋货根据《海关税则》，征收值百抽五的从价税。[①] 而根据《通商章程善后条约》，进口洋药每百斤纳税银30两的从量税。[②] 以同治十一年（1872年）至宣统三年（1911年）的平均价格计算，一担（约100斤）进口洋药的价格为388.5两，若折算为从价税率约为7.7%。[③] 而英法等国后来借口原订税则所载各种货物价值渐减，降低了许多货物的税额，并把外国烟草、洋酒、香水、家具等进口货免税。因此值百抽五的税率执行一段时间后，实际已降到约值百抽三。[④] 如此，则洋药的进口税率大致相当于一般洋货实际税率的2倍。此外，一般洋货与鸦片在内地的税厘征收亦有区别。一般洋货在内地销售纳子口半税，即进口关税之一半（2.5%）。若洋货的销售地较近，则可以纳低于2.5%的厘金。[⑤] 而进口洋药在内地则"逢关纳税"（常关税），"遇卡抽厘"（厘金），其运输成本远高于一般洋货。光绪十三年（1887年）《烟台条约续增专条》签订后，洋药在海关税厘并征，虽然在内地不需要缴纳厘金了，但80两的厘金数超出正税的2.6倍。

---

① 《海关税则》，见《道光条约》第3卷，沈云龙主编：《近代中国史料丛刊续编》第八辑，（台湾）文海出版社1974年版，第30页。

② 《通商章程善后条约》，见《咸丰条约》第5卷，沈云龙主编：《近代中国史料丛刊续编》第八辑，（台湾）文海出版社1974年版，第29页。

③ 林满红：《晚清的鸦片税（1858～1906年）》，微信公众号"近现代史研究资讯"2018年3月13日。

④ 严中平等编：《中国近代经济史统计资料选辑》，科学出版社1955年版，第60页。

⑤ 罗玉东：《中国厘金史》，商务印书馆2010年版，第140—141页。

其次，洋药之价值在进口货值中始终占较大的比重。严中平曾根据海关数据比较过近代中国 12 项主要进口货物所占进口总值的比重。现将鸦片一项单独列出制表。

表 5-7　洋药价值占进口货物总值比重表(1871—1911 年)①

年份	比重/%
1871—1873	37.7
1881—1883	37.0
1891—1893	20.5
1901—1903	12.3
1909—1911	10.3

上表中百分比的变化趋势与洋药进口规模的变化趋势是一致的。19 世纪七八十年代是进口鸦片的高峰时期，其占进口货值的比重在 37% 左右。但表中数据的年份是不完全的，事实上，同治九年(1870 年)之前，洋药在进口货值中的比重始终占 1/3 左右。19 世纪 70 年代到 80 年代所占比重在 40% 左右。而 1878 年，所占比重则高达 45%。② 虽然从 19 世纪 90 年代开始，进口鸦片的数量迅速减少，但在进口货物总值中的比重依然达到 1/5，即使在 1906 年之后，英国逐年减少鸦片的输入，但直至清政府灭亡，鸦片进口货值依然高于 10%。

进口鸦片的税率高、货值大，那么在税厘总额方面，其自然亦占有重要地位。

表 5-8　洋药进口税占全国进口税总额及关税总额之百分比③

年份	占进口税百分比/%	占关税百分比/%
同治六年(1867 年)	58	21
同治七年(1868 年)	49	17
同治八年(1869 年)	48	17

---

① 资料来源于严中平等编：《中国近代经济史统计资料选辑》，科学出版社 1955 年版，第 76 页。
② 蒋秋明、朱庆葆：《中国禁毒历程》，天津教育出版社 1996 年版，第 95 页。
③ 林满红：《晚清的鸦片税(1858～1906 年)》，微信公众号"近现代史研究资讯"2018 年 3 月 13 日。

(续表)

年份	占进口税百分比/%	占关税百分比/%
同治九年(1870年)	49	18
同治十年(1871年)	47	16
同治十一年(1872年)	50	16
同治十二年(1873年)	51	18
同治十三年(1874年)	55	18
光绪元年(1875年)	48	16
光绪二年(1876年)	52	17
光绪三年(1877年)	50	17
光绪四年(1878年)	52	17
光绪五年(1879年)	51	18
光绪六年(1880年)	47	15
光绪七年(1881年)	47	16
光绪八年(1882年)	42	14
光绪九年(1883年)	46	15
光绪十年(1884年)	46	15
光绪十一年(1885年)	40	14
光绪十二年(1886年)	41	13
光绪十三年(1887年)	79	40
光绪十四年(1888年)	68	39
光绪十五年(1889年)	70	38
光绪十六年(1890年)	67	39
光绪十七年(1891年)	63	36
光绪十八年(1892年)	63	34
光绪十九年(1893年)	65	34
光绪二十年(1894年)	60	31
光绪二十一年(1895年)	56	27
光绪二十二年(1896年)	47	24
光绪二十三年(1897年)	47	24

(续表)

年份	占进口税百分比/%	占关税百分比/%
光绪二十四年(1898年)	49	24
光绪二十五年(1899年)	49	24
光绪二十六年(1900年)	48	24
光绪二十七年(1901年)	43	21
光绪二十八年(1902年)	34	19
光绪二十九年(1903年)	39	21
光绪三十年(1904年)	36	19
光绪三十一年(1905年)	29	16
光绪三十二年(1906年)	29	16

上表非常直观地表现出晚清中国畸形的进口贸易结构及财政结构。光绪十三年(1887年)之后的数据是洋药税厘并征后占进口税总额的百分比。这实际上是通过税务司把进口洋药厘金的收入由地方政府集中到中央政府,对充裕清廷的中央财政具有重要意义,但同时亦增加了清廷对鸦片财政的依赖性。

关于洋药厘金占全国厘金总数的比重,罗玉东的《中国厘金史》对同治八年(1869年)至光绪三十四年(1908年)间的货厘、茶税、洋药、土药厘、盐厘的数量及各自占厘金总数的百分比做过统计表。该表较为直观地显示出晚清时期中国的厘金税种及各自的数量、比重等。需要注意的是,罗玉东研究厘金问题,主要着眼于厘金的主要部分,即货厘的相关情况。由表中数据可见,货厘所占的百分比多数年份都在90%以上。罗玉东亦曾称自己的研究范围"限于百货厘"。① 而罗玉东所用洋药厘金的数据全部来自各省报告,自光绪三十三年(1907年)开始,各地不再有洋药厘金的报告。而各地洋药厘金的报告数字是严重缩水的,且光绪十三年(1887年)后,海关对洋药税厘并征,各省份所谓的洋药厘金的性质已经发生了变化,有的是海关回拨款项,有的是营业税捐,有的是土药厘金。因而,仅依据此表考察洋药厘金比重问题,几乎没有历史意义。而林满红直接用此表中的数据来说明鸦片税厘问题并不妥当,且其在利用《中国厘金史》中的数据编制表格时,却又将同治八年误记

---

① 罗玉东:《中国厘金史》,商务印书馆2010年版,第480—481页。

为 1868 年,导致其表中的厘金数据与所对应之年份均相差一年。①

那么如何考察洋药厘金在厘金总额中的地位问题呢?笔者认为《中国厘金史》中同治八年(1869 年)至光绪十二年(1886 年)中洋药厘金的数据,虽然地方有隐报,但可供参考,而自光绪十三年(1887 年)始,洋药厘金应采用海关数据。

表 5-9　历年洋药厘金占厘金总额之百分比②

年份	洋药厘金/万两	厘金总额/万两	百分比/%
1869	56.00	1342.08	4.17
1870	54.34	1433.28	3.79
1871	48.41	1425.68	3.40
1872	47.94	1408.81	3.40
1873	49.33	1464.18	3.37
1874	43.55	1372.67	3.17
1875	48.59	1321.72	3.68
1876	32.64	1382.17	2.36
1877	42.43	1240.37	3.42
1878	45.25	1231.95	3.67
1879	57.48	1334.19	4.31
1880	52.83	1373.00	3.85
1881	60.60	1437.65	4.22
1882	59.33	1383.46	4.29
1883	45.58	1229.58	3.71
1884	45.35	1258.42	3.60
1885	57.27	1281.17	4.47
1886	78.17	1321.85	5.91
1887	425.27	1805.80	23.55
1888	656.63	1967.13	33.38

---

① 林满红:《晚清的鸦片税(1858～1906 年)》,微信公众号"近现代史研究资讯"2018 年 3 月 13 日。

② 光绪十三年(1887 年)之后的厘金总额是将罗玉东《中国厘金史》中所统计的厘金总数减去其性质发生变化的洋药厘金数,再加上海关征收的洋药厘金数量。

(续表)

年份	洋药厘金/万两	厘金总额/万两	百分比/%
1889	609.85	1888.36	32.30
1890	610.15	1898.63	32.14
1891	625.40	1901.15	32.90
1892	587.12	1884.09	31.16
1893	534.32	1781.65	29.99
1894	521.98	1786.80	29.21
1895	410.75	1908.60	21.52
1896	391.58	1847.00	21.20
1897	388.78	1844.86	21.07
1898	367.04	1716.96	21.38
1899	466.66	1716.96	27.18
1900	417.36	1834.59	22.75
1901	393.99	1884.55	20.91
1902	374.72	1988.97	18.84
1903	479.73	2104.76	22.79
1904	429.65	2089.98	20.56
1905	391.10	1985.92	19.69
1906	423.42	2052.22	20.63
1907	447.62	2118.51	21.13
1908	414.88	2190.90	18.94
1909	383.23		
1910	319.18		

笔者认为上表中所反映的光绪十三年(1887年)之后洋药厘金所占厘金总额的比重是比较符合历史事实的,这个数字亦保持着大体的稳定性。在光绪二十年(1894年)之前,洋药厘金占总额的比重在30%上下波动,此后跌落至20%左右。宣统元年(1909年)、宣统二年(1910年)虽然海关仍有洋药税厘的征收,但缺乏国内厘金总数的统计数据,故难以确知百分比,但从趋势看应当不会低于15%。

第六章　鸦片贸易的合法化与全面弛禁(下)

第一节　土产鸦片的全面弛禁

进口鸦片合法化了,如何对待土产鸦片是清廷必须考虑的问题。虽然在咸同之际国内一些地区已对土产鸦片征收税捐并得到朝廷的首肯,如咸丰九年(1859年)三月,惠亲王等奏请将洋药和土药一律抽收厘捐,得到咸丰帝的谕准。① 同年咸丰帝又谕令云南省对自产鸦片抽收税厘,正税解京报部,厘金充作剿匪经费。此外,陕西和山西于咸丰十年(1860年),四川和甘肃于咸同之交亦开始征收土药厘金。但清廷对于在政策上完全弛禁国内的鸦片生产,一直犹豫不决,对于种烟的禁令也未加废除。同治三年(1864年)和同治七年(1868年),因山西等地方栽种罂粟影响到粮食生产,清廷还两次颁布种烟的禁令。事实上,在咸同年间,由于朝廷政策的摇摆,各地政府对禁令的态度差异很大。直隶、陕西、山西等省,地方督抚时常采取一些禁断措施,其他地方如云南、四川、贵州等西南地区,对禁令则多持漠视的态度。既然地方官仰赖土产鸦片税厘的风气已开,国内鸦片生产事实上也逐步合法化了。相应地,在对待鸦片的态度上,虽然弛禁与严禁的争论并未平息,但全面弛禁的观点在19世纪60年代以后,逐渐占上风,并成为朝野之主流思想。张之洞、刘坤一、曾国荃等原本在地方施行严禁政策之督抚在压力之下,亦开始在财政

---

① 《惠亲王绵愉等奏酌拟抽收洋药厘捐征解办法折》(咸丰九年三月二十六日),《中国近代史资料丛刊·第二次鸦片战争(四)》,上海人民出版社1978年版,第54页。

上依赖土产鸦片之税厘。在此形势下,进口鸦片与土产鸦片竞相泛滥,刺激了土产鸦片的飞速增长,产量很快远远超过进口鸦片之数量。至清末,进口鸦片迅速衰落,国产鸦片年产量接近60万担,是进口鸦片数量的10倍还多,这种现象即李鸿章所谓的"以土抵洋"。但鸦片的大量充斥,使得流毒泛滥达到空前之程度,造成了一系列灾难性的后果。而烟毒来源的本土化,亦为后来的禁烟禁毒埋下了祸根。本节讨论晚清鸦片弛禁时期"以土抵洋"之思想内涵,土产鸦片之生产、产量及税厘征收等问题。

一、朝野弛禁之论

晚清知识分子在近代中国经历了两次鸦片战争之后继续思考着如何处理鸦片的问题。虽然存在着弛禁与严禁之交锋,但在19世纪60年代以后,弛禁的思想逐渐占上风,并成为主流。这一时期的弛禁思想,核心在于"以土抵洋,夺其利权"。

1. 早期维新思想家们的弛禁观点

所谓早期维新思想家只是沿用传统定义,笔者认为他们与洋务派的区别是相对而言的。这些思想家们多为非科举正途出身,但经历非凡,博学多才,多数人与洋务有较深之渊源,或出入洋务派大僚之幕府,或受其延聘在近代实业之开创中崭露头角。他们在西风东渐之大潮中进行洋务实践,并著书立说,形成了系统的具有政治改良特征的思想体系。因此,早期维新思想家们的弛禁论虽然重视理论研究,但绝非纸上谈兵,是当时经世致用思想在鸦片问题上的集中体现。郑观应、薛福成、马建忠、王韬等是弛禁论者的典型代表。

(1)郑观应

郑观应(1842—1921),字正翔,广东香山县人,曾任宝顺洋行买办、太古轮船公司总理、轮船招商局帮办等,是早期维新思想的集大成者,以"商战"思想闻名后世。他从国家利权的角度出发,较早提出了与洋药争利的建议。其认为中国的禁烟,"始也,操之过急,继又失之过宽",为政之要,在于因势利导,救弊补偏,且"不必议禁于今兹,而徐图禁之于日后"。郑观应的禁烟思想具体可概括为以下三个方面:

一是弛禁种植。郑观应认为要使"漏卮不致外溢,西贾不能居奇,莫如广种罂粟之一法也"。否则洋药"无孔不入,内地元气剥削尽矣"。郑观应认为那些"以为罂粟不当种者,皆务徂英人者也,皆欲贫中国者也"。若"大弛禁令,广种而精制之",则"土药日多,洋药日少,英人自顾获利无几。徒招与国讥评,必将与中国会商禁烟,以博高名而洗前耻",如此则不出10年,中国权利可以尽复。因此,郑观应建议派专人到印度学习"种烟制浆"之法。其指出,"种田粪壅多费人力",而"一亩罂粟可抵十亩稻粱",烟农"以余资转购粮食","苟铁路已成,轮舶火车水陆飞挽","但使小民有买米之钱,何虑地球无买米之处"?而且"洋药味厚,土药味薄,厚则瘾重,轻则易戒",弛禁后土药增多,虽然会有很多的造假者以之牟利,但这是好事,因为"世间各物,惟虑不真,独此物不妨其假。货愈假则毒愈轻,愈轻则其瘾愈薄,其价愈贱,人贪省费用,积弊渐以挽回"。

二是设局专卖。关于鸦片的销售,郑观应提出"或招商集股创设公司承办,或特派公正廉明之大员设局专办",所有鸦片"尽归官局承办","逐年递减,以若干年为期,期满即止,如有逾额偷掼者,从严重罚,此不禁而自绝"。在具体措施方面,郑观应建议"照香港、西贡、新加坡例,俟其熬膏后再议抽厘,设官膏局于通商口岸,招商承充,认定缴数,准其将生土熬成熟膏,分运各处销售。凡嗜鸦片者,只准买熟膏吸食,不准购生土自煎",如此"则洋土可全数归公,私土并无处可买,而中国各省所出之土药,亦照此办法办理,则岁赢银钱何止数百万"。郑观应认为这个方法"犹以洋货变成华货,权自我操,利不外散",而且"鸦片系害人之物,虽横征暴敛,亦不为苛,与治乱民用重典之意相同"。其还指出,"鸦片之患,其来也以渐,其去也亦当以渐","从前鸦片价昂,吸者自少,其后价贱,吸者愈多。倘加税,价必骤增,而吸者渐少,亦返本还原之理也"。虽然郑观应认为要重征烟税,但在税则方面,其提出对洋土药要区别对待。对于洋土要"税倍于价",对于本土要"轻抽其税",如此则"洋土价昂,本土价贱,人将多食本土,少购买洋土,岂非与国有益、与民兴利乎"?

三是定限戒吸。郑观应的终极目的仍然是想将鸦片彻底禁绝,他认为"吸食鸦片之人,束缚身心,消铄精神,士农工商,失时废业,舍有用之才力,归闲荡之光阴,其害不浅"。对于民间的吸食,郑观应认为有两种办法。第一是"定期限","由地方官出示晓谕吸烟之人,限四月内一律报明,限以一年戒绝,逾限不戒,官则削职,士则褫衿,吏则革役,商则罚锾,兵则除名,一切下等之人则治其罪"。这些经过惩罚的人,"予半年展限改过自新,倘再不改,立发边远充军以儆效尤而除积弊"。但郑观应认为"立法虽善,奉行尤在得人","否则适启官府之苛,吏役之需索,捕快、地棍之讹诈,鱼肉乡愚,欺压良懦,而于禁烟之事未见其利,先见其害,此急以驭之之法也"。第二个方法是"编籍贯通饬天下",即:"将所有烟瘾人户逐一查明……编成烟籍,谓之烟民,立即戒除,倘逾限未断,则……不准应试,不准当兵,不准捐纳职衔,不准充当绅士,平民不准与婚。"有功名的和现任官员有烟瘾的,"亦限三年戒清,由族长或同乡官具禀地方官注销烟籍之名,逾限不戒,立即革职,不稍宽假"。郑观应认为"上行则下效。要必政府左右无吸食之人,然后可禁部寺……现任无吸食之人,然后可禁候补;幕府无吸食之人,然后可禁师儒;职官无吸食之人,然后可禁士庶;胥役无吸食之人,然后可禁平民。故欲禁烟,必自上始"。值得注意的是,郑观应还将"早除烟障,与废八股、戒缠足者"相提并论,认为这同是自强基础,若均能成功,则可免外人欺侮,大局幸甚,中国幸甚!①

(2) 薛福成

薛福成(1838—1894),字叔耘,江苏无锡人,出生于官宦之家。曾服务于曾国藩、李鸿章之幕府,因才华卓著,深得曾、李之赏识,故由幕僚而实授道台。他娴熟洋务,关注国际大事,经常就外交问题上书言事,为朝野所关注。光绪十五年(1889年),以候补三品京堂之身份担任出使英、法、意、比四国大臣。薛福成一生撰述甚丰,是早期维新派的杰出代表。

薛福成痛恨鸦片之毒,他认为:"五十年来,洋人布此鸩毒于中国,杀人之身,复杀人之心,其害过于洪水猛兽远甚。"在目前的形势之下,禁烟应该先禁吸食,认为"嗜之无人,则虽不禁,而民自不种。若禁民嗜烟一层,尚无把握,而先禁种罂粟,是适为洋药驱除者也。转不如暂弛此禁,犹可使财不外溢"。薛指出,国内罂粟种植弛禁后,"土药日多,而印度洋药箱之进口者渐减,中国银之少漏入外洋者,每岁约千余万两之多。盖印度近来多种茶叶,以夺华人之利,而洋人亦谓中国多种罂粟,以夺印人之利"。所以薛觉得弛禁罂粟虽然是下策,但"亦事势之无可如何者也"。② 关于传统农业与罂粟种植之关系,

---

① 夏东元编:《郑观应集》,上海人民出版社1982年版,第19、71、395、399、400—404、1178—1179页。

② 丁凤麟、王欣之编:《薛福成选集》,上海人民出版社1987年版,第30—32页。

薛福成认为"华货滞而不流","利源尽为所夺"。而整治之道在于"劝民栽植桑茶。盖种桑必在高亢之地,而种茶恒在山谷之中",所以"非若罂粟之有妨稼穑,是在相其土宜,善为倡导而已"。①

(3) 马建忠

马建忠(1845—1900),字眉叔,江苏丹徒人,熟悉多国语言,长于外交及洋务,深得李鸿章器重。在经济思想方面,马建忠主张废除厘金,收回关税主权,与之相应的是,其弛禁观点提出对鸦片抽取重税的方针,认为:"远来之货本国所无者,鸦片烟为首,以其为害人之毒物,自宜苛征以困之。赫总税务司前请每百斤收税银一百二十两,尚应加重。其余杂货,皆无过值百抽十五之下者。"②马建忠长期在李鸿章幕府,参与了鸦片税厘的改革,并赴印度接洽烟土运华分年递减的相关事宜。

(4) 王韬

王韬(1828—1897),字紫诠,江苏苏州人。其主持格致书院时曾就鸦片弛禁的问题出题考学生,被选入课艺类的超等四名的作品均主张弛禁鸦片。③ 具体办法大致是广种罂粟使自产鸦片足供民间吸食,抬高烟价以限制吸食,使自产鸦片的税率低于进口鸦片,借以抵制进口鸦片。选择不宜种粮之地种植罂粟,并通过铁路、轮船等交通工具运输粮食以解决种烟对粮食生产的影响,如此,则不致妨碍民食。超等第一名生员杨毓辉更直接指出:"以今之时势观之,则种烟之策实胜于禁烟之不啻百倍。"王韬在评语上写道"作者所陈,俱如我意之所欲吐","以种烟为禁烟,先盛行土药以绌洋药,而禁烟即寓其中。盖禁外难而禁内易,至于洋药已失其利,则禁之亦复无难"。可见,王韬主张禁烟之权"当操之于我手",只要"务以实心行新政。将见三十年后,印度之烟必不禁而自绝矣"。④

思想家们的鼓吹,使得弛禁论很快成为一种普遍的舆论。同治十一年(1872年)七月,《申报》上登载一篇《拟弛自种鸦片烟土禁论》,呼吁全面弛禁

---

① [清]薛福成:《筹洋刍议》,马忠文、任青编:《中国近代思想家文库·薛福成卷》,中国人民大学出版社2014年版,第175页。
② [清]马建忠:《复李伯相札议中外官交涉仪式洋货入内地免厘禀》,《适可斋记言》(卷四),中华书局1960年版,第78页。
③ 蒋秋明、朱庆葆:《中国禁毒历程》,天津教育出版社1996年版,第90页。
④ [清]王韬:《弢园文录外编》,上海书店出版社2002年版,第87页。

鸦片。其文曰:"鸦片烟土为祸甚烈,然果能尽弛其禁,其有益于国也亦甚多。……故吾谓中国之人既已喜吸此物,反不如大弛其禁,纵民耕种,令其足供民间吸食,国家可以岁收税银,每年可减二千数百万两出口之银,不归于印度而尽存于中国,为计岂不美乎?……为今之计,曷若使民亲往印度学习其种植收取制造之法,精究其奥妙,亦如印度人之来中国者学习栽茶作丝之法。既得其法。民喜吸之。然后以每岁所产之烟,所卖之银计数收税……是富不止在民,并在国矣。……重增其税使其价日昂,不但贫民无计吸食,即富人之吸食者所耗既多,亦将吝惜而不能畅所欲为,是不禁而自禁矣,未必非富国化民之一道也。"①这个弛禁意见综合了上述维新思想家们的观点,强调了两个方面:一是全面弛禁,纵民耕种,并学习印度先进的提制之法;二是设立重税以限制吸食。这样才能达到替代进口鸦片、阻止白银外流的目的,而吸食鸦片也将因重税的限制而减少。

2. 洋务派的弛禁思想

(1) 李鸿章:"以土抵洋"

李鸿章(1823—1901),字渐甫,号少荃,安徽合肥人。作为晚清洋务运动的主要领导人之一,向以稳健、务实著称。同治十三年(1874年),时任直隶总督的李鸿章提出弛禁鸦片的观点,其指出:"英国明知害人之物,而不欲禁洋商贩运,并欲禁中国自种,其用意殊极狡狠。"李鸿章认为:"既不能禁英商之不贩洋烟,即不能禁华民之不食洋烟。"至于"疆臣台谏每以申明禁令为言",在李鸿章看来,"是徒为外洋利薮之驱,授吏胥扰索之柄",而这些恰恰是英国人所希望的。而且国内罂粟种植日广,势亦不可遽禁。因此,李鸿章向朝廷建议"暂弛各省罂粟之禁,而加重洋药之税厘,使外洋烟土既无厚利,自不进口","俟外洋鸦片不来,再严中国罂粟之禁"。李鸿章认为这种办法"不但夺洋商利权,并可增加税项。将来计穷事迫,难保不出于此"。② 在李鸿章看来,中国目前并无禁烟的自主权,只有先将鸦片控制权掌握在中国自己的手中,才能谈得上是禁还是弛的问题。而夺回利权的方式,即为"以土抵洋"。这种"夺洋商利权"的认识与以往从堵塞漏卮的角度看待弛禁的认识相比,已

---

① 《拟弛自种鸦片烟土禁论》,《申报》1872年7月9日。
② [清]李鸿章撰,[清]吴汝纶编:《李文忠公全集》卷二十四《奏稿》,光绪三十一年(1905年)金陵刻本。

经大大进了一步,到光绪朝已经成为弛禁鸦片观点的主流。

但当时清廷并没有采纳李鸿章的建议。一方面是因为思想上长期对鸦片的观念无法在短期内改变。另一方面,"丁戊奇荒"的爆发亦延缓了国内鸦片弛禁的进程。"丁戊奇荒",是光绪元年(1875年)至四年(1878年)之间发生于中国华北地区的一场罕见的特大旱灾饥荒。这场饥荒的主灾区为山西、直隶、陕西、河南、山东五省,并波及苏北、皖北、陇东和川北等地区,造成1000余万人饿死、2000余万灾民逃荒的后果,因河南、山西旱情最重,又称"晋豫奇荒""晋豫大饥"。饥荒发生时,华北地区"饿殍载途,白骨盈野"的惨况给地方督抚的触动很大,一般舆论又认为此次饥荒与民间广种鸦片导致粮食荒歉有关,因此,不少督抚纷纷上奏要求严禁罂粟种植,陕甘总督左宗棠、山西巡抚曾国荃、张之洞等还在辖区内采取了实际的禁烟措施。在此背景下,清廷重申了禁令,李鸿章之弛禁建议自然亦难以被采纳。

(2) 左宗棠:"寓禁于征"

在全国弛禁思潮及地方财政压力的双重影响下,原先坚持禁烟的地方督抚对待鸦片的态度亦逐步发生了转变。如左宗棠在甘肃推行严禁无效,亦转而改行"寓禁于征"的政策。光绪七年(1881年),已为军机大臣的左宗棠上奏朝廷,要求"加洋药土烟税捐",以"寓禁于征"。左宗棠认为"税捐加则洋药土烟之价必贵,价贵则瘾轻者必戒,瘾重者必减,由减以至断瘾尚有可期",对于进口洋烟,如果"加数甚微,不但瘾无由戒,适足为兴贩洋药者广其销路",因此左宗棠建议将洋药税厘加至每百斤征银150两,土烟税厘照洋烟推算征收。① 左宗棠在奏折中一再强调加收税捐"非仅为聚敛丰财起见",但左宗棠长期在西北征战,经常为饷银所累,此时在严禁鸦片失败之后,提出此策,自然有军费之考虑。

左宗棠的主张受到朝廷的重视,甚至正中下怀,要求"南北洋大臣、福州将军、各直省督抚、粤海关监督,将各关口及地方情形,详细体察,将稽查征收章程,悉心妥议复奏,候旨定夺",并明确表示"此事务在必行,该大臣等当熟筹办法,期于大局有裨"。②

---

① [清]左宗棠:《奏为严禁吸食鸦片请先增洋药土烟税捐事》(光绪七年五月初五日),中国第一历史档案馆藏军机处全宗(录副奏折),档号:03-6490-026。

② 刘锦藻:《清朝续文献通考》卷五十一《征榷二十三》,商务印书馆1936年版,第8058页。

李鸿章立刻对左宗棠的建议表示赞同。其指出税厘增加到 150 两后，"自应设法严防偷漏"，其办法是："由海关另设关栈，洋药进口，立即起储栈内……遇有华商购买，先赴总口厘局交足税捐，方准出栈……所有口岸转贩洋药之华商字号，拟令先领部帖，方准开设。部帖由关道核给，每张令缴费银五百两，十年一换……未见领帖者，一概不准私贩洋药土烟，犯者全货充公……沿海各口……酌设小火轮两只，专在海面巡缉……倘有私带洋药进口被人指报者，拿获后全货充公，以其丰赏给指报之人，不必再科私运之罪，以免挟嫌栽害……州县营汛，如能缉获私贩洋药积至一百斤以上者，记功一次；积功五次，奏请议叙；十次准保升阶升衔，以资鼓励。"李鸿章还强调了厘金的分配问题，"天津所收洋药厘金，向供海防练军兵轮船薪粮及地方善举之用……今统在总口捐交……应按总口厘局所收之数……六成划补天津从前收款……别省税关厘局不得缓请划解"。但李鸿章对待土药始终持轻税主张。其提出要通过税收方面的倾斜政策，增强自产鸦片的市场竞争力，以达到"以土抵洋"的效果，为以后中国能够自主解决鸦片问题创造条件。他请求对各路土烟"不分何处出产，统照洋药内地税厘之数减成征收。土烟无进口之税，暂按一百二十两三分减二定为每百斤共征税厘银四十两。此口征则彼口免，彼处征则此处免。完过税厘之后领有执照，无论运往本省何处，均不重征"。李鸿章亦认为"土烟之毒，究比洋药为轻，而民财亦不外耗。倘将来洋商无利可图，洋药渐不来华，再增土烟税厘，益加厉禁，尚未为晚"。①

除了李鸿章对左宗棠的建议表示赞同外，原先力主禁烟的刘坤一亦上奏表示认可，并提出了防止偷漏的方法，即：对存放进口货物的趸船、栈房加以严查。刘坤一建议在鸦片入口后，先在海关封存，等到洋商与华商交易的时候，洋商交纳 30 两正税，华商交 120 两厘金后，才准放行。刘坤一认为"加厘既在必行，封存自应并办"，如果"洋商复耸威妥玛再来饶舌，即由总理衙门咨行出使英国大臣曾纪泽，照会英国外务衙门，告以封存加厘，均照烟台条款办理，想彼外务衙门亦无从而非议也"。②

---

① 刘锦藻：《清朝续文献通考》卷五十一《征榷二十三》，商务印书馆 1936 年版，第 8058—8060 页。
② 《议覆洋药加厘办法折》，《刘坤一遗集·奏疏卷之十八》，中华书局 1959 年版，第 641—644 页。

综上可见,19 世纪 80 年代,朝中大员对于弛禁鸦片,已经有了高度的共识。

二、土产鸦片弛禁的开始

19 世纪 80 年代,民间由于栽种罂粟获利,弛禁思潮更为盛行,烟农甚至"恒言官府禁止罂粟者,必其受洋人指示,欲保英国贸易之旺,不欲吾侪自种稍分权利"。① 而清廷此时的财政已经相当困难,因此光绪十年(1884 年)五月,工部主事余思诒进奏:"方今防务孔殷,亟宜广开饷源,庶可历久经营,成长驱远驭之治……查洋药一项,吸用日久,既多且广,已成狂澜难挽之势。禁栽罂粟,土产日少,深恐外洋贩运日多,应请于栽种罂粟地亩,一律照赋则二十倍征收。"②

光绪十一年(1885 年)五月,根据户部和总理衙门的建议,朝廷下令将各省洋药厘金每百斤一律加增为 86 两,并命各省酌拟土药税厘章程。到光绪十二年(1886 年),全国几乎所有的省份均已抽收土药税厘,国内鸦片生产正式合法化了。虽然一些封疆大吏依然坚持严禁罂粟的观点,光绪十二年(1886 年)陕西巡抚叶伯英向清廷奏请鸦片"大为世道人心之害","罂粟宜禁种植也"③,但这样的声音在举国一片弛禁声中显得极其微弱。

虽然清廷已经实行寓禁于征政策,但虑及鸦片对民众身体的危害及对农业生产的影响,无论是赞同弛禁的洋务派,还是清政府自身,禁烟的想法都未完全泯灭。李鸿章即曾致函英国戒烟公会,希望其继续努力,谋求英国当局改变鸦片贸易政策,以挽中国民众之病弱。如前文所述,其还曾派马建忠赴印度与印度总督协商,谋求印度运华烟土分年递减,渐趋断绝。曾纪泽在伦敦与英方订立《烟台条约续增专条》时,清廷谕令中也说:"洋药流毒多年,自应设法禁止……该大臣如能……与英外部酌议洋药进口分年递减专条,期于逐渐设法禁止,尤属正本清源之至计。"④

对于困扰晚清社会的鸦片问题,有识之士亦一直在寻求对付之办法,探

---

① 何良栋辑:《皇朝经世文四编》卷三十四《户政》。
② 朱寿朋编:《光绪朝东华录》(第二册),中华书局 1958 年版,总第 1688—1689 页。
③ 朱寿朋编:《光绪朝东华录》(第二册),中华书局 1958 年版,总第 2187—2188 页。
④ 刘锦藻:《清朝续文献通考》卷五十一《征榷二十三》,商务印书馆 1936 年版,第 8060 页。

索禁绝的途径。虽然到19世纪80年代,弛禁鸦片已经成为一种普遍的思潮,但这一思想之核心仍在于以土抵洋,夺其利权,最终的目的仍是禁绝鸦片。可清廷并无主动禁烟之勇气与魄力,只是把禁烟的希望寄托在英国政府主动改变鸦片贸易政策上。英国当局自然是不愿放弃鸦片贸易政策的,并以中国种烟日盛为由,要求中国先行自禁,并不许中国对进口鸦片予以税收上的歧视。清廷各级政府又面临着巨大的财政压力,在此情形之下,清政府的禁烟信心也随之消失。当时朝野普遍认为鸦片流毒的总根源在于洋药进口,在没有其他办法阻止洋药进口的情况下,国内自种罂粟就是抵制洋药进口的唯一现实可行的办法。弛禁自种罂粟不仅可以防止白银流失,挽回利权,还可以最终逐出洋药,夺回解决吸毒问题的自主权。在这种思想观念的支配下,地方官员放任罂粟栽种,在心理上就没有什么道德方面的自谴。这种情形也是19世纪80年代之后中国自产鸦片迅速发展的重要原因。

三、土产鸦片的种植与产量

在土产鸦片全面弛禁后,中国的罂粟种植及鸦片生产达到惊人的地步。中国成了名副其实的"鸦片王国",罂粟花遍地开放,以致某些外人将罂粟花称为中国的"国花"。①

1. 罂粟种植的地区及分布特征②

在中国长达100余年的罂粟种植史中,其产区分布具有内陆性及山区化两个十分明显的特征。

在地理概念上,内陆与沿海相对;在经济理论中,内陆性与开放性相对。19世纪中叶以后,随着东部沿海地区的对外开放,中国经济结构中形成两个截然不同的经济单元:东部地区的近代经济和西南、西北等内陆省区的传统经济。而西南和西北恰恰是全国最大的两个鸦片产区,无论是罂粟种植面积还是鸦片产量都占全国的80%以上。以1905—1906年为例,罂粟种植面积位列全国前六名的分别是四川、云南、陕西、贵州、甘肃、山西,种植面积合计

---

① 李文治编:《中国近代农业史资料(第一辑)》,生活·读书·新知三联书店1957年版,第457页。

② 本部分内容参考朱庆葆、蒋秋明、张士杰:《鸦片与近代中国》,江苏教育出版社1995年版,第16—21页。

为 1529.6 万亩(1 亩约为 666.7 平方米),占全国总种植面积的 81.7%,其中除山西为 96 万亩外,其他省份均在百万亩以上,四川更是高达 760 余万亩。就产量而言,位列前六名的依然是上述省份,分别是:四川 238000 担、云南 78000 担、陕西 50000 担、贵州 48000 担、甘肃 34000 担、山西 30000 担,总产量 478000 担,占全国鸦片总产量的 81.7%。[①] 就一省而言,鸦片产区的分布也有内陆性特征,主要分布在远离该省经济中心的边陲。如江苏的产烟区集中在苏北的徐州,安徽产烟区分布在皖北,陕西产烟区主要分布在川陕交界的关中,湖北产烟区主要分布在川鄂交界的宜昌地区和湘鄂交界的施南地区。

产地的山区化是又一个特征。除东北吉林产地位于呼兰河床,山东、苏北产地位于黄河故道,浙江温州产地位于海滨盐碱土壤上之外,其他主要鸦片产地几乎全在山区(包括山地、丘陵和崎岖的高原)。

西南地区,四川全境的鸦片产地有多处。川东地区是四川最主要的鸦片产区,产地分布在川鄂交界的巫山、长江南北岸的大娄山、大巴山及其他山脉和四川盆地东缘丘陵,主要是长江南岸的涪州,长江北岸的忠州、丰都、梁山、垫江、邻水、大竹、新宁、绥定、东乡等县。川西的高原产地,分布在雷马屏边区和松潘、茂县、理番、汶川、懋功、靖化等县。川西的北山区产地,分布在以梓潼为中心的重华、万寿、文胜、青龙、黎雅等处,这些地区山峦起伏、林密多雾、腐土肥沃,最适宜罂粟生长。川中丘陵产地,分布在重庆以西的巴县、永川、荣昌、隆昌、富顺、大足、遂宁、叙州等县。云南的产区分布在南部的临安、文山、麻栗坡,西部的陇川、陇陵、保山、蒙化、祥云、洱源等县,东部的曲靖、沾益、富源等县。这些地区处云贵高原,地势起伏高寒,但当地人称为"坝子"的山间盆地土地肥沃,农业发达,适宜罂粟的种植。贵州亦为高原产区,主要产地为贵阳附近的大定府、黄草坝(兴义),尤以西路的盘江地区最为著名,鸦片种植不仅产量多且质量最好,次则普定、镇宁、织金、郎岱所产亦称上乘。以上各地所产鸦片,通称"坝货"。

西北地区有起伏的黄土高原和崎岖的秦岭、贺兰山、祁连山山脉。罂粟种植主要分布在宜农的高原、山间盆地、大山边缘丘陵等。陕西以汉中最多,

---

① 根据李文治编《中国近代农业史资料(第一辑)》,第 457 页推算。

兴安较少。汉中又以府城之黄官岭所产最多,城固西乡等处次之。山西的鸦片产地遍布境内各县,晋南以霍州、洪洞、赵城、汾阳、永宁、交城、文水等地为多,夏县、曲沃、河津、长子、长治、潞城等地次之,五原、五台、托克托、繁峙、崞县等处又次之。甘肃省内各县都产鸦片,主要产地为皋兰、永登、正宁、庆阳、宁县、西固、古浪、甘谷、武威、张掖、靖远等县,陇南、甘南一带则产烟延续时间最长。新疆的鸦片主要产地在沙漠边缘和天山南北地区以及昆仑山北缘。南路以阿克苏道属之库车、乌什、轮台、柯坪所产较多,喀什道属所产较少;北路伊塔道属之塔城、宁远、绥定、精河等亦出产鸦片,但以镇迪道属之奇台、孚远、绥来、昌吉、呼图壁所产为最多。

东北的鸦片产地除吉林在河床堆积平原外,其他则分布在大兴安岭东部边缘齐齐哈尔、呼兰、长白山区的奉天府属各县及阴山边缘的锦州府属各县。

中部地区,河南省的产烟区分布在豫陕交界紫荆关一带和伏牛山余脉低山地区的许州府属各县。安徽省分布在江淮丘陵地区,以宿州、涡阳、亳州、阜阳、太和、蒙城所产最多,颍上、凤台、怀远、定远、灵璧次之,霍邱、凤阳、五河又次之。另外皖南山区的黟县、休宁、泾县也有少量出产。湖北省产烟以鄂西的宜昌府属各县最多,这里有大巴山余脉和荆山。鄂西南的施南府(今恩施地区)属各县也是山区,鸦片年产量亦较多。此外,鄂北和鄂西北的襄阳、郧阳两府,地形更是崎岖复杂,自东北至西南依次为桐柏山、大洪山、荆山和大巴山,烟土产量亦不低。湖南省产烟主要在湘北武陵山东侧的慈利、永定(今大庸)、湘南、湘西山区的桃源、武冈、龙山、溆浦等县。而江西省的主要产地是九江、赣州,亦是山区。

东南部地区,浙江的鸦片产区除温州外,主要在浙东低丘陵区的台州。福建省主要分布在闽东山地(戴云山)和闽东南丘陵的同安、安溪、晋江、漳浦等县。广东省的鸦片产地主要在粤东北山地的潮汕地区。广西省鸦片产地则分布在高山地区的玉林、永淳、天保等县。

为什么罂粟种植会产生内陆性与山区化的两个特征呢?这是由下面三个原因决定的:

第一,罂粟生长的自然条件。罂粟是温带、亚热带植物。西南西北部各省或山区地形较为适宜种植,而东南沿海特别是华南气温高,一般不宜种植;即使种植,也是品质差、产量低。而且罂粟成熟时,除一根高约一米的管状主茎外,还有五六根稍矮的支茎。花瓣凋落后,每根会长出一个个与鸟蛋形状、大小差不多的果实,即烟桃。由于果实有一定重量,而支撑它的管状茎又极脆弱,经不住大风吹打。东南沿海地区台风较多,种植罂粟极易遭受风灾而影响产量,所以它多种植于山区不易受风影响处。这就是云贵高原中的"坝子"鸦片产量高、质量好的原因。当然,平原地区有适宜的条件,也是可以种植罂粟的。由于罂粟也喜沙质疏松或碱分较重的土壤,所以平原地区的吉林、山东、苏北和沿海浙江的温州也出产鸦片,且品质很好。苏北的鸦片甚至比印度的"白皮土"还好。此外,鸦片亦喜多雾,川东多雾,土壤又极肥沃,故鸦片产量非常高。

第二,地区经济发展的不平衡。19世纪中叶东南沿海地区相对开放后,近代文明程度不断提高,商品经济发达,近代工业兴盛。与此形成鲜明对照的是,广大内陆省份,无论是城镇还是农村,面貌变化很小甚至没有变化。农民把土地当作唯一的富源,交通工具更是落后,除了背篓外,大多使用牛车、帆船等。当沿海地区从近代化的工商业获益时,贫困、落后的内陆省份只得从鸦片种植中去获得丰厚的利润。罂粟是传统农业生产中收益最高的作物,是其他作物的三四倍甚至更高,因此种植罂粟是以土地为唯一富源的内陆省份无可奈何的选择。由于利润高,自然就能承担内陆边区的运输成本,何况鸦片相较于谷物、豆类而言体积更小,更利于远程贩运。

第三,内陆边疆或一省的边陲地区政府约束力小。由于远离政治中心,这些地区容易为地方势力或基层的传统势力所控制,形成半自治状态,不但中央政府难以干涉,就是省级政府的控制也往往力不从心。而鸦片利厚,地方有权势者趋之若鹜,远离政治中心的民众对政府禁令亦少有顾忌。19世纪30年代是清代严禁鸦片的时代,但"滇省沿边夷民向有私种罂粟,收取花浆煎膏",[①]"川省五方杂处,间有吸食鸦片烟之人,会理州、平武县一带,毗连番界,尚有种植罂粟花处所"。[②] 可见,内陆边远地区在政府控制力弱小的情况下种植罂粟的现象十分常见。

2. 各地区罂粟种植的具体情形

咸丰元年(1851年)湖广道监察御史汤云松奏称:"栽种罂粟,虽奉明禁,

---

① 《宣宗实录》卷一九一,《清实录》(第三五册),中华书局1987年版,第1020页。
② 《宣宗实录》卷一九八,《清实录》(第三五册),中华书局1987年版,第1113页。

而滇、黔、四川各省,浙江温台各郡,久已连畦成亩,近闻直隶之顺德、甘肃之平凉亦有种植者。"咸丰六年(1856年)翁同书也曾奏称:"云贵四川境内之田,连畦接畛,种植罂粟花,借以渔利,近年此风尤甚……闻甘肃之兰州、浙江之温台。亦多有栽种罂粟。"① 大致而言,19世纪40年代,云南、贵州、四川、陕西、甘肃已出现或恢复了罂粟栽种,其中云南的罂粟栽种自嘉庆十年(1805年)以来一直未有间断。19世纪50年代,山西、东北、浙江、直隶、广西、福建等省已开始罂粟栽种,至19世纪60年代,除江苏、台湾外,全国各省均已或多或少栽种罂粟,江苏在19世纪80年代也开始种植罂粟。

在19世纪50年代,由于清政府严禁鸦片的政策并未废除,罂粟种植虽在许多省出现,但发展缓慢。英国领事的商务报告中也曾写道:"在1859年以前,四川种植鸦片都属于业余性质,农民只在田中播种少许",而且"官方如果发现种烟,会被处以死刑"。只有云南、甘肃等边陲省份,政府力量鞭长莫及,罂粟种植少受干扰。到咸丰八年(1858年),进口鸦片合法化之后,国内栽种罂粟的禁令也随之废弛,史载"自咸、同以后,烟禁已宽,各省种植罂粟者,连阡接畛,农家习为故常,官吏亦以倍利也,而听之"。② 禁令既弛,罂粟种植迅速发展起来。

兹将各地区罂粟种植的一般情况简要分述如下:

(1) 西南地区

西南地区的云、贵、川三省,是近代中国最大的罂粟种植区。其中云南省罂粟种植最早,康熙二十六年(1687年),徐炯在《使滇杂记》中记载:"阿芙蓉、阿魏,《腾越志》谓不产本地,而滇中者为佳。"③ 如前所述,乾隆元年(1736年)永昌府物产中即有鸦片一项。永昌府所辖地区,包括现在永平、保山、施甸、龙陵、永德、镇康等地。道光三年(1823年)诏谕中又提及迤西、迤东有罂粟种植。迤西包括大理、楚雄、顺宁、丽江、永昌、景东、蒙化、永北八府厅,迤南包括临安、普洱、元江、镇沅四州府。

---

① 李文治编:《中国近代农业史资料(第一辑)》,生活·读书·新知三联书店1957年版,第458页。
② 雷瑨:《蓉城闲话》,《中国近代史资料丛刊·鸦片战争(一)》,神州国光社1954年版,第322页。
③ 秦和平:《云南鸦片问题与禁烟运动(1840-1940)》,四川民族出版社1998年版,第18页。

19世纪30年代云南罂粟种植渐有扩展,依然分布在滇西南的迤西、迤南边地。道光十一年(1831年),云贵总督阮元奏称:"沿边夷民因地气燠暖,向种罂粟,收取花浆,煎膏售卖。名为芙蓉,以充鸦片。"按此折,此时云南罂粟种植在边境及内地均有,"土境夷民栽种罂粟,系在迤西、迤南边外"。而"内地民人,以取罂粟子榨油为名,亦复栽种渔利"。①

云南罂粟种植面积扩大,据说鸦片战争前鸦片产量即有数千担,并有烟土贩运出省。因道光帝在19世纪30年代后期的严禁政策,云南内地的罂粟种植一度得到遏制,但深山、边境的种植始终屡禁不止。道光十八年(1838年),御史郭伯荫奏称:"云南地方寥廓,深山邃谷之中,种植罂粟花取浆熬烟,获利十倍于种稻。"②道光十九年(1839年)江南道监察御史陆应谷奏称:"云南数年以来,栽种罂粟,熬浆作烟,近经督抚严行查铲,民稍畏法。惟是滇省界连夷地,地方各官虽禁内地不种罂粟,不能禁边夷不种罂粟。滇省西南一带,如普洱府南界阿瓦,永昌府西界神户关,南界孟定、云州,界连猛甸、湾甸、该处天气和暖,土地肥饶,遍种罂粟,熬烟售卖。"③

鸦片战争期间进口鸦片减少,云南地处边陲,受政府的查禁较少,罂粟种植又得到进一步发展,同治二年(1863年)已有鸦片远销广州与镇江的记录。在云南回民起义期间(1856—1873年),罂粟种植曾经因军事镇压而暂时停顿,鸦片生产锐减。同治年间,法国人安邺进入云南,其《探路记》中载:"罂粟田因回乱已废,在云南街上见有腊。据本地人云'昔此蜜蜂最多,罂粟花开,啄食已惯。近因少种罂粟,蜂无食渐亡',鸦片之瘾非但吸食之人有之,畜类亦然。城中有一鸦片烟店,熬烟之时,每有鼠至炉边嗅之,贼退之后,店主进城,见有死鼠数只,久不熬烟,瘾死于炉上。"④可见,战乱期间云南罂粟种植所受之影响极大。但回变之后罂粟种植即迅速恢复,并扩大到云南全境,罂粟种植成为该省最重要的农业经济作物。光绪年间的云南昆明,游人包家吉描述道:"出南门,绕过金马碧鸡坊,过迎恩堂,时暮春天气,罂粟盛开,满野缤

---

① 中国第一历史档案馆编:《鸦片战争档案史料》(Ⅰ),天津古籍出版社1992年版,第77—78页。
② 《宣宗实录》卷三一六,《清实录》(第三七册),中华书局1986年版,第923—924页。
③ 中国第一历史档案馆编:《鸦片战争档案史料》(Ⅰ),天津古籍出版社1992年版,第774页。
④ 秦和平:《云南鸦片问题与禁烟运动(1840-1940)》,四川民族出版社1998年版,第21页。

纷,目遇成色。"①

贵州省在道光十一年(1831年)的记载中尚称无罂粟栽种,当时的贵州巡抚嵩溥奏称:"黔省山多田少,田土皆系倚山伴岭,零星开垦,不成片段,只敷播种粮食,借资糊口,实无余田可种鸦片烟。其余山内,大半砂石,不堪种植,是以尚无栽种取浆,煎熬烟膏之事。"②道光十五年(1835年),御史袁文祥奏称:"贵州风俗素为淳朴,近日渐有吸食鸦片烟之人及栽种烟草、开设烟馆之事。"③可见,贵州省开始有零星种植的时间当在19世纪30年代初期。

至1830年代末,贵州的种植开始扩大。道光十九年(1839年),据巡抚贺长龄奏报:"黔省民苗杂处,多有栽种罂粟熬膏售卖之事。"外省商人到贵州购鸦片,常以高利贷形式直接向烟农收购"青苗"。④ 当时罂粟的种植是比较分散的,如遵义、大定、普定、郎岱、安顺、贵筑等许多县份均有栽种。贵州栽种罂粟虽受云南带动,但受两广的影响更大。有记载说,贵州绅商直接由广东引入罂粟种子自种。

咸同年间,贵州罂粟种植进一步扩大到全省:"所种皆不在花,农村人口拼死尽力种耘,自秋至春,弥山遍野,无非阿堵,果汁之毒不遗庞倪,而津津者利亦随之,虽厉禁不绝也。"⑤由于鸦片产量增加,贵州烟土开始运销两广地区,甚至有部分烟土运销到四川。

至光绪年间,贵州的罂粟种植就更为普遍了。据光绪年间的贵州地方官陈惟彦的记述,其在开州任职时察看地方情形,"约计所经州属,开垦之地半种洋烟"。在婺川县劝民树艺时又说:"洋烟一物,为害实多,民不知非,视同禾稼,连阡越陌,手胼足胝,微利所归,群相竞取"。⑥据《贵州通志》记载,到光绪十二年(1886年)之前,贵州十三府都已经种植罂粟,"上游(贵阳、安顺、兴

---

① [清]包家吉:《滇游日记》,云南大学历史系民族历史研究室1979年油印,第25页。
② [清]嵩溥:《奏为遵旨查明黔省现无种作鸦片烟及严禁贩卖服食事》(道光十一年五月二十九日),中国第一历史档案馆藏军机处全宗(录副奏折),档号:03-4005-036。
③ 袁文祥:《奏请饬禁贵州民间栽种鸦片烟草开设烟馆事》(道光十五年三月二十六日),中国第一历史档案馆藏军机处全宗(录副奏折),档号:03-4006-040。
④ 贺长龄:《奏为查禁私种罂粟情形事》(道光十九年正月二十四日),中国第一历史档案馆藏军机处全宗(录副奏折),档号:03-4009-015。
⑤ 转引自何一民、李朝贵:《晚清贵州鸦片问题初探》,《贵州社会科学》1989年第8期。
⑥ 李文治编:《中国近代农业史资料》(第一辑),生活·读书·新知三联书店1957年版,第459页。

义、大定、遵义)鸦片弥山漫谷,下游思南、平越(福泉)、松桃二府一厅与上游无异。此外镇远、思州(思南)、石阡、都匀四府近来亦渐此风,习气尚浅。惟黎平一府悉是苗疆,栽种最少"。①

四川省的罂粟种植是从云南省传入的。当时四川有歌谣云:"鸦片输入云南省,带到四川来害人;好人吃了昏昏醉,胖子吃了干筋筋。田地房屋都吃尽,自己婆娘嫁别人;倘若一旦得了病,抛尸露骨了残生。"②秦和平认为鸦片罂粟是道光中叶从云南经四川西昌安宁河流域逐渐向东延伸,影响到凉山彝区。之后,流入川中盆地,再引种到川东地区。③西昌是位于四川西南,川滇接合处的城市,罂粟由此传入当然是没有问题的。但罂粟入川的途径是否仅此一条呢?道光十一年(1831年),四川总督鄂山奏称:"川省五方杂聚,间有吸食鸦片烟之人,并闻会理州、平武州一带,毗连番界,尚有种植罂粟花处所。"④会理与西昌今日同属凉山彝族自治州,即所谓"毗连番界"。由西昌传入会理的可能性完全存在,但会理南与云南楚雄的元谋县、武定县,昆明市的禄劝县隔金沙江相望,亦属川滇交界地区。故罂粟直接从云南传入会理的可能性也是存在的。另外,平武州在四川盆地西北部,北靠甘肃省,距离西昌近800公里。若道光十一年(1831年),平武州即种植罂粟,此罂粟应该不是从南线传入的,从陕甘传入的可能性极大。

四川罂粟种植发展缓慢,19世纪50年代尚处于萌芽时期。19世纪60年代,因云南回变的影响,川东地区种植渐广,尤其在同治六年(1867年)采取严禁政策的总督骆秉章死后,罂粟种植发展迅速,到19世纪60年代末,罂粟种植已占据耕地的1/3,鸦片成为川东地区最重要的农产品。到光绪年间,川东地区已是"无处不种罂粟,自楚入蜀,沿江市集卖鸦片烟者,十室中不啻六七。若荒江野渚,草屋数间,售杂物以应客舟者,则更比户青灯矣"⑤。

19世纪70年代,罂粟栽种扩大到四川的所有地区。根据重庆海关光绪十七年(1891)年的调查报告,从东面进入四川,边界沿江两肆皆已种植罂粟,

---

① 《贵州通志·前事志》卷四十,贵州人民出版社1985年版,第页。
② 秦和平:《四川鸦片问题与禁烟运动》,四川民族出版社2001年版,第3页。
③ 秦和平:《四川鸦片问题与禁烟运动》,四川民族出版社2001年版,第4页。
④ [清]鄂山:《奏为遵议禁鸦片烟章程并本省禁烟情形事》(道光十一年八月二十八日),中国第一历史档案馆藏军机处全宗(录副奏折),档号:03-4005-042。
⑤ [清]何嗣琨:《存悔斋文稿·入蜀纪程》,民国六年(1917年)刻本,第15页。

虽然产烟不多,但烟质优良。从万县以上地区种植规模逐渐扩大,万县与重庆之间的涪州、忠州、丰都、梁山、垫江、邻水、大竹、新宁、绥定、东乡等地产量最高。其中涪州则成为一个较大的鸦片集散地,"两湖、江西、广东商汇银至川东收买,以涪为聚处,川、黔土多在涪成庄"。① 在重庆以西,鸦片生产以巴县居首,还有永川、荣昌、隆昌、富顺、大足、遂宁等县。在西南有叙州府和永宁府县。此外,四川栽种罂粟生产鸦片的还有许多地方,"甚至远如松潘厅,也可列入不仅为大量生产而且为大量输出的重要县份"。② 松潘地区种植罂粟并不奇怪,其气候适合罂粟生长,且东接平武州,似乎很早就有罂粟之来源。甚至松潘地区的种植史还要早于川东地区。

总之,至清末,川中和川西南、川西北都成为重要的鸦片产区。据重庆海关税务司麦凯隆(C. A. Macallum)光绪三十四年(1908 年)的调查,称四川罂粟栽种面积为 700 万亩。其继任代理税务司施特劳奇(E. Von Strauch)认为这一调查数字"是很审慎的,并且,如果数字有错的话,必定是在低估事实上面"。③ 可见四川罂粟种植之规模。

(2) 西北地区

西北地区包含今日之陕西、甘肃、青海、宁夏、新疆、山西等省份。需要注意的是,甘肃在晚清大致包括今甘肃、青海、宁夏的全境以及新疆和内蒙古的部分地区。因此,这里讲甘肃的罂粟种植是包含青海与宁夏的。

西北的陕甘晋地区种植最多,是全国第二大罂粟种植区。此地区的罂粟种植按郭嵩焘的说法是由四川传入甘肃,再由甘肃传至陕、晋:"道光初,其风始炽,浸寻由印度传至云南,而南土兴矣;辗转传至四川,而有川土;又至甘肃,而有西土。"④但也有材料记载,西北地区的罂粟种植是从陕西传入甘肃的。如《镇番遗事历鉴》记载,乾隆二十五年(1760 年),镇番(今民勤)"邑人胡欲昌经商陕中,是年,自彼地携烟籽二斗二升,散于乡里,令试种之,待秋熟还其价。讵料既种则成,成则事半功倍,市人颇获厚利,爱之益甚。几经鼓

---

① 《涪陵县续修涪州志》卷十八《食货志二》。
② 李孝同译:《重庆海关 1891 年调查报告》,《四川文史资料选辑》第四辑,第 191—208 页。
③ 李孝同译:《重庆海关 1902—1911 年十年调查报告》,《四川文史资料选辑》第 11 辑,第 28 页。
④ 朱寿朋编:《光绪朝东华录》(第一册),中华书局 1958 年版,第 394 页。

吹,于是乎阖邑田家,越明年种之连畛"。①《民勤县志》亦记述:"县人胡欲昌经商陕中,自陕携来烟草籽种数斗,是年在本县试种成功。"②按此说,西北地区的罂粟种植先从陕西开始,时间上似乎并不晚于西南地区。

笔者认为,从四川传入甘肃,有驿道一条,地势险要,交通极不便利,但亦非绝无可能,毕竟偶然的传入与长期运输对地理条件的依赖不同。而陕甘之间有三条驿道贯通,互相传播的可能性极大。但罂粟的传播,不能固化地认为一定是沿着一条路线传播,然后在某地种植扩散开来,特别是对陕甘这样面积辽阔的省份,几条传播路线的同时存在是完全可能的。但要说在乾隆二十五年(1760年)就有种植,并且"颇获厚利"就令人生疑,除非当时西北地区的吸食已经有一定的规模。当时吸食现象还多在福建东南沿海,吸食方式还是混合式的。因此,乾隆朝早期就在甘肃有种植且能获利的说法,与目前学界对这一问题的认识严重不符。因此,无论从陕西传入还是从四川传入甘肃,可能性均存在,但时间不会特别早。

那么陕西的罂粟是从哪里传来的呢？据说由于当时最称上品的是"广土",但价格很高,有人从广东买罂粟籽在陕西试种,效果不错,于是"甘肃立刻仿种,凉州和甘州一带生产最多,品质最浓,这是道光朝的现象。咸丰朝以后,罂粟花满布于陕甘各县,'西土'之名竟和'广土'媲美"。③ 当然,罂粟种植从广东传入陕西是可能的。但若国产烟土已经分等级,有所谓上品之"广土",这一时间至少已在鸦片战争之后。无论如何传播,至咸丰时期,罂粟在陕甘地区的普遍种植当是可信的。

甘肃省比较封闭,又地处边陲,因此罂粟种植较少受到中央禁令的约束。也许是同样的原因,甘肃罂粟种植的情形也少有记载。同治十一年(1872年),德国人 Richtofen 伯爵到达甘肃,说甘肃有鸦片输往该省以东、以西各省,而未由其他地方输进鸦片,并估计该省产烟数量为5000担。④ 按当时正是陕甘回民起义时期(1862—1873年),同治十一年(1872年),左宗棠的军队

---

① 王娟丽:《晚清时期西北地区鸦片问题研究》,辽宁大学硕士学位论文,2013年,第5页。
② 王之臣修撰:《民勤县志·物产》,(台北)成文出版社1970年影印。
③ 秦翰才:《左文襄公在西北》,商务印书馆1945年版,第180页。
④ 林满红:《清末本国鸦片之替代进口鸦片(1858-1906)》,(台湾)"中央研究院":《近代史研究所集刊》第九期,1980年。

已进占兰州,进取肃州,且左宗棠当时是坚定的严禁派,在此情况下,甘肃的罂粟种植自然受到严重影响。但甘肃仍有鸦片向外销售,说明在回变平息之前,甘肃的罂粟种植是有相当规模的。虽然左宗棠力行禁烟,但未见明显成效,回变平息之后,甘肃的罂粟种植又恢复了。当时主要种植地区为皋兰、永登、古浪、武威、张掖、武山、甘谷、靖远等县。其中皋兰五泉山和武威所产烟土最为出名。至清末,今甘肃所属各府、州、县均出现了较大面积的鸦片种植。迭部、舟曲、临潭、夏河、碌曲、卓尼由于广植罂粟,每逢割烟季节,外地商贩便云集于此。① 此外,临夏凡有条件的地区亦几乎都种罂粟,如唵歌集、罗家川、西河川、黄茨滩等地,每逢割烟时节,亦是商贩云集(俗称赶大烟场),极其繁华。② 可见,清末甘肃陇南地区,已形成了规模较大的鸦片市场。

今宁夏地区(当时隶属于甘肃)至光绪十四年(1888年),亦已开始出现大面积的鸦片种植。甘肃宁夏中国内地会牧师白恩奈特(Rev. W. E. Burnett)的报告中叙述,宁夏地区约三分之一的土地种植鸦片。③ 据左宗棠的奏报,当时宁夏的主要种植地有宁夏府(银川)、宁朔县、宁灵厅(金积)、中卫县、灵州、平罗等地,均在现今宁夏省东部。

今青海地区(当时隶属于甘肃)的罂粟种植亦较为普遍,据《青海通史》记载,当时西宁道属七县中除湟源、大通、化隆三县因气候冷凉,不适种植外,其他各县都种植鸦片。④

陕西罂粟种植的具体情形亦不是十分明确。有说开始于19世纪40年代,由云南省间接传入。亦有如前文所述,或从甘肃传入,或从广东购买罂粟籽试种。但据山西巡抚曾国荃光绪四年(1878年)奏称:"自回匪削平以后,种烟者多。秦川八百里,渭水贯其中央,渭南地尤肥饶,近亦遍地罂粟。"⑤左宗棠平定陕西回变是同治八年(1869年)末,以此而言,陕西大规模的罂粟种植应开始于19世纪70年代。据说1872年罂粟已成为陕西的重要冬季作物,种植面积相当广阔,仅次于小麦。到19世纪70年代末陕西已成为重要

---

① 党诚恩、陈宝生主编:《甘肃民族贸易史稿》,甘肃人民出版社1988年版,第48页。
② 《文史精华》编辑部:《近代中国烟毒写真》(下),河北人民出版社1997年版,第534页。
③ 李文治编:《中国近代农业史资料》(第一辑),生活·读书·新知三联书店1957年版,第649页。
④ 崔永红、张得祖、杜常顺主编:《青海通史》,青海人民出版社1999年版,第484页。
⑤ 曾国荃:《曾国荃全集》第一册《奏疏》,岳麓书社2006年版,第283页。

的鸦片产地。但曾国荃所言之渭南并非陕西罂粟种植的主要地区。因渭南原是米麦产地,供给山西南路平、蒲、解、绛等地之需要,自种植罂粟后,不但不能供给山西之用,自身"反仰给于渭北"。曾国荃在奏折中讨论罂粟种植对山西灾荒的影响时才提及渭南。事实上,陕西罂粟种植的主要区域是位于秦岭与大巴山脉之间的汉中地区。此外,大荔、泾阳、宜川、延川等地也盛产罂粟。如在泾阳县,"罂粟之种前二三十年尚少,即有种者每村不过二三家,十数亩而已。近年来不仅家种户植,而所种之地每村动辄数十亩,且有过数顷者"。① 而事实上,到光绪十一年(1885年)前后,陕西"烟苗广植,无地无之,惟其处处繁滋,遂致人人癖嗜"。② 据清朝户部的调查,光绪三十二年(1906年),陕西罂粟栽种亩数为53万余亩。由上述资料可见,陕西省罂粟种植及鸦片吸食之普遍。

山西省的罂粟种植始于何时不详。道光十一年(1831年)山西巡抚阿勒清阿两次奏称"晋省并无种鸦片"。③ 但道光十九年正月的上谕则称"朕风闻山西地方,沾染恶习,到处栽种"。④ 可见,鸦片战争之前的十年,是山西的罂粟种植成规模发展的时期。至同治年间,山西的罂粟栽种已达60万亩,这一定程度上影响到粮食生产,引起清廷注意,两次下令严禁罂粟种植。⑤ 鸦片侵占粮田引起饥荒的现象至光绪朝终于爆发,且在山西最为突出。如前文所述的"丁戊奇荒"在山西是最严重的。光绪八年(1882年)巡抚张之洞奏:"晋民好种罂粟,最盛者二十余厅州县,其余多少不等,几于无县无之,旷土伤农,以致亩无栖粮,家无储粟。"⑥ 显然饥荒后,山西的罂粟种植并未减少。张之洞在任内厉行禁烟,据其奏报,经过两年多的努力,罂粟种植大为减少,"南滨黄河,北抵边外,或什去八九,或什去六七"。但随着张之洞调任他处,罂粟种植即告恢复。至清末,山西的鸦片重要产地,晋南以霍州、洪洞、赵城、汾阳、

---

① 傅建成:《百年瘟疫:烟毒问题与中国社会》,陕西人民教育出版社2000年版,第82页。
② 樊增祥:《樊山公牍》,大连图书供应社1934年版,第2页。
③ [清]阿勒清阿:《奏为遵旨查明晋省并无种植鸦片及严禁贩卖服食情形事》(道光十一年二月初八日),中国第一历史档案馆藏宫中档全宗,档号:04-01-01-0732-001;《奏为查明晋省并无种植鸦片并严行查拿吸食人犯事》(道光十一年十二月二十三日),中国第一历史档案馆藏军机处全宗(录副奏折),档号:03-4005-057。
④ 《宣宗实录》卷三一八,《清实录》(第三七册),中华书局1986年版,第979页。
⑤ 王金香:《近代山西烟祸》,《山西师大学报(社会科学版)》1989年第3期。
⑥ [清]张之洞:《张文襄公奏稿》卷三,1920年铅印本,第23页。

永宁、交城、文水等地为多,夏县、曲沃、河津、长子、长治、潞城等地次之;晋北以代州、河曲、浑源、丰镇、归化、萨拉齐为多,五原、五台、托克托、繁峙、崞县等处次之。巡抚丁宝铨奏称:"晋系自种自吸省份,通省百十有余属,几无处不种,以致无人不吸。"①

以上是陕甘晋地区罂粟种植的一般情形。西人瓦格勒所著《中国农书》,将四川、甘肃、陕西、山西并列为全国四大鸦片产区。② 可见陕甘晋罂粟种植之广泛。

西北地区除陕甘晋外,新疆罂粟的种植亦有一定规模。在道光十八年(1838年)左右,由天津、陕西、山西、兰州、敦煌等地来新疆做生意的人带籽种在镇西(今巴里坤)、古城(今奇台)种植,后又扩展到靠近奇台的大坑沿、高窝堡、头工、叶家湖,并继续蔓延到南山泉子街牛圈子沟、石截子沟、新地花儿沟、潘家台子西、南旱地。③ 咸同年间又向南扩大到迪化所属各县,向西北扩大到塔城地区。新疆地区罂粟种植的特点是客民群体庞大。这些种烟的外来游民又称"花客"。他们春来秋去,起初在中俄边境地区种植,但常遭俄边境官员勒索及暴徒抢劫。由于新疆地域辽阔,人烟稀少,故此后"花客"逐渐在新疆境内选地偷种。所谓的"花客"一般是何处人呢?据载,当时新疆不同省份客籍农民的习惯和所从事的职业各有不同,"客民之善治生者,津人为上,湘鄂次之,秦陇最下。津人勤苦耐劳,又善莳蔬,多治园圃。湘人善艺稻。鄂人工植棉",而"秦陇之人则不务本业,多种罂粟为生"。由此,似乎在新疆从事罂粟种植者以陕甘人居多。这些"花客"几乎每年都达万人以上,若算上收获、割浆、采买、贩运的外籍游民,"每岁恃此谋生者,不下三四万人"。

新疆罂粟种植面积较大的地区集中地分布在镇迪道的奇台县和绥来县(今玛纳斯县)。据史料记载,由于当时"奇台、绥来一带,地广而沃",陕甘客民相率来此,租赁当地乡民地亩,大面积种植罂粟,谓之曰"种花儿"。每年秋天收割罂粟之时,会有大批陕甘游民出关麇集于此,应募割浆者,名曰"捻花

---

① 丁宝铨:《奏为沥陈晋省禁烟办理为难情形事》(宣统二年十二月二十二日),中国第一历史档案馆藏军机处全宗(录副奏折),档号:03-7590-031。
② 李文治编:《中国近代农业史资料》(第一辑),生活·读书·新知三联书店1957年版,第458页。
③ 《文史精华》编辑部:《近代中国烟毒写真》(下),河北人民出版社1997年版,第631页。

子""其间驰逐博塞,列肆营屯,极一时之盛,名曰'赶花事'"。① 此外,镇迪道之昌吉县也有一定规模的罂粟种植区,但相对于奇台、绥来两地产量较小。昌吉地区曾流行的大烟歌谣,生动形象地描述了当时新疆地区鸦片种植及收获的全过程:"正月里来是新年,清朝要兴鸦片烟……二月里来龙抬头,户儿家备耕齐动手;拉粪整地选籽种,大烟籽事先要选够……五月里来五端阳,罂粟花地里把苗间。粪壅上来水放上,一沟两行好派场……七月里来收浆忙,烟花地里人站满,后晌割刀早上刮,过夜渗出疙瘩浆。"②

总体而言,新疆产烟不多,仅供地区内自销。宣统元年(1909年),甘肃新疆巡抚联魁奏报:"新疆产烟无多,向系自种自吸,无大宗土药运销外省,即外产输入者亦仅甘省及俄属喀喇湖之土药。""本省产烟之区,南路喀什道属较少,阿克苏道属库车、乌什、轮台、柯坪为多;北路伊塔道属之塔城、宁远、绥定、精河,俱有烟地,而以镇迪道属之奇台、孚远、绥来、昌吉、呼图壁为最多。备属种户多系土著,奇台、绥来则多关内客民租种,来去无定。"③

(3)华北地区

华北地区指直鲁豫三省。直隶的罂粟种植情况缺乏资料,只知道其鸦片供应长期依赖山西。光绪十四年(1888年)之后,直隶的自产鸦片为数亦不算少,但直隶为京师所在之地,鸦片消费量大,自产不敷消费,至光绪三十二年(1906年)仍需由东北、山西等地供应鸦片。④

河南的鸦片生产情况限于资料也不得其详,不过据海关的报告,广东、山东、汉口、南京、上海等地,均有河南烟土进入的记录。如到达上海的砀山烟土中即包括河南烟土。⑤ 可见,河南是产烟较多的省份之一。河南所产烟土能远销沪、宁、粤,说明其烟土的质量亦比较高。《申报》记载,"河南归德、怀庆、卫辉、南阳、汝宁六府,陕汝两州各属内均有烟地数十亩或百余亩不

---

① 王树枏等:《新疆图志》卷二十八,(台湾)文海出版社1965年版,第1113页。
② 《文史精华》编辑部:《近代中国烟毒写真》(下),河北人民出版社1997年版,第565页。
③ [清]联魁:《奏为复陈新省办理禁烟情形事》(宣统元年九月二十四日),中国第一历史档案馆藏宫中档全宗,档号:04-01-01-1104-025。
④ 参见林满红:《清末本国鸦片之替代进口鸦片(1858-1906)》,(台湾)"中央研究院":《近代史研究所集刊》第九期,1980年。
⑤ 徐雪筠等译编:《上海近代社会经济发展概况(1882~1931)——〈海关十年报告〉译编》,上海社会科学院出版社1985年版,第15页。

等"①,可见栽种较为零散,其中"归德府许州全属,为河南产烟最富之地"②。但据福克的《西行琐录》记载,豫陕交界处的荆紫关罂粟种植最多。③ 荆紫关则属于南阳府。

山东省罂粟种植的开始年代亦不详。据海关十年报告所载,光绪五年(1879年),山东所产鸦片只有500—600担。④ 可见,罂粟种植的时间较晚。清末禁烟时期,山东巡抚袁树勋奏称:"东省种烟地亩以兖、沂、曹、济四属为最,固由罂粟利厚,倍蓰稻粱,而习染风从,相率私种,几于无地蔑有。则又以近接苏豫,都为著名产土之区。故除武定一府,地滨斥卤,土性不宜,虽登州枕海环山,砂石相错,亦复多有种者。其余如济南、东昌、泰安、临清、青州、莱州、胶州,种者亦居十之四五。"⑤据此可知,山东最初种植罂粟的是鲁西南地区,且与江苏、河南的罂粟种植有关。到19世纪80年代中后期,鸦片生产始有大幅拓展,扩大到整个鲁西和鲁中地区,至19世纪90年代遍及全省。

(4) 华东地区

华东地区指苏浙皖三省。江苏罂粟种植始于何时,难以查考。同治七年(1868年),丁日昌为江苏巡抚时已发现宿迁、萧县(今属安徽)、丰县等地有罂粟,且"种植之区,已十居其一,小民贪利,相率效尤"。⑥ 由此而言,当时罂粟的种植规模并不很大。从19世纪70年代开始,种植规模大幅增加。光绪年间朱之榛说:"人指徐属几乎半植罂粟,此言固难尽信。请以少言之,十分之一种罂粟,亦可得土六千万两,是为彰明较著之说,非一己之臆断也。"⑦ 6000万两折合3.75万担,徐州一府八州县未必能有如此产量。根据清末海关、国际鸦片委员会的调查,整个江苏的产量亦未达到此数。但徐州府所产

---

① 《度支部奏查明各省禁种土药情形清单(续)》,《申报》1910年10月9日。
② 李文治编:《中国近代农业史资料》(第一辑),生活·读书·新知三联书店1957年版,第906页。
③ [德]福克:《西行琐录》,第1页,见[清]王锡祺:《小方壶斋舆地丛钞》(第六帙),光绪十二年(1886年)刻本。
④ 林满红:《清末本国鸦片之替代进口鸦片(1858-1906)》,(台湾)"中央研究院":《近代史研究所集刊》第九期,1980年。
⑤ [清]袁树勋:《奏为遵旨复陈办理禁烟事宜情形事》(宣统元年四月初九日),中国第一历史档案馆藏宫中档全宗,档号:04-01-01-1104-029。
⑥ [清]丁日昌:《抚吴公牍》卷三十六,南洋官书局宣统元年石印本,第2页。
⑦ [清]朱之榛:《常慊慊斋文集》(下),朱景迈东湖草堂1920年刻本,第11页。

鸦片质地优良,尤以砀山所产,品质最佳,行销很广,产量也不会很低。据海关十年(1882—1891)报告,这一时期运销上海的土产鸦片总数为 1 万担,其中 75％是砀山鸦片,即 7500 担。① 光绪三十年(1904 年)川督锡良也曾说:"川土本不及广土、台土、砀土,乃能销行南北,徒以价贱之故,瘾轻者乐其廉。"② 可见,由于市场需求的刺激,徐州的鸦片产量必然逐年提高,南京的海关十年(1892—1901)报告估计徐州年产鸦片 1 万—1.5 万担,似较为符合实际。宣统元年(1909 年)两江总督端方奏称:"宁属栽种罂粟之区,向以徐州为最盛。他如淮安、海州等处亦在多数。""宁属向种罂粟如徐州属之铜山、宿迁、睢宁、邳州、丰县、沛县、萧县、砀山,淮安府之清河(淮阴)、桃源(泗阳)、安东、海州,及所属之赣榆、沭阳等十四州县。"③ 这些地区均在江苏的北部。苏中丹徒、句容也有种植鸦片的记载,如《益闻录》记载,光绪十五年(1889 年)丹徒有人引种罂粟,收成丰厚,远近闻风向慕,从而效之。一时之间,满目皆是罂粟,句容效仿栽种者亦不乏人。④ 至于苏南地区,则未见有栽种罂粟的记录。

浙江省鸦片生产开始时间很早,如前文所述,嘉道之交(1820 年)在温州永嘉、乐清、平洋县,台州黄岩、仙居县即有种烟取浆、制膏售卖之事。⑤ 当时即有所谓"台浆"之称呼。19 世纪 30 年代,浙江的罂粟种植有所发展。但自道光十八年(1838 年)鸦片严禁后,罂粟种植陷于停顿,至 19 世纪 60 年代才逐渐恢复并扩大。恢复后的罂粟种植,起初仍主要在台州府,因台州附近多山,罂粟种植拓展有限,所产鸦片不敷供应,于是温州府的罂粟种植也发展起来。进入 19 世纪 70 年代之后,浙江罂粟种植大幅扩展,宁波府、绍兴府、杭州府、湖州府、嘉兴府均已开始种植,但浙东地区仍是主要种植区。《益闻录》云:"浙东台郡,田家春熟,概种莺粟,豆麦则十居一二。"⑥《浙粤蚕桑》则云:

---

① 徐雪筠等译编:《上海近代社会经济发展概况(1882~1931)——〈海关十年报告〉译编》,上海社会科学院出版社 1985 年版,第 15 页。
② [清]锡良:《奏报土药碍难改办官运设局收买以及设立公司事》(光绪三十年四月初四日),中国第一历史档案馆藏宫中档全宗,档号:04-01-035-0582-019。
③ 刘锦藻:《清朝续文献通考》卷五十五《征榷二十七》,商务印书馆 1936 年版,第 8096 页。
④ 《五谷不分》,《益闻录》第 981 号,光绪十六年五月三十日。
⑤ [清]孙尔准:《奏为遵旨确查闽浙种卖鸦片并妥议章程折》(道光十年十月十三日),中国第一历史档案馆藏宫中档全宗,档号:04-01-01-0721-058。
⑥ 《浸彼稻田》,《益闻录》第 123 号,光绪七年八月三十日。

"台州府属各县……每年所植罂粟,出浆不下数十万石。"①宣统元年(1909年),浙江巡抚增韫详细奏报了浙江各地罂粟种植的具体情形:"种烟地亩,浙东环山滨海,半系产浆之处。"宁波府象山县最为著名,其次为台州府属之临海、黄岩、仙居、宁海,温州府属之永嘉、瑞安、乐清、平阳等县,以及严州之遂安,处州之缙云,绍兴之会稽、余姚,杭州之於潜,湖州之孝丰等县,其他地方也间有栽种。②

安徽省的罂粟种植在19世纪60年代为数不多,至19世纪70年代中后期始具规模。据安徽巡抚朱家宝宣统元年(1909年)的奏报,安徽省"种烟最盛区域,向以宿州、涡阳、亳州、阜阳、太和、蒙城为尤甚,颍上、凤台、怀远、定远、灵璧次之,霍邱、凤阳、五河、泗州又次之。此十余州县,皆民风素称强悍,交错于苏、豫两省之间者也"。③ 据此,安徽的鸦片生产主要集中在淮河河谷及其以北地区。与苏豫鸦片产地相连,可能是受到江苏徐州府及河南归德府等地的影响而发展起来。其他地区据记载虽有种植,但为数不多。宣统二年(1910年),《国风报》指出:"安徽之北部,多以种烟为业。"④可见皖北罂粟种植的规模大,且就种植区而言,种植罂粟是农民的主业。

(5) 中南地区

中南地区指鄂、湘、赣三省。有关这一地区鸦片生产情况的资料较为缺乏。该地区的土壤和气候均不适于鸦片生产,虽有罂粟栽种,鸦片生产未能发展成较大规模。

湖北省的罂粟种植始于何时不得而知。但据同治八年(1869年)英国领事商务报告,湖北省亦列名鸦片生产省份。⑤ 可见,19世纪60年代湖北省的罂粟种植就有了一定的规模。至19世纪80年代,湖北的罂粟种植区主要在鄂西的宜昌府及鄂西南的施南府,此后渐次扩展到襄阳府、郧阳府等地。据护理湖广总督杨文鼎于宣统元年(1909年)的奏报:"鄂省产土之地以施南、

---

① 李文治编:《中国近代农业史资料》(第一辑),生活·读书·新知三联书店1957年版,第460页。
② 增韫:《奏为遵旨陈明浙省办理禁烟实在情形事》(宣统元年九月十一日),中国第一历史档案馆藏宫中档全宗,档号:04-01-01-1104-017。
③ 《皖抚朱家宝奏禁烟情形折》,《华制存考》,宣统元年三月十九日,第27—28页。
④ 《各省禁烟成绩调查记》,《国风报》第1年(1910年)第18期。
⑤ 蒋秋明、朱庆葆:《中国禁毒历程》,天津教育出版社1996年版,第124页。

郧阳、宜昌三府及鹤峰厅为最。此外襄阳、荆门两属以及武昌府属之崇阳,黄州府属之黄安,德安府属之应山、随州。荆州府属之公安、监利、宜都等处,间有种植,为数无多。其余各厅州县,土性不宜,向无栽种罂粟情事。"①可见,清末湖北罂粟种植区主要分布在鄂西及鄂东北地区。桐柏山和大别山以南,也有罂粟种植,但为数不多。

湖南省罂粟种植的资料亦不确详。道光十一年(1831年),湖南巡抚苏成额奏称,省内亦难免罂粟种植。② 此后三十年没有关于湖南种植之资料。但至同治八年(1869年),英国领事商务报告中,湖南亦名列鸦片生产之省份。直到清末,湖南的罂粟种植始终在湘西地区,"桃源、桑植、乾州、溆浦为最多,石门、麻阳次之,慈利、永定、澧州、安福、芷江、黔阳、沅陵、辰溪、通道又次之,余如邵阳等各州县,间有偷种"。③ 湖南鸦片品质差,销不出省,产量也少。

江西省罂粟种植始终不多,鸦片产量亦极低。宣统元年(1909年),巡抚冯汝骙奏称:"江省产土素不甚多,仅就本地行销,并无大宗出境。"④据国际鸦片委员会调查,江西省是国内鸦片产出最少的省份。

(6) 华南地区

华南地区指福建、广东、广西三省。这一地区除了福建的部分地方外,总的来说也不适于栽种罂粟,鸦片产量较少。

福建的罂粟种植由东南亚引入。如前文所述,嘉道之交即有所谓"建浆"之名。但较有规模的生产种植相对较晚,19世纪50年代至70年代,罂粟种植还主要限于闽南同安一带。19世纪70年代后期,闽北的罂粟种植迅速发展起来。光绪八年(1882年),《益闻录》记载:"福建沿北半省,农民嗜利,大半栽种莺粟为衣食之谋。近日有加无已,连畦接畛,几如丰台芍药,无处不花。"⑤相比之下,闽南的罂粟种植到19世纪90年代才发展起来,除早先种植的同安外,扩展到晋江、惠安、长泰、安溪、南溪、永春、漳浦等地。据厦门商政

---

① 刘锦藻:《清朝续文献通考》卷五十五《征榷二十七》,商务印书馆1936年版,第8102页。
② 《宣宗实录》卷一九一,《清实录》(第三五册),中华书局1987年版,第1015页。
③ 《度支部奏查明各省禁种土药情形清单(续)》,《申报》1910年10月9日。
④ [清]冯汝骙:《奏为遵旨陈明江省筹办禁烟实在情形事》(宣统元年六月十九日),中国第一历史档案馆藏宫中档全宗,档号:04-01-01-1103-013。
⑤ 《莺粟宜禁》,《益闻录》第201号,光绪八年九月十七日。

局报告,光绪二十八年(1902年),闽南地区的鸦片产量为4771担,光绪二十九年(1903年)增长到9178担。① 而在光绪十七年(1891年)之前,整个福建省的鸦片产量才只有四五百担。可见,19世纪90年代福建罂粟种植发展之迅速。虽然福建全省多数地区均有罂粟种植,但主要种植区仍在沿海地带。宣统元年(1909年),闽浙总督松寿奏报:"闽省向来种烟处所,上游如延、建、邵各府属尚少,下游则兴、泉、漳各府及省城福州府所属各县以种烟为大利,几于盈阡连陌,兼与地气温暖,冬令亦可布种,与他省年种一次者迥然不同。"②需要指出的是,福建省鸦片产量不高,质量低劣,而且还时常掺假。据厦门商政局报告,同安县鸦片产量居闽南各县首位,但所产烟土掺假是最严重的。因此,福建烟土几乎没有外地市场。

广东省的罂粟种植情形,据道光十一年(1831年)两广总督李鸿宾奏报,潮州府属间有种植情事。但由于土壤、气候等原因,广东大规模的罂粟种植始终未发展起来。19世纪60年代,香山、东莞、顺德等地发现有少量种植,80年代种植地区渐有扩展,据《申报》记载:"广东向惟韶、潮、高各府及南雄、嘉应各州所属州县,间有种烟。"③虽然广东多数地区不适宜种植罂粟,烟土产量亦极低,但适宜种植之区域,如潮州等,其所产烟土质量极佳。在鸦片战争之前,"广土"即以质量上乘而闻名全国。故才有上述陕西引"广土"种植一说。

广西省的罂粟种植在时间上并不算晚,19世纪30年代与云贵交界地区即有栽种,但由于土质不宜,鸦片产量很有限。至清末,广西罂粟种植的主要地区还一直限于靠近云贵一带。据光绪三十二年(1906年),国际鸦片委员会调查,广西省烟土产量为500担,以亩产50两推算,罂粟种植面积才1万余亩。

(7)东北地区

东北的罂粟种植,据马士的估计始于同治二年(1863年)。光绪十年

---

① 李文治编:《中国近代农业史资料》(第一辑),生活·读书·新知三联书店1957年版,第461页。
② [清]松寿:《奏为复陈闽省实行禁烟办法事》(宣统元年闰二月二十四日),中国第一历史档案馆藏宫中档全宗,档号:04-01-01-1104-038。
③ 《度支部奏报查明各省禁种土药情形清单》,《申报》1910年10月8日。

(1884年),《申报》指出:"东三省之种罂粟者不下十之六七,去年收成甚丰,今年烟蕊露苗,又极发荣滋盛。"①此外,据《黑龙江述略》记载:"烟土则呼兰产多,黑龙江次之。不过廿年,日旺一日。""咸丰初年尚不能经见,吸食者亦颇自讳,近几家有其具矣。"②《黑龙江述略》乃徐宗亮在黑龙江省实地考察后所作,成书于光绪十五年(1889年),刊于光绪十八年(1892年)。由上述两则史料可见,19世纪80年代,东北的罂粟种植已经具有相当的规模了。以此而言,与马士的估计还是大体相符的。罂粟种植起初在东北地区的中北部,渐次扩展到黑、吉两省的众多州县,19世纪80年代又扩展到南部的盛京地区。据牛庄海关报告的描述,东北土地辽阔,罂粟栽种的面积相当于印度栽种罂粟的面积。③ 东北种烟,许多是移民垦荒种植,也有关内客民专为种烟而来。

通过对上述各地区罂粟种植情况的粗略考察,可以看出:19世纪60年代罂粟种植在全国多数省份已经恢复或开始。70年代,西南、西北的罂粟种植进入迅速发展时期,鸦片产量亦急速增长。到19世纪80年代,除了极不适宜栽种地区,大多数省份的罂粟种植均已进入迅速发展时期,只有福建省在90年代之后才获得迅速的发展。

3. 土产鸦片的产量问题

关于晚清中国的罂粟种植面积与土产鸦片的产量,历来有不同说法。关于种植面积,除了个别地区的地方政府如甘肃、浙江等于个别年份有关于罂粟种植面积的官方汇报资料外,其他并无多少比较具体的资料,多数为诸如"满野缤纷""弥山满野""开垦之地半种洋烟""连阡越陌""无处不种罂粟""十之六七"等模糊估计。显而易见,这些表述并不能作为推算罂粟种植面积的科学依据。关于鸦片产量,总税务司赫德、英国驻华公使朱尔典、学者瓦格勒、马士,清廷户部、海关、官员唐绍仪,国际鸦片委员会,以及部分地区英国领事的商务报告都对鸦片产量的数字作过估计。但问题在于,统计的年份不连续,多数集中于清末禁烟前的光绪三十二年(1906年),且数据从年产10

---

① 《粮贵烟贱》,《申报》1884年5月6日。
② [清]徐宗亮:《黑龙江述略》,第18页,见王锡祺:《小方壶斋舆地丛钞》补编第六帙,清河王氏铸版本,光绪十七年(1891年)。
③ 转引自林满红:《清末社会流行吸食鸦片研究——供给面之分析(1773~1906)》(打印稿),第564页。

余万担至 50 余万担,差距较大。一般均认为中国官方的统计数字过低,不少清廷官员亦持此观点。造成低估的原因:一是生产者为漏税而低报;二是地方官员率多敷衍,很少去实地查核种烟地亩。

在本部分,笔者将根据目前资料,编制一个不连续年份的罂粟种植面积及鸦片产量表,以试图直观地表现这个问题。

表 6-1 晚清罂粟种植面积及鸦片产量表①

地区	时间	鸦片产量/担	种植面积/亩
云南	光绪五年(1879年)	35000	1120000
	光绪十三年(1887年)	27000	864000
	光绪二十二年(1896年)	80000	2560000
	光绪三十二年(1906年)	78000	2496000
贵州	光绪五年(1879年)	10000—15000	320000—480000
	光绪二十二年(1896年)	40000	1280000
	光绪三十二年(1906年)	48000	1536000
四川	同治八年(1869年)	7500	240000
	光绪五年(1879年)	177000	5664000
	光绪十三年(1887年)	150000	4800000
	光绪二十二年(1896年)	120000	3840000
	光绪二十七年(1901年)	150000	4800000
	光绪三十二年(1906年)	238000	7616000
甘肃	光绪二十二年(1896年)	10000	320000
	光绪三十二年(1906年)	34000	1088000
陕西	光绪三十一年(1905年)	10000	320000
	光绪三十二年(1906年)	50000	1600000
山西	光绪三十二年(1906年)	30000	960000
新疆	光绪三十二年(1906年)	500	16000
直隶	光绪三十二年(1906年)	12000	384000

① 资料来源:《国际鸦片委员会报告书》(Report of the International Opium Commission)第二卷,1909 年,第 57 页;《皇朝经世文新编》卷十二《税则》;林满红:《清末本国鸦片之替代进口鸦片(1858-1906)》,(台湾)"中央研究院":《近代史研究所集刊》第九期,1980 年。

(续表)

地区	时间	鸦片产量/担	种植面积/亩
河南	光绪十三年(1887年)	4000—5000	128000—160000
	光绪十七年(1891年)	10000	320000
	光绪三十二年(1906年)	15000	480000
山东	光绪八年—光绪十七年(1882—1891)	28400	908800
	光绪三十二年(1906年)	18000	576000
江苏	光绪三十二年(1906年)	16000	512000
浙江	光绪五年(1879年)	8000—10000	256000—320000
	光绪十五年(1889年)	12000—14000	384000—448000
	光绪二十二年(1896年)	14000	448000
	光绪三十二年(1906年)	14000	448000
安徽	光绪二十二年(1896年)	30000	960000
	光绪二十七年(1901年)	40000	1280000
	光绪三十二年(1906年)	6000	192000
湖北	光绪十三年(1887年)	3000	96000
	光绪十七年(1891年)	10000	320000
	光绪三十二年(1906年)	3000	96000
湖南	光绪三十一年(1905年)	3000	96000
	光绪三十二年(1906年)	1000	32000
江西	光绪三十二年(1906年)	300	9600
福建	光绪三十二年(1906年)	5000	160000
广东	光绪三十一年(1905年)	5000	160000
	光绪三十二年(1906年)	5000	160000
广西	光绪三十二年(1906年)	500	16000
东北	光绪十三年(1887年)	8000	256000
	光绪二十二年(1896年)	6000	192000
	光绪三十二年(1906年)	15000	480000
合计	光绪三十二年(1906年)	589300	18857600

上表中鸦片产量分别使用了马士、赫德、海关报告、鸦片委员会的调查数据,而没有采用清廷户部(1906年改度支部)的统计数据。赫德长期任海关总税务司,笔者判断,其估算依据应该亦是各地海关资料。虽然上表资料来源多,但由于各自估算的年份不同,故编制此表并未出现难以取舍的矛盾,反而在一定程度上兼顾了数据的连续性。

关于表中鸦片产量数据的可靠性问题,可以通过其他材料加以佐证。光绪七年(1881年),重庆英国领事 Donald Spenee 调查了西南三省的鸦片产量,为 224000 担。① 光绪八年(1882年),西文报纸指出,西南三省共出产鸦片 265000 担。② 这些数据与表中光绪五年(1879年)马士估算的 222000—227000 担,以及光绪二十二年(1896年)赫德估算的 240000 担,是比较吻合的。据此,我们可以认为,上表中涉及马士、赫德对鸦片产量的估计大体是可信的。光绪三十二年(1906年),国际鸦片委员会对全国鸦片产量进行了系统调查,因而只有该年的数据是覆盖全部地区的。值得注意的是,宣统元年(1909年)在上海召开的万国禁烟会上,中国代表在阐述鸦片问题时,也引据了鸦片委员会的资料。可见鸦片委员会统计数据虽然远远高于清廷户部统计的数据,但其权威性在当时就得到中国官方的认可。这亦是笔者采用鸦片委员会的统计数据而摒弃户部统计数据的原因。但鸦片委员会的数据在部分地区亦是值得质疑的。如陕西省的鸦片产量,据光绪三十一年(1905年)马士的估计及光绪三十二年(1906年)清廷户部的估计均在 10000 担左右。清廷的调查,系来自地方官员的奏报,常常低于实际。故这一结果应该是偏低了。但光绪三十二年(1906年)鸦片委员会的调查结果为 50000 担。参考甘肃、山西等西北地区的产量,这一调查结果显然偏高。又如新疆产量,光绪三十二年(1906年)鸦片委员会的统计为 500 担。如前文,每年在新疆种烟的客民即达万人以上,参与整个种植、收割、贩运的过程,借此谋生者,不下三四万人。故 500 担绝不似数万人的生计,这一统计明显偏低。此外,又如安徽省,根据表中,光绪二十二年(1896年)产量为 30000 担,光绪二十七年(1901年)为 40000 担。这些都是根据芜湖海关的报告而估算的。而根据光

---

① 《皇朝经世文新编》卷六《国用》。
② 李文治编:《中国近代农业史资料》(第一辑),生活·读书·新知三联书店1957年版,第458页。

绪三十三年(1907年)日本外务省所编《清国事情》："在安徽省,凤阳府、颍州府及徽州府所产,每年约达四五万担。"①安徽省的鸦片产量似乎不会达到数万担之高,但光绪三十二年(1906年),鸦片委员会的调查为6000担。这一结果又显然偏低。②

表中的罂粟种植面积,是笔者根据亩产50两的标准计算得出的(1斤为16两)。当然,这一估算方法并不十分精确,因为不同的种植条件与农业投入量对亩产影响是较大的。土地肥沃、气候适宜、劳动力投入多,采取精耕细作的种植方式,则亩产量会高于50两。反之,种植条件一般,采取广种薄收的种植方式,则亩产相对就低很多。就全国范围而言,亩产50两似乎是一个较为平均的数字。笔者将表中估算数据与清廷有限的官方资料相比较,发现这一估算方法还是大体可行的。清廷关于罂粟种植面积的资料极少,只有甘肃省及浙江省有过相关汇报。根据甘肃布政使司的奏报,光绪二十七年(1901年)甘肃省各府罂粟种植面积达305866.0025亩。③ 这与表中光绪二十二年(1896年)320000亩的数字是极为接近的,但与表中光绪三十二年(1906年)1088000亩的数字差距极大。笔者认为清廷地方汇报的数据一直是偏低的,而光绪二十七年(1901年)至光绪三十二年(1906年),甘肃省的罂粟种植又得到迅速的发展。据此,依据亩产50两进行推算就甘肃省的情形而言似乎是可行的。此外,宣统元年(1909年),浙江巡抚增韫奏报所属各府种烟地亩为473718亩有奇。④ 这与表中光绪二十二年(1896年)及光绪三十二年(1906年)所估算的448000亩是较为相符的。但是按照官方一贯低报之传统,为何在清末禁烟期间所统计的数据反而上升了?此点笔者目前尚难以解释,但浙江在清末的种植面积大体在40余万亩还是可靠的。

---

① 李文治编:《中国近代农业史资料》(第一辑),生活·读书·新知三联书店1957年版,第460—461页。

② 安徽鸦片产量,各种调查估计差异很大,如:光绪二十二年(1896年)总税务司赫德的估计为2000担;光绪三十二年(1906年)清朝户部的估计为4000担有零;我国台湾学者林满红认为光绪三十二年(1906年)安徽鸦片产量应有30000担之高。(林满红:《清末本国鸦片之替代进口鸦片(1858-1906)》)。

③ 《甘肃布政司造赍甘省各属光绪贰拾柒年水地川原山坡种植罂粟地亩应征税银数目清册》,甘肃省档案馆藏,档号:1-1-37。引自王娟丽:《晚清时期西北地区鸦片问题研究》,辽宁大学硕士学位论文,2013年,第8页。

④ 增韫:《奏为遵旨陈明浙省办理禁烟实在情形事》(宣统元年九月十一日),中国第一历史档案馆藏宫中档全宗,档号:04-01-01-1104-017。

综上,该统计表的数据就准确性而言,其在微观地区及个别年份或存在一些偏差,但在宏观层面是可以体现出晚清中国的罂粟种植面积与鸦片产量的一般概况的。如根据该表,光绪三十二年(1906年)西南三省的鸦片产量约占全国鸦片产量的61.8%,是全国最大的鸦片产区。西北晋陕甘产区,约占全国鸦片产量的19.3%,是全国第二大鸦片产区。这些都是与一般性认识及之前的研究结论相符合的。

4. 土产鸦片的运销

前章已经对进口鸦片的运销路线进行了概述,此部分讨论土产鸦片的国内市场问题。西南、西北是中国的主要鸦片产区,除满足自身消费外,大多鸦片用于向外销售。此外,安徽、山东、河南等省份亦为鸦片生产剩余地区,有不少鸦片向外销售。而新疆及东北地区则属于基本自给自足地区。其余省份则为不足地区。大体而言,鸦片的运销路线是从富余地区运往不足地区,但事实上这一过程是比较复杂的。比如,虽然安徽、河南、山东等省份是剩余产区,会向外运销鸦片,但依然会购入西南、西北等鸦片产区的优质烟土,以及其他地区所产的质量不高但价格低廉的烟土。因此,这里仅论述全国主要的鸦片运销网络。(本部分仅就鸦片运销的具体情况作大致的分区,与中国七大地理分区有出入。)

(1) 西南运销区

这是全国最大的鸦片运销网络,以川、滇、黔产区为中心向四周辐射,其重心是向东部及东南部发展。与西南产区相邻的湖北、湖南二省,以及相隔较远的江西、广东和长江中下游各省均为鸦片不足产区。故西南产区的鸦片运销即以这些不足地区为对象而构成一个以华中、华东、华南为主的市场圈。有时也会扩展至西北、华北,甚至越南、缅甸等东南亚国家。具体而言有以下几条主要路线:

其一,运往长江中下游及沿海各省的长江水路。以四川涪州为集散地,汇集由老牙滩沿长江支流关河到宜宾,再顺长江而下的云南鸦片,由贵阳沿黔江而下的贵州鸦片,以及四川境内各地鸦片。这些鸦片经涪州后顺江而下,越过三峡到达湖北宜昌。之后,或继续顺江而下,或转陆路运销各省。若顺江而下到达上海,则可再往北经海路运往烟台、天津,往南运往宁波、福州、广东。

其二,运往西北和青藏高原地区的陆路。经川、陕边界上各关卡到陕西、甘肃，或越过大巴山运到陕西。此外，还可经过松潘地区到达青藏高原。

其三，云南北部产的鸦片一般由四川运销，而南部永昌、大理所产鸦片则由陆路出口到缅甸、越南等地。

其四，贵州鸦片运往湖南，并经湖南分运江西和广东的贵洪线。又分旧、新二线。前者由贵阳运到镇远，经沅水直达洪江；后者由贵阳到麻江下司，经清水江剑河、锦屏直达洪江。洪江是湘黔商业枢纽，烟土在此集中后，分水陆两路运出。水路经辰、沅运至常德，再分水陆两路运往长江，这是主要路线。陆路经黔阳、武冈直到宝庆，再分运至长沙及湘南汝城。集中长沙的鸦片，由萍乡运往九江、南昌，或经茶陵运入吉安一带。集中汝城的鸦片，经粤桂边区，深入粤桂内地销售。经新、旧贵洪线出省的贵州鸦片占 3/4 左右。此外，还有贵阳经铜仁到湘西的贵铜线、经榕江到柳州的贵榕线、经南丹到柳州的贵南线，由贞丰到百色的贞丰线，兴义经箐口到柳州的兴箐线，安龙经坡脚到达南夏、庆远、德胜的安坡线，毕节经泸州到川南各县的毕泸线，遵义经涪州到达长江各地的遵涪线。

其五，经湖南运往广东。或由涪州经巴东、湖北建始和施南到达湖南的来凤、永顺、辰州，顺沅江而下到达常德，再经岳州、龙山、慈利，溯湘江而上到长沙，接官道途经湘潭、衡山、郴州、宜章进入广东乐昌，经北江而上到达广州；或由四川丰都经忠县、万县，湖北施南、宜都、沙市，出野三关到岳州、湘阴，以长沙为中转站，以下路线循第一条路线入广东；或经湖南洪江，顺沅江而下，再循第一条线路入广东。

其六，经江西到广东、福建。先由水路或陆路转往赣州，再循赣江运往广东、福建。到福建后，可经陆路转往泉州或漳州。

其七，经湖南到广西。以四川涪州为起点，经湖南沅江流域的保靖、辰州和贵州黔阳、会同，入广西。

西南鸦片经过上述路线在外运过程中形成许多规模不等的重要集散市场和转运中心，如长江水运线路上的宜宾、涪州、宜昌、汉口，川边陆运线上的马尔康以及滇黔水陆外运线上的铜仁、遵义、安顺、兴义，湘黔线上的洪江等。西南三省的鸦片经过这些集散地的加工，然后转运到各消费区。

（2）华东运销区

这里的鸦片产地主要在苏北、皖北，所产鸦片由运河经镇江运往南京，再由南京销往各地。江苏、安徽、浙江的鸦片运销,大致以南京为中心形成一个较小的市场圈。由于本区所产鸦片品质很好,所以只有在所产不足供应本地需要之时,才由外地运入。

(3) 中南运销区

湖南、湖北、广西、江西四省所消费的鸦片大都来自西南三省,但也有自产的。湖北宜昌、施南所产鸦片,先集中于宜昌、沙市,再转售各地;襄阳所产鸦片运至河南南阳销售;郧阳所产鸦片则北运陕西的商州、新安销售。湖南省岳州所产鸦片若运往江西则溯湘江东流而上入长江,若运往广州则沿湘江南下,再越湘粤省境到广东。江西省鸦片产量很少,多在本地消费,不曾出省。广西所产鸦片亦未出省。

(4) 华南的闽、粤两省是西南鸦片运销的重要地区,所消费的鸦片除一部分来自国外,相当大的部分来自西南,但福建同安、福宁所产鸦片也有少量运销到台湾。

(5) 华北运销网

山西、陕西、甘肃、河北、山东、河南六省,除了河北、山西为不足区外,其他各省均为有余地区。河北省是一个严重不足的省份,这是因为京畿所在,消费者众多。山西省因为时而严禁、时而弛禁,故有余或不足的情况时有变化,但供需相差不大,多数年份基本能自给。山西的进出情形变动亦较多。如甘肃省曾运销鸦片至山西,但山西亦有少量鸦片运销到汉口、天津。六省的有余地区的鸦片运销基本上以河北省为中心构成一个市场圈。此外,华北与其他地区亦常常互通有无。如陕西南部有鸦片供应湖北汉口,河南南阳由湖北襄阳、陕西南部购入鸦片,但河南本身又有鸦片运销到天津、烟台、镇江、上海。还有甘肃的鸦片曾运销到甘肃以东及以西各省,也曾由天津转运到秦皇岛。山东也有鸦片向外销售,商埠为烟台和威海卫。

(6) 东北运销网

东北大致为自给自足地区。有时也有鸦片运销到烟台、天津、山西。清末还有黑龙江鸦片出口到西伯利亚,沈阳之鸦片运载到北京的情形。

四、土药的税厘征收

1. 征收之始

洋药弛禁之后,清廷亦着手对土药征收税厘。土药即中国自种罂粟所产鸦片之名称，与洋药相对。如前文所述，咸丰九年（1859年）三月，惠亲王绵愉奏请将土药、洋药一律抽收捐厘。七月，清廷令云南省将所产土药分别抽收税厘，将正税解部，厘金充云南省剿匪经费，并不准将洋药土药相混。① 这是目前所见最早的清廷关于允许对土药抽收税厘的文件。由此可见，清廷希望将土药税厘的征收亦规范化，一方面将税、厘分开征收，税归中央，厘归地方。另一方面，严格区分洋药与土药，如前所述，这是为了保证洋药税能全数归于中央，因为洋土药的税率相差较大。但此后清廷又多次颁布种植罂粟的禁令，土药税厘征收明显与禁令不符。尽管禁令收效甚微，却导致初期各地征收税厘的具体情形难以确知。而且从开始，土药税、厘就没有严格的区分。就土药税厘的征收时间，我们大概可以知道的是，云南省、四川省始于咸丰九年（1859年），陕西、山西始于咸丰十年（1860年），甘肃始于咸同之交。宜昌、汉口、芜湖、镇江、上海、厦门、福州等口岸最晚于光绪五年（1879年）已开始征收。而光绪十二年（1886年）前后，全国多数省份普遍开始征收土药税厘。②

在光绪十三年（1887年）前，土药税厘由地方政府自行征收，征收情形各地不同，比较混乱。如云南省虽然从咸丰九年（1859年）开始征收，但具体情形不详。同治年间，劳崇光任云贵总督，为筹措平息回变的经费，规定：凡贩运、销售烟土者，满100两则缴纳白银1两，以此类推。③ 又如四川省，咸丰九年（1859年）亦开始征收土药税厘，规定：鸦片由陆上运输，每担征银20两，水路运输则征收30两。此外，还要征收秤钱、票资等各色名目的杂税。但由于偷漏、少报等原因，征收情形并不理想。后四川方面将征收总量按比例分摊给部分州县，或按粮征收，或摊派商贩。同治十年（1871年），因御史吴镇的奏请，清廷禁止按民田摊派土税，又改为抽厘。④ 恢复抽厘后每百斤征银6两，光绪四年（1878年）改为4两8钱，征收时减让20%。⑤

---

① ［清］张亮基：《奏为云南省拟将土药收税抽厘等事》（咸丰九年七月初五日），中国第一历史档案馆藏军机档全宗，档号：04-4398-027。
② 林满红：《晚清的鸦片税（1858~1906年）》，微信公众号"近代史研究资讯"2018年3月13日。
③ 秦和平：《云南鸦片问题与禁烟运动（1840-1940）》，四川民族出版社1998年版，第56页。
④ 秦和平：《四川鸦片问题与禁烟运动》，四川民族出版社2001年版，第25—26页。
⑤ 《四川财政考·土税考》，将军署印刷局1914年印，第34—35页。

就云南、四川情形而言,土药征收初期,税厘并不算重。但逢关遇卡,层层抽收税厘,自然加重。故光绪七年(1881年),左宗棠建议实施"寓禁于征"的政策,并相应加重土药税厘数量时,遭到各地反对。在当时"以土抵洋"的舆论中,轻土药税厘与洋药竞争、加烟税价格而减少吸食、土药危害远低于洋药这三点是社会的普遍共识。这一思想在李鸿章身上体现得尤为明显。故李鸿章主张土药不分何地出产,统照洋药内地税厘之数减成征收,定为每百斤共征银40两,完过税厘之后领有执照,运往本省各处均不重征。① 目前没有资料显示,李鸿章的建议得到朝廷的认可,并在全国各地施行。在四川,川督丁宝桢计划征收的数量是每担48两,但四川各级政府因此陷入增税减销的困境。为了鼓励川土的生产和销售,四川方面最终仍旧按照每担4两8钱的标准征收。② 而在云南,为了促进滇土外运,云贵总督岑毓英将每百两纳税厘1两降低为0.6两。③ 云南、四川是土药产量最大的省份,二省并未执行左宗棠加重税及李鸿章折中之建议。其他地区因资料缺乏,具体情形不得而知。似乎,光绪七年(1881年)因左宗棠建议,清廷关于对土药加税之讨论并未形成最终的政策,各地依旧各行其是。由于各地政府自行征收,且税、厘不分,故清廷中央几乎分润不到土药之利益。于是清廷开始试图通过海关将土药税厘之征收权收归中央。光绪十三年(1887年),清廷借洋药税厘并征之契机,开始通过海关对运经通商口岸的土药征税。先是瓯海关,此后其他海关也陆续开征。限于资料缺失,不清楚当时海关按照什么标准征收土药税厘。但初期的征收十分不理想,光绪十三年(1887年)瓯海关仅征土药税银9两。而光绪十四年(1888年)则各海关连1两银子都没有征到。④ 可见,各省所产土药在当地已经缴纳过税厘,到通商口岸再向海关交税,增加了成本。商贩们则想方设法躲避海关纳税。

2. 加征之议与川楚之争

光绪十六年(1890年),在赫德的建议下,总理各国事务衙门与户部奏请整顿土药,考虑增加土药税厘的征收数量。要求各省制定税则,并减少土药

---

① 于恩德:《中国禁烟法令变迁史》,河南人民出版社2016年版,第102页。
② 秦和平:《四川鸦片问题与禁烟运动》,四川民族出版社2001年版,第27页。
③ 秦和平:《云南鸦片问题与禁烟运动(1840-1940)》,四川民族出版社1998年版,第57页。
④ 汤象龙编著:《中国近代海关税收和分配统计》,中华书局1992年版,第124页。

税的缴纳次数。如川土在四川涪州缴纳落地税,重庆纳出口税,湖北宜昌纳通过税。所有关口缴纳的土药税全部解送户部。① 可见,此次土药整顿的目的是加强中央对土药税收的控制,规范地方对土药厘金的征收。

各省纷纷遵旨奏复相关征收办法,但加税建议遭到云南、四川等产烟大省的反对。云贵总督王文韶认为,云南省原本洋药税厘就轻于土药税。② 因此,土药加征税厘表面上短期内会增加财政收入,但长期看洋药的市场会扩大,不利于土药的销售。③ 四川总督刘秉璋则奏称,加重税厘会极大影响四川当地土药的生产和销售,在目前形势下并不可行。④ 刘秉璋为了保证川土销路,甚至建议土药税厘应该归于各省办理,若省内已经抽收厘捐,则粘贴印花,出省后就一律免征税厘。⑤

刘秉璋所指乃湖广总督张之洞增加川土在湖北的过境税厘一事。张之洞以收回利权、寓禁于征、崇本抑末为由,将川土在湖北的过境税厘从数两提高到30两,并加征随粮耗银4两7钱。⑥ 张之洞在土药问题上,始终是重税派,其后还建议将土药税提高至每百斤征银130两。⑦ 按照总理衙门整顿土药之主旨,各关土药税是全数解往中央,故张之洞此举并不能直接分润增加的税收。但是过境税(中央收入)的提高,将迫使烟商躲避在重庆及宜昌报税,而直接到湖北境内缴纳当地税厘,张之洞此举极为老辣。但这遭到四川方面的强烈反对。川督刘秉璋奏称,川土若税重,成本提高,瘾者将争吸洋药,利益更加为外人所侵夺,其强调:"溯自通商以来,漏洋之银,洋药为巨。

---

① [清]奕劻:《奏为土药出产日盛请饬各省详细查复妥筹办法以裕饷源事》(光绪十六年四月十五日),中国第一历史档案馆藏军机档全宗,档号:03-6501-029。
② 洋药税率始终较土药高,但进入云南省的洋药极少,其税厘总量低于土药。且洋药税厘并征后,纳税规范,土药层层抽收,实际税负不低。见王文韶:《奏陈滇省抽收洋药税厘轻于土药税厘事》(光绪十六年八月十六日),中国第一历史档案馆藏宫中档全宗,档号:04-01-35-0567-033。
③ [清]王文韶:《奏陈云南加征土药税厘利弊事》(光绪十六年八月十六日),中国第一历史档案馆藏宫中档全宗,档号:04-01-35-0567-035。
④ [清]刘秉璋:《奏为四川土药碍难加征税厘事》(光绪十六年十月初四日),中国第一历史档案馆藏军机档全宗,档号:03-6502-053。
⑤ [清]刘秉璋:《奏为土药应按省抽收税厘并粘贴印花以免重收事》(光绪十六年十月十九日),中国第一历史档案馆藏军机档全宗,档号:03-6374-001。
⑥ [清]张之洞:《奏为遵旨整顿土药税厘酌拟办法事》(光绪十六年八月二十四),中国第一历史档案馆藏军机档全宗,档号:03-6502-035。
⑦ 于恩德:《中国禁烟法令变迁史》,河南人民出版社2016年版,第103页。

川土之价,川民得之,仍在中国。洋土之价,洋人得之,尽归外洋。孰损孰益,关系甚大。"刘秉璋还提醒朝廷,加征税厘,烟农无利可图将放弃种植,成为失业游民,"为害更不可胜言"。① 光绪十七年(1891年),成都将军岐元亦上奏朝廷,反对张之洞在湖北对川土加税之举。② 四川方面除了上奏公开表示反对意见外,还加强了四川边界稽查烟土的行动,以防川土躲避税收进入湖北境内。③

时任直隶总督、北洋大臣的李鸿章对张之洞的做法亦洞若观火,其致函总理衙门,指出张之洞此举就是要使四川烟商绕开宜昌海关,将川土税厘归于湖北。其认为,川土之价值较洋药之价值相差甚多,川土价只抵洋土价十分之六,故洋药征银110两,川土则只应征银64两。④ 朝廷面对川楚两省之间的明争暗斗,自己亦想分得土药利税的一杯羹,最终根据李鸿章之议,立定章程:川土在本省仍照4两8钱征收厘金,贩运出省时征收税银20两,若转运其他省份再征收税银40两。⑤ 除了议定川土章程外,清廷还议定了徐州土药章程,规定每百斤抽税厘30两。徐州与四川都是著名产土之区,销路大,税收多。故清廷专门议定该两处章程。需要注意的是,徐州土药章程中有选择殷实之家充当行户之一条。⑥ 这似乎说明此时已经出现了土药专卖之现象。

3. 税厘并征与专卖之议

四川土药税厘征收办法议定之后,光绪十八年(1892年),宜昌关和重庆关开始对土药征税。宜昌关和重庆关作为川滇黔烟土主要的运销出口,土药税收最旺,这两个海关所征的土药税,在各海关所征土药税总额中所占比重

---

① [清]刘秉璋:《奏为楚省加征川土税厘有碍大局酌定办法事》(光绪十六年十月十九日),中国第一历史档案馆藏军机档全宗,档号:03-6502-055。
② [清]岐元:《奏为楚省议咨川土加增税厘碍难照行等事》(光绪十七年三月二十五日),中国第一历史档案馆藏军机档全宗,档号:03-6503-024。
③ [清]刘秉璋:《奏为遵议在川省边界设卡稽查土药漏税事》(光绪十七年七月十八日),中国第一历史档案馆藏军机档全宗,档号:03-6503-059。
④ 于恩德:《中国禁烟法令变迁史》,河南人民出版社2016年版,第103页。
⑤ [清]奕劻:《奏为遵议川省土药税厘划一章程事》(光绪十七年五月十五日),中国第一历史档案馆藏军机档全宗,档号:03-6503-033。
⑥ [清]奕劻:《奏为遵旨会议徐州土药收捐章程事》(光绪十七年三月二十二日),中国第一历史档案馆藏军机档全宗,档号:03-6503-022。

在 90% 以上。但由于土药税厘各地征收方式不一,有按亩收税,有设局统捐,故捏报歉收、隐匿短缺在所难免。其中胥役包庇、商贩偷漏、官吏侵渔,更是弊端重重。故从清廷角度而言,其希望进一步规范鸦片税厘,简化征收方式。光绪二十三年(1897 年),户部因总税务司赫德之建议,令各省派员在出产土药最盛之处,各设立总局仿照洋药税厘并征之法,每担征银 60 两,纳足之后任其销售,无论何处概不重征收。户部还根据赫德开呈手折中各地鸦片产量,规定各地最低的征收数量。如吉林 6000 担,甘肃、陕西、山东、山西、河南、直隶共 60000 担,四川 120000 担,云南 80000 担,贵州 40000 担,浙江 14000 担,江苏 10000 担,安徽 2000 担,福建 2000 担。总计 334000 担,可得税厘约 2000 万两。其他赫德手折未开之奉天、黑龙江、热河、新疆、湖南、湖北、广东、广西、江西等省亦应照此办理。在户部此方案中,计划土药税厘一成归各地税厘局经费,六成留归本省,专备拨还续借洋债,三成解户部,作为奉宸苑、颐和园等处工程费用。①

从某种程度上而言,土药税厘的调整是利益各方的零和博弈。对于鸦片的生产经营者存在一个税厘的极限,若无利可图则不会有此产业。在税负的极限范围内,中央、地方、经手官员、胥役分享税厘利益。按照户部的方案,地方政府及经办人员之收入自然减少。故各地督抚均奏陈,反对此方案的实施。山东巡抚李秉衡奏称,若明定各省数目,"将使九州之上腴,尽弃嘉禾而植恶卉",且户部所定标准是全国多数地区以往征收的 10 倍以上,此举是"以害稼贼民之事,为损上益下之谋"。因此,最好的办法还是照原定办法征收土药税厘。② 四川总督鹿传霖奏称,洋药售价、利润均高,故有加征厘税之空间。土药售价、利润均低,若加征厘税,会造成商贩、农佃失利,以及由此带来一系列社会安定的问题。③ 两江总督刘坤一亦奏称,徐州土药税收在丰年时,亦不过二十七八万两,远不足赫德手折所开之数目。徐州地瘠民贫,非他处可比,一旦坐失利源,恐徒滋纷扰,实于地方民情大有关系。故仍请照旧章

---

① 朱寿朋编:《光绪朝东华录》(四),中华书局 1958 年版,总第 3963—3965 页。
② [清]李秉衡:《奏为部议筹征土药税厘办法流弊甚大请仍照现办章程稽征事》(光绪二十三年六月初一日),中国第一历史档案馆藏宫中档全宗,档号:04-01-01-1018-002。
③ [清]鹿传霖:《奏报川省土药厘税碍难重征缘由事》(光绪二十三年六月二十五日),中国第一历史档案馆藏宫中档全宗,档号:04-01-35-0574-047。

办理。① 此后,盛京将军依克唐阿、山西巡抚胡聘之、江西巡抚德寿、黑龙江将军恩泽、河南巡抚刘树堂、贵州巡抚王毓藻、广西巡抚史念祖、两广总督谭钟麟、湖广总督张之洞、陕西巡抚魏光焘、甘肃巡抚陶模、直隶总督王文韶、安徽巡抚邓华熙等均上奏,反对税厘并征,请仍照旧办理。② 由于各省的极力反对,土药税厘并征一事未得成功。

光绪二十四年(1898年)正月,黑龙江副都统景祺奏请将所有烟膏行店分成繁盛、次盛、简僻三等,一律分设牙行,请领部帖。户部对此极力赞同,并拟定了详细的执行方案与时间表,并获朝廷批准。③ 厘金属于流通领域的税费,显然,清廷在税厘并征无果后,试图通过专卖的方式获取土药在消费领域的利益。但除了吉林将军延茂同意办理铺税药牙事,其他督抚纷纷反对。四川总督恭寿、湖广总督张之洞明确表示"势难举行"。④ 乌里雅苏台将军崇欢则以无从举办,请"毋庸置议"。⑤ 其他省份纷纷以各种困难为由要求延缓。最终,四月十七日,清廷颁发谕旨延缓办理。⑥ 此议遂不了了之。

4. 加征三成之策

虽然税厘并征与专卖之议,在地方督抚的极力反对之下均告失败。但清

---

① [清]刘坤一:《奏陈徐州土药仍按旧章抽收厘金以保正捐事》(光绪二十三年十月十五日),中国第一历史档案馆藏宫中档全宗,档号:04-01-35-0575-002。
② 第一历史档案馆藏档案:[清]依克唐阿《奏为查明奉省土药税厘短绌拟请仍照旧章办理事》(03-6509-003)、[清]谭钟麟《奏为查明广东省并无出产土药事》(03-6509-012)、[清]胡聘之《奏为晋省土药税厘碍难设局并征拟仍循旧章办理事》(03-6509-019)、[清]德寿《奏为各厘卡抽收外来土药厘税现仍查照向章办理事》(03-6509-025)、[清]恩泽《奏为黑龙江土药碍难骤改新章请缓期一年徐图试办事》(03-6510-005)、[清]刘树堂《奏陈土药厘税大局土药统捐万难试办缘由事》(04-01-35-0574-062)、[清]史念祖《奏报广西不出产土药及未知云贵四川开办新章日期事》(04-01-35-0574-065)、[清]王毓藻《奏报黔省土药碍难税厘并征谨拟设法整顿各缘由事》(04-01-35-0574-069)、[清]王文韶《奏为查明直隶土药所产不多请照旧章征收厘税事》(03-6510-011)、[清]邓华熙《奏为土药统捐安徽碍难试办请照旧征收事》(03-6510-019);于恩德:《中国禁烟法令变迁史》,河南人民出版社2016年版,第104页。
③ [清]麟书:《奏为遵旨议黑龙江副都统景祺奏请专设铺税药牙以清偿款折事》(光绪二十四年二月初七日),中国第一历史档案馆藏军机档全宗,档号:03-6144-024。
④ 于恩德:《中国禁烟法令变迁史》,河南人民出版社2016年版,第104页。
⑤ [清]崇欢:《奏为拟设药牙铺税无从举办请毋庸置议事》(光绪二十四年闰三月二十二日),中国第一历史档案馆藏军机档全宗,档号:03-6510-055。
⑥ [清]杨崇伊《奏为缓办铺税药牙请明发上谕事》(光绪二十四年四月十七日)、[清]郑思赞《奏为缓办铺税药牙请明降谕旨事》(光绪二十四年四月十七日),中国第一历史档案馆藏军机档全宗,档号:03-5615-042、03-6510-036。

政府需财孔亟，罗掘之法亦穷。光绪二十五年（1899年），清廷户部再次议定将加征土药税厘三成。① 各地督抚虽不便再次公开反对清廷的加征之举，但不少省份依然以各种理由请求暂缓办理或免征。如护理山西巡抚何枢以"本年荒歉"，请求朝廷"酌量变通"，"所有土药加成暂行缓办"。山西的要求得到清廷的满足。② 云贵总督崧蕃、云南巡抚丁振铎亦上奏请求缓办，并谓"苟有可开之源，可节之流，再行随时办理"。③ 四川总督奎俊则坚决反对加征，其奏称加征三成后，川土自川至鄂，每百斤收银99两8钱4分，而洋药税厘并征才仅征银110两。但川土之价不及洋药之半，若土药税厘加征，商贩势必裹足，大有碍于农民生计。因此，奎俊请求朝廷，四川土药税厘"仍照旧办理，免再加征三成"。④ 但实际上，湖广总督张之洞已经遵旨对过境之川土开始加征20%。⑤ 在此情形下，奎俊接受布政使员凤林之建议，在四川本地加征土药税厘一成，除了能获得一些经济利益，更重要的是试图以此应付户部加征三成之令。如此，四川土药的厘金从4两8钱加至5两2钱8分，重庆关的出境税从20两加至22两。⑥ 需要注意的是，与前两次的土药税厘并征及领帖专卖不同的是，虽然此次户部的加征之举依然遭到地方抵制，但作为制度而言被确立下来。各地的抵制除了四川表示反对加征外，多以各种困难为由请求缓征或减征。除上述山西、云南外，吉林方面亦请求减半征收。⑦

经过光绪二十五年（1899年）的加征，至光绪二十七年（1901年），户部为筹措《辛丑条约》之赔款，于各地海关都开始实行了加征三成之政策。于恩德

---

① ［清］李鸿章：《奏为遵议加抽土药烟酒厘金等事》（光绪二十五年十二月二十日），中国第一历史档案馆藏军机档全宗，档号：03-6512-004。
② ［清］何枢：《奏为土药加成暂请缓办烟酒税厘成数酌量加增事》（光绪二十六年正月二十八日），中国第一历史档案馆藏军机档全宗，档号：03-6512-011。
③ 朱寿朋编：《光绪朝东华录》（第四册），中华书局1958年版，第4489—4490页。
④ ［清］奎俊：《奏为川省民生攸关土药税厘已重请准其仍旧抽收事》（光绪二十六年六月二十一日），中国第一历史档案馆藏军机档全宗，档号：03-6512-047。笔者注：此折《光绪朝东华录》记载为二月二十八日（见《光绪朝东华录》第四册，中华书局1958年版，第4492页）。户部土药加征三成之议形成于光绪二十五年底，各地反对加征或请求缓办之折亦多在二十六年正月及二月间，故档案中记载奎俊之折的军机处录副的时间可能有误。
⑤ ［清］张之洞：《奏为遵旨办理宜昌关加征土药税银事》（光绪二十六年正月二十八日），中国第一历史档案馆藏军机档全宗，档号：03-6411-025。
⑥ 鲁子健主编：《清代四川财政史料》（下册），四川省社会科学院出版社1984年版，第577页。
⑦ ［清］长顺：《奏报加抽土药烟酒等事》（光绪二十六年三月二十八日），中国第一历史档案馆藏军机档全宗，档号：03-6512-025。

认为,清廷于光绪二十五年(1899年)、二十七年(1901年)两次加征三成土药税收。① 林满红亦引述了这一观点。② 但于恩德的依据是光绪三十年(1904年)清廷办理土药统捐时对税收政策的回顾,并非谕旨原文。笔者并未在档案及相关史料中发现二十七年(1901年)中央与地方有过任何加征土药税方面的讨论与交锋。难以想象,二十五年(1899年)年底的加征政策尚未真正"落地",一年后便又再次加征三成,且各地督抚竟然集体失语。故笔者判断所谓二十七年(1901年)的加征三成,只是户部借筹款抵债之机,将加征三成之政策再次重申并落实,而非两次加征。

需要指出的是,在当时"以土抵洋"之舆论影响下,朝野普遍认为应该减轻土药税负,否则商贩裹足、农民失利,不仅会扩大洋药市场,且失业民众的增加,亦会成为社会不稳定因素。各地督抚的奏折中均可见这一立场,且各督抚亦常以社会稳定问题来"要挟"中央。但是在财政窘迫的情形之下,清廷实在没有什么筹款渠道,增加洋药税厘肯定不是简单的内政问题,故只得多次将目光转向土药税厘的加征。而且,相对于其他"苛捐杂税",对土药加征税厘,有着所谓的"加价减瘾,寓禁于征"的合法性借口。因此,即便土药价格只得洋药之半,但其税厘经过多次加征,至清末,已经接近并超过洋药税厘了。需要注意的是,并非只有中央政府榨取土药税厘,地方政府抵制加税的原因并不是保护土药产业,更多的是希望土药利益尽可能留在地方。与洋药类似,土药的经营亦有营业税,此外还有土地税或种植税,这是洋药所没有的,这些税收亦归于地方政府。此外,一些地方性的事务亦常常依赖于土药税厘。如福建省创办团练的经费就直接来自土膏厘③,安徽、陕西的学堂经费亦来自土药捐输。④ 而且在土药税厘的经办过程中,地方官吏亦多为中饱。故土药的税负亦并不低。

---

① 于恩德:《中国禁烟法令变迁史》,河南人民出版社2016年版,第104页。
② 林满红:《晚清的鸦片税(1858~1906年)》,微信公众号"近代史研究资讯"2018年3月13日。
③ [清]许应骙:《奏为拟抽洋土药膏厘以资创办团练需款事》(光绪二十五年正月初七日),中国第一历史档案馆藏军机档全宗,档号:03-5517-008。
④ [清]魏光焘:《奏为陕省中学堂常年经费不敷拟请自本年起恢复土药坐票捐输事》(光绪二十五年四月十六日),[清]诚勋:《奏为截留土药捐款借拨开办省城高等学堂事》(光绪三十一年九月二十九日),中国第一历史档案馆藏军机档全宗,档号:03-7210-049、03-6515-090。

5. 土膏统捐

土指烟土，也即所谓的生鸦片或生药，是不能直接吸食的。膏指烟土熬制后的成品，亦称为熟药、熟膏、熟鸦片。一般来说，转运销售过程中的均是生烟土，各关所纳土药税及当地征收的厘金多是针对生药的。而烟膏店及烟馆中批发或零售的多是熬制后可直接吸食的熟膏，缴纳的是营业税。故所谓"土膏统捐"是将生鸦片的厘金、落地税、出口税、过境税，及熟鸦片的营业税等一次性合并征收。

该政策之出台有三大原因：其一，以往各地的土药税厘差异极大，土商为了规避高税收，必然偷漏或绕越。而各省为了招徕土商经过，在征收过程中还多有打折之举。一省之打折对于邻省而言，无异于鼓励偷漏，故各地纷纷效仿。这使得原本就高低不同的税制更为混乱。从此点而言，"土膏统捐"是为了杜绝偷漏，而对土药税厘的一次整顿。其二，《辛丑条约》签订后，各地均按比例承担赔款任务，为了筹措赔款，多数省份准备从土药税厘的整顿中增加税收收入。据统计，内地18省中，对土药税厘加以关注的有15个，占总数的83％。① 其三，清末新政中，各地需款孔亟，练兵、兴学等新政举措均需要从土药税厘的整顿中取得经费。除上述之陕西、安徽之学堂经费来自土药捐输外，广东、江苏、山东等处的练兵费用亦是直接用土药税厘解决的。② 可见，"土膏统捐"是为了应付清末新政、赔款等各项事务所需经费，而对土药税厘进行的一次整顿与规范。

"土膏统捐"最初并不是中央政策，而是地方为应对上述事项的筹款先行在一定范围内施行的统捐。首先施行的是两湖地区。光绪二十九年（1903年）十二月，湖北巡抚兼署湖广总督端方③奏请在湖南、湖北两省范围内进行土膏统捐，"凡原运湖南行销及由湖北过境运往湖南行销土药，一律均照鄂省章程征收膏捐"。为打消清廷顾虑，端方特别强调"此项膏捐本系取之吸食之

---

① 刘增合：《鸦片税收与清末新政》，生活·读书·新知三联书店2005年版，第31页。
② [清]奕劻：《奏为遵旨核议两广总督岑春煊于土膏统捐项下认解练兵经费事》（光绪三十一年十二月二十日），[清]周馥：《奏报徐州土药再加膏捐凑拨江北练兵经费银数事》（光绪三十二年二月十八日），[清]杨士骧：《奏为东省所需土药地税银两请仍留本省应用以重练兵要需事》（光绪三十三年正月二十七日），中国第一历史档案馆藏军机档全宗，档号：03-6002-050、03-6174-045、03-6177-046。

③ 召总督张之洞入京，见钱实甫编：《清代职官年表》（第二册），中华书局1980年版，第1499页。

家,已有成法可循,决不至稍滋扰累"。至于统捐收入的使用,端方在奏折中亦十分明确,即"所有征存土膏捐税之款,分别拨足鄂、湘两省按年应征、应解之数,其余悉数储为新厂常年经费"。此处新厂指正在筹办的湖南枪炮厂。端方所请,事涉新政与军事,故朝廷收到奏折后,将之交由练兵处与政务处共同议复。对于统捐之未来利益,清廷自然亦想染指,故清廷的批复是:若筹集不到款项,湖南枪炮厂暂时不办。土膏统捐可以办理,但收益要归于朝廷,由练兵处提拨。① 清廷此举,地方自然不会有办理统捐的任何积极性,故遭到张之洞的极力反对。此前,早在光绪十七年(1891 年),湖广总督张之洞就奏请将湖北省土药税收的一部分作为湖北枪炮厂的常年经费之用,并获朝廷批准。② 故光绪三十年(1904 年),张之洞援引成案,上奏反对将统捐税款上交,并强调统捐收入并不会太多,添机造械亦万难延缓。③

清末,清廷中央政权衰微,地方督抚权重,像张之洞这样的实力派极力坚持或反对的事项,清廷往往无可奈何。故两湖的"土膏统捐"得以办理,且收入留在地方。而事实上,统捐收入是极为可观的。两湖办理统捐一年税入,扣除土膏局用开支及岁额,"实在溢收银 1324897 两有奇"。④

两湖地区"土膏统捐"办理的成功,使得邻近的江西、安徽省份亦纳入统捐体系。一方面,皖、赣二省希望通过统捐增加收入,故主动要求加入。另一方面,西南烟土行销皖、赣二省多经过两湖地区,张之洞亦希望将二省纳入统捐范围,从而减少偷漏。经过多次协商,四省合办"土膏统捐"约于光绪三十年(1904 年)六月开征,具体做法是:经宜昌关过境之烟膏,由湖北并征;不经宜昌关,由湖北边境直接运往湖南之烟膏,由湖南并征;经过湖北运往安徽、江西之烟膏,由湖北并征;不由湖北过境之运往二省之烟膏,由安徽、江西自征。征收标准为每百斤 114 两。⑤

---

① [清]端方:《奏为统办土膏税捐以充鄂湘两省合筹添建枪械厂经费事》(光绪二十九年十二月二十二日),中国第一历史档案馆藏军机档全宗,档号:03 - 6168 - 005。
② [清]张之洞:《奏为遵旨妥筹专款请拨土药税川盐加抽江防两款拨充湖北枪炮厂常年经费专款事》(光绪十七年三月十八日),中国第一历史档案馆藏宫中档全宗,档号:04 - 01 - 01 - 0979 - 101。
③ 刘增合:《鸦片税收与清末新政》,生活·读书·新知三联书店 2005 年版,第 49 页。
④ 刘增合:《鸦片税收与清末新政》,生活·读书·新知三联书店 2005 年版,第 49 页。
⑤ 刘增合:《鸦片税收与清末新政》,生活·读书·新知三联书店 2005 年版,第 50—51 页。

稍晚于两湖地区,两广总督岑春煊亦开始在两广筹办"土膏统捐"。据《两广合办土税膏捐现行章程》,每百斤土药除皮5斤,按净土征银100两。①征收标准比四省统捐要低,但收益同样丰润。据"预备立宪"后广东清理财政局的报告,自光绪三十年(1904年)十一月至光绪三十二年(1906年)十月,两广所收土药统捐银共2717000余两。② 可见数额之巨。

"土膏统捐"之巨额收益自然不可能长期瞒住财政窘迫的清廷中央。光绪三十年(1904年)七月,兵部侍郎、总理练兵处襄同办理铁良③为筹措练兵等费用,离京南下,开始对地方财政进行考察、搜刮。其很快便瞄上了"土膏统捐"之利益。十一月,铁良奏称,西南土药行销内地,宜昌为运输扼要之地,两湖合力在宜昌设立膏捐局实行"土膏统捐",后又联合安徽、江西两省并征,自四省合办以来,收益比各省自办时大许多。此外,广东、广西、江苏、福建等省亦为西南土药行销之地,"若由各省分办,恐烟土偷漏,散漫无稽,倘能合八省为一,收数必当有效"。铁良此方案,试图将原本部分地区已经举办的"土膏统捐"联合一体,并将尚未举办的江苏及福建亦纳入统捐体系。其目的自然是希望由练兵处来控制地方的"土膏统捐",其建议:"此项收款均照二十九年收数作为各省定额,由宜局合收分解,溢收之处另款存储,听候拨用。"或许铁良考虑到湖北的特殊情况,亦或许是为了减少"八省统捐"之阻力,其又建议:"此项土膏统捐创始于鄂,本为鄂省摊派赔款之用,间有盈余亦俱拨作兵工厂常年经费,出入皆有定数。所有湖北本省溢收之数应请概予免提,以重武备而示区别。"④

虽然铁良的奏请很快得到清廷的批准⑤,但遭到多数督抚的反对,推行并不顺利。直至光绪三十一年(1905年)六月,八省统捐才得以办理。但与铁良之方案相比,对地方有较大的让步。在清廷新任命的管理八省统捐事宜

---

① 《两广合办土税膏捐现行章程》,《申报》1905年7月10日。
② [清]广东清理财政局编订:《广东财政说明书》(卷六),广东经济出版社1997年版,第257页。
③ 钱实甫编:《清代职官年表》(第一册、第四册),中华书局1980年版,第528页、3098页。
④ [清]铁良:《奏为拟请试办八省土膏统捐以裕度支并派员经理事》(光绪三十年十一月初八日),中国第一历史档案馆藏军机档全宗,档号:03-6514-104。
⑤ [清]奕劻:《奏为遵旨筹议铁良奏湖北等省土膏统捐章程请特派大员管理事》(光绪三十一年三月初三日),中国第一历史档案馆藏军机档全宗,档号:03-6515-025。

的大臣柯逢时奏定的章程中,显然对各地督抚的反对情绪有一定的照顾和安抚。① 新章程在税收分配上,对各省以光绪三十年(1904年)的实收之数作为定额,分别拨给应用。各省开办土膏统捐约在二十九年(1903年)前后,三十年(1904年)开办逐渐成熟,税收数量要比二十九年(1903年)多许多。这对各省而言是得利的。如此则江西岁拨70万两,安徽拨付5万两,湖北照铁良原奏,仍归本省支报。此外,需要说明的是,由于两广方面对八省统捐的强烈反对,清廷同意两广的统捐试办两年,两年后再由户部提拨。而江苏与福建两省,以"土药行销有限"为由,暂缓向户部解款。在报解方式上,各省的收支数目"按月由各局报明各省,并禀报总局,按季由各省册报户部,仍咨总局备案。应解总局之款,由各局专报总局,由臣连同总局之用数按季册报户部,咨明各省,互相查考"。柯逢时担忧自己对地方的让步会引起户部及练兵处的不满,其承诺:"提拨溢收及预征他省税捐按月并解总局,由臣分别批解练兵处济饷,大约丰年可得银二百万两,岁歉减成。"②

由于柯逢时的估计趋于保守,实际收入超过预期数倍。清廷从光绪三十二年(1906年)开始试图强化土膏统捐总局之权力,减少各省对收入环节的介入,并试图将八省土膏统捐推向全国。光绪三十二年(1906年)二月,柯逢时奏请推广土膏统捐,并草拟章程。③ 需要说明的是,原来所谓"土膏统捐"是指云贵川三省之土药经由上述八省时所缴纳的税收。而土膏统捐向多数省份推广后,实际上将各省在当地销售的土产鸦片亦纳入统捐的体系之中,这即是清廷所谓的"统税"。规定各省土药无论本销和外地销售,均需执行每担税银115两的标准。④ 土药统税虽然遭到不少省份的反对,但在中央的强力推行之下,各地土药财源受到进一步的控制。正如刘增合所言:"将八省土膏统捐推向各省,意味着中央攫取地方财权的程度更为深入。"⑤但统税施行

---

① 柯逢时得以出任该职务,一方面与其在广西巡抚任内有办理统捐之经验有关,另一方面亦是张之洞推荐之结果。由柯逢时管理统捐事宜,从某种程度上而言,亦是中央与地方博弈之结果。
② [清]柯逢时:《奏报试为湖北等八省土膏统捐并开办日期事》(光绪三十一年五月十二日),中国第一历史档案馆藏军机档全宗,档号:04-01-35-0584-005。
③ [清]柯逢时:《奏报筹议推广各省土膏统捐大致办法事》(光绪三十二年二月十六日),中国第一历史档案馆藏宫中档全宗,档号:03-6516-023。
④ [清]柯逢时:《奏为奉改土膏统捐为土药统税事》(光绪三十二年六月初八日),中国第一历史档案馆藏军机档全宗,档号:03-6516-067。
⑤ 刘增合:《鸦片税收与清末新政》,生活·读书·新知三联书店2005年版,第84页。

不久,清廷便颁布了禁烟上谕,此后中央与地方又围绕着鸦片专卖问题开始了新一轮的博弈。

6. 土药税厘数量问题

限于资料,目前尚难以对鸦片弛禁时期,全国所有鸦片的税厘总数进行估算。特别是各省征收的部分极为混乱,且常常有漏报、少报,并将土药税厘附于百货厘项下的情况。如罗玉东所分析:"药厘附在货厘项下时,其用途早经规定,如一旦划于土药税项下,则收入将全部解部,或听部指拨,于各省财政诸多不便。"①本部分仅据海关及档案资料,对光绪十三年(1887年)至宣统二年(1910年)全国各海关征收土药税收数量,以及光绪三十一年(1905年)至宣统元年(1909年)土膏统捐局所征收的各地统税中解往中央的"溢收款项"进行统计。

表6-2 各海关历年征收土药税总数表②

年份	征收数量/库平两
光绪十三年(1887年)	9
光绪十四年(1888年)	
光绪十五年(1889年)	29
光绪十六年(1890年)	1453
光绪十七年(1891年)	2844
光绪十八年(1892年)	141223
光绪十九年(1893年)	55484
光绪二十年(1894年)	266574
光绪二十一年(1895年)	506816
光绪二十二年(1896年)	655471
光绪二十三年(1897年)	569081
光绪二十四年(1898年)	593352
光绪二十五年(1899年)	712190
光绪二十六年(1900年)	868633

---

① 罗玉东:《中国厘金史》,商务印书馆2010年版,第164页。
② 资料来源于汤象龙编著:《中国近代海关税收和分配统计》,中华书局1992年版,第124—125页。

(续表)

年份	征收数量/库平两
光绪二十七年(1901年)	1216609
光绪二十八年(1902年)	781396
光绪二十九年(1903年)	359992
光绪三十年(1904年)	659250
光绪三十一年(1905年)	1214881
光绪三十二年(1906年)	1051819
光绪三十三年(1907年)	911867
光绪三十四年(1908年)	1680520
宣统元年(1909年)	1544075
宣统二年(1910年)	1756780
总计	15550348

表6-3　各省解往中央土药统捐统税数量表(1905年—1909年)①

年份	数量/两
光绪三十一年(1905年)	300000
光绪三十二年(1906年)	2200000
光绪三十三年(1907年)	4400000
光绪三十四年(1908年)	6280000
宣统元年(1909年)	900000
总计	14080000

---

① ［清］柯逢时：《奏报起解第一二批溢收土膏统捐银两事》(光绪三十一年十二月初四日)、《奏报筹解第三第四批土药统捐银两事》(光绪三十二年二月十六日)、《奏报第五至九批八省土膏统捐溢收银两数目事》(光绪三十二年六月初八日)、《奏报八省土膏统捐溢收银两第十第十一批解款事》(光绪三十二年十月初一日)、《奏报提解江苏湖北土税溢收项下银两数目事》(光绪三十二年十月二十二日)、《奏报湖北等八省土膏统捐截数报解并请留支银两数目事》(光绪三十三年三月十八日)、《奏报河南等省提解第三至八次土药统税溢收银两数目事》(光绪三十三年四月初七日)、《奏报各省土药统税溢收解部银数事》(光绪三十三年七月十九日)、《奏报陕西等省第十七次至二十四次提解土税溢收银两数目事》(光绪三十三年十二月二十日)、《奏报各省土税溢受解部银两数目事》(光绪三十四年六月初二日)、《奏报拨解各省土税溢收银数事》(宣统元年三月初三日)，中国第一历史档案馆藏档案，档号：04-01-35-0583-080、04-01-35-0584-008、03-6516-068、03-6666-079、03-6516-119、03-6517-027、03-6517-030、03-6179-047、03-6518-077、04-01-35-1082-001、04-01-35-0588-011。

上述两个表格中,自光绪十三年(1887年)至宣统二年(1910年),海关直接征收及各地解往中央的土药税、捐等共计2963万余两,年均123万余两。若自光绪二十六年(1900年)至宣统二年(1910年),年均则达到237万余两。山东巡抚李秉衡曾估算"朝廷维正之供,综计地丁、漕项、杂赋等款,额征银三千六百万两有奇,近年各省实征不过七成,约短征银一千一百万两有奇"。① 也就是说朝廷正供的实际收入不过是2500万两白银。以此可见每年200万两的土药税收对清廷财政之意义。若算上自光绪十三年(1887年)起至宣统二年(1910年)的24年里,各海关共征收洋药厘金1亿1000余万两(年均458万余两),则每年的洋土药税厘给清廷提供了近700万两的收入。

土药税厘除了解往中央外,相当一部分还成为地方财政的支柱。限于资料,很难对地方政府的土药税厘总数进行精确估算,但似乎在与中央的比例分配上是超过一半的。光绪三十四年(1908年),柯逢时奏称:"查开办土税两年以来,征银至二千余万两,拨还各省居其大半。"② 此外,清廷之度支部及时人之估计,中国一年土药税厘之总数在二千数百余万两。而英国驻华使馆参赞黎枝估算,中国土药税一年为650万磅,合银4875万两。这个数字应当包括各地征收的牌照捐、凭照捐、土药亩税等各类杂捐、杂税等。③ 如此看来,至20世纪初,清廷中央控制分配的土药税厘总量年约二千数百余万两,地方政府分润到的数量当在1400万两上下,加上完全归于地方政府支配的杂捐、杂税,地方财政中,土产鸦片的贡献当不低于3000万两。

五、"以土抵洋"之成功

土产鸦片的大量增加,对进口鸦片造成了很大冲击,并最终成为中国近代历史上最为成功的进口替代产品。④ 这个"以土抵洋"的过程,始于19世纪60年代的鸦片产区。因土产鸦片价格低廉,故产区烟民一般都吸食土烟。如川督丁宝桢所奏:"川省吸烟之人惯用云贵及本地所产土烟,不以洋药之有

---

① [清]李秉衡:《奏为部议筹征土药税厘办法流弊甚大请仍照现办章程稽征事》(光绪二十三年六月初一日),中国第一历史档案馆藏宫中档全宗,档号:04-01-01-1018-002。
② 《柯督办奏解土药税情形》,《申报》1909年1月9日。
③ 刘增合:《鸦片税收与清末新政》,生活·读书·新知三联书店2005年版,第145—146页。
④ 林满红:《清末本国鸦片之替代进口鸦片(1858-1906)》,(台湾)"中央研究院":《近代史研究所集刊》第九期,1980年。

无为重。"①晋抚宝棻也说:"晋省向未行销洋土。"②至19世纪70年代,仅川滇黔所产烟土就已远远超过进口洋烟的数量。土产鸦片在满足本地区烟民消费的基础上,大量余裕的烟土开始运销外省。到19世纪90年代,土产鸦片在沿海的大部分地区已经确立了竞争的优势,进口鸦片的数量开始逐年下降。

根据清朝度支部宣统二年(1910年)对各省土烟和洋烟消费额的调查,消费洋烟的只有12省,其中消费洋烟的数量超过土烟的省份,只有江苏、福建和广东,其中福建的洋烟消费数量只略多于土烟消费额。③ 上述地区距土产鸦片的产地遥远,且较为富庶,未出现土烟取代洋烟的现象。但这些地区土产鸦片的消费量也有了迅速的增长。据海关报告,光绪十八年(1892年)和十九年(1893年),上海仅有少量的四川烟土。但到光绪二十七年(1901年),运至上海的川土已达12160担。④ 19世纪90年代后,云南和贵州烟土也越来越多地运销上海。土产鸦片在上海占据了1/3以上的消费市场。

鸦片的进口替代现象也反映在中国进口商品的构成比例上。光绪六年(1880年)之前鸦片进口值占中国进口商品总值的比例大致维持在40%左右,之后则渐呈下降趋势,光绪十年(1884年)占35.94%,十五年(1889年)占27.46%,十八年(1892年)占20.29%,二十一年(1895年)占16.98%,二十六年(1900年)占14.70%,到三十二年(1906)年只占7.87%。⑤ 由此可见鸦片进口的衰减。

土产鸦片之所以能够顺利替代进口鸦片,有以下几个原因:

其一,从罂粟的种植上看,具有较为明显的山区化的特征。在整个晚清,罂粟种植多处于边际土地之上,占用耕地不广,较不与粮食争地,且多使用妇女、儿童等处于隐性失业状态的边际劳动力。故总体而言,农业的投入不大。此点在前文已经详细阐述,此不赘。

---

① [清]丁宝桢:《奏为遵旨筹议抽收土烟厘金大概情形事》(光绪七年七月十一日),中国第一历史档案馆藏军机档全宗(录副奏折),档号:04-6491-019。
② 刘锦藻:《清朝续文献通考》卷五十二《征榷二十四》,商务印书馆1936年版,第8067页。
③ 刘锦藻:《清朝续文献通考》卷五十五《征榷二十七》,商务印书馆1936年版,第8104页。
④ 徐雪筠等译编:《上海近代社会经济发展概况(1882~1931)——〈海关十年报告〉译编》,上海社会科学院出版社1985年版,第65页。
⑤ 徐雪筠等译编:《上海近代社会经济发展概况(1882~1931)——〈海关十年报告〉译编》,上海社会科学院出版社1985年版,第363页。

其二,从税负看,土产鸦片的税厘较轻。朝廷及地方官员对土产鸦片实施保护政策。虽然土药之售价只得洋药之半,但鸦片弛禁之始,土产鸦片税厘由地方政府自行征收,税厘亦约为洋烟税厘之一半。且各地政府均有各种鼓励及保护政策,纳税机构对土产鸦片征收税厘时常有各种折扣,故实际征收的税厘低于规定。如四川规定每百斤土药征税银 20 两,而实际征收时则减让 20%。由于每担鸦片实重 72 斤、73 斤、75 斤或 78 斤不等,四川则一律在实征时以 70 斤计算。此外,在梁山、垫江、大竹、东乡、开县等地,还有所谓的"除皮",即征收时要减去包裹鸦片的笋壳重量。每担的笋壳重量约为 50 两,但"除皮"却除去 25 斤,故每担鸦片实征净重只有 45 斤。夔州府的减让程度更大,凡 3000 两以上大宗烟土,税厘的征收只照章征收半数。① 除各种减让外,还有一些"体恤"商人的习惯做法,如对押货之人随身带的零块烟土,免予征收厘金。② 这些税厘减让政策,各地均有,差别只在减让幅度不同。需要指出的是,在土药税厘征收过程中,官员徇私卖放是一种普遍现象。这虽然使得部分官员得以中饱私囊,并损害国家之课税,但实际上降低了土产税厘的税负成本。相比之下,进口鸦片不仅在中国国内的税厘负担比土产鸦片重,其在印度境内还另有税负,因而进口鸦片的成本较高,很难用大幅降价的办法同中国土产鸦片竞争。

其三,从运销看,土产鸦片偷漏情形异常严重。四川省是鸦片最大产地,偷漏运销十分普遍。光绪七年(1881 年),川督丁宝桢奏称,土烟之弊全在偷漏绕越,但查禁偷漏极为困难:一是烟土质轻价高,便于掩藏。二是贩土出境,皆结伴而行,多则数百人,少则数十人,谓之"烟帮"。遇有查禁,则恃众抗拒,甚至闯关毁卡,无所不为。三是四川江河支流多,且丛山杂岭,路径纷歧。而土贩又多私雇本地土著,暗为引导,此处设卡则往彼处潜行,此路设巡则往他处偷越。③ 直到光绪二十九年(1903 年),四川烟土偷漏的情形依然很严重,户部指出,四川征收土药税厘,比较徐州所增无几。若非造报不实,即系

---

① 霍伯森著,李孝同译:《重庆海关 1891 年调查报告》,《四川文史资料选辑》第四辑,第 190 页。
② 《四川官报》光绪卅年三月上旬,第五册,新闻类,第 1 页。
③ [清]丁宝桢:《奏为遵旨筹议川省抽收土烟厘金大概情形事》(光绪七年七月十一日),中国第一历史档案馆藏军机档全宗(录副奏折),档号:04-6491-019。

偷漏之太甚。① 而关于丁宝桢所述"烟帮"之武装运烟现象,后任川督刘秉璋曾奏称:"川省土药销行湘、鄂、陕、黔等省,道途数千余里,局卡三十余处,大半孤立。边荒处所,万山丛杂,路径纷歧,且土贩人等结伴同行,向多犷悍,或恃众而肆意闯关,或伺隙而潜行偷漏,种种情弊,防不胜防。"② 武装绕漏在湖北亦十分严重,湖广总督张之洞曾说:"鄂省地接川陕,四通八达","土药商贩,多系刁悍不逞之徒,挑夫百十为群,专以挟制闯越为事,而山径纷歧,防不胜防"。③ 此外,湘西一带为云贵烟土出境之路,行经此地的烟帮也配备武装,不避险峻,百计绕漏。总之,土产鸦片偷漏盛行,这固然使清政府流失了一笔巨额的鸦片税厘,但也进一步减轻了土产鸦片的税负,降低了土产鸦片的成本。如此,则土产鸦片在与进口鸦片的竞争中便逐渐取得了更为有利的地位。需要指出的是,随着西南重要城市的开埠,铁路的开通,鸦片从产地运往消费区的成本亦大为降低。如四川重庆及云南蒙自开埠及滇越铁路开通后,西南的鸦片可以借助于汽船或火车迅速到达汉口及广东等地,大大缩短了流通时间,降低了运输成本。流通加快,自然烟土消费亦会相应扩大,同时亦进一步刺激了罂粟种植的发展。④

其四,从社会舆论看,民众普遍认为土烟之危害轻于洋烟,尽管这一点并未得到科学上的充分证明。此外,在民族主义"商战"思潮之影响下,吸食土烟还有抵制洋药,保护民族工业之意义。这些都成为众多吸食廉价土烟之烟民的心理安慰。

其五,随着土烟市场的扩大,其在质量上也有了很大的改进。清末土产鸦片,以云土为上,黔土次之,陕甘西土、热河边土、徐州砀山土、四川的川土等又次之。品质上乘之云土中又以产于邱北、景谷、景东一带的南路货为最优,邱北烟尤闻名全国。此外,经加工整装的云土如竹壳枕货、彝方货、女儿烟等,亦属烟土中的上品。黔土之中以产于安顺、盘县、兴义一带的西路货为最优,兴义所产"黄草坝土"可与优质云土媲美。其他各地烟土中也有些颇受

---

① [清]王先谦:《东华续录·光绪朝》卷一百八十五,第5页。
② [清]刘秉璋:《奏为遵议在川省边界设卡稽查土药漏税事》(光绪十七年七月十八日),中国第一历史档案馆藏军机档全宗(录副奏折),档号:03-6503-059。
③ [清]张之洞:《张文襄公全集·奏议》卷二十九,中国书店1990年版,第16页。
④ 秦和平:《云南鸦片问题与禁烟运动(1840-1940)》,四川民族出版社1998年版,第26—27页。

烟民欢迎的上等品级,如四川盐边的盐土、梓潼重华镇的堰泥,安徽的寿州饼、亳州烟浆,甘肃武威的水浆烟等,在市场上均有佳誉。① 到清末,土产鸦片已经形成多种品牌。因此,价格相对洋药低廉,且品质优良的土烟吸引了越来越多的中上层烟民。

六、鸦片弛禁之影响

鸦片弛禁与"以土抵洋"是中国禁毒史上的巨大转变,鸦片流毒从此进入生产、贩售与吸食一体化的时期。中国由单纯的鸦片消费国家发展成为生产与消费俱全的毒品大国。这一转变给中国社会带来的影响十分广泛和复杂,以下仅就其中的若干问题加以分析。

1. 吸食人口数量迅速增长

前文曾大致估算,鸦片战争前夕,全国烟民在300万人以上,当时鸦片系由进口而来,烟民多集中于东南地区及交通便利的都市地区,内地省份虽有烟民,但人数较少,且农民无力购吸。内地弛禁之后,鸦片产出日益增多,种烟地区吸食鸦片之风随之蔓延,农民中吸烟人数的增加尤为迅速。如山西巡抚曾国荃所说:"未种之先吸烟者,不过游手无赖及殷实有力之家。至于力耕之农夫,绝无吸食洋烟之事。今则业已种之,因而吸之,家家效尤。乡村反多于城市。昔之上农夫,浸假变而为惰农矣,又浸假变而为乞丐、为盗贼矣。"② 贵州巡抚李用清也曾指出:"黔省瘾民,试问以外洋鸦片,则生平未曾见过。盖瘾民之多,固栽种之故,而农夫化为瘾民,尤以栽种之故。未种之先,农夫既无购买鸦片之余钱。又无吸食鸦片之余暇,既种之后,取携之便,过于城市。"③

近代农民人口占中国人口多数,一旦农民吸食后,从感官而言,鸦片吸食现象就极为普遍了。刘光第在光绪九年(1883年)曾溯长江西上至四川,其在《南旋记》中记述说:"自湖北黄陵庙来,沿江大小村落,都滥卖洋烟……江

---

① 朱庆葆、蒋秋明、张士杰:《鸦片与近代中国》,江苏教育出版社1995年版,第161页。
② [清]曾国荃:《申明栽种罂粟旧禁疏》(光绪四年正月二十六日),《曾国荃全集》第一册,岳麓书社2006年版,第282页。
③ [清]李用清:《奏为缕陈栽种鸦片源流利弊关系事》(光绪十一年十月十五日),中国第一历史档案馆藏宫中档全宗,档号:04-01-01-0954-041。

中划船亦以此为当头要货","且无老少咸吸之,所不吸者不过十一二耳。夫城市鸾越,而岸傍村屋就之;村屋俱无,而江中划船就之。买之愈便,食之愈多"。① 可见,弛禁鸦片后的20年间,吸食之风已经广泛流传。

各地烟馆数量及规模,亦反映出瘾民群体的庞大。同治十一年(1872年),"上海城厢烟馆共计有一千七百余家","几同茶、酒、饮食之店"。② 光绪三十二年(1906年),重庆烟馆有860家,成都有500余家,长沙有554家。全国各地,烟馆无处无之,"无论山乡僻壤,甚至不成聚落之地,操此业者必有数家,入其室横陈其间者曾无虚榻"。③

晚清中国吸食鸦片的人数究竟有多少,说法却并不统一。清末英国驻华公使朱尔典估计光绪三十二年(1906年)中国吸食鸦片人数为400余万,占人口总数的1%。④ 这一数字与时人的一般观察及印象并不相符,当代中外学者的估算均远远高于这一数字。如美国学者史景迁根据当时在华外国人的观察,认为十九世纪八九十年代吸烟人数的比例约为10%,吸烟人数约为1500万人。⑤ 这里的10%大概是指成年男性。当时中国人口以4.5亿计,若将妇女和儿童视为不吸烟者,10%成年男子吸烟即为1500万人。我国台湾学者王树槐亦估计吸烟人数的比例为10%,但在其推算中,成年男性人数只占人口总数的1/6,因此吸食人数为900万人。⑥ 而据林满红的估算,光绪三十二年(1906年)中国吸食鸦片人口约为2000万,占人口总数的4.56%。⑦ 可见,学者对晚清鸦片吸食人数的估计有较大差距。

事实上,要准确推估当时的吸烟人数很难做到。史景迁等人推估吸烟人数时依据的10%的比例,并非基于社会调查的基础上得出,而是根据当时在华外国人的一般观察和印象,故其准确性是难以保证的。况且,诸如"烟民"

---

① [清]刘光第:《南旋记》,载《刘光第集》,中华书局1986年版,第111页。
② 《附录笑笑山人烟馆捐纪事》,《申报》1872年5月25日。
③ 《论中国社会之现象及其振兴要旨》,《东方杂志》第1年第12期,1904年。
④ 蒋秋明、朱庆葆:《中国禁毒历程》,天津教育出版社1996年版,第144页。
⑤ [美]史景迁著,夏俊霞等译:《中国纵横:一个汉学家的学术探索之旅》,上海远东出版社2005年版,第289页。
⑥ 王树槐:《鸦片毒害——光绪二十三年问卷调查分析》,(台湾)"中央研究院":《近代史研究所集刊》第九期,1980年。
⑦ 林满红:《清末本国鸦片之替代进口鸦片(1858-1906)》,(台湾)"中央研究院":《近代史研究所集刊》第九期,1980年。

"瘾民"或"鸦片吸食者"等概念的界定范围也比较模糊,观察结果之间也存在差别。如前所述,刘光第曾说四川烟民虽触目皆是,然"其中久瘾大瘾者无多,吸松香学顽吃者实居过半"。① 英国领事商务报告也曾说到,中国的鸦片吸食者以偶尔吸食的较多,经常吸食者较少。长沙海关十年(1902—1911年)报告也说,长沙吸食鸦片者中,偶尔吸食者占40%—50%。真正瘾癖极深,吸量特大的人并不多。

既然偶尔吸食者居半数以上,清末中国消费的鸦片数量又如此之多,说明清末鸦片吸食现象非常普遍。关于每日消费量的问题。光绪三十三年(1907年),海关所编 *Memorandum on Opium* 中估计鸦片消费量的一半是每天不出1钱的烟民所吸食的,另一半则是每天4钱的烟民所吸食的。② 若假定每日消费烟膏量为T,烟民总数为P,则 $0.5T \div 1 + 0.5T \div 4 = P$,如此则 $T \div P = 1.6$,可知每个烟民每日吸食烟膏的平均量为1.6钱。而清末烟土熬膏要加入一半重量的烟灰及各种胶类杂质,约有90%的转化率,那么烟膏1.6钱则为烟土2.22钱。此外,晚清李圭曾估计"节多补少每人日吸烟膏2钱"③,则亦为烟土2.22钱。又据清末关东关税务司的估计,每个烟民每年消费烟土4斤。④ 时为16两制,则每日消耗烟土1.75钱。1926年11月,北京成立京兆区禁烟善后总局,规定"凡领有戒烟执照者,每纸每月至少须定购烟土六两"⑤。则每个烟民每日的定额为2钱烟土。1928年,南京特别市代表在全国禁烟会议中的报告:"每户(开灯售卖鸦片之户)每日售出鸦片之量平均为二两五钱……吸鸦片之顾客平均在十人以上。"⑥这种可开灯就地吸食的零售店售出的当属于烟膏,吸户不可能购买烟土回家自己熬膏。2两5钱烟膏,则烟土为27钱,10人以上之顾客,若取12人计算,则每人每日需烟土2.25钱。若取15人计算,则每人每日需烟土1.8钱。此外,还有美国人George Shearer 在其所著的 *Opium Smoking and Opium Eating, Their*

---

① [清]刘光第:《南旋记》,载《刘光第集》,中华书局1986年版,第112页。
② Chinese Maritime Customs:*Memorandum on Opium*,1907,p.28.
③ [清]李圭:《鸦片事略》,《中国近代史资料丛刊·鸦片战争(六)》,神州国光社1954年版,第16页。
④ Chinese Maritime Customs:*Memorandum on Opium*,1907.
⑤ 罗运炎:《中国鸦片问题》,协和书局1929年版,第181页。
⑥ 行政院禁烟委员会编:《全国禁烟会议汇编》,1928年,第56页。

Tsealment and Cure 一书中估计人均吸食量为每日 2 钱①,折成烟土亦为 2.22 钱。可见,每人每日消耗烟土 2 钱(1 年 72 两),大概是一个比较平均的数字。根据前文对晚清弛禁时期洋药进口及土药生产数量的估计,光绪三十二年(1906 年)洋药进口 54225 箱,土药生产 584800 担,约为 10 亿余两,按照人均消费 72 两计算,则清末吸食鸦片人口约为 1400 万。此一数字是在烟民平均日消费烟土的基础上得出,应该已经包含了瘾大者及"吸松香学顽吃者"。无论如何,这都是一个极为庞大的群体,足以使当时的人们得出"男妇童孺沾染殆遍"的印象。②

由于吸食人数众多,中国鸦片的消费量亦远远高于世界其他国家与地区。据林满红的研究,光绪三十二年(1906 年)前后,全世界鸦片使用总量为 66.4 万担,其中中国鸦片使用量为 63 万担,占世界鸦片使用总量的 95%。从当时世界四大鸦片产地的鸦片自用程度来看,波斯生产的鸦片 25% 自用,印度所产鸦片 8% 自用,土耳其所产鸦片约仅 1% 自用,只有中国所产鸦片 99% 以上属于自用,几乎没有出口。③ 可见,清末中国鸦片消费数量是十分惊人的。

2. 吸烟风气盛行之原因分析

晚清中国吸食鸦片之风何以如此之盛?这不仅在当时曾引起外国在华医生和传教士的关注,也成为后来的中外学者所探讨的一个问题。美籍华裔学者张馨保就曾指出:"吸鸦片的恶习在中国流行之盛,传播之远,超过世界任何其他地区,这是有待进一步研究的一大怪现象。"④由于缺乏全面翔实的调查资料,很难进行深入系统的研究,且限于篇幅,只能就此问题进行简要的剖析。

(1) 上层社会吸食鸦片的示范效应。

鸦片进入中国时,物罕价昂,吸食鸦片是官僚缙绅、殷商富豪等上层社会

---

① George Shearer: *Opium Smoking and Opium Eating, Their Tsealment and Cure*, 1931, p.89.
② 蒋秋明、朱庆葆:《中国禁毒历程》,天津教育出版社 1996 年版,第 145—146 页。
③ 林满红:《清末社会流行吸食鸦片研究——供给面之分析(1773~1906)》(打印稿),第 50 页。
④ [美]张馨保:《林钦差与鸦片战争》,徐梅芬、刘亚猛等译,福建人民出版社 1989 年版,第 17 页。

率先采行的一种社会习惯。在传统的中国社会里,官僚缙绅的生活方式不仅是社会仿效的对象,而且常常左右着社会对某些行为的一般评价,上行而下效的现象十分明显。官僚绅商率先吸食鸦片,无疑对社会各阶层起着巨大的表率和示范导向的作用,使得鸦片消费很快变成一种流行的时尚,被人们竞相追逐。

据光绪二十三年(1897年)百余位外国医生及传教士的观察,中国官吏中吸食鸦片者的比例最高,商人则仅居其次。这些医生和传教士还指出,中国民众痛恨鸦片,对上层社会吸食鸦片又极为向往。[①] 显然,民众痛恨的是没有与上层官僚绅商同等享受鸦片的机会,痛恨的是鸦片吸食中体现出来的等级差异,而不是鸦片本身及其危害。这种视吸烟为阔绰的社会心理是如此普遍,以致在一些地方,人们把吸毒数量与家境的富裕程度联系起来,绅商子弟论婚,媒人往往要先问"贵公子能吸几两大土"。民国时期,立法院院长胡汉民指出,吸食鸦片在许多国人心目中依然是"极体面、极时髦的事","是贵人福人富翁所作的事",以致许多无钱吸烟之人"每每向往不置,以自己的不能为大憾"。[②]

尽管人们以吸食鸦片为时尚,但吸食鸦片又受到各自不同的经济能力的制约。不能像上层社会那样吸食进口鸦片,就必须按自身的经济条件在较低的层次上寻求一种消费替代。土产鸦片的兴起,正迎合了这种广泛的需要。而土产鸦片的消费,也很快分出了高下等级。如前文所述,到清末,土产鸦片已经形成多种品牌。各种鸦片品级不同、价格各异,使得所有的烟民都能在不同品级和价格的烟土中找到适合自己的消费档次。如苏、浙、粤、闽等省,富商均吸进口鸦片,一般平民按经济能力吸食不同品级的土产鸦片。产烟最多的四川几乎没有洋烟进口,官僚和富商一般都吸优质云土,其次是黔土,而不吸川土。上海工商业发达,经济富裕,进口鸦片消费量一直很高,但同时又存在着大量失业和无业人口,以及下层的市民劳动者,如店员、人力车夫、码头苦力、手工业者等。由于这些人经济地位低下,所以,廉价川土的消费量远比云土、黔土或砀山土要多。吸食不同品牌等级的烟土以及由此标示出的消

[①] 王树槐:《鸦片毒害——光绪二十三年问卷调查分析》,(台湾)"中央研究院":《近代史研究所集刊》第九期,1980年。

[②] 胡汉民:《厉行禁烟与社会制裁》,载《禁烟宣传汇刊》,中国国民党中央执行委员会宣传部印。

费档次,成为显示身份和社会地位的一种标志。由于各个社会阶层能够通过不同的消费档次,参与这种由上层社会率先采行的社会习惯,鸦片吸食现象才会变得如此普遍。

(2) 鸦片吸食方式凝聚了一种特殊的精神内涵。

中国的鸦片吸食,从烟土的甄别加工到烟具的选用,再到吸食,有许许多多讲究。除了前述讲究烟土产地外,烟土颜色、香味、冲头及油汁枯润也有讲究。如云土中之上品,色泽滋润金黄或黑里透红,用刀剖开,香气四溢。鉴别烟土的行家一般只需看看嗅嗅,便可分出烟土等级和大概出烟量(即生烟土能熬出多少烟膏)。对烟土讲究的瘾者一般要吸陈年老土,不吸当年产的新土。因为新土的火气大,必须经过窖藏,才能退去火气,使烟味变得醇厚。此外,生烟熬成熟膏的过程也是一项细活,且只能用铜质器皿。熬烟时先把生烟土化在水中,过滤去渣,然后倒进铜锅用文火细细煎煮,直至成为膏状。熬烟的火候很重要,烟膏熬得太嫩,挑不上扦子,做不成烟泡,熬得过老,吸起来便有焦糊味。而上等烟土的熬膏尤为讲究,烟土要经过三煮、三滤、三澄、三漂,并加入参汤之类的补品佐之,还要选用上等木炭熬煮,最后才收水成膏。这样一套程序下来需要两三天时间,然后还要经过窖藏或装在罐中在户外过夜露,方才取出食用。

吸食鸦片还需要备置一整套烟具,包括烟盘、烟枪、烟扦、烟灯、打烟石等。最基本的烟具是烟枪和烟灯。瘾者对烟具的讲究不亚于国人对茶具的讲究。以烟枪为例,枪管一般为竹管做成,名品有湘妃竹、崖州竹等,还有以各种名木和犀角管做成的枪管。烟斗有陶的、瓷的、铜制的,诸如香草、香娘、玉浆、吮香、沉香等都是烟斗中的名品。考究的烟枪不仅镶金嵌银,而且经过巧手工匠精雕细镂,饰以花纹图案或名人诗词,异常精美,既是吸烟之工具,也是供人玩赏之艺术品。诸如象牙枪、宝石枪、虾须枪、药枪、沉香枪等,都是高档名枪。烟枪中的上品不只是外观考究,最重要的是要"老",年代越久越珍贵,可能是长久使用,烟味厚重醇浓之故。甚至还有只使用一种烟土的百年老枪,称为"全枪",这种老枪是烟枪中之极品,被视为无价之宝。其他如烟灯、烟盘之类亦多有讲究,限于篇幅,不一一赘述。

鸦片吸食之程序亦是十分讲究的。首先要做烟泡,用烟扦挑起些烟膏,就着烟灯烧烤,然后用手指搓捻,再挑、再烧、再捻,连续数次,便做成一个黄豆粒大小的烟泡。将烟泡焊在烟斗的小孔里,把烟扦抽出,这样便可将烟斗凑近烟灯,烟泡在灯火的灼烤下慢慢化为轻烟,吸食者便通过烟枪把烟吸进腹中。烟泡的制作是烟民的必备功夫,长于此道的老瘾客挑起烟膏烧烤之后,待烟膏泛起细泡,泡破香发,便急持之移向鼻尖,品评烟香,做成一个烟泡可以品上好几次。烟泡烤得太软,没有烤熟,焊进烟枪便容易堵塞吸孔,吸起来不畅快。烤得太久,烟膏中吗啡成分遇热散发过多,吸起来便不抵瘾,拿捏得恰到好处才是功夫。不少上档次的烟馆或大户人家往往雇专人做烟泡,这些老师傅功多艺熟,能做出各种不同形状,如堆宝塔、连珠炮、佛肚脐等,技艺高超者还可以在一个主烟泡上连接几个小烟泡,如"七星伴月"之类,最下面的烟泡状如莲蓬,其上的小烟泡宛如莲子,手艺之精,堪称绝技。至于吸食也有不少名堂,如吸烟时佐以纸烟,谓之"风搅雪";一口气吸进鸦片,佐以茶水,然后闭目屏气,谓之"娘送女"。大户人家吸烟,谓烟枪灼火,熏燎心肺,吸食之后还要佐以滋补品和水果之类,谓之消火。

  总之,鸦片吸食讲求室之雅、器之精、烟之美。在清雅的环境中,横卧烟榻,把玩烟具,细细品酌,怡然地享受鸦片和交谈,这是典型的中国式的鸦片吸食方式。这种吸食方式与西方人饮服鸦片酊或吞服鸦片丸药相比,不仅复杂得多,而且含有特殊的意蕴,其基本特征即在于因物寻性,因性求术。好烟妙在其味,故甄选务求其优,制作不厌其精,烟枪务求其老,然后细加品酌,方可尽领真韵。鸦片之性主静,吸食之后趋于安宁,故与清雅的环境以及半坐半卧的吸食方式较为相宜。吸食鸦片不仅要满足烟瘾,更主要的是通过这种特定的吸食方式,去获得一种怡然自得的闲适情致和真切的享受。虽然在现实中绝大多数烟民撑不起这个雅字,但闲适风雅的心态是共同的。即使是那些贫苦的下层烟民,烟土烟具均极简陋,破草席随地一铺便是烟榻,但在鸦片吸食中表现出来的那份闲适悠然的情调,较之烟中雅品却并不稍逊半分。这种闲散慵懒、自乐自足而又带有奢侈铺张倾向的鸦片吸食方式,与国人懒散自足且又好讲排场的特性颇为相通。因而有瘾无瘾之人同样去追逐鸦片。此外,晚清社会中以鸦片款客的现象亦很常见,亲友聚会、拉交情、洽谈生意,鸦片均不可少,即使一般市民家庭也以烟具为必需的陈设。其原因,除吸烟被视为时尚外,也与闲适悠然的吸食方式有关。主客登榻对卧,以烟佐谈,气氛温和融洽。所以清人有"食烟之人必两两并卧,邂逅论心","联床话旧,传筒互吸,举致倍加"之类的说法。既然鸦片被人们视为一种奢侈品,鸦片吸食被视为闲适风雅之事,人们竞相吸食也就不足为怪了。尤其是鸦片被作为人际交往的媒介,大大扩展了吸食鸦片的机会,即使不抽烟的人在人际交往中也难以避免别人提供的鸦片款待,吸烟人数自然会大为增加。①

(3) 普遍的精神苦闷借鸦片以为解脱。

晚清自嘉庆、道光以来,经济严重萧条,失业非常普遍,社会下层民众生计艰难。鸦片战争之后,中国传统工商业遭打击,社会失业加剧。与之相伴随的是频繁发生的天灾以及连绵不绝的内乱。这些因素相因相乘,使得多数民众生存环境变得异常严酷,生存成为一场永无希望的苦役和挣扎。而向以天朝上国自居的晚清,在对外战争中却一败再败,割地赔款连续不断。随着国势的衰败,政治的腐败也愈加严重。这种状况的存在,使这一时代的人们更多地感受到精神上的疲惫、压抑和痛苦,蒙受了多重的心理挫折。从社会心理学的角度上看,缓解心理挫折带来的痛苦,不外有发泄、侵犯、自我辩解、遗忘、厌世等途径。晚清时出现的把怒气发泄在洋货上、把军事失败上升为对朝臣的指责、盲目排外和盲目崇洋等,均可视为缓解心理痛苦的行为。而吸食鸦片,则可以抚慰人们饱受挫折的心理,缓解和遗忘心理挫折带来的痛苦,因而被普遍地作为舒缓心理挫折的方法。晚清在华的外国医生和传教士也曾注意到,中国民众较为偏好以鸦片来舒缓心理挫折。

为什么会有这种现象?

原因之一是中国人倾向于安静无为的民族性。19世纪英国散文家德·昆西也是一位鸦片瘾君,其认为吸食鸦片使人进入一种无忧无虑的平静,"能够万灵地使所有感情俯首听命","而出神或幻想又是鸦片能够使人性所能达到的顶峰状态"。② 鸦片的这种特性与国人安静无为的性格颇有相通之处。德国社会学家马克斯·韦伯也曾指出,鸦片所导向的宁静状态,"是无为路线的直接延伸",因而"鸦片被认为是专属于中国人的麻醉剂",与西方人喜好借酒浇愁,以狂醉的放纵排解心理挫折很不相同。③ 韦伯的说法未免有些绝对

---

① 参见朱庆葆、蒋秋明、张士杰:《鸦片与近代中国》,江苏教育出版社1995年版,第161—164;蒋秋明、朱庆葆:《中国禁毒历程》,天津教育出版社1996年版,第148—150页。
② [英]德·昆西:《瘾君子自白》,刘重德译,湖南文艺出版社1992年版,第88—89页。
③ [德]马克斯·韦伯:《儒教与道教》,洪天富译,江苏人民出版社1993年版,第262页。

化,事实上西方国家中抽鸦片的现象并不少见,借酒浇愁的现象在中国也同样很常见,但韦伯指出吸食鸦片符合中国人安静无为之特性还是有道理的。

原因之二是就心灵慰藉而言,鸦片带给人的感觉比酒更强。正如德·昆西所说的那样,一旦尝过鸦片的神妙滋味,属于尘世的粗俗的酒精快乐便不值一顾了。而晚清鸦片弛禁后,鸦片既易得到,且吸食鸦片也未必比耽溺于酒更费钱,尤其对于众多的偶尔吸食者更是如此。

原因之三是中国吸食鸦片之法与西方不同。用烟管吸食,且烟土在吸食前又经过浸水去毒等加工过程,相对于西方吞服鸦片丸药、饮用鸦片酊、在鼻烟中掺和鸦片或直接注射盐酸吗啡等使用方式而言,身体摄取的有害成分相对较少,因而吸食鸦片中毒的人不是很多,严重中毒的人更少。当时一些在华的外国人也曾注意到,中国人以烟枪吸食鸦片,对身体的危害似乎没有西方人直接服食鸦片来得明显。尤其对于偶尔吸食者来说,一般不会上瘾中毒。或许正是这一原因,致使当时的国人对鸦片有害健康的现象虽有所体认,但并不重视,很少有人因鸦片戕害健康而自愿戒断吸食。

原因之四是中国民间各种娱乐设施很少,都市中的游乐场所又非一般民众所能涉足,一般民众缺乏健康的娱乐填补闲暇时间,往往把抽烟当成是主要的享乐和消遣。尤其是为数众多的烟馆,不仅是烟民抽烟的场所,也是烟民们进行社交活动、交流各种信息的场所。烟馆中的热闹对于一般民众而言,也是空虚寂寞、痛苦郁闷的最好排遣。

综上这些因素,都可能促使当时的国人在排解心中的痛苦郁闷时,较多地采用吸食鸦片的方式。

(4)鸦片作为民间的万用医药,被广泛地加以使用。

近代中国十分贫穷落后,国人健康状况普遍不良,急慢性传染病流行。传统医药相当落后,新的医学方法虽已在开放口岸出现,但费用高昂且不普遍,因此对绝大多数国人来说,患病之后得不到适当治疗,只能乱投药石。鸦片含有吗啡成分,具有收敛、镇痛、麻醉等功效,其药用性能,明朝中后期人们已有了较多的了解。清代鸦片入口的增多以及晚清鸦片的弛禁,使得鸦片较易获得,加上治疗方法简单,故鸦片成为民间万用医药几乎是自然而然的事。据晚清在华的一些外国医生及传教士的观察,诸如咳嗽、肺病、赤痢、伤风、胃痛、牙痛、肌肉痛等许多常见病痛,民众多使用鸦片进行治疗。患有上述各种疾病的人吸上一顿大烟便能很快镇住病痛,效验非常。据光绪二十三年(1897年)的调查,因病而吸食鸦片者占61%。①

但是鸦片治病一般只能暂时性地抑制病痛,而不能根治疾病,所以要抑制病痛便须不断吸食,其结果往往是病未除而瘾已成,以治病始,以成瘾终。一些通商口岸的英国领事报告也曾指出,吸量很大的瘾民多属疾病患者,以鸦片抑制病痛,结果越吸越多。

上述诸多原因促使了鸦片吸食现象的普遍化。而众多鸦片吸食者的存在,本身形成了一种视吸毒为自然的社会环境,这又进一步消解了对于吸毒行为的社会约束和个体心理约束,使吸毒现象更趋于普遍化。

3. 对晚清近代化建设的影响

据测算,1840—1914年的鸦片进口总值为23亿4300余万两白银,平均每年鸦片进口值约为3100余万两。② 这一巨额的鸦片进口价值,都是中国用等额的白银和丝茶等出口货物来抵换的。道光三十年(1850年),清朝中央政府的财政收入只有4000余万两,此后迭次提高盐税税率,整顿关税,征收厘金,加上卖官鬻爵,到光绪二十一年(1895年),财政收入也不足9000万两。相比之下可以看出,这笔随鸦片进口而流失的财富是相当惊人的,甚至远远超出历次对外赔款的总和。

就中国自产鸦片而言,虽在一定程度上抵制了外国鸦片的进口,但是,"以土抵洋"之过程长达三四十年。此期间,鸦片泛滥,消费市场大为扩展。据西方学者的估算,晚清以1500万烟民而论,每年因购吸鸦片直接耗费的经济支出达1亿多英镑,如果折合白银,则超过3.5亿两。虽然这一估算的可靠性尚待进一步讨论,但晚清庞大的烟民群体因购吸鸦片付出了巨额的经济支出确是事实。按照鸦片弛禁论者的观点,土产鸦片的增加减少了外国鸦片的进口,从而减少了中国财富的外流,于国有利。但事实上,这项花费在鸦片吸食上的支出,完全是非生产性的浪费,是社会财富的直接消耗,于国家于社会并无积极意义可言。

因此,无论是进口鸦片而导致巨额财富的流失,还是吸食鸦片消耗社会

---

① 王树槐:《鸦片毒害——光绪二十三年问卷调查分析》,(台湾)"中央研究院":《近代史研究所集刊》第九期,1980年。

② 蓝以琼编著:《揭开帝国主义在旧中国投资的黑幕》,上海人民出版社1962年版,第10页。

财富,都大大加剧了中国社会的贫困化程度,这严重阻碍了晚清近代化建设的发展。

那么晚清庞大的鸦片利润是否可以转化为近代化建设的资金呢？郑观应曾经指出,鸦片经营利润丰厚,若将其利润转化为轮船、铁路、水利或其他产业的投资,则对经济必有所裨益。这一观点抽象地看确有其合理性,鉴于吸食鸦片的烟民人数之多,鸦片经营的确能够吸收烟民的零散资财,并汇聚成可观的数量,如果真的转化为近代工商业的投资,在某种程度上也可说是化害为利之举。事实上,因鸦片产业的发达,的确在中国经济的某些方面发生了变化。如鸦片生产的发展,刺激了加工烟土的手工作坊的兴起。这些作坊长期雇佣工人,实行固定月薪制或按日计资,主顾之间确立了显著而稳定的雇佣劳资关系。这应视为农村资本主义的突变性发展,亦反映出农村因鸦片生产而卷入商品经济的旋涡,加速了农村自然经济的解体。但整体而言,晚清社会缺乏相应的条件促使经营鸦片的利润转化为近代工商业的投资资金,关键是政府亦无此意愿。

其一,以鸦片作为汇聚资金的手段,有效的办法是实现国家的垄断专卖,但晚清弛禁鸦片后,除设卡征收鸦片运销厘金外,基本上采取的是放任态度,没有形成有效的管理。以致从罂粟种植、鸦片生产和运销,到烟馆经营、烟民购吸,各个环节均处于自发状态。鸦片的经营异常零散,故利润虽然丰厚,但经营者过多,分散积累,难以积聚成巨额的资本。就鸦片产区所征收的鸦片厘金而言,虽然有部分成为近代企业的原始资本,如四川机器局、川汉铁路筹款、川江轮船公司股本、四川电报局的开办等,都仰给于鸦片,但数量有限,每年数万或10余万的拨款只占庞大鸦片利润的极少部分。而对于近代民族工业所需要的资本而言,更属杯水车薪。

其二,经营鸦片的利润很高,如果逃过税厘,则如李鸿章所言:"获利更厚于私盐十倍。"晚清时,几乎没有什么行业可以获得高于鸦片经营的利润。兴办近代企业的利润率一般只有8%—10%,尚不及农贷、典当、购买土地等传统投资的利润率。如投资水利、铁路等行业,利润率更低。鸦片经营者自然不愿意将其所获利润转变为这些低利润率行业的投资,而宁愿将其利润用于进一步扩大鸦片经营的规模。因此,就资本的趋利性而言,鸦片经济这一畸形的产业不仅以整个社会受毒化为代价,而且吸聚了大量的社会资本,使得整个近代工商业的发展缺乏资金。

其三,中国的鸦片生产集中分布在封闭落后的内陆省份以及沿海若干省份的相对落后地区。由于地瘠民贫,鸦片生产成为这些地区的主要收入来源。如清末姚锡光所说:"种烟人户,以山、陕、甘、新、滇、桂、蜀、西、奉、吉等省,苏之徐州、浙之台州等府为最,其土物以烟土为出产大宗,数十年来,直为衣食所利赖。"①光绪二十七年(1901年),四川布政使员凤林也说:"川省幅员广阔,五十年来,地瘠民贫,生齿日众,闾阎生计,恃罂粟为大宗。"②由于鸦片产区的贫困,所以初期销售鸦片换回的财富基本上都用来满足衣食所需,难以形成可观的资金积累。而随着鸦片生产的扩大,销售的增多,鸦片产区的财富总量亦得以增加。但由于鸦片产区多地处内陆,较为封闭,传统的消费方式根深蒂固。故财富的增多亦只助长了浮靡的风气,并未形成郑观应所期望的以近代工商业为投资取向的资金积累和转化。如四川自销售鸦片后,"侈费浸以成俗","必得钱而后用饶"。③ 地方志亦记载,涪州山多田少,人民生计艰难,以玉米、红薯为食者十之六七,但同治年间广种鸦片后由俭入奢,官绅商贾日与酒食相征逐。④ 可见在鸦片产区,销售鸦片吸收来的财富,除满足生计外,余裕的部分大多被挥霍掉了,并未能成为近代化建设的推动因素。

4. 对晚清经济发展的影响

(1) 鸦片生产与传统农业之关系

在中国传统农业种植中,向来以粮食作物为主,经济作物为辅。而主要经济作物如棉花、茶叶、漆树等亦是为满足人们生活必需而种植的。鸦片作为一种成瘾性奢侈品,其经济价值源于人们精神或肉体上的享受与愉悦。故从此点而言,罂粟种植在经济匮乏之时代,本身就带有一种原罪。从晚清以来,就形成这样一种认识,即罂粟种植会侵夺传统粮食作物及经济作物的种

---

① 李文治编:《中国近代农业史资料》(第一辑),生活·读书·新知三联书店1957年版,第457页。
② 杜翰藩编:《光绪财政通纂》卷五十一《通论》,蓉城文伦书局光绪三十一年(1905年)铅印本,第21页。
③ 中国科学院历史研究所第三所主编:《锡良遗稿·奏稿》卷五,中华书局1959年版,第427页。
④ 《涪陵县续修涪州志》卷七《风俗志》、卷八《食货志》,1928年铅印。

植区域,会消耗农村原本从事传统农业的劳动力,进而造成农村经济的破败。笔者认为,罂粟种植对农村经济的影响,是随着罂粟在农作物种植中占用面积的不断增加,而逐渐增强的。因而,鸦片生产对传统农业之影响在近代之不同时期、不同地区的差异性是极大的。应该说,晚清罂粟种植对传统农业的破坏性尚未明显地显现出来。

如前文所述,罂粟的种植具有较为明显的山区化特征。云、贵、晋、陕、甘均属高原,川东、湘西、鄂西、皖北、鲁西南、豫东等均属山地或丘陵,浙闽种烟之地亦多山区。也就是说,罂粟种植多处于边际土地之上,较不与粮食争地。如四川是中国最大的鸦片产地,以其为例可以说明这个问题。光绪十六年(1890年),川督刘秉璋曾指出,"成都为四川省会,虽称沃野千里,然皆水田,性独宜稻,与罂粟不甚相合,即闾阎亦不肯以膏腴之区,率行种烟,推之通省皆然",所以罂粟栽种"每系山地,硗确居其大半"。① 此外,光绪中期何嗣琨所写《入蜀纪程》也说:"蜀地凡山林碛瘠之区,不植五谷者,向资罂粟为生计"。② 可见,四川一般种植粮食谷物的地区因地势低洼潮湿,不宜种烟,罂粟主要是种在旱地或山地上,并不与主要的粮食作物争地。此外,滇、黔、两湖、闽浙等省情形也如四川,罂粟种植并未影响稻米的生产。

需要注意的是,虽然上述鸦片产区的罂粟种植未影响到主要粮食作物的生产,但会程度不同地影响到杂粮及辅助作物的生产。如川、滇、黔三省因罂粟种植就挤掉了豌豆、小麦、油菜等小春作物,尽管收烟后仍可进行玉米、红薯、黄豆等大春作物的种植。而两湖、闽浙等地,罂粟种植则取代了油菜、豆、麦等辅助作物。虽然说这些地区在晚清未发生大的灾荒,但也常处于缺粮状态,这与罂粟的种植并非全无关系。此外,罂粟栽种还影响到其他经济作物。如浙江的纸张原很畅销,后因山区种烟,嫩竹细薪产出渐少,造纸业因缺乏原料而受到影响。罂粟栽种以山地居多,因此影响到其他经济作物的情况可能也很普遍。

晚清西南、东南鸦片产区的山地化特征,对传统农业生产的影响并不是很大,但是西北地区的情形就有所不同了。西北山区过于贫瘠干燥,罂粟必

---

① 《刘秉璋奏议》卷六,第30页,见沈云龙主编:《近代中国史料丛刊》(第二十二辑),(台湾)文海出版社1968年版。

② [清]何嗣琨:《存悔斋文稿·入蜀纪程》,1917年刻本,第15页。

须种在肥沃的土地或梯田中才有收成,因而影响到粮食生产。如陕西华州"乡民贪其利,不惜肥美之地广种植之"。① 甘肃之宁夏"夙称腴地,产粮极广",但至光绪初年则"罂粟之繁滋,几遍地皆是"。② 而山西的情形就更为严重,据曾国荃奏称:"伏查晋省地亩五十三万余顷,地利本属有限,多种一亩罂粟即少收一亩五谷。小民因获利较重,往往以膏腴水田遍种罂粟,而五谷反置诸硗瘠之区,此地利之所以日穷也。"③ 张之洞也说:"晋省山农多,水利少。偶有山溪水浒可资灌溉,悉以归之罂粟。"④ 这就是"丁戊奇荒"在山西、陕西最为严重的原因之一。事实上,清代罂粟种植严重影响到粮食生产的只有晋陕二省。此外豫北、东北种植罂粟也曾影响到粮食生产,但不及晋陕严重。

罂粟种植面积的大小亦是考察其对农业生产影响的重要指标。而在晚清,中国罂粟种植所占耕地面积的比重并不高。根据前文,光绪三十二年(1906年),中国罂粟种植面积约为18713600亩。据美国学者珀金斯估计,光绪十九年(1893年),中国耕地面积为12.4亿亩,民国二年(1913年),中国耕地面积为13.56亿亩。⑤ 其间增长的地区主要是东北三省。在没有其他更可靠的资料情形下,笔者以两者间的平均值作为光绪三十二年(1906年)的中国耕地面积,并以此考察罂粟种植面积与耕地总面积的占比关系。

表6-4 光绪三十二年(1906年)罂粟种植面积占耕地面积比重表⑥

地区	罂粟种植面积/亩	耕地面积/亩	罂粟总值比重
云南	2496000	13500000	18.49%
贵州	1536000	20500000	7.49%
四川	7616000	109000000	6.99%
甘肃	1088000	49500000	2.20%
陕西	1600000	57000000	2.81%

---

① 樊增祥:《樊山公牍》卷一,上海新文化书社1912年版。
② [清]左宗棠:《左宗棠全集·札件》,岳麓书社1986年版,第425页。
③ 曾国荃:《曾国荃全集》第一册《奏疏》,岳麓书社2006年版,第282—283页。
④ 《张文襄公奏稿》卷三,1920年铅印本,第23页。
⑤ [美]德·希·珀金斯:《中国农业的发展(1368-1968年)》,宋海文等译,上海译文出版社1984年版,第316页。
⑥ 耕地面积根据珀金斯《中国农业的发展(1368-1968年)》第316页中的数据估算;罂粟种植面积使用了"晚清罂粟种植面积与鸦片产量表"中的数据。

(续表)

地区	罂粟种植面积/亩	耕地面积/亩	罂粟总值比重
山西	960000	54500000	1.76%
新疆	16000	11000000	0.15%
直隶	384000	119000000	0.32%
河南	480000	115500000	0.42%
山东	576000	126000000	0.46%
江苏	512000	85500000	0.60%
浙江	448000	37500000	1.19%
安徽	192000	87500000	0.22%
湖北	96000	54000000	0.18%
湖南	32000	58500000	0.05%
江西	9600	45500000	0.02%
福建	160000	27500000	0.58%
广东	160000	58000000	0.28%
广西	16000	39000000	0.04%
东北	480000	77500000	0.62%
合计	18857600	1246000000	1.51%

据上表,光绪三十二年(1906年)全国罂粟种植面积仅占可耕地面积的1.44%。在全国各省中,云南省罂粟种植面积占可耕地面积的18.49%,在各省中占居首位,其次是贵州省,为7.49%,再次是四川省,为6.99%。另外,罂粟种植较多的省有:陕西为2.81%,甘肃为2.20%,山西为1.76%,浙江为1.19%。其余各省罂粟栽种面积在可耕地面积中所占的百分比均小于1%。尽管这种推算未必很准确,但在总体上可以看出,罂粟种植用地,远远小于各地区主要粮食作物的种植用地。占用耕地不广,较不与粮食作物争地,是导致中国自产鸦片成本低廉的重要因素之一。值得注意的是,云南省种植面积占耕地比重是山西省的10余倍,但在晚清并未发生大规模的饥荒。这既可见罂粟种植对农业经济影响在不同地区的差异性,亦说明罂粟种植并不是导致"丁戊奇荒"的唯一原因。

罂粟种植耗损农村劳动力的问题在晚清亦未显现出来。虽然罂粟种植与一般粮食作物的种植相比,需要投入较多的劳力,但晚清人口相对过剩的情况已十分严重,尤其在内陆省份,由于经济贫困,就业机会少,处于失业或隐性失业状态下的劳力更多,劳动力价格低廉。据许多材料记载,在西南、东南、中部的罂粟种植地区,由妇女儿童承担罂粟的除草、施肥和收浆工作,使家中劳力做其他农事的现象很普遍。妇女儿童原本即处于隐性失业状态,属于边际劳力,其参与罂粟种植,成本较一般劳力更低。但这种情形在西北地区又有不同,由于西北地广人稀,且将肥沃之地种植罂粟,因此按照当时曾国荃的说法:"查罂粟收浆之际,正农功吃紧之时,人力尽驱于罂粟,良田反荒芜而不治,此人力之所以日弛也。"①即便种植罂粟的成本较种植粮食作物高出若干,但鸦片售价较高,与利润相比,成本仍很低廉。当时的记载,多认为栽种罂粟之利数倍于种粮。

另外,相对于粮食作物而言,鸦片又有便于储藏和远途运销的优点。粮食作物隔年储存多会发生腐烂霉变或生虫,而鸦片则越陈越值钱。在远途运销上,鸦片的能力更为一般粮食所不及。以陆运而言,19世纪90年代从四川涪州至广西桂林府,每担货物的运费为白银14.4两(不含税厘),每担稻米的价格约为2两,每担烟土产区价格约为290海关两(折合323两),经比较可以看出,每担稻米由涪州运至广西桂林府,运费为稻米本身价格的7倍以上,而每担鸦片运至桂林府,运费尚不到鸦片价格的1/22。换言之,在同样的价格上,鸦片的重量只有稻米重量的1/160。鸦片能够远销,自然便于换取现金。事实上由于鸦片体轻价昂,便于携带和销售,晚清时在许多地方尤其是白银缺乏的地方往往被当作货币加以使用。

附带说一下,到了民国时期,由于军阀的迫种强征,罂粟种植空前泛滥。为了增加产量,各地区千方百计扩大罂粟种植面积,原先不宜种植罂粟的土地也开始种植,如此则对粮食作物的种植产生了极大的影响。如四川涪州,晚清时既是产烟重区,亦是四川主要粮食产地。至民国后,水旱地俱种罂粟,造成严重的粮食短缺。川西某些地区因长期种植罂粟土质变坏,水稻收成大大减少,干脆全部种植罂粟。于是很多余粮区成了缺粮区。西北的情形就更为糟糕。如甘肃省,20世纪20年代末,全省罂粟种植面积占农田3/4,鸦片

---

① [清]曾国荃:《曾国荃全集》第一册《奏疏》,岳麓书社2006年版,第282—283页。

产额占农作物的90%。① 这种状况与晚清已不可同日而语,终于酿成一场空前的灾荒。此外,民国时期因罂粟种植面积的扩大,靠边际劳动力已经满足不了鸦片产业的发展了。故罂粟种植广泛后对农业及农村手工业的影响也极大。

(2) 鸦片贸易与城乡经济之关系

一方面,如前文所述,鸦片生产增加了产烟区农民之收入,改善了他们的生计。由于种烟与种粮的利益比较悬殊,越是贫困地区,便越是倾向于依靠栽种罂粟来改善生计和获取财富。但种烟的厚利无疑进一步消解了当地民众改进农业生产的兴趣,以致罂粟栽种越来越多,对种烟的依赖越来越大。整个生计维系在对外销售毒物的基础上,这种状况,无论是对于破败的乡村经济,还是对整个社会,均具有不可忽视的消极影响。

另一方面,鸦片运销对沟通区间贸易亦有一定作用。鸦片作为价值极高的产品,由产烟地区向外销售,为产烟地区换回了大批的财货,成为产烟地区对外进行经济交换的主要手段。如陕西省,鸦片是换取纺织品的最重要的财货。光绪三十二年(1906年)的《陕境汉江流域贸易表》指出:"陕西大宗出产足以吸收外利者,仅恃鸦片为巨擘。""陕省每年坐失数百万买布之银,漏卮大矣,而目前未至于极困者,何哉? 盖有卖鸦片之银足以抵之故也。"②海关十年(1882—1891年)报告也曾指出,1885—1886年度云南的鸦片向外销售值占该省向外销售总值的70%。四川更是烟土向外销售大省,重庆海关税务司麦凯隆估计四川在清末每年向外销售的鸦片价值为1200万海关两。③ 应当说,麦凯隆估计的鸦片向外销售数量还是偏低的,据前任的海关税务司华特森估计,这一数字能达到2500余万两。④ 相比之下,四川向外销售的货物除鸦片外,只有猪鬃、芒麻、药材、丝茧、白蜡、羊毛、鸟毛等土特产品,向外销售总值一般每年只有350万海关两左右,向外销售最多的年份也不足500万海关两。而进入四川的各种货物却逐年增长,光绪二十六年(1900年)达到

---

① 章有义编:《中国近代农业史资料》(第三辑),生活·读书·新知三联书店1957年版,第49页。
② 转引自林满红:《清末本国鸦片之替代进口鸦片(1858-1906)》,(台湾)"中央研究院":《近代史研究所集刊》第九期,1980年。
③ 李孝同译:《重庆海关1902~1911年十年调查报告》,《四川文史资料选辑》第十一辑。
④ 李孝同译:《重庆海关1892~1901年十年调查报告》,《四川文史资料选辑》第九辑。

1746余万海关两。显而易见的是,如果没有大宗的鸦片对外销售作为抵补,这种巨大的贸易差额是四川的财力根本无法承受的。以光绪三十二年(1906年)58.48万担鸦片为例,若一半供作产地消费,一半用作对外销售的话,则当年中国自产鸦片的国内贸易值即达1.1亿两。除米和盐之外,没有其他产品的国内贸易值可与之相比,因此鸦片在晚清的国内贸易中具有十分重要的地位。这种状况,对于沟通国内的区间贸易尤其是内陆和边陲地区与东部相对发达地区的经济往来,具有重要的意义。

18世纪中叶至19世纪中叶,中国的人口数翻了一番,由2.15亿增长到4.3亿。人口增长的速度大大超过了农业生产发展的速度,其结果便是人均资源占有量的减少,以及产品大量被新增人口所消耗,而无法进入商品流通渠道。因此随着人口的增长,国内贸易反而出现衰弱的趋势。以四川的稻米为例,雍正年间,川米"由湖广一举贩运而下,东南各省均赖其利"。江苏、浙江、福建、贵州、山东、陕西及两湖等地均在不同程度上仰给四川稻米。然而从雍正年间到光绪年间,四川耕地开发幅度有限,而人口却增长了4倍多,以致人均耕地面积由原先的2.27亩下降到0.5亩。不仅没有余粮接济他省,反需由两湖等地运米入川以调剂不足。另外,如木材、茶叶、矿产等,也因采伐过度及众多人口的消耗,难以大宗向外销售。其他内陆及边陲省份,原本就很贫瘠,人口大量增加之后,贫困状况更加突出,很少有剩余产品出省销售。

东部的沿海沿江地区情况则大不相同。这些地区不仅比内陆省份相对富庶,而且与西方接触后,近代工商业也逐渐发展起来,尤其是通商口岸城市,形成了近代工商业的中心地区。这样,东部沿海沿江地区的相对富庶与内陆和边陲地区的落后形成了强烈的反差,出现了不同地区经济发展程度悬殊的二元经济结构。由于东部沿海沿江地区相对富庶,又有对外通商之便,其发展并不依赖内陆地区的支持。内陆地区既不能为东部工商业的发展提供大批的粮食和原材料,亦没有相应的购买能力为东部地区日益发展的工商业提供广阔的市场。故东部地区与内陆地区之间并未形成经济上的互补关系。这种情况下,内陆地区如果没有巨额的鸦片对外销售作为经济交换手段的话,维系东部沿海地区和内陆地区的经济纽带势必会随着经济交往活动的减少而逐渐松弛。从这个意义上说,内陆地区的鸦片对外销售,对于维系东部沿海地区与内陆尤其是边陲地区的经济交往,沟通国内的区间贸易,具有不容忽视的作用。

通过鸦片向外销售,内陆地区的民众生计得以改善,有助于社会安定,亦增加了内陆地区商业化的程度。特别是西南、西北地区的少数民族,经济发生了深刻变化。这些少数民族,经济落后,远离政权中心。鸦片生产促使了这些地区汉族与少数民族更加活跃的商品交换。鸦片出现之前,这些地区的民族间的交易以物物交换为主,规模亦有限。鸦片出现后,大量的盐、布、铁制工具、武器和其他日用百货涌入少数民族地区,既促进了生产力的发展,又为少数民族地区发展经济提供了一种参照和动力。此外,汉族仅通过先进生产工具及各种消费品并不能平衡贸易,因而大量的白银流入少数民族地区,近代货币体系及白银借贷关系亦在这些少数民族地区得以产生。

但是,必须提及的是,鸦片作为东部沿海地区和内陆地区经济交往的纽带,由其沟通的这两大区间的经济联系是畸形的,具有很大的负面影响。内陆地区作为一个巨大的消费市场,它能为东部地区提供的既不是生产所需的原材料,也不是再生产所需的资金,只是纯粹用于消费的鸦片。因而这种经济交换不仅没有形成内陆地区与东部近代工商业的良性互补关系,反而大量消耗了东部近代工商业借以发展的财富和资源。而由于东部地区开放程度越来越高,外国商品源源涌入,中国商品竞争不过外国商品,结果在东部地区向内陆地区的商品销售中,洋货的销售数量远大于国货。从某种程度上而言,鸦片成为洋货打开内陆地区市场的工具。而且,洋货输入内地,最终换取的是中国的白银和其他物产,却不是土产鸦片。

总的来说,鸦片产业是近代中国的畸形产业,虽然在一定程度上作为经济润滑剂促进了某些地区的繁荣,但这种繁荣是以毒化社会、牺牲社会经济的正常发展为代价的。鸦片泛滥不仅摧残了中国人的身心健康,而且造成了人力与物质资源无穷无尽的浪费,大大加剧了近代中国的贫困化,成为近代中国经济发展与社会进步的一个重要障碍。

5. 对晚清政权的影响

鸦片弛禁,发生在清廷镇压太平天国起义时期。当时清廷的财政状况极为困窘。咸丰七年(1857年),胜保奏请全国抽厘金:"方今天下大局,不患贼之难平,而患饷之不继。"① 因此,洋土药税厘的开征,无疑使清政府在罗掘俱穷的窘境中获得了一宗较为可观的收入来源。除用于军需军饷外,鸦片税厘还被用于多项大宗的支应,如筹建北洋水师(海防)、练兵经费、对外战争赔款和教案赔款等。② 鸦片税厘越征越多,支应越来越广,清廷对鸦片税厘的依赖也越来越大。如光绪三十三年(1907年)四川省鸦片税款内销部分的用途为:一成公费、内务府经费、北洋军需、练兵经费、黄浦江经费、京师大学堂经费、专使经费、英美法各国教案赔款、备荒经费、汇丰银行贷款利息、赴日本看操观赛等事之川资旅费,等等。其中一成公费的用途最杂,如京师医局经费、内阁收本房公费、提学使司学务经费、警察局经费、矿政局电报费等。③ 由此可见晚清政府对鸦片税款的依赖程度。此外,如前所述,地方政府亦将部分鸦片税款用于兴办洋务。虽然数量有限,但毕竟借此兴办了一批近代工商业,其政治上的意义自不容否认。

另一方面也应该看到这样一个事实,即晚清中央政府对于鸦片税厘这一财源并未能加以合理利用。鸦片战争是清王朝走向衰落和屈辱的转折点,对于鸦片,晚清统治者一直别有一番滋味在心头。晚清政府对于鸦片的态度是相当矛盾的。一方面要抽收鸦片税厘以济财政,另一方面又反复强调这种做法属于不得已,并念念不忘要禁绝鸦片。即使李鸿章等人提出以土抵洋的政策,也还是强调用土烟驱赶洋烟,为最终的禁烟创造条件。光绪十一年(1885年)清廷派曾纪泽赴英会商进口鸦片税厘并征事宜之前,得知英国一些民间人士正吁请政府停止对华鸦片贸易,便令曾纪泽尽力争取洋烟进口分年递减,以便逐渐禁绝鸦片。可见,晚清政府仍未放弃禁烟的念头。在这种矛盾心理的支配下,便很难积极主动地把鸦片作为一项财源而尽力开掘。因此,晚清政府征收鸦片税厘持续近半个世纪,税收的制度化却未得到相应的发展。一遇到财政上的支应,只想到增加鸦片税厘的征收比率,而很少在健全征管制度,制止偷漏方面做文章。结果征收比率虽然提高,但偷漏愈加盛行,

---

① [清]胜保:《奏为援照江楚章程各省抽厘以储军实事》(咸丰七年六月十五日),中国第一历史档案馆藏军机档全宗(录副奏折),档号:03-4286-046。
② 关于鸦片税厘与编练新军、兴复海军、振兴学务及警政经费之关系可参见刘增合:《鸦片税收与清末新政》,生活·读书·新知三联书店2005年版,第267—316页。
③ 《四川财政考·土税考》,第36页;《四川官报》宣统二年四月上旬,第8册《奏议》,第10页。

实际的征收数量仍无起色。此外,由于传统中国的乡村社会官府力量薄弱,种烟不易稽核,因此长期以来对鸦片一直只征收行销税,而没有征收种植税。种烟牌照税直到清末禁烟时才开始推行。这样,一方面对鸦片的产出数量缺乏精确的估计,另一方面鸦片行销路线纷繁复杂,无法遍设税局厘卡,偷漏自然无法避免。如果晚清政府能够尽早建立起清末实行的各项鸦片税收制度,种、贩、售、吸均在官府管制之列,交纳税款之后方可凭执照进行,那么不仅鸦片税款会有明显起色,而且可以将烟毒的泛滥控制在某种范围之内。

总之,晚清政府一方面不能对鸦片的泛滥进行有效控制,另一方面却对鸦片税厘产生极大的依赖性。故清末禁烟时期,一旦找不到合适的税厘抵补措施,便如同釜底抽薪,导致极大之政权危机。

第二节 弛禁时期的严禁思想与实践

在鸦片弛禁时期,官方发布的禁令主要是针对山西、陕西等地方,这些地区如前述之原因,罂粟种植侵占良田引发粮食危机,成为"丁戊奇荒"原因之一。而此期间在西北地区任职的洋务派督抚,亲见辖区内罂粟种植影响粮食生产之情形,在任期内亦进行了禁烟活动。此外,与早期维新思想家们"以土抵洋"不同的是,19世纪末的维新思想家们亲见鸦片弛禁之毒害,无一例外地主张严禁鸦片。而在太平天国统治区,亦实行严厉而普遍的禁烟。虽然在全国弛禁之大背景下,上述禁烟活动的效果均有限,但无论是思想还是实践,均成为清末全国禁烟运动之滥觞,应给予充分肯定。

一、同治至光绪初的禁种措施

1. 同治年间的两次禁种

从洋药弛禁到土药弛禁期间,清政府对待土产鸦片的态度犹豫不决。同治三年(1864年)与七年(1868年),因山西等地方栽种罂粟影响到粮食生产,清廷根据奏请两次颁布禁种法令。不过清廷在禁种罂粟方面同样缺乏必禁的决心,只规定种烟者杖一百,如种植过多则酌情加拟枷号,这比道光时期对违禁种烟的惩处轻了许多。①

2. 光绪二年(1876年)的《明定考成条例》

由于禁令不严,且执行不力,山西等地的罂粟私种之风依然很盛。光绪二年(1876年),山西巡抚鲍源深奏请将查禁罂粟效果作为地方官的考核内容。

鲍源深(1811—1884),字华谭,安徽和州人,于同治十年(1871年)九月至光绪二年(1876年)九月,任山西巡抚。其在山西任内,亲见山西罂粟种植的严重情形,离任时饥荒已经开始显现。鲍源深认为:"私种之风日浸月盛,若不于此时力挽颓流,极其势之所至,窃恐数十年以后种罂粟者十之八九,种五谷者十无二三,民食将从何出,甚非天下之小故也……自此以后,若不将罂粟禁除,一任有妨艺谷岁当丰稔,盖藏未裕,民食尤艰,设遇荒歉,民不能以乌烟代食,道殣相望,自在意中,此其患又不比迟之数十年以后矣。"因此,鲍源深要求朝廷"明定地方官查禁考成",并且"严禁言利之臣,永不准以征收亩税暂开禁令为请"。② 清廷根据鲍的奏请,规定:"嗣后官员于所属境内拿获私自栽种人犯,应比照拿获邻境寻常案犯,三名以上者准其记录一次,五名以上者准其记录两次,不及三名者毋庸议。如失于查禁,应照失于查禁例罚俸一年公罪。倘有不肖州县,知情故纵,收取费用,经该督抚揭参到部,照为例科罪降三级调用例议处。"③

事实上,就目前资料看,当时并未有任何地方官因查禁罂粟问题而遭到处罚,清廷的所谓"明定考成"亦流于形式。

二、洋务派中的严禁主张及实践

1. 郭嵩焘之禁烟思想及实践

郭嵩焘(1818—1891),字筠仙,湖南湘阴人。其是湘军元老,但仕途不顺,仅短暂署理过广东巡抚,后以其洋务思想及首位驻外使节之事迹而著称

---

① [清]游百川:《奏请严禁栽种罂粟事》(同治七年十二月十七日),中国第一历史档案馆藏军机档全宗(录副奏折),档号:03-5075-006。
② [清]鲍源深:《奏为具陈禁除罂粟以裕民食请饬认真查禁明定考成事》(光绪二年七月二十八日),中国第一历史档案馆藏军机档全宗(录副奏折),档号:03-5663-085。
③ 朱寿朋编:《光绪朝东华录》(第一册),中华书局1958年版,第272—273页。

于世。

郭嵩焘驻外期间,亲身感受到国际社会对中国弛禁鸦片的态度和看法,作为外交代表,感到极为屈辱。如英国某议员曰阿什伯里者,曾遍游各国,"所至风土人情,照相记之。而于中国,为男女僵卧吸食鸦片烟,以取笑乐"①。又如威妥玛在英国说,其曾派遣人员去中国西南察看,在云南"惟见漫漫一片罂粟花,更无他项种植"②。当时英国宗教界人士成立"禁吸鸦片烟会"(国内称"英国戒烟公会"),呼吁中国禁烟,并派员与郭嵩焘商谈。③ 但英国外交部官员认为"英国近年设立禁止鸦片烟会,当是帮助四川、云南揽此一项生意",郭嵩焘闻之唯"浩叹而已"。④ 又有外人指责"中国官员以各口收税为言,不但无力禁止,且不欲示禁",故中国仅视鸦片为一种贸易,并不以为害人之物。郭嵩焘苦于"中国办事之难,有非一二言所能尽者",甚至对外人的"勤勤之意",觉得"甚愧之,又不能与之深论。耿耿之心,谁将诉也"。⑤ 此外,英国媒体亦谓:"贩运烟土,原系印度一宗大贸易,而在中国却实为害,此由中国人民不自振作,于印度无尤。"为此,郭嵩焘感到极为痛苦,"呜呼,国家亦何不幸,而引此种戾气,以使贻笑外人也"。⑥

可见,郭嵩焘任驻英公使期间,因国内罂粟弛禁问题而使得民族自尊心受到极大之刺激,这或许亦是其对鸦片始终采取严禁态度的原因之一。但笔者认为,中国的毒祸,英人当承担极大之责任。世人皆可嘲笑中国,独独英国无此资格。那些英国上流社会的绅士们无视英国对中国100余年的毒品犯罪,甚至不惜为此发动战争,此后却又占领文明及道德批判之高地对中国加以讥讽,真不知何来的底气与自信。

郭嵩焘在英国期间,对随从侍者"谕以五戒",第一戒就是"吸食洋烟"⑦。其于光绪三年(1877年)二月及三月两次上奏清廷请求禁烟,并阐释自己对

---

① [清]郭嵩焘:《奏为鸦片烟为害中国西洋设立公会相劝禁止贩运急由中国设法办理事》(光绪三年二月初八日),中国第一历史档案馆藏军机处全宗(录副奏折),档号:03-7420-103。
② [清]郭嵩焘:《郭嵩焘日记》(第三卷),湖南人民出版社1982年版,第688—689页。
③ [清]郭嵩焘:《郭嵩焘日记》(第三卷),湖南人民出版社1982年版,第153页。
④ [清]郭嵩焘:《郭嵩焘日记》(第三卷),湖南人民出版社1982年版,第504页。
⑤ [清]郭嵩焘:《郭嵩焘日记》(第三卷),湖南人民出版社1982年版,第546页。
⑥ [清]郭嵩焘:《郭嵩焘日记》(第三卷),湖南人民出版社1982年版,第589页。
⑦ [清]郭嵩焘:《郭嵩焘日记》(第三卷),湖南人民出版社1982年版,第98页。

此问题之看法。① 而清政府此时,鉴于华北地区种植鸦片之害,一度有再次禁烟之想法,并重申了种烟的禁令。故清廷"即着郭嵩焘与英国官员妥为筹商。果使外洋烟土不入内地,则中国栽种罂粟之风不难自行禁止,而吸食亦可永绝"。② 可见,清廷并没有勇气和信心再一次地主导禁烟运动,而把希望寄托在外国士绅身上,希望被动地得到禁绝鸦片的结果。但后来看到伦敦戒烟公会实际上没有影响英国当局改变鸦片贸易政策的力量,因而对于禁种罂粟的态度也有了明显的改变。结合郭嵩焘两件禁烟奏折及给李鸿章信函中的内容,其严禁鸦片之思想大致如下:

其一,鸦片之害为导乱之源。郭嵩焘上奏指出:"鸦片烟之盛行,在道光中叶之后,风俗人心,因之日趋于浇薄,水旱盗贼,相承以起,贻患至今。是鸦片烟之害,不独耗竭财力,戕贼民命,实为国家之乱之机一大关键。"③其在给李鸿章的信中亦认为:"今日洋祸之烈实始自鸦片烟。而金田贼首,亦因洋务散勇,啸聚山谷,驯至大乱。是此鸦片烟不独戕贼民生,耗竭财力,实一为导乱之源。"因此,"鸦片烟之害不除,诸事一无可为"。④

其二,疏通民气、养廉耻之心。郭嵩焘认为人心风俗是天下本原,"近日人心之坏,实由吸烟始",不但武人"不知礼义",且"士大夫亦多有之","以囤积鸦片烟为利,尚为从前所未有"。⑤ "本原之地全失,即使禁烟,有何益处?"⑥这个道理"不独朝廷不能知此义,合肥及沈幼丹之贤,亦皆不知辨此"⑦。中国人"相与沉溺鸦片烟之中,而侈口诃骂洋人,竟莫测其何以为名",这些"纷纷无识之议论"的产生,都是因为"学校不修之道也"。⑧ 故郭嵩焘反对李鸿章的"责令印度禁止贩运,中国乃能议禁"的方法,"以为涂朗轩逐

---

① [清]郭嵩焘:《奏为鸦片烟为害中国西洋设立公会相劝禁止贩运急由中国设法办理事》(光绪三年二月初八日),中国第一历史档案馆藏军机处全宗(录副奏折),档号:03-7420-103;《奏为补陈禁止鸦片条款事》(光绪三年六月初十日),中国第一历史档案馆藏军机处全宗(录副奏折),档号:03-6334-022。
② [清]郭嵩焘:《郭嵩焘奏稿》,岳麓书社1983年版,第368—369页。
③ [清]郭嵩焘:《奏为补陈禁止鸦片条款事》(光绪三年六月初十日),中国第一历史档案馆藏军机处全宗(录副奏折),档号:03-6334-022。
④ [清]朱克敬:《瞑庵杂识》,岳麓书社1983年版,第103页。
⑤ [清]郭嵩焘:《郭嵩焘日记》(第四卷),湖南人民出版社1983年版,第320页。
⑥ [清]郭嵩焘:《郭嵩焘日记》(第四卷),湖南人民出版社1983年版,第366页。
⑦ [清]郭嵩焘:《郭嵩焘日记》(第三卷),湖南人民出版社1982年版,第462页。
⑧ [清]郭嵩焘:《郭嵩焘日记》(第四卷),湖南人民出版社1983年版,第504页。

娼之故智也"①,而且这会使得"英国外部乃以中国谋印度烟土而专行内地之烟,意在争利而已,持议乃益坚"②。因此,郭嵩焘认为禁烟应该"先官而后民,先士子而后及于百姓",而方法为"疏通民气","动其廉耻之心,而激使自立"。③

当时弛禁之论甚嚣尘上,郭嵩焘的禁烟奏请自然遭到不少地方督抚的异议。原先力主禁烟的刘坤一在郭嵩焘上奏后,认为郭嵩焘的建议"万不能行",理由是"海关司局每年所收洋药税厘约百万有奇","据实直陈,必触忌讳,不如暂缓置议,想朝廷不再垂询"。④ 贵州布政使曾挚民说:"百姓生计日穷,饥无食,寒无衣,颠沛流离","无论罂粟为利为害,而固小民之生计也。无所裨益于民而先夺其生计,是之谓不仁"。⑤ 四川总督刘秉璋认为郭嵩焘之论,揆诸事势未能遽行。一是禁烟徒具其名,难禁其实,只为胥吏讹索之具;二是推行烟禁,华商不敢贩卖,必贿通洋商包庇;三是禁土烟而不禁洋烟,等于驱使烟民尽吸洋烟。徒使洋商专其利权,因此吸土烟抑或吸洋烟,虽均有弊害,但两害相权,当取其轻者。⑥

郭嵩焘驻外公使卸任后,其在湖南老家组织地方士绅成立了禁烟公社,并议定公社章程。公社不定期开会,举办禁烟演讲。约束族中子弟,对族人中吸食鸦片烟者,发给丸药,限期戒除。⑦ 禁烟公社成立的第二年,郭氏家乡便取缔了烟馆,种烟地亩也改种了粮食,取得一定的成效。虽然,郭嵩焘的行动对全国鸦片烟毒之泛滥于事无补,但在举国弛禁之声下,郭嵩焘的主张和行动的确是难能可贵的。

2. 左宗棠甘肃禁烟

左宗棠(1812—1885),字季高,湖南湘阴人,晚清中兴名臣之一,于同治五年(1866年)八月出任陕甘总督,光绪元年(1875年)授钦差大臣,督办新疆

---

① 笔者注:涂朗轩有儿子宿娼,自己不能禁止,做官后以逐娼为首政。
② [清]郭嵩焘:《郭嵩焘日记》(第三卷),湖南人民出版社1982年版,第688—689页。
③ [清]朱克敬:《瞑庵杂识》,岳麓书社1983年版,第103页。
④ [清]刘坤一:《刘坤一遗集·书牍卷之六》,中华书局1959年版,第1831页。
⑤ [清]郭嵩焘:《郭嵩焘日记》(第四卷),湖南人民出版社1983年版,第430—431页。
⑥ 蒋秋明、朱庆葆:《中国禁毒历程》,天津教育出版社1996年版,第89页。
⑦ [清]郭嵩焘:《郭嵩焘日记》(第三卷),湖南人民出版社1982年版,第925—949页。

军务,光绪六年(1880年)以东阁大学士召京,并入阁办事。①

左宗棠在西北10余年,于西北地区罂粟的种植、吸食情形有很深的体察,其认为鸦片吸食对西北地区汉族之民风及社会风尚的破坏极大,称"劫余黎民,元气未复,加以克伐,其何以堪?若不严行禁绝,三十年之后,汉人种族其将弱乎"?②"关陇民气刚强,自逆回肇衅以来,积弱成风,暗懦不可言状。揆厥祸始,实鸦片流毒有以致之。吸食之徒,浩劫不能尽。"③而且吸食鸦片者身体抵抗力差,在饥荒中死亡率高,"光绪三年,晋豫大饥,陕西之西、同、凤,甘肃之庆阳,被灾尤重,每日赈厂中多枕藉而死者,初疑赈务不能无弊,委员弁私行访查,并缄询前抚臣谭钟麟及放赈司道府县,均言死者非尽由于疾病,其中因瘾发不救者盖十居八九"。④ 左宗棠还指出"丁戊奇荒"与西北罂粟种植的关系,称"上年灾旱特甚,晋、豫之外,关中紧居其次。揆厥所由,似广种罂粟,实有以致之。晋、豫素产罂粟,民间吸食者多,此次受害之酷甲于天下……惟就关陇观之,其受弊之源,实由广种罂粟而起,办赈迟速犹非所论也"⑤。

基于上述对鸦片危害的认识,左宗棠于同治八年(1869年),颁发《禁种罂粟四字谕》:"外洋奸谋,害我华俗,借言疗病,实以纵欲。……农辍未耗,士休卷轴,工商游嬉,男妇瑟缩。小贩零沽,蜷聚破屋,家败人亡,财倾命促。……尔不谋长,自求饘粥,乃植恶卉,奸利是鹜。我行其野,异华芳郁,五谷美种,仍忧不熟。亦越生菜,家尝野蔌。葱韭葵苋,菘芥莱菔,宜食宜饲,如彼苜蓿,锄种壅溉,饔飧可续。胡此不勤,而忘旨蓄?饥与馑臻,天靳尔禄。大命曷延?生俱曷卜?尚耽鸦片,槁死荒谷。"⑥通过四字谕,左宗棠将鸦片危害以通俗易懂的形式呈现在百姓面前。

但在回变期间,左宗棠忙于军务,并未有实际之禁烟举措。同治十二年(1873年),回变平息后,左宗棠开始着力于战后建设,禁烟是其中一项重要

---

① 钱实甫编:《清代职官年表》(第二册),中华书局1980年版,第1478—1486页。
② 《甘肃省重修镇原县志》,1935年印,第1024页。
③ 《左宗棠全集·书信(二)》,岳麓书社1996年版,第194页。
④ [清]左宗棠:《奏为陈明查拔罂粟禁贩烟土并非操切事》(光绪五年十一月初二日),中国第一历史档案馆藏军机处全宗(录副奏折),档号:03-7402-026。
⑤ 《左宗棠全集·书信(三)》,岳麓书社1996年版,第332页。
⑥ 《左宗棠全集·札件》,岳麓书社1986年版,第587页。

内容。

一是禁种罂粟。左宗棠命令各级官员会同驻防清军,"随时轻骑赴乡搜查,月凡数至。遇整段地亩,一律翻犁灌水,其杂植豆麦间者,亦且锄且拔",务必做到"根株净绝"。"查拔不力者,随时撤任撤委,或从严申饬,其趋事勤奋,随予存记,以示激劝。"①左宗棠还要求各地按月报告查禁罂粟情况。并重申,凡种烟地亩,一律充公,并对种烟民户,实行杖责枷号。② 左宗棠知道烟民在经济上对罂粟种植十分依赖,要彻底禁绝罂粟的种植,必须找到在经济利益上能够替代罂粟的作物。经过调查,左宗棠得知甘肃的地理条件适宜种植棉花,且经济利益并不低于鸦片,于是左宗棠在甘肃倡导以种棉花来代替种罂粟。其"刊行《种棉十要》及《棉书》,颁行陕甘两省,谆饬官吏士民一律切实经理"③。

二是禁止鸦片运销,特别是防范四川、云南等省的鸦片进入甘肃。左宗棠颁布禁令:"为商贾者,不准贩运鸦片","如有川滇客民贩土入境者,当众焚烧,薄与责惩,令其改图贸易"。当时不少读书人,乘赴省城乡试之机,亦携带鸦片,一方面可作为货币支付开支,另一方面亦贩卖获利。为此,左宗棠专门严申禁令,规定"赴省乡试士子,如敢夹带贩卖,希图渔利,则获咎尤重"。④对于外国商贩的处理则有所不同,若发现其贩烟入境,一律勒令折回,如已卸货,则由官府查封,先归其自行看管,后限期出境。如再将烟土偷运入他处贩卖,必追出焚毁。各厘卡对于过往西北的货物,查出夹带烟土,也一律焚毁,不准抽厘放行。⑤

三是整顿吏治,将查禁成效作为课吏标准。一方面,对实力奉行并卓有成效者,奏请奖叙。如宁州知州杨大年等员"于奉檄禁种罂粟,改种草棉一条,尤不惮烦劳。时巡乡野,亲为劝导。并远购棉种,栽莳成秧,颁布民间,因时树艺,又购觅纺车具,雇请民妇教习纺织,已有成效"。同治十三年(1874

---

① 《左宗棠全集·奏稿(七)》,岳麓书社1996年版,第143—144页。
② 《左宗棠全集·奏稿(七)》,岳麓书社1996年版,第143—144页。
③ 《左宗棠全集·奏稿(六)》,岳麓书社1992年版,第28—29页。
④ [清]左宗棠:《奏请严禁种植罂粟并不准何省所种进入陕甘境售卖事》(同治十一年十月十五日),中国第一历史档案馆藏军机处全宗(录副奏折),档号:03-5075-010。
⑤ 《左宗棠全集·奏稿(七)》,岳麓书社1996年版,第376页。

年)三月,左宗棠奏请对杨大年等人分别奖励。① 另一方面,对查禁不力之官员加以惩处。如光绪元年(1875年),署古浪县知县周启昌因借查禁罂粟而勒索民财被革职并发往军台效力。② 光绪四年(1878年)七月,左宗棠发现宁夏府官员在查禁罂粟中不但有失察责任,且与当地驻军勾结,包庇种烟,获取利益,被查获后又以"地方辽阔,民间栽种罂粟,久已相习成风,一时难以禁尽"相搪塞。经左宗棠奏请,知府李宗宾遭革职,以下数名官员遭革职或降级留任等处分。③ 十月,灵台县知县汪凤述亦因查禁不力被请旨开缺。④ 左宗棠雷厉风行的奖惩措施,使得地方官员受到极大震动,对禁种鸦片不再敢敷衍,甘肃禁种收到较好的效果。光绪五年(1879年),左宗棠奏称甘肃罂粟"根株禁绝"。⑤ 所谓禁绝,恐有夸张,但亦可见其禁种之效果。

总体而言,左宗棠在甘肃的禁烟,成效是显著的。据资料记载,当时外人到西北访问时发现"种者绝而吸食者亦少。昔栽罂粟之处,今为艺稻之所,近来大有收成",甚至出现了粮食价贱的局面。⑥ 究其原因是左宗棠敢于碰硬,能够坚持。他在给友人的信件中曾表明:"此事当破两三年工夫,实办到底,庶可望绝种。弟在此一日,即办一日,断不徇隐,断不因循耳。"⑦ 但是左宗棠并不重视禁吸食,从烟毒治理的角度看,未能从根源入手,此外在晚清鸦片弛禁的大背景下,甘肃一地之禁烟自然亦不能长久。事实上,左宗棠最终迫于财政压力,向清廷提出倾向"寓禁于征"的建议。

3. 曾国荃、张之洞之山西禁烟

鲍源深从山西巡抚离任后,继任者是曾国荃(1824—1890)。曾国荃,字沅甫,湖南湘乡人,乃曾国藩之后湘军主要代表人物之一。曾国荃上任后,正

---

① [清]左宗棠:《奏为署宁州知州杨大年等员劝种棉花教习纺织著有成效请分别奖励事》(同治十三年三月二十二日),中国第一历史档案馆藏宫中档全宗,档号:04-01-36-0015-019。
② [清]左宗棠:《奏为特参前署古浪县知县周启昌借查罂粟勒取民财请旨革职发往军台事》(光绪元年九月初四日),中国第一历史档案馆藏军机处全宗(录副奏折),档号:03-7400-001。
③ [清]左宗棠:《奏为宁夏府知府李宗宾等查禁罂粟不力请旨分别革降并出办各员请奖叙事》(光绪四年七月初四日),中国第一历史档案馆藏军机处全宗(录副奏折),档号:03-7402-014。
④ [清]左宗棠:《奏为灵台县知县汪凤述查拔罂粟不力请旨开缺令补事》(光绪四年十月二十四日),中国第一历史档案馆藏军机处全宗(录副奏折),档号:03-7402-021。
⑤ 《左宗棠全集·奏稿(七)》,岳麓书社1996年版,第376页。
⑥ 秦翰才辑录:《左宗棠逸事汇编》,岳麓书社1986年版,第258页。
⑦ 《左宗棠全集·书信(三)》,岳麓书社1996年版,第382页。

值"丁戊奇荒"爆发,其认为"虽曰天灾实由人事,自境内广种罂粟以来,民间蓄积渐耗,几无半岁之粮,猝遇凶荒,随至无可措手"。由于"多种一亩罂粟即少收一亩五谷",曾国荃"为晋省将来充裕民食预备凶荒起见",要求朝廷"非申明栽种罂粟旧禁不可",并规定"一族之中有种罂粟者,责成族长率子弟拔除,一甲之中有种罂粟者,责成甲长押令拔除,立即改种五谷……花户人等意存梗化……禀官究治。如族甲长知情徇隐,则罪其族长甲长,如州县官……私自征收罂粟亩税,一经查明,立行参撤"。① 曾国荃在劝导农民禁种罂粟改种五谷的同时,派翰林院编修李用清去各地稽查,号召乡约里社互相监督。据统计,禁烟措施很快便显示出成效,"(山西)种罂粟者,较去年约减十之六七"。② 此后曾国荃又奏请"晋省如有栽种罂粟者,一经查出,即将该户所种罂粟地亩全数充公,作为各村本甲公业,仍责令公正耆老社首经管,以备地方公用"。③

曾国荃在山西的禁烟,短期内有一定效果。但灾荒之后,农民反而更依赖高价值的罂粟,因此不惜冒险偷种。而随着全国鸦片的逐渐弛禁,山西的禁种亦只是昙花一现。

张之洞(1837—1909),字孝达,直隶南皮人,其在政治上曾以清流著称,出任地方督抚后成为洋务派之代表。张之洞于光绪七年(1881年)至光绪十年(1884年)任山西巡抚④,其观察到山西民人"好种罂粟","几于无县无之",认为罂粟"旷土病农,以致亩无栖粮,家无储粟。丁戊奇荒,其祸实中于此"。

张之洞提出罂粟"不可不禁"之四点理由:其一,"晋地硗瘠,产粮无多,早年本恃外省接济。自为罂粟所夺,盖藏益空","若再不遏其流,设有偏灾,岂堪设想"。其二,"晋省山农多,水利少",而罂粟"最耗地力","数年以后更种他谷,亦且不蕃",不能以"区区难得之水利,而养此毒民之物"。其三,山西吸烟者"乡僻居其十之六,城市居其十之八","在官者不修其职,食力者不勤其业,循此不已,贫者益贫,弱者益弱"。其四,"洋药税为海关大宗,今日方议重

---

① [清]曾国荃:《曾国荃全集》第一册《奏疏》,岳麓书社 2006 年版,第 282—284 页。
② 王雪丽:《曾国荃抚晋赈灾述略》,山西大学历史系 2003 年硕士学位论文,第 28 页。
③ [清]曾国荃:《奏为刊刻禁止栽种罂粟告示请旨事》(光绪四年七月二十六日),中国第一历史档案馆藏军机处全宗(录副奏折),档号:03-7402-017。
④ 钱实甫编:《清代职官年表》(第二册),中华书局 1980 年版,第 1723—1725 页。

征","若内地不禁,听其蕃滋,何以关远人之口"。

张之洞还指出山西不能禁种罂粟的两个原因:一为"上官之禁弛不一,朝令夕更",一为"官吏之视为利源,图收亩税"。因此只要"祛此二弊,必有成效可观"。要禁止罂粟的种植,必须"禁之有方,行之有渐,先膏腴而后硗碛,先腹地而后边厅,责之于乡保,毋徒付之于吏胥。遏之于播种之先,毋徒毁之于扬华之后。力禁苛扰,严定考成"。① 此后,张之洞著《劝学篇》,"务本以正人心"的《去毒》,即是一篇禁鸦片的专论。其指出,鸦片乃"地球万国鄙恶不食之鸩毒","独我中华乃举世寝馈湛溺于其中,以自求贫弱死亡,古今怪变,无过于此"。张之洞认为"使孔孟复生,以明耻教天下,其必自戒烟始矣"。张之洞主张通过兴学和广泛组织戒烟会,使"家训训此,乡约约此,学规规此","十年之后,此智能少壮之士,大率皆富贵成立,或有位,或有家,因以各治其所属之人,三十年而绝矣"。张之洞的《去毒》篇被称为"禁烟名论",在晚清有较大之影响。②

除了形成较为系统的禁毒思想,张之洞还在任期内开展了实际的禁毒行动。第一,发布禁令,要求各级官员"实力禁绝,竭诚劝谕",并以此作为课吏之标准。第二,要求各村出具不种罂粟之甘结,若有种植罂粟及吸食鸦片者,则由乡里驱逐出境或指名送官。第三,将产烟大县——交城县作为禁种的重点区域,并动用当地绿营军队前往拔除、弹压。第四,全面戒严。张之洞在山西关闭烟馆,设立戒严机构,禁止官员、士子、士兵等吸食鸦片,并请李鸿章派医生到太原戒烟局帮助戒烟。③ 由于张之洞在山西的任职时间短,禁烟政策未得以延续,且由于吏治腐败,全国弛禁之大气候,禁绝罂粟种植的目的并未能实现。

4. 刘坤一之禁烟主张

刘坤一(1830—1902),字岘庄,湖南新宁人,曾任两广、两江总督。刘坤一亦是从罂粟种植侵占良田的角度而赞同禁烟的,其认为"田地山场……乃民生衣食所资……岂可以膏腴之地,种此厉人之物。多种一亩罂粟,即减少一亩稻粱,殊于民食大有妨碍"。所以刘坤一上奏朝廷要求"通饬各属地方官

---

① [清]张之洞:《张文襄公全集》卷四《奏议四》,中国书店1990年版,第135—136页。
② 郭汉民:《中国近代思想与思潮》,岳麓书社2004年版,第106页。
③ 王金香:《张之洞山西禁烟述略》,《山西师大学报(社会科学版)》1988年第1期。

严禁民间永远不准栽种",而且"一经发觉,定即从严惩办,绝不宽贷"。① 但刘坤一在其辖区内并未有实际之禁烟活动。

在"丁戊奇荒"之背景下,洋务派督抚纷纷奏请严禁,朝廷对此表示了支持,并多次重申了种植罂粟的禁令(同治三年、七年及光绪二年)。但随着财政的困难及西南鸦片大量通过两湖地区泛滥全国,这些禁令自然亦名存实亡。而原先支持禁烟的洋务派督抚们亦开始以"务实"的态度对待鸦片,如左宗棠之寓禁于征,张之洞在两湖极力筹划更多的鸦片利润,刘坤一甚至走到郭嵩焘的对立面而反对禁烟。这些督抚们思想转变的原因较为复杂,但任职地区不同而引起施政主题的变化当不容忽视。以张之洞为例,其在山西巡抚任内,正值"丁戊奇荒"之后,亲见饿殍遍野之惨况,故主张禁烟是理所当然。而至其任湖广总督时,正值洋务运动大规模开展,地方政府需财孔亟,而两湖地区并非主要鸦片产区,却是西南鸦片流通全国的必经之地,因而通过征收鸦片的运销税厘,筹措更多的洋务款项,则成为张之洞的重要任务。

三、维新派的禁烟主张

1. 何启、胡礼垣、严复

何启(1859—1914),字迪之,广东南海人。早年赴英国留学,获阿伯丁大学医学学士学位,后入林肯学院攻读法律,取得大律师资格,其长期服务于香港英国政府,是香港华界领袖。胡礼垣(1847—1916),字荣懋,广东三水人。年轻时在香港接受西方教育,是近代代表性的启蒙思想家之一。何、胡二人的合作对近代中国思想史产生很大影响。二人曾针对张之洞合作写出《去毒篇辩》,反对张之洞的禁烟主张,认为禁烟一事仅凭对青少年的教化是远远不够的。他们主张"宁严毋宽,宁急毋缓",认为"禁必自长上始,即要从年老而为长上之人始",而且为了净化风气,"市镇不得贷烟膏,街坊不得开烟馆,店户人家不得设烟局,应试办公之辈不得携烟具"。何启、胡礼垣还将禁烟与改良政治联系起来,指出:"居今之时,处此之势,而欲为中国策禁烟,则又似乎极难。非禁烟之难也,不行新政,所以难也。新政若行,则鸦片虽或未至于不

---

① [清]刘坤一:《刘坤一遗集·公牍卷之二》,中华书局1959年版,第2787页。

禁而自禁,然欲禁之,则正易如反掌耳。"①

严复(1854—1921),字几道,福建侯官人,是近代极具影响力的启蒙思想家、翻译家、教育家。严复认为中国"沿习至深、效害最著者,莫若吸食鸦片、女子缠足二事"。其认为要杜绝鸦片,皇帝要亲自考察二品以上之大员,只有不染吸食之恶习者才能录用。按照此方法,大臣察近属、藩臬察郡守、郡守察州县、州县察佐贰、学臣察士、将帅察兵,并在此基础上规定相坐之法,而实力行之。如此则"官兵士子之染祛",天下之民知吸食鸦片不能为官兵士子,必然吸食者日少,然后再著令禁之,则"三十年之间,可使鸦片之害尽绝于天下"。② 显然,严复的禁烟主要针对吸食而言。

2. 康有为、梁启超、徐勤

康、梁改革是近代中国对国家出路进行积极探索的重要历史环节。在他们的改革方案或思想中,对晚清中国吸食鸦片的颓败社会风气亦进行了揭露和批判。

康有为认为吸食鸦片作为中国贫穷、野蛮、落后之代表形象而为国际社会所讥讽、耻笑,其指出:"吾中国蓬荜比户,蓝缕相望,加复鸦片熏缠,乞丐接道,外人拍影传笑,讥为野蛮久矣。"③梁启超则指出鸦片吸食导致清军士兵的战斗力丧失,其称"绿营防勇,老弱癖烟,凶悍骚扰,无所可用,一旦军兴,半属流丐……百战百败,无待交绥"。梁启超认为导致这一现象的原因是清廷的弛禁政策,"五印毒物,天下所视为虺、命为鸩,乃遍国种之,遍国嗜之,男妇老弱,十室八九,依之若命"。④

康有为、梁启超在上述文章中对吸食鸦片危害的论述,并未形成较为系统的思想,亦未有禁烟之实际宣传或行动。在此方面有突出表现的是康有为的弟子徐勤。

徐勤指出吸食鸦片有五大危害:其一,伤于身:"形羸骨削,面异人色,举动孱弱,有如土木。"其二,害于家:"破室荡产,流于丐盗,妻孥寒馁,呼号无

---

① 何启、胡礼垣:《去毒篇辩》,《劝学篇·劝学篇书后》,湖北人民出版社1991年版,第304—307页。
② 严复:《原强》,《中国近代史资料丛刊·戊戌变法(三)》,上海人民出版社1957年版,第55页。
③ 康有为:《请禁妇女裹足折》,《中国近代史资料丛刊·戊戌变法(二)》,上海人民出版社1957年版,第243页。
④ 汤志均:《戊戌变法人物传稿》(上),中华书局1961年版,第53、78页。

告。"其三,损于国:"漏卮之巨,敌于丝茶,国用日窭,民力弥困。"其四,弱于教:"凡百衿□,同罹斯毒,学尚废弛,等于土番。"其五,辱于邻敌:"陷于敌刑,甘受毒物,鄙为异类。"徐勤认为当今矿产、铁路、战舰、枪炮、制造是一国富强之要务,而中国靠洋烟牟利,是"不揣其本而斋其末,不除其害而兴其利"。如此则"虽有矿产之利、制造之益,不禁而自锢矣。虽有铁路之捷、战舰之坚、枪炮之锐,不战而自屈矣"。①

为宣传禁烟,徐勤等于光绪二十四年(1898年),在日本横滨中国大同学校组织成立"戒鸦片烟会",并在广州公善堂、知新书局、香港华字报、澳门知新报、上海大同译书局、桂林圣学会等处成立分会。"戒烟会"的宗旨有二:一是广为宣传。将搜集到的戒烟方法、戒烟歌、戒烟文等辑成书册,遍送海内,并在报章刊登。二是通过会员劝诫亲友。章程规定,"凡入会者不得吸烟"。会员有约束家人、子弟进行戒烟的义务。如此则会员愈多,影响愈大。②

虽然由于种种原因,"戒鸦片烟会"的禁烟目的并未达到,很多措施亦未及开展。但其禁烟主张毕竟代表了鸦片弛禁时期有识之士根除鸦片积弊的强烈愿望,成立"戒鸦片烟会"亦是对根除鸦片的一种积极探索,这一点应该给予充分肯定。

四、太平天国的禁烟政策及实践

太平天国运动是近代著名的带有浓厚宗教色彩的农民运动。无论是从领袖洪秀全的个人思想,还是拜上帝教的教义,以及农民阶级力除积弊的朴素愿望,太平天国在其14年的历程中始终坚持禁烟,并一度取得显著的效果。但到后期,随着政权的蜕变、军纪废弛,鸦片亦逐渐渗透到太平军的内部,禁烟政策亦名存实亡。

1. 洪秀全的禁烟思想

洪秀全的家乡广东在鸦片战争之前便已是烟毒泛滥。鸦片战争之后,鸦片流毒亦深入广西腹地。可以说,洪秀全在童年及青年时期,便已亲见鸦片

---

① 徐勤:《戒鸦片烟会序》,《中国近代史资料丛刊·戊戌变法(四)》,上海人民出版社1957年版,第462页。
② 《戒鸦片烟会章程》,《中国近代史资料丛刊·戊戌变法(四)》,上海人民出版社1957年版,第463—464页。

之危害。故其思想中对鸦片烟毒是始终反对的。

早在发动起义之前,洪秀全就认为:"每年化中国之金银几千万为烟土,收花(华)民之脂膏数百万回满洲为花粉。一年如是,年年如是,至今二百年,中国之民富者安得不贫？贫者安能守法？""他兴言及此,未尝不拍案三叹也。"① 在太平天国运动的指导理论之一的《原道救世歌》中,洪秀全亦强调:"炼食洋烟最颠狂,如今多少英雄汉,多被烟枪自打伤。"② 他还作诗劝诫人们不要吸食鸦片烟:"烟枪即铳枪,自打自受伤。多少英雄汉,弹死在高床。"③

虽然洪秀全在定都天京后,迅速脱离群众,生活亦堕于享乐、腐化之中,但目前资料尚未发现其有吸食鸦片之行为,说明其个人对鸦片始终持抵制态度。

2. 拜上帝教的禁烟规定

洪秀全是拜上帝教的创始人。无论是该教与西方基督教的渊源,还是洪秀全个人的思想,都决定了拜上帝教必须禁止吸食鸦片烟。拜上帝教成立后,其教规就规定:"不许赌博,不许吸食鸦片,犯者杀无赦。"太平军在作禁烟宣传时,这样说:"这个毒药,使吸食者堕落,人们除非把鸦片戒绝,这毒药将使他们的房屋发臭,使他们的衣服发臭,使他们永远在地狱里发臭。现在大家必须赶快回头,现在太平王已经到来,他决不容许丝毫违法行为。他要禁止鸦片。"④ 显然,这种宣传语言,亦充满宗教特色。

金田起义后,洪秀全重新修订了原先道光二十七年(1847年)冯云山制定的拜上帝教的基本教义和戒律——《十款天条》,在第七条"不好奸邪淫乱"中,把"吹洋烟"列入"犯天条"。⑤ 太平军进军南京途中,又在《军事律令》中规定:"凡我兄弟俱要修好炼正,不准吸烟……犯者斩首不留。"⑥ 应该说,在洪秀全的个人思想中,主要着重于对鸦片危害的阐释。但在拜上帝教的教义

---

① 《中国近代史资料丛刊·太平天国(二)》,上海人民出版社1957年版,第570页。
② [清]洪秀全:《原道救世歌》,太平天国历史博物馆编:《太平天国印书》(上),江苏人民出版社1979年版,第13页。
③ 《中国近代史资料丛刊·太平天国(二)》,上海人民出版社1957年版,第605页。
④ 中国科学院上海历史研究所筹备委员会编:《上海小刀会起义史料汇编》,上海人民出版社1958年版,第95页。
⑤ 罗尔纲编注:《太平天国文选·天条书》,上海人民出版社1956年版,第41页。
⑥ 《中国近代史资料丛刊·太平天国(三)》,上海人民出版社1957年版,第228页。

中，禁吸鸦片烟成为宗教成员的戒律，而且犯律者是死罪。这种带有恐怖色彩的极端处罚方式，在太平天国建立起政权后，就成为国家的政策法令。

3. 太平天国的禁烟政策

咸丰三年（1853年）四月，太平天国甫定南京，洪秀全便颁发《警醒军民戒鸦片烟诏》："朕诏天下军民人等知之，烟枪即铳枪，自打自受伤。多少英雄汉，弹死在高床。钦此。"①这是太平天国用诏书形式将洪秀全早期的戒烟诗颁布。与此同时，太平天国还颁发了《劝人戒鸦片烟诏》，指出抽吸鸦片"吹来吹去吹不饱，如何咁蠢变生妖！戒烟病死甚诛死，脱鬼成人到底高"。② 咸丰四年（1854年），韦昌辉、石达开颁布了《革除污俗禁娼妓鸦片黄烟诲谕》，明确规定："洋烟、黄烟不可贩卖吸食也。洋烟为妖夷贻害世人之物，吸食成瘾，病入膏肓，不可救药。黄烟有伤肌体，无补饥渴，且属妖魔恶习。倘有贩卖者斩，吸食者斩，知情不禀者一体治罪。"③

由此布告可知：其一，太平天国是将鸦片烟与一般烟草都禁止的。在其宗教戒律中，这些都与奸邪的生活习俗相关。正因为如此，事实上太平天国在相当长的时间内连喝酒也是禁止的。如马鹤船在《金陵癸甲新乐府五十首》中的《禁烟酒》一诗中说："烟筒酒壶见即夺，缚献巡查法不宥。"④其二，"妖夷"一词是值得注意的。太平天国将自己的对立面称为"妖"，如"清妖""曾妖"等。但对信仰基督教的外人，常以"洋兄弟"视之。此处"妖夷"一词，反映了太平天国在禁烟问题上的鲜明态度与坚定立场。

对于鸦片烟的吸食及贩卖者均处以极刑，这是极端严厉的禁烟令，但太平天国的执行并不马虎。在攻占南京前夕，恩赏丞相陈桂堂的部下，军师张沛泽偷食鸦片被检举，经调查属实即处以极刑。定都后不久，吸鸦片烟犯周亚九、李连开、于顺添三人以"吹吸洋烟大犯天条事"被斩首。⑤ 当时清朝两江总督杨文定在致英美公使照会中指出："贼匪烟禁甚严，一遇我国吸烟之人，无不被杀。"⑥清政府上谕转发的材料中也明确写着太平军"禁食旱烟、水

---

① 太平天国历史博物馆编：《太平天国文书汇编》，中华书局1979年版，第40页。
② 太平天国历史博物馆编：《太平天国文书汇编》，中华书局1979年版，第40页。
③ 太平天国历史博物馆编：《太平天国文书汇编》，中华书局1979年版，第90页。
④ 《中国近代史资料丛刊·太平天国（四）》，上海人民出版社1957年版，第734页。
⑤ 太平天国历史博物馆编：《太平天国文书汇编》，中华书局1979年版，第169页。
⑥ 范文澜：《中国近代史》，人民出版社1955年版，第134页。

烟、潮烟,有吸鸦片烟者立杀"①。由于执法严厉,短期内即取得显著效果。据传一个从南京出逃的人说:"街内巡查极多,烟、酒之禁最严。间有私卖旱烟者,亦不能明吃,吃水烟、鸦片者,一人俱无。"②但似乎后来禁令在实际中亦有弹性执行的情况。张汝南在《金陵省难纪略》中说:"犯吸洋烟者杀,后宽限令戒,限后一个月内犯者枷三个礼拜,两个月内犯者枷七个礼拜,三月内犯者杀。"③显然,极端的无差别的执法,在现实中是比较困难的。

太平天国后期的政局由洪仁玕主持,军事归李秀成负责,二人依然延续了严厉的鸦片禁令。《资政新篇》中明确规定:"禁酒及一切生熟黄烟鸦片。先要禁为官者,渐次严禁在下,绝其栽植之源,遏其航来之路,或于外洋入口之烟,不准过关,走私者杀无赦。"④李秀成在苏南及浙江地区亦贯彻实施了《资政新篇》的禁烟政策。苏州"烟禁极严,见即斩首,无不互相瞒隐"⑤。而浙江乌镇"开土行卖鸦片者六十余店,悉令从军,得五六百人"⑥。

随着太平天国统治后期的政权衰弱与腐败,禁烟政策亦名存实亡。太平军中吸食鸦片烟之人亦并不少见。据传,江南的太平军在祈祷的时间里,可以赌博和吸食鸦片。⑦《北华捷报》曾指出,太平军内部官兵吸食鸦片烟的情形是比较普遍的,并且还不断地购买鸦片。⑧ 笔者认为,太平军在后期吸食鸦片的情形肯定存在。上海的烟馆中,就经常有被清廷抓获的太平军探子。⑨ 且不少资料记载,太平军有借禁烟之机而敲诈、搜刮烟膏用于自己吸食或牟利的情形。据苏州文人潘钟瑞记载说:"不许民间吸烟,见烟袋辄均折毁弃,而众贼身畔,各有短烟管。鸦片之禁尤酷,而搜夺烟膏及老枪等具,喜形于色。"⑩又如乡官沈幼巢因事被枷锁关押,在付出一定数量的银洋及鸦片

---

① 《中国近代史资料丛刊·太平天国(七)》,上海人民出版社1957年版,第103页。
② 太平天国历史博物馆编:《太平天国史料丛编简辑》第三册,中华书局1962年版,第28页。
③ 《中国近代史资料丛刊·太平天国(四)》,上海人民出版社1957年版,第715页。
④ 北京大学文科研究所、北京图书馆编辑:《太平天国史料·资政新篇》,开明书店1950年版,第42页。
⑤ 太平天国历史博物馆编:《太平天国史料丛编简辑》第二册,中华书局1962年版,第159页。
⑥ 太平天国历史博物馆编:《太平天国史料丛编简辑》第二册,中华书局1962年版,第151页。
⑦ 《中国近代史资料丛刊·太平天国(六)》,上海人民出版社1957年版,第622页。
⑧ 苏智良:《中国毒品史》,上海社会科学院出版社2017年版,第124页。
⑨ 中国科学院上海历史研究所筹备委员会编:《上海小刀会起义史料汇编》,上海人民出版社1958年版,第170页。
⑩ 《中国近代史资料丛刊·太平天国(五)》,上海人民出版社1957年版,第284页。

等物后便获释。① 但太平军公开且成规模购买鸦片,亦可能与战争期间将鸦片作为药品有关。

4. 禁止鸦片烟与太平天国之外交

在太平天国时期,土产鸦片尚不泛滥,鸦片主要是外来之洋药。故太平天国的禁烟政策必然涉及如何处理与外国之关系。应当肯定的是,太平天国统治者并未因宗教原因而容忍"洋兄弟"们输入鸦片之行为,亦未因财政、外交等各种困难而弛禁鸦片。在外交方面,太平天国同意与西方建立贸易关系,但严禁鸦片输入中国。

咸丰三年(1853年)三月,太平天国刚刚定都天京,英国牧师米赫斯便到天京"访问"。此后其根据观察作出结论说:太平天国"将必准许通商,但鸦片将被严厉禁绝,非同现在(按:指清政府)只有禁烟之虚名"。②

咸丰四年(1854年)东王杨秀清命翼王石达开、卫天侯黄玉回答英国"拉特勒号"舰长麦勒西的三十条疑问时,又郑重声明了太平天国坚决禁烟的严正立场,第二十七条回答说:"凡食洋烟、水旱烟……皆我主天王遵天父圣旨斩邪不赦也。"③同年天王洪秀全还亲自对一个外国船长说:"彼此通商,理所当然。将来事定,惟有洋烟勿再来华。"④咸丰十一年(1861年),何伯舰队访问天京,李秀成对华德舰长提出,外国贸易中的鸦片应加以禁止。除了各级领袖们对外人明确禁烟态度外,太平天国还在布告中谴责英人贩卖鸦片的罪行,认为"英夷处心积虑,毒我生灵者也",并宣布"限英夷等众于三月尽率丑类归尔巢穴"。⑤ 可见,尽管太平天国认为自己在宗教上与西方同源,但在鸦片问题上继承了中国民间之一般舆论。

太平天国的严禁政策,使得外商之鸦片贸易受到较大影响。太平军攻占南京以后,上海的鸦片由每箱560元跌至390至400元。⑥ 此后继续跌价,上

---

① 太平天国历史博物馆编:《太平天国史料丛编简辑》第四册,中华书局1963年版,第122页。
② 《中国近代史资料丛刊·太平天国(六)》,上海人民出版社1957年版,第917页。
③ 太平天国历史博物馆编:《太平天国文书汇编》,中华书局1979年版,第303页。
④ 凌善清:《太平天国野史》卷二十,文明书局1923年版,第28页。
⑤ 巫宝三、冯泽、吴朝林编:《中国近代经济思想与经济政策资料选辑(1840—1864)》,科学出版社1959年版,第289页。
⑥ [法]梅朋、傅立德:《上海法租界史》,倪静兰译,上海译文出版社1983年版,第56—57页。

等货亦不过售价 360 元一箱①,而且即便如此还卖不到现款②。一家专营鸦片的洋行——邓特洋行,欲与太平天国进行贸易,派鸦片船"尼姆纳号"到芜湖,结果在那里停留六月后,生意仍未做成。③ 李秀成攻占宁波后,立即取缔鸦片买卖并采取措施防范鸦片入口走私。宁波是当时鸦片输入基地,据英国怡和洋行宁波分行报告,由于占领此地的太平军实行禁烟,两个月来,分行连"一箱都没有卖得出"④。李秀成将昔日鸦片输入的集散地,变为禁止鸦片入口的典范。

太平天国对外严禁鸦片的态度,在外交上的影响是巨大的。有学者评价:"太平天国所在地区为中国蚕丝和茶叶的主要产区,由于鸦片不能输入到太平天国境内,英美等商人只能用白银来购买丝茶等货,这就使天朝境内白银流量有所增加,从而缓解了起义前白银外流,银贵钱贱的局面,也在一定程度上扼制了鸦片的泛滥。"⑤但我们还需要思考的是,为何宣称信仰天父,且在对外贸易开放程度上高于清政府的太平天国,却未得到西方列强的认可和支持?原因当然是复杂而多方面的。英国从鸦片战争之后便致力于鸦片贸易合法化,直到咸丰八年(1858 年)才达到目的,前后费时 16 年时间。可见在英国的对华外交中,鸦片贸易合法化是其极为关心的一个十分重要的方面。而太平天国不但在政策上严禁鸦片输入,且在实际查禁行动方面亦比清政府坚决。从此点而言,或许太平天国的禁烟政策亦使其在外交上陷于不利的局面。

---

① 北京太平天国历史研究会编:《太平天国史译丛》(第一辑),中华书局 1981 年版,第 146 页。
② 王崇武、黎世清编译:《太平天国史料译丛》(第一辑),神州国光社 1954 年版,第 103 页。
③ [英]呤唎:《太平天国革命亲历记》(下),王维周译,中华书局 1961 年版,第 442—443 页。
④ 罗尔纲:《太平天国史稿》(增订本),中华书局 1957 年版,第 139 页。
⑤ 苏智良:《中国毒品史》,上海社会科学院出版社 2017 年版,第 123 页。

第七章　清末禁烟运动

晚清鸦片弛禁之后,流毒泛滥成灾。到了清末,这一问题引起了国内许多有识之士的重视,也受到国际社会的高度关注。在寻求变革的呼声和国内外禁烟舆论的压力之下,清政府终于发动并领导了一场前所未有的禁烟运动,且取得了空前的成效。

禁绝鸦片的行动是一场深刻的利益调整,需要一个对复杂并充满危机的事务具有强大驾驭及管控能力的政府。而清末政府实际上处于风雨飘摇之中,政权孱弱,远不具备在中国禁绝烟毒的政权能力。一方面,清政府的财政对鸦片税厘之依赖既久且重,禁烟之后又未能找到适当的抵补手段,因而有效的禁烟举措反而削弱了自身的财政能力。另一方面,近半个世纪的弛禁历史,已经形成了一个庞大的烟农群体,面对严厉的禁种措施,烟农捍卫自己利益的决心显然超出了清政府的估计,因禁烟而爆发的民变此起彼伏。但值得肯定的是,清政府并未因这些压力而放弃禁烟。尽管禁烟运动与其他诸多改革措施一样,并未能挽救清政府灭亡的命运,但10年禁烟之约并未因清廷之灭亡而中断,只不过这一任务只能由新成立之民国政府去履行了。

第一节　清末禁烟运动之背景

鸦片弛禁时期,持弛禁观点之思想家及官僚们的理由是"以土抵洋"可以挽回利权,阻止白银的外流,并最终在中国政府掌握禁烟的主导权后而达到禁绝鸦片之目的。虽然"以土抵洋"之目的达到了,但鸦片的全面弛禁让整个社会都付出了毒化的沉痛代价。至清末,中国有识之士开始反思弛禁思想,在民族危机加深、民族主义高涨之情形下,整个社会舆论又开始回到严禁鸦片上来,并将禁烟的重要性上升到民族危亡的高度。此外,国际社会的进步人士纷纷呼请中国禁烟,并以各种方式给予支持。英国政府亦认识到进入20世纪后,鸦片贸易在道德上是难以维持了,加上"以土抵洋"之成功,使得印度输华鸦片已经极少,故其愿意与中国政府就禁烟问题进行谈判。因此,国内舆论的变化及有利的国际环境是清末禁烟运动得以开展的大背景,当然我们亦必须承认,即使在弛禁时期,清廷自身的禁烟愿望亦始终未泯。

一、清末民族主义与禁烟舆论之形成

1. 鸦片语境:从"伐性戕身"到"亡国灭种"

中国从清代中期到鸦片战争之后,对鸦片的认识经历了三个阶段。第一阶段为"伐性戕身""大为风俗人心之害";第二阶段为"白银漏卮";第三阶段为"亡国灭种"。本部分将对国人鸦片观念之变化作一梳理,并以此考察清末禁烟舆论之深刻的民族主义内涵。

由本卷前述章节之内容可知,在清代中期百余年的时间里,清廷朝野士大夫只要谈及鸦片问题,诸如"淫荡人心""伐性戕生""深为风俗人心之害"等论调充斥于清廷的奏折和上谕。然而,随着鸦片流毒的加深,至道光时期,清廷统治者开始认识到鸦片与银漏之关系,并且将鸦片危害上升到国家经济安全的角度来考虑。与此同时,清廷注意到国内亦有种卖鸦片烟之事,故"大妨耕种"亦成为朝廷与地方督抚讨论鸦片问题时之常用语词。此外,兵丁吸食鸦片的问题也开始引起清廷的注意,最著名的论调当属御史冯赞勋的奏折中所述:"若不严行查禁,将来日甚一日,不惟一兵不得一兵之用,窃恐一省并无一兵之用,其为贻患不可胜言。"可见,至道光中期,鸦片对白银漏卮、农业生产、军队素质的影响及危害已经成为清廷朝野的共识。但对于当时的清廷而言,其时尚无大规模的战争爆发,军队素质的降低还不是一个十分紧迫的问题。鸦片对农业的影响在当时亦仅仅是一种可以预见的趋势,并未成为现实。因此清统治者最为关心的还是白银漏卮的问题。由于对此问题的解决方案不同,清廷出现了"弛禁"与"严禁"之争。不可否认的是,两派之辩论,使得中国对鸦片问题的研究和认识更加具体、深入。

道光时期,无论是官方文件还是民间记载,对鸦片最根本之药用功能已极少提及,且对鸦片危害的认识,循着"伐性戕生"的路径,开始出现夸张的趋向。林则徐在一份奏折中为说明鸦片之危害,举了这样一个例子:广东博罗县典史陈熔,在烟土销毁时,"因染受烟土秽气",以至"呕吐狼藉""遍体发烧",且"十指甲俱现青色",最后"毒气中于心经,不可救药",以至身故。① 从当今医学之角度出发,林则徐对鸦片危害之描述,显然夸大了其对人的生理作用。而一些民间逸闻就更加离奇。传言祁寯藻在湖北当按察使时,其幕府中有一个姓徐的瘾者,豢养了一只猴。每当徐某吸烟时,猴就蹲在榻旁嗅烟气。一次徐某外出,猴瘾起,疲惫,僵卧五日而毙,鼻中有黑物游出,如小蛇,盖烟虫也。徐某回来后,将猴腹剖开,发现烟虫数百条,已经将肠胃咬穿。祁寯藻用猴腹中的烟虫数条,焙焦研末,置药中,让徐某服下,不数日,瘾竟断。② 晚清时期,常有所谓诸如老鼠、猴子之类的动物,在人吸烟时日久熏烟气而上瘾之传说。笔者认为,被动吸烟而上瘾之说,并未有任何根据,而研磨烟虫充当断瘾之药,则更属于无稽之谈。但将鸦片危害诡异化的传闻,其真实性并不重要,亦无人深究。关键是通过这些广为流传的故事,鸦片的罪恶形象已在国人的意识中根深蒂固。

同样在道光时期,人们还逐渐形成了这样一种共识,即外人将鸦片传入中国,并不单纯是为了牟利,而是包藏着要灭亡中国之祸心。黄爵滋在奏折中给皇帝讲过一则故事:咬留吧(今印尼雅加达一带)本轻捷善斗,红毛制造鸦片,诱使食之,遂疲羸受制,其国竟为所据。红毛人有自食鸦片者,其法集众红毛人环视,系其人杆上,以炮击之入海,故红毛无敢食者。黄爵滋说:"今入中国之鸦片,来自英吉利等国。其国法有食鸦片者以死论,故各国只有造烟之人,无一食烟之人。"③山西巡抚申启贤亦认为:"今外夷以鸦片烟土煎熬制造,煽惑中国之人,引诱吸食……辗转传染,毒我生灵,是其巧取中国之银者为罪尚小,而其隐戕中国之人者,为罪甚巨。"④林则徐在收缴外商鸦片的文告中质问外人:"尔等感恩即须畏法,利己不可害人,何得将尔国不食之鸦

---

① 马模贞主编:《中国禁毒史资料》,天津人民出版社1998年版,第161页。
② 徐珂:《清稗类钞》(第八册),中华书局1986年版,第3537—3538页。
③ 中国第一历史档案馆编:《鸦片战争档案史料》(Ⅰ),天津古籍出版社1992年版,第256页。
④ 中国第一历史档案馆编:《鸦片战争档案史料》(Ⅰ),天津古籍出版社1992年版,第260页。

片烟带来内地,骗人财而害人命乎?"①事实上,当时国人并不了解英国及欧洲其他国家是否有买卖及吸食鸦片之禁令,但中国坚信夷人在本国禁止民人吸食鸦片,却将鸦片大量运至中国。因此鸦片就成为夷人毒害中国百姓、灭亡中国的工具。

对于一般士大夫阶层而言,他们的言论不能上达天听,故往往以文学作品的形式来描述鸦片对中国的危害,表达他们对鸦片及外夷的痛恨。如《新乐府三章》:"大黄、茶叶洋所无,洋人得知销毒鸩……蜃楼云烟从此起,世上纷纷鸦片鬼……岂不闻黑鬼白鬼贩烟亚细亚,彼国食者杀无赦……尔不自悔谁为哀……又不见市上金价高如山,民间米盐事事艰。毒药得解尚可活,黄金入海何时还。"②又如《鸦片之战演义》:"英国得了印度之后,遍地种植,收成烟土……自己的百姓不准吸食……专去贻害外人……既剥我财,又弱我种,他们这种计划,够多么阴险,多么狠毒",因此要将鸦片"看成仇敌一般,而且关系国耻,尤当力禁"。③ 此外还有《招隐居》:"鸦片烟,真狡狯……这是西洋要将中国害,远从印度运将来……将一座好神州化作烟世界。"④而广州民间的一则说帖,亦可见半个世纪后"义和团式"的排外情绪,体现了普通百姓对鸦片及外人的态度:"英夷素习,豺狼成性,抢夺为强,即前明倭寇之党,我天朝曾经将而诛灭……我天朝茶叶、大黄……皆而狗邦养命之物,我天朝若不发给,尔等姓名何在?而不思报我天朝厚恩,反加仇害,用鸦片害我百姓,骗我钱财。而畜邦素不食此物,何以毒我天朝?……不用官兵,不用国币,自己出力,杀尽尔等猪狗,方消我各乡惨毒之恨也……一定要杀,一定要砍,一定要烧死尔等……务必要剥尔之皮,食尔之肉。"⑤这种由鸦片产生的对外仇恨,源于中国战败及赔款割地后,国人开始将鸦片与国耻相联系,这亦成为近代中国民族主义萌发的催化剂之一。

---

① 马模贞主编:《中国禁毒史资料》,天津人民出版社1998年版,第127—128页。
② [清]祁寯藻:《新乐府三章》,阿英编:《鸦片战争文学集》(上),古籍出版社1957年版,第172—174页。
③ 程道一:《鸦片之战演义》,阿英编:《鸦片战争文学集》(上),古籍出版社1957年版,第324—327页。
④ 落落居士:《招隐居·诫子》,阿英编:《鸦片战争文学集》(下),古籍出版社1957年版,第645页。
⑤ 翦伯赞、郑天挺主编:《中国通史参考资料·近代部分(上)》,中华书局1980年版,第58—62页。

鸦片战争之后,鸦片逐渐开禁。由于鸦片观念与国耻相关,并承载了太多的民族主义的内容,故"洋药"及"土药"之称,便成为清廷乃至举国上下的一块遮羞布。因弛禁在理论上之诉求亦是为了与洋争利,并最终禁绝鸦片。故从某种程度上而言,弛禁论亦是民族主义的一种理论,只不过是暂时掩盖了鸦片观中"亡国灭种"之内容。而到清末前后,甲午惨败,八国联军入侵,一次又一次的割地赔款使中国人蒙受了极大的耻辱,也大大激发了中国民众的民族危亡意识,强烈的救亡意识在知识阶层中掀起了巨大的民族主义浪潮。在这个浪潮中,救亡与革新并存,鸦片作为国家衰败与耻辱的象征,禁烟再次成为压倒一切的社会意识。近代中国要自立、自强,要救国、建国,首先就要摆脱与鸦片捆绑在一起的民族形象。在这一背景下,以"亡国灭种"的想象为核心的鸦片语境具有的激发政治变革的冲力,使其与民族国家的建构诉求结合在一起,成为近代中国特有的政治现象。我们考察清末禁烟运动,自然不能忽略这一现象或舆论之背景。

2. 清末禁烟舆论概述

在民族主义的思潮之下,清末代表民间舆论之许多报刊纷纷发表文章,吁请政府严禁鸦片流毒。这些报刊的文章大致可分为三类:

一是痛陈鸦片给国家与个人带来的危害,说明禁烟之重要。晚清时,国人常将中国喻为"睡狮",即"狮而云睡,终有一醒"。但维新派之政论家汪康年认为该睡狮因"被饵以鸦片",故"终日昏昏,俯首帖耳",以至"永无醒时"。汪康年之意自然仍是"呼国人憬然悟之",摒弃鸦片流毒。[①] 尽管清末对于鸦片危害之论述,依然还有所谓"外人心怀叵测",以"不露彼诈谋之形"的方式"悉心研究必得毒物,务使华人自灭自绝"的论调[②],但这已非鸦片观念之主流。当时之舆论普遍从新政、宪政、现代国家等角度考虑禁烟问题。如《中外日报》称鸦片流毒为中国亘古未有之奇祸,而中国的前途和荣辱也系于禁烟一举。《云南杂志》认为,"中国存亡之关系,即以是否能驱除阿片之问题为解决"。一些知识分子进而指出,不先禁烟,则开矿和练兵均无用,因为"矿之所

---

① [清]汪康年:《汪穰卿笔记》,上海书店1997年版,第1页。
② 马模贞主编:《中国禁毒史资料》,天津人民出版社1998年版,第369—370页。

出不敌烟之所耗","持戟之士即属吸烟之徒"。① 还有文章认为鸦片流毒是中国救亡图存的最大障碍,因为"财政之贫,贫于鸦片,军政之弱,弱于鸦片……救亡之道何在?莫不曰禁烟,禁烟"。②《申报》的一篇文章将清廷的立宪新政与禁烟相联系,认为"鸦片一日不绝,则立宪一日不成,而中国亦一日不可救"③,因为"宪法既立,则弱者可强,贫者可富。然鸦片之毒,则适与此相反比例。体魄日弱,则有灭种之忧;漏卮日深,则有无食之惧"。该文章还提出"新中国"的概念,并且大呼"戒烟同胞万岁,中国立宪万岁"。④ 对于中国的这种舆论思潮,《伦敦日报》评论:"中国四年间之禁烟,非止根于禁烟之诏敕,实由于一般国民不期而欲形成一新中国,先绝其为前途一大妨碍物之鸦片癖好。"⑤《泰晤士报》驻北京记者莫里循亦说:"反对鸦片烟的舆论,正像传播西方教育、发扬尚武精神和大力创办地方报纸一样引人注目。"⑥应该说19世纪初的禁烟思想,已经深深融入了近代国家的观念,与早期林则徐建立在"无御敌之兵,无充饷之银"基础上的禁烟思想相比,有了更为深刻的民族主义的内涵。

二是指责清政府对于烟毒泛滥之结果实有极大之责任,故要求中国抓住有利之国际形势,不可错过禁烟之机会。如认为政府放任烟毒是"失职不道之尤"。⑦ 直言官场吸食鸦片之严重情形:"乃观各省,无论实缺候补各员,有烟霞癖者,指不胜屈。即以宁苏两省各员而论,其沉溺于鸦片者亦十居六七。讼狱不知问,案牍不知理,废事失时,贻误甚大。"⑧而军队之情况更为糟糕,军队打败仗的原因在于"军中都吸鸦片,大敌临头,还躺在床上吸鸦片。吸鸦片是定时的,一到时间,即使是在战场上也得吸,否则就受不了"⑨。有文章

---

① 何良栋辑:《皇朝经世文四编》卷二十四《户政》,鸿宝书局光绪二十八年(1902年)石印,第452页。
② 《论禁烟机会不可失》,《申报》1906年6月11日。
③ 《论戒烟与立宪之关系》,《申报》1906年10月6日。
④ 《论戒烟与立宪之关系(续)》,《申报》1906年10月7日。
⑤ 《新中国与鸦片问题》,《东方杂志》第8年第5期,1911年。
⑥ [澳]骆惠敏编:《清末民初政情内幕——〈泰晤士报〉驻北京记者袁世凯政治顾问乔·厄·莫理循书信集》(上),刘桂梁等译,知识出版社1986年版,第498页。
⑦ 《禁烟私议》,《东方杂志》第3年第4期,1906年。
⑧ 《论今日官场沾染嗜好之深》,《申报》1906年3月16日。
⑨ 刘增合:《鸦片税收与清末新政》,生活·读书·新知三联书店2005年版,第89页。

认为,清政府要抓住机遇与英国谈判,并称在目前形势下禁止英方输入鸦片并不困难,但英方所虑者是中国能否切实禁烟,若禁止输入鸦片后却不能禁止国内罂粟之种植,则英人将借口禁止输入并无作用而改变其方针。因此中国方面一定要"审机会之不可不乘。塞鸦片之源,绝鸦片之根"。①

三是纷纷讲述禁烟之办法,以供政府参考。如有文章认为禁烟首先要严官场和学界,因为"中国之人,如此其众,吸烟者如此其多。而必首严官场与学界者,以官有治民之责,学堂操教育之权,关系至为重要。如此二者能永除吸烟之事,此外工商各业与夫无业闲民,或施劝导,或用强逼,必不难渐祛痼习。政府诸公果欲议除烟害也,盍采吾说以试行之乎"?② 还有文章认为:"鸦片惟须先从候补人员戒起,宽以假期。俟戒烟后,再令实缺人员自行禀明戒烟。如有隐匿不戒或戒而复吸者,著各督抚严参,以资治理而肃官方。"③这些建议说明了当时官员吸食鸦片之严重。除此之外,还有不少文章介绍各类戒烟之办法,以及其他国家地区的禁烟政策与措施。④ 而对于当时甚嚣尘上之鸦片专卖一说,民间舆论亦多持赞同之主张。如有文认为鸦片专卖税虽然扰民,但"利犹足以偿其害也",因为"鸦片虽列于饶物之类,实则非饶物之比。以饶物不过民生之可以无需,而鸦片则直为贼民之鸩毒"。该文还认为,鸦片专卖是一件十分繁重的事,若由国家派出专门人员"必无其效",因此专卖要以地方政府为主体,地方自治是兴利除弊的基础。⑤ 可见该文将鸦片专卖纳入政府体制改革中加以讨论。又有文认为,"救天下之标害者,用急术;救天下之本害者用缓术。洋烟之毒害中国,已为国之本症而非标症。则救之之术,利在缓克而不在急攻。缓克之术,莫如由官专卖"⑥。这些赞同专卖之舆论亦或许有着地方大员操纵之背景。

综上可见,至清末,在舆论中,鸦片已经从一个关于个人身体健康及社会风俗的问题发展为一个关乎民族存亡的大问题。中国要摆脱与鸦片相关的

---

① 《论禁烟机会不可失》,《申报》1906 年 6 月 11 日。
② 《议除烟毒说》,《申报》1906 年 2 月 12 日。
③ 《议拟通饬官员戒烟》,《申报》1906 年 2 月 22 日。
④ 《戒烟说》,《申报》1906 年 3 月 23 日;《澳洲华旅禁烟详志》,《东方杂志》第 3 年第 4 期,1906 年。
⑤ 《论官卖鸦片事》,《申报》1906 年 2 月 20 日。
⑥ 《扫除烟毒治本说》,《申报》1906 年 3 月 9 日。

民族形象和屈辱的历史,就必须禁绝鸦片。鸦片的合法化及国家财政对鸦片的严重依赖,使得中国的知识精英背负了沉重的道德包袱,他们在一切场合呼吁中国要坚决杜绝鸦片。应该说,这些给新政中的清政府以极大之压力,成为清末禁烟政策出台的推动因素之一。

二、有利的外部环境

晚清后期,中国的鸦片问题受到了国际社会的关注,一些国家的进步人士纷纷吁请中国政府实行禁烟,并以各种方式予以支持。而英美等西方国家出于各自不同目的,亦开始倾向于支持中国禁烟。

1. 传教士呼吁禁烟

对中国禁烟最具同情且出力最大的外国人是在华的各国传教士。其原因有三:一是传教士从人道主义立场出发,着眼于鸦片对身体与道德的伤害而对鸦片贸易持反对态度。如英国著名汉学家、传教士理雅各说,吸食鸦片"在道德上不良的影响力正腐蚀了人民的德行,而它在身体上的影响,也必然有害","吸食者往往变得十分憔悴,并且正如他们所说的'面如土色'"。① 另一英国著名传教士杨格非则说"鸦片在中国,无形中破坏了宪法,摧毁了健康,缩短了吸食者的寿命,瓦解了每一个家庭的平和和兴盛,并且正逐步地促使这整个国家民族身、心以及道德的低落"。② 二是从宗教教义角度出发。基督教的使命在于拯救人类,而鸦片却毒害人们的身体,腐蚀人们的道德灵魂,使人们沉沦和堕落。因此传教必然要宣传戒烟戒毒。如当时传教士认为:"至若吾教为耶稣之徒者,更宜效耶稣之善行,救拔人苦,盖救主矜悯为怀,吾人为其徒者,自宜以救人为事,以法其爱也。"③"我辈基督徒弗忍其荼毒,须设法拯救海内之人,体吾主爱人之心。""倘徒为之除身病而不传福音以拯其灵病,实与真道有歉焉。""为人除毒,暨宣福音之道,相辅而行。身灵并拯,其有益真道,为无穷矣。"④ 三是从传教的根本利益出发。鸦片贸易是一种罪恶,是扩展基督教事业的最大障碍。因为外国鸦片强行输入中国,早已

---

① 林治平主编:《近代中国与基督教论文集》,(台北)宇宙光出版社1984年版,第325页。
② 林治平主编:《近代中国与基督教论文集》,(台北)宇宙光出版社1984年版,第320页。
③ [英]艾约瑟:《天津新立施医院事》,《万国公报》第561卷,1879年10月25日。
④ 福州惠医生:《鸦片毒害宜设院戒除论》,《格致汇编》1891年秋季刊。

引起中国人的憎恶,这也不可避免地增加了中国人对外来传教活动的敌视和怀疑。驻香港的主教曾说过:"若有人怀疑鸦片为基督教进步之大碍,可以听听爱国华人是怎样说的,他们带着讥笑问西国教士是否与贩卖鸦片者有关。"①《万国公报》的评论则认为西方在中国进行的鸦片贸易"非但辱及西国,并使传耶稣教之人难期取信"。②"今也天道滞行斯土,半为鸦片然也。"③因此,传教士们认为,要博取中国人对西方宗教文化的好感,使基督教事业在中国民众中得以普及,就必须坚决反对在全世界业已声名狼藉的鸦片贸易,帮助中国消灭鸦片危害。

长期以来,在华传教士们以自己所创办的《上海新报》《格致汇编》《万国公报》等各类报刊,作为宣传禁绝鸦片的舆论阵地。在这些宣传中,以刻画吸食鸦片之害的居多。如:"瘦肌肤,耗神气,减饮食";"绝养育,荒生业,死病痢";"转瞬之间,形骸消损,直同鬼类,荡产倾家,死于途路";"贵者贱而富者贫矣,亲者疏而廉者贪矣,强者弱而壮者夭矣,正者偏而敏者顽矣";"吸之既久,百疾丛生,误事倾财";"病入于心,毒结于腹";"精神昏惰,气色变更";"毒穿肺腑,病入膏肓,心迷如醉,神失若狂";"旋转如云而不知,肤瘦容枯看似鬼";"鸦片烟者,食物之妖也,其引人也淫,其诱人也渐,其毒人也烈,其祸人也惨,大可畏也,良足悲也";"瘾穿七窍之中,病陷五腑之内,聪明变作痴呆,铁汉成为朽木";等等。④

而一些华人信徒所写文章,则多从中国的传统道德、家庭、亲情伦常、国家政纲等角度,对吸食鸦片进行批判。如"颓废、堕落、丧才失德";如"德行道艺之不修,复五伦五事之不讲",旋而"手足分离,埙篪不吹,兄弟阋墙也;入门交谪,琴瑟不调,夫妻反目也;良朋益友相谏成仇,朋友不信也";又如"富者嗜此而惰心志,贫者患瘾每丧廉节","诚为养奸滋盗之渊源,病国害民之巨患

---

① 罗运炎:《中国烟禁问题》,大明图书公司1934年版,第100页。
② 榛芩斋:《译论戒烟事宜》,《万国公报》第491卷,1878年6月1日。
③ 鹭江士:《论鸦片去留大势》,《万国公报》第459卷,1877年10月13日。
④ 《悯世要言》《鸦片之害》《妙药能治鸦片》《忌烟说》,《上海新报》第110号(1868年10月13日)、第243号(1869年8月28日)、第836号(1872年12月31日)、第605号(1872年1月6日);《鸦片烟说》《鸦片词》《公所戒烟文》《戒烟》《劝戒鸦片烟启事》,《万国公报》第455卷(1877年9月15日)、第467卷(1877年12月8日)、第476卷(1878年2月16日)、第603卷(1880年9月18日)、第741卷(1883年5月26日)。

也";还有"倾家荡产,败节隳名,累祖及父,断子绝孙,卖妻鬻孥,青年亡身","流毒中华,破耗我钱财,穷戚我百姓,扰乱我国法,孱弱我官宪";等等。① 这些报刊因不受中国官宪之审查,言论尺度大,影响亦大,对鸦片问题的论述在中国士大夫阶层中极易产生共鸣。

传教士们为了传教需要,大肆宣扬戒除鸦片的根本方法就是"灵魂得救""信仰福音"。他们公开宣称:"只有中国人接受了基督,鸦片的危害也就自然会消失。"②因为:"天之主宰,上帝也。诚心祈祷,必叨默佑,除我恶念,引入善途,又何患服方断瘾之难乎?"③与之相适应的是,教会在刊物中公开宣布"凡收信道受洗者,不收食烟之人"④,"凡有中国人有烟瘾者,概不能受洗入教"⑤。而在实际传教活动中,教会方面亦是如此执行。如汉口教会所办的仁济医院规定,凡是欲戒烟之人必须聆听教士教诲,"有过速改,有罪学习,祷告上天,靠救主功求其宽恕"⑥。

传教士们除了在相关刊物上进行禁烟宣传外,还召开大会讨论中国鸦片问题,并成立禁烟组织,积极向清政府请愿,要求禁烟。如光绪三年(1877年),传教士在上海召开大会,鸦片问题成为会议的中心议题。会议谴责鸦片贸易之罪恶,强烈呼吁英国政府停止鸦片贸易,决定将推动中国禁烟运动,促使鸦片尽早在中国灭迹作为在华教会组织及成员今后主要的工作目标。光绪十六年(1890年),传教士在上海召开百年布道大会,讨论在华传教问题。与会的传教士一致认为,鸦片贸易是传播基督教的一大障碍。大会通过 6 项决议案,主要内容是:坚决维护反对鸦片的态度;唤起民意和公众舆论,反对鸦片流行;向英国及其他地方反对或禁绝鸦片的努力表示同情和支持;议决成立中国禁烟会,在各地设立分会,以开展禁烟活动。光绪三十二年(1906年)四月,中国禁烟会会长白乐文(H. C. Dubose,又译为"杜布斯")与两江总

---

① 《吸鸦片则不能有为论》《劝戒鸦片烟论》《管见续貂》《戒烟公所劝文》《论粤东省城设立查烟局之害》,《万国公报》第 96 卷(1897 年 1 月 28 日)、第 423 卷(1877 年 1 月 20 日)、第 452 卷(1877 年 8 月 18 日)、第 470 卷(1877 年 12 月 29 日)、第 530 卷(1879 年 3 月 15 日)。
② 顾长声:《传教士与近代中国》,上海人民出版社 2004 年版,第 47 页。
③ 《劝戒洋烟文并方》,《万国公报》第 367 卷,1875 年 12 月 18 日。
④ 《录中国教会新报》,《上海新报》第 237 号,1869 年 8 月 14 日。
⑤ 《下议院议印度鸦片事》,《万国公报》第 351 卷,1875 年 8 月 28 日。
⑥ 杨鉴堂:《汉口花楼仁济医院招人戒烟送诊施医启》,《万国公报》第 432 卷,1877 年 3 月 31 日。

督周馥晤谈,请求中国政府实行禁烟。周馥表示,如果传教士联名上一奏疏,愿代为转呈。于是,白乐文立即起草了一份禁烟请愿书,寄给各地传教士征集赞成者签名,此举得到传教士的热烈响应。在两个多月的时间里,有1333名传教士签名复函。七月,白乐文将已装订成厚册的禁烟请愿书送交两江总督转呈清廷。① 尽管因多种原因,请愿书到达清廷中枢时,已在禁烟谕旨颁发后的数日,但全国范围内的传教士如此规模的联合请愿,对清廷的禁烟决策不能不产生一定的影响。

2. 国际因素的影响

20世纪初,清政府的禁烟面临着一个较为有利的国际环境。当时美国正准备在其殖民地菲律宾禁烟,意识到要在菲律宾有效地禁烟,必须取得与远东各国,特别是中国的合作,因为中国已经成为全球最大的鸦片生产国。为此,美国极力谋求国际联合禁烟,并于光绪二十九年(1903年)组织了一个菲律宾鸦片调查委员会赴远东各国考察。考察报告以很大篇幅专门论述中国的鸦片状况。该报告认为中国民众总体上是有道德、守法、勤劳朴素的,他们并不比其他种族更沉溺于吸食鸦片。中国烟毒泛滥的原因在于,一方面清政府未采取行动来禁止或限制鸦片的使用,他们抵制印度鸦片进口的目的只是自己要垄断鸦片贸易。另一方面中国民众只关心家庭,很少考虑国家。报告批评中国:"既没有一个体现本民族的大众舆论,也没有巩固本民族的民族生活,因此不存在一个中华民族,只有一个中华种族。"② 该报告传到中国后对国人及清廷的刺激极大。虽然美国提议国际联合禁烟的照会在中国禁烟谕旨颁布之后的一周才发出,但美国积极酝酿联合禁烟,以及调查报告的出台,不能不对中国的禁烟产生一定的推动作用。

当然,美国对中国的影响毕竟是有限的,真正制约中国禁烟运动的国际因素还是英国政府的态度。事实上,此时英国方面的态度亦发生了较大的变化。自鸦片战争以来,英国国内反对鸦片贸易的声音就从来没有停止过。在华传教士为使英国人真实地了解鸦片贸易给中国带来的毒害,揭露英商贩卖鸦片之耻,还把上述有关批判鸦片危害的文章汇编成书,在英国散发。1906

---

① 于恩德:《中国禁烟法令变迁史》,河南人民出版社2016年版,第118—120页。
② 徐振伟:《19—20世纪之交美国对远东的鸦片政策》,《齐鲁学刊》2006年第4期。

年,英国自由党上台执政,反对继续进行鸦片贸易。5月30日,英国下议院围绕着鸦片贸易问题进行了一场辩论。议员德雷(Mr. Taylor)发表演说,认为1858年的中英《通商章程善后条款》中有关鸦片弛禁的规定,是英国政府强加给中国的。如今鸦片毒害已被世界所公认,各国在华的传教士和医生都反对我们,华人中的优秀分子也反对我们。英国继续维持这种毒品贸易是可耻的,有辱大英帝国的荣誉,应当尽快废除中英条约中关于鸦片贸易的规定,停止对华的鸦片贸易。欲继续维持鸦片贸易的一部分人以英国印度部大臣约翰·莫莱(John Morley John)为代表,其谓鸦片贸易之所以未能停止,并不是英国的责任,而是中国官厅贪恋鸦片税利,自身不努力的结果。经过辩论,德雷的意见获得多数支持,当日下议院通过决议:"本院坚信中国、印度间的鸦片贸易在道德上是不能维护的,因请政府采取相当步骤以制止之。"于是,英国政府照会中国,略谓"印度政府现在预备与中国商讨对于减少印烟出口所提出的任何议案,若是中国同时照进口减低率减低中国自产烟量的话"。①

至此,英国政府在国内外舆论的压力下,鸦片贸易政策终于开始有了变化。其要求中国按印烟进口数量的减少比率减低土烟生产,其目的则是双重的,如果中国果真能减低土烟生产,鸦片供应减少,价格自然上扬,印烟运华数量减少的损失将因其价格的上升而得到部分补偿。如果中国政府并无决心或能力禁烟。那么,鸦片贸易责任在中国,与英国无关。

英国的心态反映出其对清廷的禁烟是持怀疑态度的,这与中国在西方世界的形象相关。19世纪曾任德国驻华公使的海靖说过:"最好的思想、计划、设施和工具,一旦经中国人插手管理,立即会化为齑粉并被玷污。"②《泰晤士报》当时形容中国的形象:"整个社会腐朽没落,百业凋敝","政治腐败的国度","东方世界里一块黑暗与紊乱的国土"。该报著名记者瓦·姬乐尔认为:"中华帝国正在没落,其四肢已经烂掉,尽管中国人的生命力或许还在十八个省的心脏部位苟延残喘。"③该报驻北京记者莫理循在致瓦·姬乐尔的信中

---

① 罗运炎:《中国烟禁问题》,大明图书公司1934年版,第107页。
② [德]费路:《德国对戊戌变法的反应》,王晓秋主编:《戊戌维新与近代中国的改革——戊戌维新一百周年国际学术讨论会论文集》,社会科学文献出版社2000年版,第423页。
③ [澳]骆惠敏编:《清末民初政情内幕——〈泰晤士报〉驻北京记者袁世凯政治顾问乔·厄·莫理循书信集》(上),刘桂梁等译,知识出版社1986年版,第549页。

判断清廷"目前无意限制他们的鸦片税收,在这一点上使我们感到有意思的是,这使我们想起台湾也并非真正禁烟"①。甚至还有英国人认为:"为时不用太久,中国的这种毒品就要把印度产品赶出市场。那时,就我们帝国的责任而言,这个问题会自动解决的。"②西方舆论中的负面评价对清廷的禁烟运动有极大之刺激作用。

英国议会辩论的具体情形刊登在次日的《泰晤士报》上,莫理循很快将这一消息送交了清廷外务部。由于英国国内一直有反对鸦片贸易之声音,但长期以来并未能促使英国政府改变政策,故清廷对来自报刊的信息并不信任,对英方诚意亦持怀疑态度。后经驻英公使汪大燮确认,并上奏剖陈利害后,清廷才开始重视,并下定决心准备禁烟。

三、民间禁烟团体及禁烟运动的推动

在禁烟意识高涨的同时,一些地区也出现了自发的禁烟团体与禁烟运动。这些团体的领导者为地方士绅、知识精英、在籍官员、在华传教士等,他们组织的禁烟运动影响较大,对清廷禁烟政策的出台亦有一定的推动作用。

除了前文所述郭嵩焘组织的禁烟公社、徐勤发起的戒鸦片烟会外,由于资料原因,我们尚不清楚到底当时存在多少民间禁烟团体,以及他们都是如何运作的。本部分只能选取一些代表性的社团加以概述,以期了解当时民间禁烟运动的一般状况。

1. 无锡戒烟局

光绪二十六年(1900年)在无锡成立之戒烟局是官员许钰所组织的。许钰(1843—1916),江苏无锡人,字静山,曾随张荫桓出使美国、西班牙、秘鲁三国,后又以参赞身份随薛福成出使英、法、意、比等国。在国外,许钰深受禁烟思想影响,又以国内烟毒泛滥为耻。故其归国后力倡禁烟,并拟具了详细的禁烟计划,因朝廷未予采纳,遂回到家乡无锡,于光绪二十六年(1900年)成立了戒烟局,"欲以一县为海内倡"。许钰认为:"中国日益贫弱,外人凌侮纷至沓来,冀从此下手,为发愤自强之本。吾邑果行之有效,即邻近州县皆可仿

---

① [澳]骆惠敏编:《清末民初政情内幕——〈泰晤士报〉驻北京记者袁世凯政治顾问乔·厄·莫理循书信集》(上),刘桂梁等译,知识出版社1986年版,第464页。

② 马模贞主编:《中国禁毒史资料》,天津人民出版社1998年版,第393页。

照办理。风气既开,将来必且推行各省。""不做欲速见效之想,竖起脊梁;不存畏难苟安之思,定识定力,坚持弗懈,不为浮议所夺。"①戒烟局成立后,参用林则徐曾推行过的戒烟药方配制戒烟药丸,低价发售,并请来医生为烟民提供专门的诊治。

许钰除了成立戒烟局外,还上书朝廷,提出了一系列的禁烟措施,并质疑江苏实行的膏捐。②许钰的建议均未被采纳,而其对江苏膏捐的质疑亦遭到两江总督端方的驳斥③,戒烟局的运行在地方受到诸多掣肘。但戒烟局的活动还是受到广泛的关注,许钰亦以禁烟专家的身份得到朝廷的认可,不久后即以道员的身份前往广东主持禁烟。

2. 福建去毒社

于恩德在《中国禁烟法令变迁史》中,将福建去毒社列为商界自发成立之禁烟团体。④但从光绪三十年(1904年)倡议者名单看,其官方背景极为明显。倡议者10人,分别为陈宝琛、林绍年、邵质城、刘学恂、罗金城、林炳章、张赞廷、李馥南、陈懋鼎、林志烜等。陈宝琛(1848—1935),字伯潜,福建闽县人,同治七年(1868年)进士,清流代表,早在光绪九年(1883年)即任内阁学士⑤,当时在乡主持鳌峰书院。林绍年(1845—1916),字赞虞,福建闽县人,同治十三年进士,时任云南巡抚。⑥林炳章(1874—1923),字惠亭,福建侯官人,光绪二十年(1894年)进士,林则徐曾孙,时任翰林院编修,并受清廷委派在乡考察宪政。陈懋鼎(1870—1940),字征宇,福建闽侯人,光绪十六年(1890年)进士,陈宝琛之侄,时任外务部左参议。林志烜,生卒年不详,为光绪三十年(1904年)进士。此外,罗金成虽是福建巨商,但也捐官至候选道员。其他诸人事迹皆不可考,估计均为当时福建商界中之佼佼者。

---

① 蒋秋明、朱庆葆:《中国禁毒历程》,天津教育出版社1996年版,第179页。
② [清]许钰《为江苏省禁烟未能实行并膏捐贻误地方情形事呈文》(光绪三十四年五月初四日)、[清]张英麟《奏为代候选道许钰呈江苏省禁烟未能实行并膏捐贻误地方情形事》(光绪三十四年五月初四日),中国第一历史档案馆藏军机处全宗(录副奏折),档号:03-7403-046、03-7403-045。
③ [清]端方:《奏为遵旨查明江苏省征收膏捐无碍禁烟事》(光绪三十四年正月二十五日),中国第一历史档案馆藏军机处全宗,档号:03-7403-033。
④ 于恩德:《中国禁烟法令变迁史》,河南人民出版社2016年版,第117页。
⑤ 钱实甫:《清代职官年表》(第二册),中华书局1980年版,第1094页。
⑥ 钱实甫:《清代职官年表》(第二册),中华书局1980年版,第1742—1743页。

可见,福建去毒社当为一个商界出钱,诸多本籍官员列名其中的禁烟组织。该社成立后,由林炳章任社长,并规定:凡有新染鸦片烟瘾及开设烟馆者,本人及其子弟不准入校学习;伙友、学徒、雇工中有新染鸦片烟瘾者,不准雇主收用;有房产者,不得租与人售烟;有田地者,不得租与人种烟。①

去毒社的上述规定是值得注意的,入学、雇佣、租赁等均属于法律调整的关系范畴,至少要地方政府才能制定相应之规范。或许因官方背景显赫,其职能除了禁烟宣传教育外,还会同当地官署,"查缉贩运、销售、吸食烟毒者,送官府立案究办,并参与官府的讯问和查处工作"。而事实上,去毒社的权力的确非同一般,其成立后,即促使地方当局下达禁烟令,严令各烟馆必须在短期内停业改行,如敢违抗者,当即严惩不贷。此时还是在清廷禁烟谕旨颁布之前,烟馆应属于合法经营。而且,去毒社还能拘押吸食鸦片的候补官员,拿获毒贩后当众杖责。② 显然,去毒社似乎获得了超过一个民间团体应有的执法权力,这与全国其他地区的禁烟团体相比,是极为特殊的。

3. 苏州拒烟会

苏州拒烟会是典型的以地方士绅为主导、充分发挥家族团体作用的民间禁烟组织。该会成立于光绪三十二年(1906年),由当地士绅姚清溪任会长,开会地点亦常在铁瓶巷姚宅。据报载,到会者达到300余人,可见姚宅之大,以及姚氏在地方的影响力。而且该会的组织显然得到当地传教士的支持,中国禁烟会会长教士白乐文及医生孙乐文常莅会听讲,极口赞成。③ 该会的主要活动是在四乡八里进行宣传,劝导戒烟。由于周庄镇户口千余,烟馆多至60余家。该会即雇船至周庄镇开演说会,并由该镇镇董孝廉陶某及茂才沈某负责设立拒烟会在周庄镇的分会,常年劝导戒烟。④

在苏州拒烟会中担任领导职务的皆为当地有头脸的士绅,这对处理该会与当地政府的关系起到良性作用。如拒烟会不但向上海县令推荐乡镇烟膏店的调查员,密保某烟膏店老板违反禁令,还代上海县令拟定烟馆改设烟膏

---

① 于恩德:《中国禁烟法令变迁史》,河南人民出版社2016年版,第117页。
② 王大同:《福建"去毒社"成立始末》,《福建党史月刊》2005年第7期。
③ 《苏州拒烟会开第五次特别大会》,《申报》1906年11月22日。
④ 《拒烟会赴周庄镇开会》,《申报》1906年12月4日。

店后的章程。① 在早期的禁烟团体中,苏州拒烟会的特征是具有普遍性的。

4. 中国禁烟会

如前文所述,光绪十六年(1890年)传教士在上海召开百年布道大会,通过有关反对鸦片的六项决议,其中即有设立中国禁烟会一项。此后,传教士白乐文等人便开始着手准备,但直到光绪二十三年(1897年)才在上海召开成立大会。会议代表来自上海、北京、苏州、四川、福建、广州、汉口等全国各地,白乐文当选为首任会长。会上议定的《中国禁烟会试行章程》确定了五条工作目标:一是调查统计中国种植、吸食鸦片之信息;二是向基督教国家人民陈清鸦片对其使用者之危害;三是散布以禁烟为目的之健康作品;四是与英国取缔鸦片贸易协会合作行动;五是在中国组织包括中外人员的戒烟团体。中国禁烟会是一个全国性团体,其组织结构分两层:全国禁烟会和各地分会。全国禁烟会以每年召开的大会作为核心机构,负责拟定章程、决议、工作计划等,执行委员会是全国禁烟会的常设机构,通常由3—5人组成。由于白乐文等均为苏州传教士,各相关职务亦由在苏州之传教士担任,故在上海召开成立大会后,中国禁烟会的组织机构始终设立于苏州。

自宣统二年(1910年)白乐文病逝于苏州后,中国禁烟会的活动亦告终止。在10余年的时间里,中国禁烟会的活动主要有五个方面:

一是对中国鸦片的吸食、种植、贸易、禁戒状况进行深入调查统计。

二是编书办报、宣传禁烟。在前期调查统计之基础上,中国禁烟会于光绪二十五年(1899年),将各类报告编成《劝禁鸦片烟集论》免费发送给中国各处教会,另由英国取缔鸦片贸易协会购去500册散发,书籍在英国社会引起强烈反响。同年,由美国监理会传教士衡特立任主编的《除烟报》发行,首期在上海印行5500份。为加强宣传效果,中国禁烟会还派人直接赴英美介绍中国鸦片灾害,呼吁西方人士参与中国禁烟。如光绪二十五年(1899年),派汉德森牧师为代表,在英国开展宣传联络。光绪二十六年(1900年),又派斯皮尔医生为代表,出席美国基督教大会,报告中国禁烟状况,并向大会分送《劝禁鸦片烟集论》一书。光绪二十八年(1902年),白乐文亲自回美国,考察美国的禁烟工作,以便唤起"美国更强烈的禁烟热情",进而"为其他国家树立

---

① 《拒烟总会呈上海县文(为调查乡镇膏店事)》,《申报》1908年3月20日。

榜样"。

三是创办戒烟所,帮助烟民戒断鸦片烟瘾。白乐文等人建立的苏州博习医院,附设一个极为完备的戒烟所。光绪三十二年(1906年),博习医院与苏州民间禁烟团体——苏州讲报社达成协议:欲戒烟者可领取苏州讲报社特发的票据,到博习医院戒烟所戒烟,医院"仅取饭资"。同年,白乐文在苏州养育巷教堂内设立戒烟局,并根据最新药方配制、发售戒烟药,对"无力贫民,不取分文"。需要说明的是,在华传教士设立戒烟所并非始于中国禁烟会。自同治十年(1871年)传教士在杭州设立最早的戒烟所之后,各地教会组织纷纷设立戒烟所,至清末,戒烟所的数量大为增加。如属于内地会传教士所设的戒烟所,在成都有101处,在太原有71处。其他各教派在全国设立的戒烟所数以千计,福州教会人士所设的戒烟医院,数年中戒绝烟民近2000人。由此可见,在华传教士确已把禁烟当成自己的一项事业。

四是联络中国民间禁烟团体。如参与苏州士绅组织的拒烟会集会,并发表演。白乐文还代表中国禁烟会,联合苏州拒烟会正副会长姚铦、王季尚,暨绅商学界等召开会议,共商"一切禁烟事宜",并预备参加第二届万国禁烟会。

五是上书清廷,要求禁烟。中国禁烟会在清末所进行的各类活动中,以光绪三十二年(1906年)联名上书清政府、促动清政府在全国禁烟最为著名。[①] 关于此事之细节前文已述,此不赘。

5. 中国国民禁烟会

在传统中国的社会关系形态下,民间组织的存在是对"王道"的一种威胁,因而专制政权总是对民间结社加以严格控制。光绪三十二年(1906年),清廷颁布禁烟谕旨,标志着以政府为主导的禁烟运动将在全国范围内开展。如何处理与民间禁烟团体的关系,是清廷必须面对的问题。政务处拟定的《禁烟章程》第7条"准设戒烟会以宏善举也",是专门针对民间禁烟团体而规定:"近来有志之士往往纠合同志创立戒烟善会,互相勉劝,深堪嘉尚。应由将军、督抚饬令地方官督率该处公正绅商广为设立,以期多一善会即多一劝导之处,转移习俗,较为迅速。但此会只许专办戒烟一事,不准议论时政、地

---

① 关于中国禁烟会成立及活动之情形参见杨大春:《苏州"中国禁烟会"述论》,《苏州大学学报(哲学社会科学版)》2004年第2期;于恩德:《中国禁烟法令变迁史》,河南人民出版社2016年版,第116—120页;《拒烟会开第五次特别大会》,《申报》1906年11月22日。

方治权及他项无关戒烟事务。"①显然,清廷是想将民间禁烟团体的活动限制在戒烟范围内,并置于地方政府的管控之下。

《禁烟章程》颁布后,各地又借此掀起了一个成立民间禁烟组织的高潮。如京师拒烟会、天津商界禁烟公会、吉林省城戒烟会、广东戒烟会等。限于资料,很难对各组织的详细运行情况进行考察,但多数团体并未能如清廷所愿将活动限制在戒烟范围内。如广东戒烟会,其于光绪三十三年(1907年)冬成立,完全是响应了清廷的禁烟政策。但由于广东的宗族势力极盛,该会在实施具体事务时,设立了具有一定武装力量的"护勇"作为稽查工具。②显然,这已非清廷对禁烟组织的"互相勉劝"的职能设定。广东戒烟会在一定程度上已经掌握了地方的部分执法与治理权限。可见,清末政权衰微的清廷对民间团体及社会的管控已经是力不从心了。

随着禁烟运动的发展,各禁烟组织还开始将注意力从地方的禁烟禁毒转到对全国性禁烟事务的关心。宣统元年(1909年)万国禁烟会的召开,为民间禁烟团体提供了一个互动的机会。苏州拒烟会认为此举于中国前途关系甚大,与当地教育会、商会、自治会等团体联合通电表示欢迎。③福建去毒社代表福州各社会给与会的中国代表上书,认为此天予我国去毒之机,千载不遇。④而一些有影响的禁烟团体如福建去毒社等还得以列席会议。同年底,各禁烟组织又汇集上海召开禁烟纪念大会,到会者达七八百人,两江总督及江苏巡抚皆派代表参加会议。值得注意的是,该会并不是一个固定的组织,只是一个临时的由各团体参与的纪念活动,但其唱禁烟纪念歌、牧师祷告、名流演讲等一系列形式成为民国时期禁烟大会程序之滥觞。⑤

与南方禁烟组织活跃发展的同时,北京出现了一个政治性背景极强的禁烟组织——中国国民禁烟会,该会成立伊始即以恢复禁烟主权为其组织目标。当时英国国内发起了一场要求英政府废弃鸦片条约的运动,中国国内希望乘此机会,争废中英鸦片条约,达到缩短禁烟期限的目的。宣统二年(1910

---

① [清]奕劻:《奏为遵旨拟定禁烟章程事》(光绪三十二年十月初六日),中国第一历史档案馆藏军机处全宗(录副奏折),档号:03-7403-007。
② 《戒烟总会会议禁烟》,《申报》1908年4月26日。
③ 《苏垣各团体预备欢迎禁烟会》,《申报》1909年1月30日。
④ 《福州各社会上中国禁烟会代表书》,《申报》1909年2月10日。
⑤ 《中国青年会召开禁烟纪念大会》,《申报》1910年1月11日。

年)十一月,胡家祺、陈清震及万国改良会丁义华等,约集资政院议员,学绅各界60余人在口袋胡同私立商业学堂开会,成立中国国民禁烟总会,推于邦华为临时主席。会议"以实行缩短禁烟年限,并请求英政府废止输入条约为宗旨"。会后资政院议员林炳章(福建去毒社首任社长)代表全会,向英国禁烟会发电报:现今中国国民禁烟会,已成立于北京。请英国还复出口税之禁烟主权,将所有鸦片立时禁止。同时又向万国禁烟会华盛顿总会发电,内容大致相同,并要求将电文发交各处报馆。此后,禁烟总会再次发电英国禁烟会,告知英国公使敦促中国订立的鸦片新约,中国民众十分反对。而政府慄于英国之威权,迟疑不定。英国耶稣教民众,应该电助中国政府的胆力。禁烟总会还多次召开会议"请求外务部,与英政府协商废止鸦片入口条约,恢复中国自由禁烟主权";"请求资政院议决缩短禁烟年限,严订条例,奏请施行,并咨明外务部,废止鸦片条约";"联合各省谘议局及各自治团体,协助国家,以期进行"。[①] 中国国民禁烟会的活动,使得清政府了解到民众的禁烟决心,加快了与英方达成禁烟条约的进程。需要指出的是,在这个过程中,并不能过于强调清廷的被动地位,事实上清廷在谈判中亦利用了民间的舆论及压力,从某种程度而言,《中英禁烟条约》的达成是清廷与中国国民禁烟会朝野之间的一次心照不宣的互动。

中国国民禁烟会在北京成立后,迅速在全国多数省份设立分会。这些分支机构有的是新成立的,但更多是对原有禁烟组织的整合和更名。从着眼于地方禁烟禁毒事务,到关注国家外交主权,中国国民禁烟会的成立,标志着清末民间禁烟组织开始从传统结社向近代政治性社团转变。

第二节 禁烟法令与禁烟机构

光绪二十七年(1901年)八月,清政府下诏改革,标志着清末新政的开始。新政是清政府进行的一场现代国家体系建设的尝试,与民族主义密切相关的禁烟运动亦随着新政的推行而逐步展开。清政府在预备仿行宪政上谕

[①] 《中国国民禁烟会续记》,《东方杂志》第7年第12期,1911年。

颁布后,随之颁布禁烟谕旨,亦体现了社会改革的互相关联和互相制约性。

一、相关禁烟法令的颁布

1.《禁烟章程》

在英国议会通过反对鸦片贸易的决议后,中国驻英公使汪大燮专门就禁烟问题上奏朝廷。汪大燮指出,以往所谓"寓禁于征"不过是徒托禁烟之名,但利税收,无意除害,以至遍地烟毒,"积贫在此,积弱在此,贻笑在此,受侮亦在此"。如此下去,祸患无穷,必须乘此时机痛下决心,厉行禁烟。汪大燮认为,如果朝廷真心要禁断烟毒,必能得到英国方面的支持。在这份奏折中,汪大燮还提出了一整套包括稽查、限种、专卖、戒烟在内的禁烟方案,奏请朝廷尽快实施。① 清廷对汪大燮的奏折十分重视,立即发交大臣进行讨论,并于光绪三十二年(1906年)八月初三日发布著名的禁烟谕旨:"自鸦片弛禁以来,流毒几遍中国,吸食之人废时失业,病身败家,数十年来日形贫弱,实由于此,言之可为痛恨。今朝廷锐意图强,亟应申儆国人,咸知振拔,俾去沉痼而蹈康和。著定限十年以内,将洋土药之害一律革除净尽。其应如何分别严禁吸食,并禁种罂粟之处,著政务处妥议章程具奏。"②

关于清廷颁布禁烟谕旨的原因,学界曾有不少争论。从前述禁烟背景之分析可知,清廷的禁烟是多重因素影响之结果。但单从时间上来看,禁烟谕旨与汪大燮之奏折有直接之关系,是对汪大燮奏折议复后的直接结果。

两个月后,政务处根据谕旨拟定《禁烟章程》10条,于十月十五日奏请颁行,决定1908至1917年10年内禁绝鸦片。《禁烟章程》的主要内容包括种植、贩卖、吸食三个方面。③

(1) 关于罂粟种植的规定

对土产鸦片实行限种、递减的办法,由各省督抚分饬州县切实调查种烟

---

① 汪大燮:《奏为罂粟流毒日深请旨设法铲除事》《呈条拟禁止罂粟办法清单》(光绪三十二年六月初五日),中国第一历史档案馆藏军机档全宗(录副奏折),档号:03-7403-004、03-7403-005。
② 朱寿朋编:《光绪朝东华录》(第五册),中华书局1958年版,总第5570页。
③ [清]奕劻:《奏为遵旨拟定禁烟章程事》(光绪三十二年十月初六日),中国第一历史档案馆藏军机处全宗(录副奏折),档号:03-7403-007;朱寿朋编:《光绪朝东华录》(第五册),中华书局1958年版,第5593—5596页。

田亩,造册逐级上报。未种烟的地亩不许新种,已种烟的地亩由官署发给种烟凭照,令业户每年减种 1/9,9 年内减尽。如能提前将种烟地亩改种粮食,由地方官奏奖,如不按年减种甚至增加种植面积,则将种烟地亩充公。

(2) 关于贩售的规定

对于进口鸦片,因涉及外交,将由外务部与英国政府协商洋烟进口分年递减办法,届期与土烟同时禁绝。其他对华销售鸦片的国家也照此原则协商办理。同时饬令各海关对医药用途之外的吗啡和吗啡针严禁进口,并禁止在华的中国人和外国人炼制吗啡或制造吗啡针。

各城镇乡村的烟馆,限 6 个月内一律停歇改业,饭庄酒楼也不得备烟供客,违者重罚。售卖烟枪、烟斗、烟灯等烟具各店,限 6 个月内停卖。各处所收烟灯捐,限 3 个月内一律停止。各地烟土烟膏店,由地方官查明数量,造册备案,发给凭照,每年停歇一批,10 年内减尽。土膏店售土膏时必须验明购烟者的牌照,按吸量售与,不得逾量滥售或售与无照之人。

(3) 关于吸食的规定

凡吸食鸦片之人均须在本籍或寄寓之地的官署注册登记,申领吸烟牌照。牌照注明吸烟者姓名、年岁、住址、职业及每日吸量,作为购烟的凭证。申领牌照期限过后,不再补发,凡未领牌照之人购吸烟土,即为私购私吸,分别惩罚。吸烟牌照分甲乙两种,60 岁以上者发给甲照,适当放宽戒断期限。60 岁以下者发给乙照,限期戒断烟瘾,戒断后取具族邻保结,由地方官署进行查验,确已戒断者则缴销吸烟牌照,在烟民册中注销。逾限不戒或未能戒断者,属于官员者一概休致,属于贡监生者即行斥革,如属平民,则将其注明烟籍。由地方官将其姓名榜示通衢及吸烟人所居之地,俾众周知。凡地方绅耆集会及一切名誉之事,注明烟籍之人均不得参与,以示不齿于齐民。

清廷针对官员士子等吸食鸦片还制定了更为严格的规定。文武官员年在 60 以上,患瘾已深难以戒断者,准其与领甲照烟民一样从宽限戒。年龄未及 60 的王公世爵、各衙门堂官、各省督抚将军及都统、副都统等,凡吸食或曾经吸食鸦片者必须自行陈奏,限时戒断。戒烟期内暂不开去各项差缺,派员署理,戒断后查验属实,仍准供职。其余文武实缺候补、大小京官,凡吸食鸦片者不论瘾之轻重,统限 6 个月内一律戒断。届期不能戒除者,如系世爵世职则照例另袭,如系官员则以原品休致。另外各学堂的教习、学生,水陆各军的官兵,凡有吸食鸦片者,也限 6 个月内一律戒断。

为帮助烟民戒瘾,规定各省应选派精通医术之医生配制戒烟药物,由各府厅州县交该地药铺或善堂经销,贫民戒烟可少交或免交药费。各省督抚、将军还应饬令地方官督率公正绅商广为设立戒烟善会,以期移风易俗。但无关戒烟之事不得议论。

总的来看,该《禁烟章程》以"遏绝来源,限制销路,先劝导而后惩儆,宽既往而严将来"为原则,采用渐禁办法。不仅内容比较全面,所拟方法也较为切实可行。因为经过长期弛禁,鸦片流毒已深,单靠严刑峻法以期速效,反而于事无补。但是该章程的多数处罚措施不具体,多为"重罚""议罚""处罚"等,这可能会导致不同地区或不同个案中执法差异性较大。此外,对烟馆的清查、烟民的注册,对清末政府的社会治理能力亦是一个不小的挑战。

2.《稽核禁烟章程》

《禁烟章程》颁布后,清廷便开始与英国磋商限制洋药进口之问题。双方于光绪三十四年(1908年)二月,签订《中英禁烟条约》。英国承诺逐渐递减印度鸦片的进口,十年内减尽。但如果中国于禁种禁吸方面并无明显成效,英国有单方面废止该协议的权利。①

《中英禁烟条约》的签订,使清政府的禁烟赢得了十分有利的外部条件。同时清政府亦倍感压力。故条约甫一签订,外务部便奏称,中国当切实减种土药,认真严禁烟馆之开设及烟具之售卖。俾使吸烟者日形减少,方可以对待外人。外务部请朝廷饬下民政部与度支部速行会订稽核章程,令各省督抚责成府厅州县,实力奉行,不得因循搪塞。② 清廷得奏后当日便发布上谕:"鸦片烟盛行以来,流毒异常惨烈……令神州古国种类日弱,志气日颓,自强更复何望! 近来官绅士庶多知悔悟,争相结社劝戒……各国善士尚多倡设公会,劝禁栽卖,广施药方,每以中国鸦片不除引为深憾。现英国政府已实行递减,相约试行三年,视中国栽种吸食实行减少,限满再为推减。我若不如期查禁,转瞬三年,何以答友邦政府之美意,何以慰各国善士之苦心? 此机一失,时不再来。若永远困于沉痼,势必无以为国。我君臣上下一念及此,能无愧

---

① 关于中英方面交涉的具体情形及条约内容详见下文。
② [清]奕劻:《奏为遵旨与各国商定禁烟办法等情事》(光绪三十四年二月二十日),中国第一历史档案馆藏军机处全宗(录副奏折),档号:03-7403-034。

第七章　清末禁烟运动

悚！著内外臣工，协力通筹，认真办理，无论如何为难，必期依限断绝。"①

根据这一谕旨，民政部与度支部拟定出《稽核禁烟章程》23 条，该章程与光绪三十二年（1906 年）十月所颁《禁烟章程》的内容大致相同，主要是将原定章程中的各种措施加以具体化。规定种烟须申领执照，严杜私种，按光绪三十四年（1908 年）册报的种烟亩数每年递减八分之一以上，于 1915 年全部禁绝，种烟牌照费按每亩纳制钱 15 文交纳。各地开设的土市公行有查土报税之责，种户或店商买卖烟土须在公行成交，不经公行，均以私论。土膏店不得向未领牌照之人出售膏土，每月销售膏土实数必须据实向该管衙门呈报。吸烟者的吸烟牌照每年更换一次。每次换照只能减少吸量，不得增加，无照吸食者一律查禁。各地方官衙应设立戒烟官局，配制戒烟药品交药铺善堂发售，发动公正绅商成立戒烟会社，刊布戒烟白话书报，广为劝导。对于出售吗啡或含吗啡成分的药品的情况，由地方官严加查禁。地方官员能在一年中将种烟地亩、膏土店及吸烟人数递减十分之三以上又能不引起骚扰者，交吏部从优议叙，如一年中递减数目不及八分之一者，则严加议处。②

《稽核禁烟章程》是《禁烟章程》的具体化，方便了执行，但执行的效力还要看各地对法令的遵行程度与稽核的严密程度。

3.《禁烟查验章程》

鉴于朝廷官员中仍有许多人违反禁令，继续吸食鸦片。他们或巧为掩饰私下偷吸，或陈明戒断而实未祛除，甚至明目张胆，吸食如故。朝廷认为若不重治官员吸食，禁烟法令将首先在官员中失去效力，于是光绪三十四年（1908年）五月，命恭亲王溥伟，协办大学士鹿传霖，协办资政院事务景星及丁振铎为禁烟大臣，设立戒烟所，专司调验京师堂官及地方监司以上大员。开办经费 6 万两，常年经费银 6 万两，均从土药统税项下拨付。③

同月，禁烟大臣奉旨拟定《禁烟查验章程》10 条，规定京城内外各大员曾染烟癖者，必须自陈戒断情形，如有隐讳即参奏惩处。各省应依京城戒烟所

---

① 刘锦藻：《清朝续文献通考》卷五十四《征榷二十六》，商务印书馆 1936 年版，第 8090 页。
② 于恩德：《中国禁烟法令变迁史》，河南人民出版社 2016 年版，第 128—130 页。
③ 朱寿朋编：《光绪朝东华录》（第五册），中华书局 1958 年版，总第 5879 页；溥伟：《为遵旨选具总理禁烟事务大臣及提调各员衔名清册等事致军机处咨呈》（光绪三十四年五月十四日），中国第一历史档案馆藏军机处全宗（录副奏折），档号：03 - 7403 - 050。

成例设立查验所,检查各级官员有无烟瘾。凡经检举有吸烟嫌疑的官员,即应进行调验,验明确无嗜好或业已戒断,由戒断所或地方查验所出具凭结,准其照旧供职。倘验明仍有嗜好,即行奏参。查验人员如有徇私,也一律严参究治。① 显然,《禁烟查验章程》是专门针对官员中吸食鸦片烟者的立法。

4.《禁烟议叙议处章程》

无论是稽核还是查验,都涉及对官员的监督与管理,而官吏考成及议叙议处各条,乃吏部之职能。故光绪三十四年(1908年)七月,吏部拟定《禁烟议叙议处章程》,作为对从事禁烟工作的官吏进行考核的依据,规定各地方该管官员,于应行册报各条依限册报者,于应行查禁各条依限查禁者,或一年中能将所管境内种、售、吸递减十分之三以上者,均予以晋升一级。反之,在禁烟事务中册报不勤、查禁不力,均予以降级处分。② 加强对官员的督责与考核,对于官员以身作则,认真贯彻禁令具有积极的作用。

5.《发给购烟执照章程》及《管理售卖膏土章程》

前述《禁烟章程》与《稽核禁烟章程》均有吸烟领照及清查膏土店之规定。为了进一步加强对禁吸的管理,民政部于光绪三十四年(1908年)九月又颁布了《发给购烟执照章程》和《管理售卖膏土章程》。这两个章程的主要内容与《稽核禁烟章程》的有关内容是一致的。

《发给购烟执照章程》共18条,其中要点即购吸烟土必须凭照,购烟数量亦有一定限制,吸量必须每年递减八分之一。该章程实施最大之困难在于如何清查吸烟人数及如何避免蒙混。若没有详细的实施细则,实践中执行的困难比较大。

《管理售卖膏土章程》亦有18条。其要点是规定土膏行店的开设资本在1000两以上,且不得有新设立之土膏行。土膏行店必须将购买及销售的烟土数目呈报,不得售烟与无照之人,不得逾量滥售,并须按年停歇改业,等等。③

这两个章程对申领购烟执照和土膏店的管理事项,规定得非常具体和细

---

① 溥伟:《奏为遵旨酌拟禁烟查验章程事》(光绪三十四年五月初十日)、《呈遵旨拟定禁烟查验章程十条清单》(光绪三十四年五月初十日),中国第一历史档案馆藏军机处全宗(录副奏折),档号:03-7403-047、03-7403-049。

② 于恩德:《中国禁烟法令变迁史》,河南人民出版社2016年版,第131—132页。

③ 于恩德:《中国禁烟法令变迁史》,河南人民出版社2016年版,第133页。

第七章　清末禁烟运动

致,表明政府在加强对鸦片售卖和吸食的管理和控制方面,已经有了较为缜密的办法。

6.《吗啡治罪条例》

吗啡是鸦片中提取的生物碱,属于鸦片的提纯物。晚清时常有以吗啡制成戒烟药以牟利之情形。在华传教士亦曾反对吗啡,前述光绪十六年(1890年)于上海召开的传教士大会通过的禁绝鸦片的议案中就有关于防止吗啡的议决案。针对吗啡类毒品进口日渐增多的现象,清廷也开始采取严禁措施。在光绪二十八年(1902年)中英签订的《续议通商行船条约》和光绪二十九年(1903年)中美签订的《通商行船续订条约》中,均规定除医用之外的吗啡一概不准进口。① 但英美两国的禁止吗啡是有附加条件的,即有约各国均应允后方能实施。

光绪三十二年(1906年),政务处拟定《禁烟章程》,申明将切实施行与英美所订之条款,禁止医用外吗啡之进口。② 光绪三十三年(1907年),署理江苏巡抚陈启泰奏称:"吗啡为害之烈,甚难戒除,一经打用,非打不休,积日累月,必至遍身腐溃,死而后已。自实行禁烟之后,烟馆业已关闭,穷民无力置买烟具,既有吗啡针可以打用抵瘾,且一针之费不及十文,可以抵数十文之瘾,一般愚民遂多受其害,请明定科条,以为惩罚。"③根据陈启泰所奏,法部于光绪三十四年(1908年)六月奏准了关于制造、施打吗啡针及私贩吗啡的治罪专条。规定制造吗啡针者,发配极边烟瘴地安置。私贩吗啡之铺户,照知情卖药律处罚,并将铺户查封。④ 此后,外务部又与各国会商,议定从光绪三十四年十二月初十日(1909年1月1日)起,所有吗啡及吗啡针一律不许输入。如作医用之吗啡,则按照值百抽五纳税入口。⑤

7.《续拟禁烟办法》

宣统元年(1909年)召开的万国禁烟会在客观上形成了一种有利于中国

---

① 《海关中外条约》第1卷,梁为楫、郑则民主编:《中国代近不平等条约选编与介绍》,中国广播电视出版社1993年版,第477、515页。
② [清]奕劻:《奏为遵旨拟定禁烟章程事》(光绪三十二年十月初六日),中国第一历史档案馆藏军机处全宗(录副奏折),档号:03-7403-007。
③ [清]陈启泰:《奏请法部会同法律大臣议定贩卖吗啡及制造施行吗啡针治罪专条事》(光绪三十三年十月二十四日),中国第一历史档案馆藏军机处全宗(录副奏折),档号:03-7228-036。
④ 于恩德:《中国禁烟法令变迁史》,河南人民出版社2016年版,第133页。
⑤ 于恩德:《中国禁烟法令变迁史》,河南人民出版社2016年版,第271—272页。

禁烟的国际环境。中国的禁烟运动由此得到了广泛的国际同情与支持。这对于清廷的禁烟来说,既是动力,同时也是一种压力。此后,清廷又下谕旨复申禁令,称:"禁烟乃今日自强实政,教养大端……朝廷求治维殷,既愤国民积弱之难振,复虑友邦期望之难副,言念及此,宵旰忧焦,特此再行申谕。"要求各级官员认真查禁,不得徇情避怨。①

根据谕旨,禁烟大臣溥伟等又奏请颁行《续拟禁烟办法》10条,规定凡吸食鸦片而被参革或勒令休致的官员,今后永不叙用,也不准投效他处以图开复。各部堂衙门及地方官员应对所属官员严加督察,逐级取具保结,如有吸食鸦片或戒后复吸者,一经查实,即予革职治罪,主管官员也予以失察处分。此外,宪政编查馆、谘议局等议员,吸食鸦片者不得有选举及被选举权,若调验得实,本人及原选举人、该局长等分别惩处。电报招商矿务各局所委员等,应一体咨查结报。京外各学堂职员,凡有烟癖不得充当监督、管理各职事。各省商办铁路公司、商务总会总协理及员绅人等,由该管长官严察具结详报。各省府厅州县劝学所、谘议局、自治会、各学堂等,吸鸦片之人不得充各项董事,不得与闻各项公事。② 可见,《续拟禁烟办法》主要还是针对各级官员及各有职人员。此后不久,清廷又下谕旨,指出,"京城各衙门送验人员,多系散官末秩,其充当要差者多未送验,且有戒而复吸者,显系瞻徇敷衍",因此,督责各衙门及该管督抚将军对所属官员切实考察调验,不得稍有瞻顾。③ 可见清廷认识到,禁止吸食尤当以查禁官员为第一要义。

8.《新刑律》之"鸦片罪"

光绪三十三年(1907年)十一月,修订法律大臣沈家本奉旨修编的清朝《新刑律》,其中第21章即专章规定了"鸦片罪"。④ 由于《新刑律》较多地采纳了近代西方刑事法律原理和原则,受到朝野普遍攻击,未得颁行。此后该刑律经多次修改,直至清朝灭亡亦未得颁行。但在民国初期,百废待兴,未及修订全部法律,故《新刑律》中不与民国政体相抵触者均暂时得以实施,故民

---

① 《宣统政纪》卷八,《清实录》(第六○册),中华书局1987年版,第155—156页。
② 《宣统己酉大政纪》卷十四《折奏三》,(台湾)文海出版社1976年版,第1360—1364页。
③ 《查覆黔省大员吸烟情形》,《申报》1909年11月8日。
④ [清]沈家本:《奏为进呈刑律分则草案请旨施行事》(光绪三十三年十一月二十六日),中国第一历史档案馆藏军机处全宗(录副奏折),档号:03-7228-038。

初禁政中所依据的则是《新刑律》中的"鸦片罪"。

9. 宣统《禁烟条例》

清廷对于禁烟已经颁布了各项章程,但关于奖惩之具体条例尚未明白规定。故宣统元年(1909年)九月,民政部及修订法律大臣权衡新旧条例,汇择各项章程,联合拟定了《禁烟条例》,经宪政编查馆审核后,于十二月奉旨颁行。这是清末禁烟的基本治罪法令。如前所述,因《新刑律》至清覆亡亦未得实施,故自宣统二年(1910年)起,违反烟禁均依照《禁烟条例》予以惩处。《禁烟条例》共12条,主要内容为:栽种罂粟、制贩鸦片烟者处四等有期徒刑;制贩烟具者处五等有期徒刑;开设鸦片烟馆者处四等有期徒刑或1000元以下之罚金;吸食鸦片烟者处20元以上500元以下之罚金,在禁门以内及陵寝等处吸食鸦片烟者处一等或二等有期徒刑;官吏知犯故纵者同罪,失察者交部严加议处;犯者停止选举及一切荣誉之权,官吏革职永不叙用。①

虽然清末《新刑律》未得颁行,但《禁烟条例》仍明显受到西方刑事立法思想的影响。

一是以徒刑、拘留、罚金来取代旧律中笞、杖、徒、流、死等刑名。徒刑分有期徒刑与无期徒刑,有期徒刑共分五等:一等为10年以上15年以下,二等为5年以上10年以下,三等为3年以上5年以下,四等为1年以上3年以下,五等为2个月以上1年以下。《禁烟条例》中只规定了有期徒刑。拘留只适用于轻微的犯罪,罚金则可用徒刑来折抵。另外,该条例还规定对鸦片犯罪附加剥夺选举权及一切荣誉之权的处罚。

二是对烟毒犯罪的处罚趋于轻刑化。如栽种罂粟、制贩鸦片及烟具、开设烟馆、吸食鸦片等各罪,最高的量刑幅度均不超过3年。只有在皇宫禁地或皇家陵寝等处吸食鸦片,才以峻法惩治,处以一等或二等有期徒刑。

三是规定了鸦片犯罪的未遂、中止与再犯,作为量刑时从轻或从重的法定情节。凡属未遂,依各该条减一等或二等治罪。属于中止,减二等三等或宽免其刑,如已减至五等以下,则改为拘留。凡已受过本条例惩处者,再犯本条例规定的各罪,则依各该条加一等治罪。

---

① 溥伦:《奏为议决拟定禁烟章程请旨裁夺事》(宣统二年十二月十一日)、《呈议决拟定禁烟章程清单》(宣统二年十二月十一日),中国第一历史档案馆藏宫中档全宗,档号:04-01-01-1117-057、04-01-01-1117-030。

这些方面同以往的禁烟法令均有所不同。判处徒刑,其执行的方式是发交当地习艺所做工。无力缴清罚款的罪犯也可用服刑方式折抵罚金,服刑2日折抵罚金1元,但折抵罚金的徒刑量长不得超过3年。与《新刑律》中的"鸦片烟罪"相比,《禁烟条例》规定的鸦片犯罪种类不够细密,量刑幅度也略轻于前者。

10.《续拟严定禁烟查验章程》

清廷多次针对官员吸食颁布法令,一方面说明清廷对官员吸食鸦片的重视,另一方面也说明官员吸食鸦片之普遍及严重。宣统三年(1911年)二月,清廷再次颁布《续拟严定禁烟查验章程》十条,调验在京各部院衙门二品以下各官。规定二品以下各级官员,接到调验命令后不得借故请假。若查处有吸烟嗜好未除者,将由禁烟大臣奏参革职永不叙用,同结官亦一并议以降一级调用处分,且不得抵销。为了防止官员在调验期间作弊,章程规定官员必须在调验所住满七天,且沐浴更衣,不准家人省视,不得携带仆役。①

二、禁烟机构的设立

清末禁烟之前,清廷并未有专门的禁烟机构。在清廷中央由刑部、九门提督,地方由督抚、司道、府州县等各级行政机构负责禁烟的相关事宜。而道光时期,烟毒泛滥情形十分严重,清廷亦只是派出林则徐以钦差大臣的身份专办东南沿海的禁烟。可见,清廷在禁烟方面,对现有行政体制及行政惯例的依赖性较大。事实上,在第二次鸦片战争之前,整个清代行政机构的变化都不大,体现出清廷遵循祖宗成法,凡事求稳的统治思路。而清末,禁烟成为新政的一项重要内容,事务增多,需要专门机构办理,同时正赶上清末行政机关改革之机,于是从中央到地方都开始设立各类名目之禁烟机构。

1. 禁烟大臣的设立及职能

光绪三十一年(1905年)设立的土药统税大臣是清廷为鸦片问题而设立的第一个专门机构。从机构设立至辛亥革命爆发,土药统税大臣存在6年之久,始终由柯逢时任督办土药统税事务,程仪洛、方硕辅二人曾于光绪三十二

---

① [清]唐景崇:《奏为续拟严定禁烟查验章程事》(宣统三年三月二十二日)、《呈续拟严定禁烟查验章程十条清单》(宣统三年三月二十二日),中国第一历史档案馆藏军机处全宗(录副奏折),档号:03-7590-040、03-7590-041。

年(1906年)至宣统元年(1909年)出任帮办土药统税事务。① 光绪三十二年(1906年)十月,掌河南道监察御史赵启霖提出设立禁烟总局并改土药统税大臣为禁烟大臣的建议。其奏称:"此次限十年禁断,为期颇宽。在官吏认真者固不至漠视,惟十年之内,督抚之更易无定,州县之迁调无常,日久生玩,实在意中。若无总汇之处,专责之人,局势涣散,既不便于稽查,公事宕延,又莫为之催督,以后能否实行章程,殆不可知。拟请于京师设禁烟总局,钦派职位较崇之员,专司其事,置书记数人,办理文牍,所费甚微,裨益甚大。凡各处种烟地亩若干、吸烟人数若干,每年减少若干,烟店若干,烟税若干,由总局次第咨查,令该管督抚以时报告,庶全国戒烟之精神较为提振,而按年递减之情形亦便考查。……禁烟之令既行,烟税必渐次短绌,征收断不能如从前之严,是膏捐办法不得不酌量更变。若名称仍旧,中外注目者皆以为国家仍恃此大宗入款,虽有禁令,并非实心,必致各怀观望,借口迁延,于禁烟毫无效力。自以揭破此层为最要关键,应请饬改膏捐大臣名目,或曰禁烟大臣,或曰稽查土膏大臣。庶号令一新,足以示风旨而从观听。"②依赵启霖之奏折,似乎专司禁烟总局之职位较崇之员就是禁烟大臣。因事涉土药统税,该折交由度支部议复。

度支部认为设立禁烟总局一事,应该归于民政部讨论。而改统税大臣为禁烟大臣之建议则被其明确否定。因赵启霖在奏折中提出鸦片专卖之建议,而如前所述,度支部对此是极为敏感的。度支部辩称,专卖要等到洋土药调查明确,并预筹收买成本后才能实施。土药从八省膏捐到统税的办理,正是借以调查,并不完全为了筹款,而洋药一层还要等外务部与英方商议后才能相度情形,再定办法。目前的状况是:"夫有一日之税,即不能无专司之员,该御史虑名称仍旧,则中外注目,以为国家仍恃此大宗入款,虽禁令并非实心,必致各怀观望等语,陈义甚高,于事实仍未及十分体察。"故度支部议复的结果是:"所有督办土药统税,应请仍旧办理,以专责成。"③度支部的议复很快便得到清廷的批准,禁烟大臣之议为清廷否决了。

---

① 钱实甫编:《清代职官年表》(第四册),中华书局1980年版,总第3113页。
② 赵启霖:《奏为请旨饬悉心实行禁烟新章等情事》(光绪三十二年十月二十七日),中国第一历史档案馆藏军机处全宗(录副奏折),档号:03-7403-009。
③ 《度支部奏统筹禁烟事宜及土药税仍旧办理折》,《东方杂志》第4年第2期,1907年。

禁烟总局亦未得设立。前述度支部将设立禁烟总局的问题推给民政部后,民政部亦遵旨对赵启霖的奏折进行议复。民政部指出赵折中所列禁烟总局的相关工作,该部已经在开展了。民政部亦承认禁烟诸事"极繁难,势必有一总汇之区,庶可提纲挈领",但其建议"拟就禁烟总局附隶臣部,奏派委员办理,俟限满后即行裁撤。至所称钦派大臣一节,似属重复,应请毋庸议"①。显然,民政部不希望出现一个新的部门来分其权力。此事之后便再未有任何下文。清廷既没有成立一个独立的禁烟总局,民政部内部亦未设立类似机构。至于后来各省纷纷成立禁烟机构,不少均名为禁烟总局,但这已非设立于京师并总领全国禁烟事宜的机关了。

清政府在禁烟初期,依赖原有行政组织的办法,最大的问题还不在于事端繁杂,难以统筹,而在于官员吸食鸦片的问题。往往专司吸烟之官员,自己就是瘾君子。故光绪三十四年(1908年)三月,清廷颁发上谕,决定设立禁烟大臣:"……乃近闻臣工内平日沾染嗜好者仍不乏人,或陈明戒断,其实未尽祛除,或瘾已沉痼,表面巧为掩饰,甚或明目张胆,吸食如故。若不专派重臣认真查禁,恐禁烟之令难望依限实行,著派恭亲王溥伟、协办大学士鹿传霖、协办资政院事务景星、丁振铎充办理禁烟大臣。由该大臣精选中外良医,立即设立戒烟所,专司查验。除在京各衙门属员,有确知其素染嗜好者,由该管堂官照章参办外,其情形可疑之员,均咨送该所切实查验。……如禁烟大臣访闻各衙门员司有断烟未净者,即向该管衙门调往查验。若系堂官大员,准由该大臣奏请发交查验。外而监司以上大员,如经访闻明确,亦准指名奏请调验。凡经验人员,其确无嗜好,或实已断净,该所出具凭结,准其照旧供职。倘验明仍有嗜好,即据实照章奏参。……该禁烟大臣等均系选择任吏,务需破除情面,不避嫌怨,实力奉行,勿得顾忌因循,致负重任。倘嗣后办理禁烟仍无起色,该大臣等亦不能辞其责也。该所所需款项,著柯逢时在土药统税项下先拨开办经费银三万两,并拨常年经费银六万两,以济要需。"②

从禁烟大臣的资格看,地位极崇。除领衔之恭亲王溥伟外,至辛亥年,先后出任禁烟大臣的有鹿传霖(大学士、军机大臣、政务大臣)、景星(前湖北巡

---

① 徐世昌:《奏为遵旨统筹禁烟事宜设局立会等情事》(光绪三十二年十二月二十五日),中国第一历史档案馆藏军机处全宗(录副奏折),档号:03-7403-014。
② 朱寿朋编:《光绪朝东华录》(第五册),中华书局1984年版,总第5879页。

抚、福州将军、现资政院协理)、丁振铎(前云贵总督、现资政院协理)、陆润庠(大学士)、唐景崇(学部尚书)、讷勒赫(郡王)、宝熙(学部左侍郎)等。①

清廷设立禁烟大臣的谕旨颁布后,便开始选择办公、调验场所及具体办公人员。据溥伟奏,选定京城亮果厂处住房百余间作为禁烟公所及戒烟查验局所。在修理竣工前,暂时在炒豆胡同北洋公所办公。② 此后,溥伟等又确定禁烟公所设提调4名,分别管理文牍、检查、收发、会计等事务。设委员16名,帮办调验具体事务。从人员名册看,提调、委员多为候补道府级官员。③

从谕旨所规定之职能看,禁烟大臣并不是总领全国禁烟事务的中央机关,而只是专司官员调验、戒烟的机构。从前述禁烟大臣奏定的三个禁烟法律文件,《禁烟查验章程》《续拟禁烟办法》《续拟严定禁烟查验章程》亦可见调验之职能。而宣统元年(1909年)二月,清廷所颁谕旨,对涉及禁烟诸事项的职能再次作了明确规定:"……禁吸一事,文武职官,责之禁烟大臣及京外各衙门长官,务须认真纠察,不得徇情避怨。各营兵夫、各学堂师生,责之该管长官,尤须立即严行禁绝。至于商民人等,责之民政部暨各省督抚、顺天府尹及管理地方之将军、都统等,亦须多访良方,设局施药,励其廉耻,酌采东西各国办法,设法减瘾,由少而无,期于比户可封而后已。其禁种一事,责之各省督抚、顺天府尹及管理地方之将军、都统等,酌量本省情形,督饬所属认真禁拔,相其土宜,改劳为良,定当考其成绩,优予奖擢,并由民政部查核。其抵补厘税一事,责之度支部悉心擘画,此时筹款诚艰,要当权其利害轻重,多方筹集,迅速举行。……似此各分权界,各专责成,不得互相推诿,务须各尽乃职,相助为理,以弼成朝廷利用厚生之盛治。"④

综上,清末禁烟时期于京师并未设立禁烟总局,仅设立禁烟大臣及禁烟公所机构,且禁烟大臣亦非经理全国禁烟之统一机关。至于其调验官员吸烟之效果若何,则在下文详述。

---

① 钱实甫编:《清代职官年表》(第四册),中华书局1980年版,总第3115页。
② 溥伟:《奏为办理禁烟事务请旨推广访查事》(光绪三十四年四月初三日),中国第一历史档案馆藏军机处全宗(录副奏折),档号:03-7403-040。
③ 溥伟:《为遵旨选具总理禁烟事务大臣及提调各员衔名清册等事致军机处咨呈》(光绪三十四年五月十四日)、《呈总理禁烟事务公所提调委员等衔名清册》(光绪三十四年五月十四日),中国第一历史档案馆藏军机处全宗(录副奏折),档号:03-7403-050、03-7403-052。
④ 《宣统政纪》卷八,《清实录》(第六〇册),中华书局1987年版,第155—156页。

2. 各省禁烟机构

禁烟初期,地方由督抚、司道、府州县等各级行政长官负责禁烟的相关事宜。光绪三十二年(1906年)十月,会议政务处拟定的《禁烟章程》中有"准设戒烟会"一条,但此处"戒烟会"只是利用地方士绅力量办理的民间机构,且"此会只许专办戒烟一事,不准议论时政、地方治权及他项无关戒烟事务。"显然,戒烟会并非官方禁烟机构。

前述光绪三十四年(1908年)三月,民政部会同度支部拟定的《稽核禁烟章程》中规定:"各省应通饬各地方官设立戒烟官局,按照民政部颁发戒烟中西药方制备药品,发交各处药铺善堂,按照原价发售,无力贫民准其免缴药费。"此处名为"官局",自是由地方官主导的官方机构,但职能仅是按配方制作戒烟药品,并不能涉及其他禁烟事务。

光绪三十四年(1908年)五月,禁烟大臣奏定的《禁烟查验章程》中规定:"各省应依京城戒烟所成例设立查验所,检查各级官员有无烟瘾。""各督抚均按照禁烟大臣所详定章程颁发,一体建立禁烟公所,遴派公正监司大员总司其事,择委妥员切实经理,专办一切禁烟各事宜。"禁烟大臣希望地方禁烟公所能专办一切各事宜,但实际上地方纷纷设立的禁烟公所均与禁烟大臣类似,主要负责的是调验、戒烟事宜。

虽然清廷的法律章程中要求各地普遍设立戒烟官局、禁烟公所等,由于主要是地方督抚自办,故名称并不统一,且与清廷之禁烟大臣亦无隶属关系。现根据档案等资料对清末禁烟期间各地成立之禁烟机构作一不完全统计。

表 7-1　清末禁烟时期各部门、各地禁烟机构一览表①

地区或部门	机构名称
陵寝、内务府	禁烟公所
民政部	内外城戒烟局
步军统领衙门	禁烟总局
密云	禁烟察验所
山海关	驻防禁烟公所
锦州	禁烟局

① 中国第一历史档案馆藏军机处全宗及宫中档全宗中关于各省设立相关机构之奏折。

(续表)

地区或部门	机构名称
绥远	禁烟公所
科布多	禁烟局
塔尔巴哈台	塔防查验禁所
青州	禁烟局
荆州	禁烟公所
成都	城防官兵禁烟查验所
乌里雅苏台	戒烟局
直隶	禁烟总局
黑龙江	禁烟公所、戒烟药局
吉林	禁烟总局、禁烟公所
奉天	官吏禁烟查验所、禁烟公所
蒙古	戒烟公所、戒烟局
甘肃	戒烟局
新疆	禁烟公所
陕西	禁烟局、戒烟公所、禁烟调验公所
山西	禁烟公所、戒烟公所
山东	禁烟公所
河南	禁烟公所
湖南	禁烟查验所、禁烟公所、戒烟局
湖北	禁烟公所、戒烟局
江西	禁烟公所、戒烟所
江苏	禁烟总局、禁烟公所、戒烟官医总局
安徽	禁烟局、禁烟公所
浙江	禁烟公所
福建	禁烟调验局
广东	查验官员戒烟所、禁烟总局、戒烟所
广西	禁烟公所
云南	禁烟局
贵州	禁烟公所、戒烟总局
四川	戒烟总局

上述各地官方设立的禁烟机构五花八门,限于资料并不能做到完全统计,若考虑到在清廷谕旨及省级政府的命令之下,各府州县设立的禁烟、戒烟分所、分局等,则数量更为庞大。从职能看,这些禁烟机构大体可分为三类。一是由相关部门设立的机构。如民政部的内外城戒烟局,主要针对京师官员的戒烟而设立。由守卫陵寝大臣奎瑛奏请设立并负责的禁烟公所,从其给清廷的汇报中可见,该禁烟公所主要负责陵寝及内务府人员的调验事宜。① 二是针对地方官员的调验戒烟机构,这些多由地方督抚奏请设立。三是针对驻防官兵的调验戒烟的机构,一般由驻防将军、副都统、驻防大臣等奏请设立,如密云、山海关、绥远、科布多、塔尔巴哈台、青州、荆州、成都、乌里雅苏台等。

各类地方禁烟机构的存在时间长短不一,有些地方的名称多变,还有的地方同时存在不同的禁烟机构,限于资料还很难将这些史实一一厘清。检索档案,我们可以知道:吉林的禁烟公所是由禁烟总局改名的;奉天的禁烟公所是由官吏禁烟查验所改名的;陕西的禁烟调验公所是由原先的禁烟局与戒烟公所合并的;湖南的禁烟公所是由禁烟查验所改名的;江苏的禁烟公所由禁烟总局改名,而戒烟官医总局附设于禁烟公所;安徽的禁烟公所是由禁烟局改名的;广东的禁烟总局由查验官员戒烟所改名,而巡警道还设有戒烟所。

各地负责禁烟机构的名称亦并不统一,有的称提调,有的称总办。有些地区是由实缺官员兼职的,如黑龙江由民政使兼充禁烟公所总办事②、绥远禁烟公所一直由归绥道兼充禁烟公所总办事③。而有些地方则由候补或开缺官员任职,如直隶由开缺道员任禁烟总局提调④、云南由候补道员任禁烟

---

① [清]奎瑛:《奏为遵设禁烟公所请拨经费并拟办禁烟情形事》(光绪三十四年十二月十七日)、《奏为设立禁烟公所查验内务府等各项人员情实并拟以后办法事》(宣统元年十月二十四日),中国第一历史档案馆藏宫中档全宗,档号:04-01-01-1090-034、04-01-01-1104-012。

② 周树模:《奏为饬令试署黑龙江民政使赵渊接办度支司并兼充禁烟公所清理财政局总办事》(宣统元年八月初七日),中国第一历史档案馆藏宫中档全宗,档号:04-01-01-1092-039。

③ 信勒:《奏为遵设禁烟公所并派归绥道胡孚宸等总办会办事》(宣统元年三月二十五日)、《奏为委令归绥道鲍振镛接办禁烟公所事》(宣统二年八月十六日),中国第一历史档案馆藏宫中档全宗,档号:04-01-01-1104-035、04-01-01-1118-015。瑞良:《奏为新任归绥道咸麟现已到任派委兼充禁烟公所总办事》(宣统二年十二月初十日),中国第一历史档案馆藏军机处全宗(录副奏折),档号:03-7448-075。

④ [清]杨士骧:《奏为禁烟总局提调严震办事得力请旨留直铨选事》(光绪三十三年十一月十四日),中国第一历史档案馆藏军机处全宗(录副奏折),档号:03-5492-125。

局总办①。应该说,各地禁烟机构的存在安置了相当数量的候补官员,有些还将此作为仕途上新的契机。如上述任直隶禁烟总局提调的严震,由广西左江道开缺后仅得以知府归吏部选用,因在直隶办理禁烟得当,获得留直隶铨选道员的机会;而云南禁烟局总办郭灿,则因办理禁烟获交军机处记名。

目前对于各地禁烟机构的经费来源问题并不十分清楚,似乎是由各地自筹。或许因为经费的原因,这些禁烟机构存在时间并不长,多数撤销,部分与其他机构合并。如陕西省于宣统二年(1910 年)八月,即以经费困难为由,裁撤了宪政调查局与禁烟公所②,差不多在同时期,密云及科布多的禁烟机构亦遭裁撤③。四川省戒烟局存在不到一年半时间便被并入新成立之警察局④,浙江禁烟公所归并入巡警道⑤。而乌里雅苏台戒烟局成立七月余便以全城全数戒清为由撤销。⑥可见,各地禁烟机构临时性的特征十分明显。

综上,各地禁烟机构的设立在某种程度上是地方官员应对清廷谕旨的措施。机构的临时性、官员的兼职性,决定了该机构在行政系统中的地位和命运。但短时间内全国涌现出如此规模的禁烟戒烟机构,对清末禁烟还是有一定的推动作用的,特别是在解决官员的吸食问题上。

第三节　中英禁烟交涉

禁烟包括禁栽种、禁制造、禁贩售、禁吸食四个环节。禁止种贩吸均为中

---

① [清]沈秉堃:《奏为云南禁烟局总办署提学使候补道郭灿任事热心不避艰苦请交军机处存记事》(宣统元年九月十八日),中国第一历史档案馆藏宫中档全宗,档号:04-01-12-0679-057。

② [清]恩寿:《奏为财政支绌竭力撙节拟将宪政调查局及禁烟公所分别裁并事》(宣统二年八月二十九日),中国第一历史档案馆藏军机处全宗(录副奏折),档号:03-7514-066。

③ 福海《奏为裁撤密云禁烟察验所以节经费事》(宣统二年十二月十一日)、溥錩《奏报科布多禁烟廓清撤局日期等事》(宣统二年十一月二十五日),中国第一历史档案馆藏军机处全宗(录副奏折),档号:03-7590-028、03-7590-034。

④ [清]赵尔丰:《奏为拟将川省戒烟局并入警察局事》(光绪三十四年四月初四日),中国第一历史档案馆藏军机处全宗(录副奏折),档号:03-7403-042。

⑤ [清]增韫:《奏报提法司李传元将督办禁烟公所关防文卷移交巡警道接管日期事》(宣统二年十月十一日),中国第一历史档案馆藏军机处全宗(录副奏折),档号:03-7590-013。

⑥ [清]奎芳:《奏为乌城吸食烟膏者全数戒清如期撤销戒烟调验局事》(宣统三年七月二十三日),中国第一历史档案馆藏军机处全宗(录副奏折),档号:03-7590-086。

国官方可自办之事,但洋药的进口是载入中英条约的,是必须与英方谈判才能解决的问题。因此,中英有关禁止洋药进口的交涉成为清末禁烟运动中最重要的外交事务。

一、禁烟条约的初步签订

1. 清廷的禁烟节略

如前所述,早在19世纪末期,国际舆论就比较支持中国禁烟。但中国一方面对英方缺乏信任,另一方面自身对烟税的依赖逐渐加深,故对有利的禁烟外部因素并未积极回应。而随着禁烟运动的开展,清廷已经无法回避与英方的交涉。光绪三十二年(1906年)十月初六日,政务处奏拟的《禁烟章程》第10条即为:"洋药来自外洋,事关交涉,应请饬外务部与英国使臣妥商办法,总期数年内,洋药与土药逐年递减,届时同时禁绝。又查有吗啡及刺入肌肤之吗啡针,其损体伤生较之鸦片尤甚。应查照中英续议通商行船条约第十一款切实申明,分饬各税关,如查有不因医治使用贩运来华者,一概不准进口。"①外务部随即开具禁烟节略,并于十月十四日将节略面交英国驻华公使朱尔典。禁烟节略主要有六点内容:

① 洋土药均以十年为期限,同时禁绝。从1901年至1905年,取每年洋药的进口平均数,从1907年开始,年减一成,十年禁绝。

② 中国派员前往加尔各答监视拍卖打包及发运洋药的实际数字。

③ 洋药之力倍于土药,目前洋药每担税厘并征110两,而土药每担征税115两,即洋药的税收比土药还轻,因此,要求将洋药的税厘加倍,至每担220两。

④ 请港督协助严禁洋药熬膏运入内地,或者洋药熬膏全部由中国收买,以征为禁。

⑤ 租界之内,照中国法令一律办理禁烟。

⑥ 禁止医用以外的吗啡及吗啡针入口。

2. 中英之间的分歧

朱尔典将中方开具的禁烟节略转呈英国政府后,英方不久照会清外务

---

① [清]奕劻:《奏为遵旨拟定禁烟章程事》(光绪三十二年十月初六日),中国第一历史档案馆藏军机处全宗(录副奏折),档号:03-7403-007。

部,提出了部分异议。双方的差距主要在以下几个方面:

关于第一条内容,英方坚持从1908年1月开始递减,因为印度政府此前已经有大量鸦片在售。按照1901年至1905年的总额平均,印度方面每年销往中国鸦片为51000箱,故每年应以此为基数递减十分之一。而且要先试办三年,三年之内,"中国果于栽种及吸食实行减少",则英国政府"允认三年期满,仍行照前减少"。但从中国海关数据看,每年进口印度鸦片为42327箱,唐绍仪认为应以此为基数递减,否则应年减九分之一。可见,在印度销往中国的鸦片中,每年有1万箱左右因各种原因销往他处,或以走私渠道进入中国。

关于第二条内容,英方原则同意,但强调中国所派之员不能有干涉之权。

关于第三条内容,英方极力反对。认为中国土药统捐115两各地执行标准并不统一,且洋药与土药价格有别,洋药运抵中国的价格已经包含了在印度所纳的高额税收。至于洋土药药力不同之说,英方则否认此点。

关于第四条内容,英国原则同意,但双方各自在其境内,负责禁运禁售。

关于第五条内容,英方同意租界禁烟,但要由工部局负责办理。

关于第六条内容,英方的态度是:"禁运吗啡入口一事,各国若皆允从,敝政府甚愿协同办理。"由于片面最惠国条款的束缚,清政府对此也无可奈何,只有首先寻求全部有约各国的同意。

3.《中英禁烟条约》的具体内容

英驻清公使朱尔典与清廷外务部右侍郎唐绍仪围绕上述6点分歧进行了长达1年的谈判,于光绪三十三年(1907年)九月方议定《中英禁烟条约》,主要内容如下:

① 印度洋药以运往各国之全数为限制,以印度出口51000箱之数为定额,按年递减5100箱。自1908年为实行之始,10年减尽。

② 中国派员前往印度加尔各答,监视鸦片打包及拍卖,并不干预他权。

③ 洋药税厘征收加倍。以土药统税及土药价值非一时所能调查明确,所有加征税厘之议,稍缓续商。

④ 香港所熬之烟膏禁止运入内地,两方各行设法自防在本境私入之弊。声明港膏禁止进入内地,并禁止烟膏由内地入港之贸易。

⑤ 各口岸租界内禁止烟馆及吸烟处所,并不得售卖烟具。如华官在各

项租界外实行照办,各该处工部局不俟华官之请,自行设法办理。

⑥ 禁止任便运入吗啡及吗啡针,一俟有约各国全允即应照办。①

由于洋药除印度入口一途外,尚有经越南及南洋各岛运入的洋药。除香港外,澳门亦是洋药转运及熬膏地区。故清外务部又先后照会法国、和国(荷兰)、葡萄牙驻京使臣,要求协助中国禁烟。而中国与波斯无任何条约,自可自行设法限制其洋药进口,外务部亦咨行税务处转饬总税务司筹拟办法。②

应该说,清廷最初开具的禁烟节略与英方照会的意思差距并不太大,分歧亦非原则性的。但从协约内容看,所有分歧均以清政府的让步而告终。由此可见,英国政府虽然迫于各种压力与中国谈判,但并不实心助力中国禁烟,处处斤斤计较,只考虑私利,毫不以20世纪仍从事毒品贸易为耻。另一方面,对于中国而言,禁烟协约的签订对禁烟运动的开展有极大的推动与鼓舞作用。虽然条约的诸多事项在短期内并未落实,但毕竟在法律上宣告了鸦片输入的末日,无论是从中国百年禁毒史,还是从外交方面而言,均是一个巨大的进步。

二、英方的调查

由于中英约定,自条约签订后,"中国果于栽种及吸食实行减少",则英国政府才承认继续履约。因此,英国对中国的实际禁烟状况是十分关注的。但英方并不信任清廷的官方数字,认为从中国获得可靠的统计数据是困难的,特别是那些种植罂粟的省份。由于这些省份的状况将决定英国是否减少印度鸦片的输入。故英国采取自己调查的方式。

1. 各地英国领事及传教士的调查

主持各地罂粟种植调查工作的是英国驻华公使朱尔典。该项工作开展得较早,光绪三十三年(1907年)夏季,朱尔典就收到多数领区的报告。但这些报告是在罂粟播种季之后汇编的,朱尔典认为这些报告在有关地方当局减

---

① "禁烟条约"内容及交涉过程参见王铁崖编:《中外旧约章汇编》(二),生活·读书·新知三联书店1959年版,第444—448页;《外交报》戊申十月初五日第225期;于恩德:《中国禁烟法令变迁史》,河南人民出版社2016年版,第120—121页。

② 《外务部奏覆陈筹议禁烟与各国商定办法折》,《东方杂志》第5年第5期,1908年。

少罂粟种植面积的动机与能力方面,基本无法提供讯息。① 朱尔典将这些"散而不整"的信息汇编成说帖报告给英国外交部。在说帖中,朱尔典赞赏了清廷"毅然断然,绝无疑虑"的禁烟态度。② 这一点与英国普遍舆论是一致的。英国舆论曾将中国的吸食鸦片烟与欧洲的酗酒恶习相比较。认为最强大的西方政府都不敢推行关于酗酒的禁令,这是一个危险而不切实际的措施。然而软弱腐败的清政府却成功改变了几亿人口的习惯,仅靠皇帝朱红御笔的用力一挥。③

领事及传教士的报告多集中于禁烟运动的初期——光绪三十三年(1907年)甚至更前。而禁烟运动施行后三年的情况对于英国停止输入印度鸦片是极为关键的。为此,对英国而言,派出政府信任的且对鸦片问题有一定研究的专家亲自赴种植罂粟的省份作系统的调查,就显得尤为重要。

2. 谢立山的调查

谢立山(Alexander Hosie)④,曾任英国驻天津领事,且在中国多地活动过。他长期关注并研究鸦片问题,特别是中国西南地区的鸦片问题。由于前述之原因,其被英国外交部选派来调查1910—1911年中国鸦片种植的情况,并提交给英国一份报告,以此来说明中国禁烟运动的成功或失败。谢立山在对山西、陕西、甘肃、四川、云南、贵州等六个罂粟种植省份进行历时一年的调查后,形成了一份报告。由于该报告中提供了禁烟运动最严厉时,罂粟种植省份的有关官员、烟农的诸多情况,为我们提供了观察这一运动的独特视角。从某种程度上而言,谢立山的调查要比清廷官方报告的可靠性更高,故笔者将之全文翻译整理。此部分内容亦可与下文之禁种措施及效果相对照研究。

(1) 山西的调查

谢立山的行程从宣统二年(1910年)晚春开始。他从北京出发后,所造访的第一个地方是山西太原。在那里,他会晤了部分中国官员,其中包括山西巡抚丁宝铨。一年之前(1909年),丁宝铨就曾邀请英国公使馆全体代表

---

① 《清国的禁烟运动》,《泰晤士报》1908年4月4日,见方激编译:《帝国的回忆:〈泰晤士报〉晚清改革观察记》,重庆出版社2014年版,第182页。
② 《报告中国禁烟事宜说帖》,《外交报》第228期,戊申十一月初五日。
③ 《清国与鸦片贸易》,《泰晤士报》1911年4月19日,见方激编译:《帝国的回忆:〈泰晤士报〉晚清改革观察记》,重庆出版社2014年版,第338—339页。
④ Alexander Hosie,似乎应译为亚历山大·霍西,此处从旧译。

人员造访山西省,而且代表团在所行的 400 英里内,未见到一株罂粟。丁宝铨和他的英国顾问告诉谢立山,山西省已经没有罂粟种植了。虽然在宣统二年(1910年)初时,山西部分地区曾有罂粟种植死灰复燃的现象,但官方随即就开展了镇压行动。超过 20 人被射杀,30 余人受伤,所有罂粟幼苗都被铲除。

丁宝铨还报告说,在光绪三十年(1904 年)时,山西的罂粟种植有 100 万亩。而光绪三十一年(1905 年)当他到达该省时,立刻开始了减少罂粟种植的行动。① 到光绪三十四年(1908 年)时,种植面积已经减少到 33 万亩或 34 万亩。而到了 1909—1910 年时,山西已经没有地方种植罂粟了。此外,山西曾经有 16 家鸦片批发商行,宣统二年(1910 年)全部关闭了。全省有 10 个官方戒烟机构,超过 400 个民间戒烟机构。丁宝铨估计有 10 万吸食者受到治疗,50%—60% 戒除了烟瘾。宣统二年(1910 年)九月,清廷发布了一个公告,其中提到有秘密调查者发现山西有罂粟的种植。当时谢立山已经结束了西北调查的行程并回到北京,他亦注意到这份公告。但就谢立山的调查而言,他的确没有在山西发现有罂粟种植,他对山西的禁种是满意的,在报告中承认山西已经完全停止了罂粟种植。

谢立山在山西与当地官员就《中英禁烟条约》的理解问题而产生了一些争论。山西的官员们为山西的禁烟成就感到自豪,认为山西已经采取了很多行动,并取得很大效果,他们暗示应该进一步减少从印度出口鸦片到山西省。但谢立山立刻指出,山西省仅仅是中国很小的一部分,就罂粟的种植而言,清帝国必须作为整体而不是单独的省份加以考虑。而令山西官员不能理解的一个事实是,与减少印度鸦片的进口相反,中国居然还出现了印度鸦片进口增多的情况。谢立山解释说,由于中国规定的鸦片价格高,这在贸易上自然会将其他消费国的鸦片吸引过来。而且对中国造成威胁的并不是印度鸦片,而是土产鸦片。谢立山告诉山西的官员,在上海的鸦片委员会上,中国代表的备忘录承认中国每年生产的鸦片总量八倍于进口的印度鸦片,而早些年,

---

① 丁宝铨于光绪三十二年(1906 年)八月,由山西冀宁道迁按察使,光绪三十三年(1907 年)十二月,迁布政使,宣统元年(1909 年)十月,迁巡抚。见钱实甫:《清代职官年表》,中华书局 1980 年版,第三册第 2207 页、第二册第 1748 页。

甚至还超过这个数字。① 对此,山西官员表示十分震惊。②

山西当局与谢立山对条约理解的分歧亦普遍存在于中英两国政府之间。光绪三十三年(1907年)九月《中英禁烟条约》签订后,中方的理解是,无论何时,只要有中国任何一个省份证明自己已经禁止了土产鸦片的种植,那么印度鸦片就要禁止输入该省份。然而,英方认为,只有当中国土产鸦片整体减少时,印度鸦片才会减少输入。英方甚至延伸理解,指出从事洋药买卖的时间还要长于经营土产鸦片的时间。英国试图反复迫使中国接受这个观点。但英方的立场,在中国民族主义高涨的20世纪初期,是难以得到清廷认可的。这个分歧最终得到解决,在宣统三年(1911年)签署的补充协议中,中国的观点得到认可。

(2) 陕西的调查

结束山西的调查后,谢立山骑着一匹善于长途跋涉的矮种马,由骡子拖着行李,开始往陕西出发。他尽量避开大路,以便更有可能在乡间小道看到罂粟。进入陕西后,谢立山看到了一些种植的罂粟。他知道自己的观察是不彻底的,但是要遍访每一个山谷,将花费数月时间。谢立山还发现在陕西一些边远的小村庄,官方的禁令从未被传达。在谢立山的旅途中,他总是询问当地的传教士该区域的罂粟种植情况。西安附近的传教士告诉他,最近几年,自从官方决定根除罂粟种植后,罂粟已经被谷物所代替了。在渭水流域的某地,有个农夫告诉谢立山,早些年这里种满了绚丽的罂粟花,但今年官员加强了禁令,罂粟不再允许被种植。其结果就是,所有的农户只得在自己的地里种上了棉花和芝麻。但谢立山还是偶尔能看到种植罂粟的区域,罂粟苗藏在豆子、麦田,或其他谷物的田里。在报告里,谢立山用"大量的罂粟田已经部分地被铲除"来描述西安的这一情形。谢立山试图寻找罂粟的所有者,但是多数当地人都不愿意与他讨论这个话题。

在西安城内,谢立山会晤了陕西巡抚恩寿。恩寿告诉他,由于禁令加强,陕西去年已经减少了60%—80%的罂粟种植。或许还会在偏僻的地方或本

---

① 谢立山所指之上海鸦片委员会,应为1909年在上海召开的万国禁烟会。
② Alexander Hosie:"On the Trail of the Opium Poppy",转引自 Kathleen Lorraine Lodwick:*Chinese, Missionary, and International Efforts to End the Use of Opium in China, 1890-1916*. p.239-241.

省的某些角落发现零星的罂粟,但种植行为的确是被禁止了。恩寿说,有人对禁令有一些怨恨,毕竟多年的鸦片经营曾给他们带来了不错的利润,已经成为他们的重要生计。但恩寿表示这并不妨碍他作为巡抚所要履行的禁烟职责。恩寿还表示陕西将在今年年底或明年年初的时候,完全根除罂粟的种植。但谢立山认为罂粟减产情况只有恩寿估计的一半,明年要在陕西彻底根除罂粟种植只是一个美好的愿望。

恩寿和其他官员试图说服谢立山不要经过渭水流域进入甘肃,他们推荐了其他一些路线给他,但谢立山还是决定沿着河谷走,他确信官员们希望他避开某些区域,因为他们知道那里有罂粟的生长。在渭河河谷沿线的旅途中,谢立山发现在距离城市较近的地方,农民们极力隐藏罂粟的种植区域。而在更远的农村,却没有人试图隐藏它们。在一段30英里的范围内,谢立山发现有52处种植罂粟的地方。他认为当地的官员不可能不知道它们的存在,因为他遇到沿同一路线旅行的官员,从骑在马上的视线中可以清楚地看到罂粟地。一位被指派跟随谢立山的中国向导告诉他,陕西省目前种植的罂粟只有近几年的十分之一。向导说,鸦片减产及省级贸易的禁止,使得鸦片价格波动极大。被问到农民为什么要种植罂粟去挑战政府的禁令时,向导回答说,一亩罂粟田的收获7倍于种植谷物的利润。而且他们总是能找到现成的市场,对农民来说,交换到现金是十分重要的。

穿行于陕西西部,谢立山从路边能看到很多地区种植着罂粟。在30英里长的路上,他发现104处地方有罂粟的种植。而接近甘肃边境时,一天之内,他就发现568处罂粟种植处。在整个陕西省,谢立山发现988处罂粟种植地。由于种植如此之多,谢立山怀疑,报告罂粟减产60%—80%的巡抚恩寿,是否真的知道该省西部地区罂粟种植的程度。

在陕西的英国浸礼会教士肖洛克写信给谢立山,报告陕西省各地区的罂粟种植情况。报告显示,在商州地区,由于贿赂的原因,检查者提供给官方假数据,导致了大量的远离大路的山上罂粟逃避了检查。肖洛克还说所有的鸦片几乎都被商人们买下了,这些商人相信不久将不再有罂粟的生长。这些商人依靠当地银行从汉口和天津转移白银,结果银行和商行从没意识到这座城市如此缺乏白银。他们将这归因于大规模地购买鸦片。人们说在一年的时间里,陕西都不会有鸦片出现了。肖洛克认为尽管人们在禁种令中损失了

第七章 清末禁烟运动

很多利益,但没有发生动乱的风险,因为士绅和接受过良好教育的人们因爱国主义而对政府持有同情,多数人民相信官员们对待禁烟是认真的,他们支持禁烟运动,因为他们自身亦意识到鸦片使用的危害。值得注意的是,谢立山对肖洛克信中的内容并不全部相信,因为有其他人报告在陕西部分地区发现了罂粟,而肖洛克说这些地区是没有罂粟种植的。谢立山在报告中认为,陕西的罂粟减产只有30%,这正好是巡抚恩寿所估计的一半。①

(3) 甘肃的调查

谢立山沿着渭水西岸往甘肃出发。进入甘肃后,谢立山首先遇到一位英国女传教士。她告诉谢立山,在1909年的时候,渭水西岸种满了罂粟,但1910年,官员们迫使人们铲除了罂粟并种上了其他作物。然而,在陕西边界到兰州的路途间,谢立山却发现了595处罂粟种植地。在伏羌附近,谢立山发现87处罂粟地。另外一个内陆的传教士告诉谢立山,一两个月前这里的罂粟更多,因为当时负责的一位官员是临时任命的,他对于禁种罂粟的作用有限。但是,当一位新的官员到来后,他命令人们铲除所有主干道旁边的罂粟,即使那些已经长成到两英尺高的。该传教士还报告说,另外一个地区的官员甚至没有离开自己的衙门就铲除了罂粟,他监禁了所有村庄的头领,并传话给村民们,如果不将罂粟铲除,头领们将受到严厉惩罚。该传教士认为,这个威胁是足够毁掉罂粟的。尽管传教士的报告显示这个城市绝大多数的地区已经根除了罂粟,但谢立山在城市西部33英里的范围内还是发现283处罂粟地,不过部分罂粟已经残败不堪了。而往西更远的一些地方则很少有罂粟地。一天,谢立山独自出发,没有看到一株罂粟。

来自中国官方的不可靠的消息一次又一次地传递给谢立山。在安定②,当地官员告诉谢立山,当年春天罂粟已经从他的区域彻底根除了。还有数位官员说,因为高海拔的原因甘肃没有多少罂粟的种植。但仅仅一刻钟之前,谢立山就经过了两块罂粟地,其中一块有相当的规模,大概在该城市北部的1/3英里处。而当天,谢立山在这个官员的辖区内发现了19处罂粟田。

---

① Alexander Hosie: "On the Trail of the Opium Poppy", 转引自 Kathleen Lorraine Lodwick: *Chinese, Missionary, and International Efforts to End the Use of Opium in China, 1890 – 1916*. p. 242 – 246.

② 今甘肃省定西市安定区。

离开安定后不久,谢立山还注意到一些罂粟种植在亚麻地里。在与安定相邻的西巩驿①的寓所,谢立山看到一个巨大的被高山包围的花园,由于高山包围,从大道上看不到。那里有一块半亩大的罂粟田,这些罂粟已经长成果实,将被收割鸦片浆液。

在静宁,谢立山觉得当地官员极力表演自己是坚定的禁种罂粟者。在一个官员的会客厅,谢立山"偷听到"官员的仆人告诉谢立山身边的人,说官员为了寻找罂粟废寝忘食,积劳成疾。在离开这座城市时,看到一个人抱着一大捆连根拔起的罂粟,有些还是花朵,有些已经结果实了。在谢立山看来,这似乎是为了给他留下深刻印象的策略,即当局为了阻止谢立山看到罂粟的实际生长情况而采取的有限的铲除罂粟的活动。

谢立山到达兰州后,会晤了陕甘总督长庚。长庚告诉他,罂粟种植已经减少了40%。谢立山提醒长庚,沿着南部路线进入兰州的最后10英里,他发现了180处种植罂粟的地方。谢立山相信他看到的仅仅是少部分。长庚对此并未回应,而是问谢立山为什么不依靠当地传教士的报告,却要亲自调查。谢立山回答,传教士们的报告当然是有价值的,但个人亲自调查是履行官方职责,对于达到目的而言,被证明是更有价值的。因为通过自己亲眼所见获得的信息远远多于其他途径收集的资料。谢立山还建议,清朝政府若能更多亲自调查而减少听取代理人或副手的报告的话,这对于中国而言,会有相当的价值。谢立山说,在兰州外围,他看到罂粟与烟草因季节而轮换种植。长庚身边的官员们解释说,他们准备在1911年春天完全禁止罂粟种植下地,因为烟农们非常憎恨将已经开花的罂粟铲除。但谢立山显然并不相信,他说:"我可以待在那里,保证所谓的不播种是无意义的,那年肯定在全省都会有罂粟种植的撒播。"当然,谢立山并不可能在兰州一直等待。

谢立山并未从兰州继续西行,但他听取了其他一些英国人的报告。甘肃的英国领事科尔斯,写信给谢立山说,在一个地区有50%的中国人是鸦片吸食者,但穆斯林、藏民、蒙民是不嗜毒的。其引用甘肃的官员报告说,1908年曾有168500亩罂粟田,但1909年已经有77300亩罂粟田改种了其他作物,到1910年初,只有20000亩地的罂粟了。另外一个传教士写信给谢立山说,

---

① 今甘肃省定西市西巩驿镇。

省城兰州的六个鸦片商铺被关闭,建起139个戒烟所,治疗了234600吸食者。中国内陆传教士团的成员乔治·安德鲁告诉谢立山,在最近两年里,甘肃省鸦片主要产区的罂粟种植已经大量减少了。但谢立山认为,他们无法保证数据的真实性。谢立山不认为在中国有任何机构、政府或个人能准确说出各地罂粟减少的数量。对于领事及传教士们的报告,谢立山更倾向于相信自己的眼睛。而在归途中,经过陕甘交界处时,谢立山一天就看到707处罂粟田,这是他所看到的最大罂粟种植区域。回到陕西后,他又数出渭水河谷里有2036处罂粟种植地。谢立山曾在四川多年,即使在中国种植罂粟的核心区域——西南地区,他都没有见到如甘肃这样密集的种植区。在谢立山的报告中,认为甘肃的罂粟种植仅减少了不到25%。

从谢立山报告中的一段描述,我们可以看到陕甘地区抑制罂粟生长的困难。据其报告,在1910年5月末的时候,兰州知府被派到某个区域去禁止罂粟的种植,因为当地官员做不了这样的事情。结果知府被召集起来的烟农围在寓所,其中一人跪在他的面前并抓住他的腿,其他烟农则开始攻击这位知府。这导致知府受伤且不得不到附近的教会医院寻求帮助。此次事件的结果是:知府的一位助手被斩首,另一位被投入监狱;而事发当地的官员则被革职。但烟农们依然持续在种植罂粟。①

(4) 四川的调查

西南地区的罂粟是秋天种植,来年春天收割。谢立山结束西北的调查后,从时间上而言,再去西南省份就太晚了,那里的罂粟已经过了收获季。于是谢立山先返回北京,于1910年12月8日再从北京前往西南地区。

谢立山首先调查的是四川省。他此前在四川省生活过5年时间,长期关注该省的鸦片问题,并广泛地游历于西部、南部及中心地区。尽管缺乏可靠数据,但谢立山大体估计1904年四川的鸦片产量为20万担,其中18万担在本省消费,剩余部分通过长江运销到其他省份。根据这个估计,四川省鸦片的年产量是中国每年从印度进口鸦片的四倍。因川东是最大的鸦片产区,这里是谢立山了解很少的地区,他决定先往川东调查。但谢立山在川东居然没

---

① Alexander Hosie: "On the Trail of the Opium Poppy",转引自 Kathleen Lorraine Lodwick: *Chinese, Missionary, and International Efforts to End the Use of Opium in China, 1890-1916*. p.247-253.

有看到一株罂粟,以至于他甚至认为该地区似乎不适宜种植罂粟。当地的一个客栈掌柜告诉谢立山,此前这里种植了很多罂粟,但自1910年当地官员采取了极为严厉的禁种措施后,罂粟就几乎绝迹了。掌柜对官员的措施颇为不满,因为他客栈的很多客人都是由外地来进行鸦片贸易的商人。然而,谢立山获悉,当地的另一种特产木油,因海外需求的增加,价格竟增长了100%。谢立山建议当地用这种产品来弥补曾经的鸦片利润。

开县是四川第二大鸦片产区。谢立山到那里发现,当地有大量的鸦片囤积而未能售出。1908年有鸦片种子被播种,但官府将幼苗铲除。于是1910年和1911年便不再有人试图种植罂粟了。谢立山看不到地里有罂粟,这些土地已经准备好在夏季种植水稻类作物。城市内的鸦片熟膏价格已经从150涨到1200文钱一盎司,而且只能在官方的零售店购买。谢立山继续他的旅程,并进入更远的地区,依然没有发现罂粟。但还是可以在一些鸦片窝点得到鸦片,这些是前几年的存货。

在万县,谢立山报告说,1909—1910年之交,有两处地方有罂粟种植,当他现在来到时,这里已经彻底禁种了。在谢立山到来前的一个月,一位传教士亦行遍该地区,也报告说没有看到罂粟种植。谢立山在报告中记述:"成效非常显著,毫无疑问,当地政府的措施产生了极大的效果。但烟农们还是保留了不少种子,并希望严厉的禁令未来会松动。"

万县与重庆之间的地区,是四川最大的鸦片产地。涪州曾是鸦片贸易中心,这里曾激烈地反对禁烟,1910年经历了比往年更大规模的收获季。谢立山八年前到过这里。现在他沿着长江上游行走,一株罂粟也看不到。

谢立山观察到,四川鸦片吸食现象也很少见了。19世纪末,谢立山曾经沿着长江上游上上下下旅行了很多次,令他难以忘记的是,在每艘轮船上都有鸦片烟味。然而,现在这种味道却彻底消除了。但跟随谢立山的船员们经过调查得出的结论是,由于鸦片价格上升,瘾者开始通过吞服的方式获得满足。因为据一般认识,吸食者吞食百分之一的剂量中获得的满足感相当于吸食十分之一剂量的满足感。当时生鸦片被制成锥形小丸,30文钱一片。

在马武垭①,生鸦片的价格是900文钱一盎司,熟膏的价格是1200—

---

① 今重庆市涪陵区马武镇。

1600文钱,这取决于质量和掺假的程度。在上述两个地区的边缘,谢立山发现生鸦片的价格要比城内贵10文钱,而类似的价格在全省各地都具有普遍性。但他依然没有看到罂粟的种植。

早在1882年,谢立山曾看到在川黔交界处的赤水一带的村庄种满了罂粟,而现在一株也没有看到。无论是传教士还是中国官员都向他保证四川省已经没有罂粟种植了。

在重庆,谢立山会见了四川总督①,总督告诉他,为了禁烟,他从1910年10月3日开始禁止鸦片向外销售。在两个星期的过渡期后,任何携带鸦片的人,都必须将鸦片交到官方仓库。随后,这些鸦片将在官方颁发的许可证之下销往长江下游。没有其他任何鸦片从四川向外销售了。在1910年,共有28350担鸦片运输到宜昌,分别来自四川、云南、贵州,但谢立山不知道各自省份的具体数量。需要指出的是,由于云土质优价高,很多川土混合很少量的云土,这些混合物冒充优质云土,可以卖高价。由于1910年严厉的禁种措施,中南部省份的需求大大提高了,其结果是重庆鸦片的价格从每担1100银两涨到1200两。鸦片商们强烈反对这项政策,他们认为留给他们的时间太少了,不可能有希望清空他们的存货。为此,政府将时间延迟了三个月。因为减产而导致了市场供不应求,价格升高,四川鸦片商充分利用这一优势,且大量掺假。而下游则承担了这一严重的损失,于是需求开始缩减,价格下跌,并使得相当一部分存货未得销售。于是最后的期限再次被延迟,但所有鸦片必须存于官方仓库,并在严密控制下销售。

在离开该省的时候,谢立山记道:

"我在四川待了66天,尽管十分仔细地调查,这个中国曾经最大的鸦片产地,却没有发现一株罂粟。""由于在四川是10月份种植罂粟,来年4月收获,因此1906年的禁令对于阻止种植而言就太迟了。但当局的命令是1907—1908季,必须减少50%的种植。而剩余50%将在一段时间内减少。然而,禁烟运动的后半段,1908年的7月25日,所有的种植都被禁止了。尽管在1909—1910季有相当大的减产,但在四川首要鸦片中心涪州,以及会理州、茅州,甚至长江南部的小城万县的鸦片都被禁止。在1910年夏天,全省

---

① 川督的驻地在成都,因谢立山此行没有进入成都,川督或许专门赴重庆与其会晤。

被划分为五个区域,每个区域派出一名道台级别的官员负责执行彻底的禁令。大量中低级官员负责全省的巡检并报告各地禁烟进程。11月底,长寿县烟农已经种上了罂粟,县令继续进行铲除烟苗的行动时,暴动爆发了,县令只得撤退。问题被报告给总督,他将县令革职,并派出重庆知府去往该地,使用足够的武力迫使烟农铲除烟苗。在1910年,长寿县是四川省唯一的试图对抗政府,种植罂粟的地方。"①

(5) 云南的调查

离开四川,谢立山进入云南北部。这里的昭通平原在鸦片禁令发布之前是一个巨大的罂粟花园。但是,根据外国及中国人同样的证词,这里的罂粟已经彻底消失了三个季度了。谢立山在这里两个星期,的确没有看到一株罂粟。但谢立山发现,这里土地上目前还没有找到可以替代罂粟种植的合适农作物。人们已经敏锐地感觉到没有罂粟后的金钱损失,他们不再能够购买其他的商品,而且由于交通落后,这里的人们无法将其他生长的作物运输出去。

随后,谢立山来到云南东部。在东川,谢立山获悉该城的西南部能看到一两处正开花的罂粟。谢立山立刻亲自出发调查,他遇到旅程中最艰难的一段地形。出城后,谢立山来到一个高原地区,这是理想的种植罂粟的地方。那里的人们告诉他,去年秋天之前他们种下了罂粟,但今年一月,官府就强迫他们铲除了烟苗。随后,谢立山在偏僻的山谷中发现了4块已经收获后的罂粟地。一块为20码×5码②(80多平方米),其他的约2倍于它。在攀登一条陡峭的山路时,谢立山的一个搬运工说,"只要吸一口鸦片,这点路简直微不足道"。登上一个陡峭的小山坡后,谢立山到达一个只有7户人家的小山村,这里完全被罂粟花所包围。尽管传言,云南省的东部已经没有罂粟了,但谢立山在六天沿着支路的旅行中还是发现了63块罂粟地,一些有300码×100码大小(25000余平方米)。谢立山认为这是云南省偏远地区普遍存在的状况。但谢立山依然承认东部地区的禁种效果,因为他在1882年观察到的一个地区三分之二的山谷都种植罂粟,但现在看不到了。

---

① Alexander Hosie: "On the Trail of the Opium Poppy",转引自 Kathleen Lorraine Lodwick: *Chinese, Missionary, and International Efforts to End the Use of Opium in China*, 1890–1916. p. 253–260.

② 英美制长度单位,1 码约为 0.9144 米。

1911年4月11日,谢立山来到昆明,总督发布了公告,允许云南以往存储的鸦片可以在4个月内输出,但必须通过南部的蒙自港输出。汇集蒙自的所有鸦片将由官府的鸦片机构收购,而税收是之前的2倍,大概为每1000盎司63两银子,或每担100两。蒙自的官方机构将鸦片运输到"东京"(越南北部的旧称)出售。但是这个公告未得执行,后被撤销了。谢立山的报告显示:"云南本土鸦片的价格是1906年时的6倍,这在该省的东部地区是普遍现象,这是由于减产后又囤积居奇而引起的。"

在滇西地区,谢立山至少发现了72块罂粟田。他认为在更远一点的他没有调查到的地区应该也有这种情况。谢立山在报告中还提及,沿途走过的大多数地区,生鸦片是可以秘密买到的。这些鸦片是私人的以往的存货,他们请朋友或中介人帮忙通过零售的方式来处理掉。

谢立山对云南的禁烟是满意的,他认为,除了一些偏远地区,云南主要鸦片产区的罂粟种植已经被禁止了,云南的鸦片已经减产了75%。谢立山将此归功于1907至1909年任云贵总督的锡良,因为锡良曾采取了严厉的禁种措施,并宣称,1909年1月21日之前,罂粟种植必须停止,而且在1908年9月21日后,任何鸦片都不得通过海关及厘卡。新任总督李经羲于1910年到任(1909年到任)。① 他在数次拒绝后最终同意,鸦片可以出口到越南东京。②

(6) 贵州的调查

从云南离开后,谢立山继续前往贵州。入黔后的第一天,没有看到一株罂粟。谢立山寄宿在当地一位官员的寓所,却闻到鸦片烟的味道。原来是谢立山从云南雇佣的两个挑夫在吸烟。谢立山很恼火,因为所有雇佣人员都曾保证不吸食鸦片。

朗岱厅附近是贵州最重要的鸦片产区,但其重要性因为鸦片禁令而消失。谢立山还是看到一块约有40平方码大小的罂粟田,开满了粉红色的罂

---

① 谢立山此说有误,宣统元年(1909年),李经羲由广西巡抚迁云贵总督。见钱实甫编:《清代职官年表》(第二册),中华书局1980年版,第1503页。
② Alexander Hosie: "On the Trail of the Opium Poppy",转引自 Kathleen Lorraine Lodwick: *Chinese, Missionary, end International Efforts to End the Use of Opium in China*, 1890-1916. p.260-263.

粟花。在一个村庄里，人们告诉他，两年前已经彻底禁止了罂粟，但当他们听说附近的地区还是有罂粟种植的时候，他们也开始重新种植罂粟了。于是，在 12 月、1 月、3 月，他们的土地遭到突袭，幼苗全部被官府铲除。但是突袭并非完全有效，因为谢立山看到有些土地上的部分罂粟被毁了，而毗连的部分却完好无损。在这一地区，他统计了有 67 块地仍保留有罂粟。

在省会贵阳附近，谢立山的一位轿夫遇到一位熟悉的农夫。在他们的交谈中，轿夫问农夫关于罂粟种植的事情，农夫说种植目前遇到麻烦，有人说他在地里看到还是有罂粟的。农夫说，那没用，即使在收获之前也有被铲除的可能。在与贵州巡抚庞鸿书的一次谈话中，霍伊得知罂粟种植已经减少了 70%—80%，来年将全部清除。谢立山认为，锡良作为总督驻在云南，不直接负责贵州的禁烟事务，这导致贵州的禁烟效果不如云南。虽然不断发布严厉的告示，但似乎烟农们对此并不在意。1911 年 2 月和 3 月，军队被派出去铲烟，有时会遭到抵制。3 月 1 日的冲突，约 100 烟农死亡，他们都是苗族人。

谢立山在贵州 21 天，共发现了 211 处罂粟种植。但其承认贵州"在禁种方面已经采取了强有力的措施"。谢立山于 1882 年至 1883 年曾在贵州考察，当时他发现贵州省的狭窄山谷里种植了大量的罂粟。在一个较高的山顶上发现 90% 的种植物都是罂粟，而 1911 年谢立山再次到该处时，他只看见了三株罂粟。①

经过长达一年的调查，谢立山的最后结论是："总而言之，在调查的北方三个省份，山西的罂粟种植在 1910 年就彻底清除了。而与 1907 年相比，陕西和甘肃，分别减产 30% 与 25%。至于西南三省，四川于 1911 年停止了种植。同一年，云南与贵州约分别减产 75% 与 70%。总体而言，这是一个成效显著的运动，但 1911 年十月革命的爆发，却使得禁烟无功而返，因为中央政府及省政府失去了控制，暂时不能阻止罂粟种植的死灰复燃。"②

谢立山对中国官方甚至英国传教士提供的禁烟数据并不十分信任，他的

---

① Alexander Hosie: "On the Trail of the Opium Poppy"，转引自 Kathleen Lorraine Lodwick: *Chinese, Missionary, and International Efforts to End the Use of Opium in China*，1890 - 1916. p. 263 - 266.

② Alexander Hosie: "On the Trail of the Opium Poppy"，转引自 Kathleen Lorraine Lodwick: *Chinese, Missionary, and International Efforts to End the Use of Opium in China*，1890 - 1916. p. 266.

报告建立在亲自调查的基础上,这是该报告客观、权威及值得信任的原因。但笔者认为,谢立山的报告依然是一种感性认识,适用于对当时西南、西北六省的禁种情况的总体评价。对谢立山的报告结论,我们要有一种理性的判断。比如山西、四川是彻底禁种的省份,但这似乎与常识不符,应该只是他没有看到而已。其他省份减产的百分比的依据是什么呢?谢立山并未提供各地种植面积的情况,而这些离开政府支持似乎是很难获取的。因此,谢立山关于各省减产的百分比数据未必建立在真实的统计基础之上。

三、《中英禁烟条约》的最终确定

谢立山的调查结果,充分显示了中国在禁种方面取得的成绩。宣统三年(1911年),英国政府宣布:"三年以内中国于减种一事立意诚笃,且成效卓著,英国政府愿于未满七年期限内,接续施行1907年所订之办法。"① 按光绪三十三年(1907年)《中英禁烟条约》,这本是顺理成章之事,但中英之间的谈判过程艰苦而漫长。谈判先是在英国驻华临时代办麻穆勒与清外务部右丞刘玉麟之间进行。后刘玉麟赴英接任驻英使臣,谈判继续在英国驻华公使朱尔典与清外务部参议颜惠庆间进行。英国方面准备充分,在诸多细节问题上反复推敲、锱铢必较,毫不以罪恶贸易之维护者为耻。而中国方面,民族主义不断高涨,缩短禁烟年限、停止鸦片贸易成为朝野之共识。这对主持谈判之官员而言,既是动力,亦是压力。不容忽略的是,清末中国已经具备了较为专业的外交团队,如刘玉麟、颜惠庆等均熟谙外交、长于谈判,不啻专业外交家。诸多因素,使得中国方面的多数诉求均在谈判结果中得以体现。时至今日,我们对《中英禁烟条约》之签订,当有实事求是之评价。

从宣统二年(1910年)六月底开始,至宣统三年(1911年)四月,历时近十月的谈判,中英之间终于签订"禁烟条约",其主要内容如下:

① 自1911年1月1日起,中国继续减种罂粟,且与印药每年减运之数为比例,至1917年全行禁尽。而输往中国之印药,由英印政府按箱编号,发给准单,粘贴印花。1911年发单不得过30600张,至1917年,每年递减5100张。

② 各通商口岸及香港之库存洋药,按旧例完税110两后务必于条约签

---

① 王铁崖编:《中外旧约章汇编》(二),生活·读书·新知三联书店1959年版,第711页。

订后 7 日内离开口岸,两个月内只准在上海、广州两口起岸。两个月后,不准再运入通商各口岸。英方允于 1912 年、1913 年、1914 年,在 5100 箱基础上再为减运,减运之数为库存洋药两月内起岸之数的三分之一。

③ 除广州、上海二口外,无论何省土药一经绝种,他省土药及印度鸦片亦不准入该省。英国政府允诺,如不到七年能有确实凭据,凡土药概行绝种,则印度鸦片亦停止输华。

④ 英国政府派员随时就地考察减种情况。中国政府仍可派员赴印查视印药售卖及装箱,但不得干预。

⑤ 洋药税每百斤箱税厘并征加为 350 两,土药每百斤税银增至 230 两。洋土药之加征之税,同时起征。中国应将在广东等省近准行于印药大宗贸易之各项限制及征收各他项税捐立即消除,唯中国政府为禁绝吸烟及整顿稽查烟土零卖事宜,凡所已经颁布或将来颁布之法令不得因以上条款致其效力稍受阻抑。①

《中英禁烟条约》签订后,其中多数内容在清廷灭亡前都得以施行。最值得一提的就是分省禁运问题,这是与光绪三十三年(1907 年)"禁烟条约"相比最大的进步。经过英方调查,奉天、黑龙江、吉林、山西、四川五省在辛亥革命前就禁止洋药进入,为民初继续履约奠定了基础。但是也有部分条文成为日后之隐患,如各省禁烟措施中,哪些是属于对"印药大宗贸易之各项限制",哪些又是属于"整顿稽查烟土零卖事宜"?此项条款成为民初中英间关于鸦片贸易纠纷的主要根源。

第四节　禁烟运动的措施及成效

一、禁种植的措施及成效

清廷"禁烟谕旨"颁布后,各地多存观望,而少行动。按照度支部拟定的

---

① 王铁崖编:《中外旧约章汇编》(二),生活·读书·新知三联书店 1959 年版,第 711—714 页。

《分年分省禁种办法》,江苏、安徽、河南、云南、福建、黑龙江6省限于1908年底完成禁种。奉天、吉林、直隶、山东、江西、浙江、湖北、湖南、新疆、广东、广西等11省限于1909年底完成禁种。陕西、甘肃、四川、贵州4省应每年减种2/10以上,至1913年完成禁种。山西省则随时查看情形,勒限禁绝。① 在禁烟问题上,度支部常因过度追求烟税而屡遭诟病,此分省禁种完全为应付地方督抚提出的缩期禁种的举措。而该办法颁布后,度支部关心的亦是各地种烟地亩及产烟数量,但各地似乎并不配合,如度支部派员至四川稽查种烟地亩及产烟数量,虽经三令五申,各县府仍很少有上报的稽查数字,以致"度支部屡次电催,竟无以应"②。但《中英禁烟条约》的签订,尤其是万国禁烟会在上海召开,无论是朝廷还是各省督抚,均认为国际环境有利于中国禁烟,态度开始趋于积极。

1. 奏请缩短禁种期限之风潮

早在光绪三十四年(1908年)二月,云贵总督锡良即以"限期过宽,反形棘手",奏请云南"凡吸食之人、种烟之户,均限至本年年底禁戒尽净"。③ 三月,翰林院侍读周爰诹又以"部限太宽,授人以柄"为由奏请朝廷"饬令各省督抚,凡种鸦片烟之地限两年一律禁绝"。④ 会议政务处对锡良等缩期禁种的主张表示赞赏。而锡良认为全国各处一体缩期禁种方有效果,故不久即奏陈全国一律改缩禁烟期限。⑤ 在锡良的推动及影响之下,东三省总督徐世昌、山东巡抚袁树勋、山西巡抚宝棻等分别奏请黑龙江及鲁、晋两省缩期禁种

---

① 刘锦藻:《清朝续文献通考》卷五十二《征榷二十四》,商务印书馆1936年版,第8068页。
② 《四川官报》光绪三十四年五月中旬,第12册,"公牍类",第3页。
③ [清]锡良:《奏为实行禁烟请改缩期限事》(光绪三十四年二月初一日),中国第一历史档案馆藏宫中档全宗,档号:04-01-01-1090-010。
④ [清]周爰诹:《奏为缩期实行禁种禁食鸦片事》(光绪三十四年三月二十日),中国第一历史档案馆藏军机处全宗(录副奏折),档号:03-7403-037。
⑤ [清]锡良:《奏为速请一律改缩禁烟期限事》(光绪三十四年七月二十一日),中国第一历史档案馆藏军机处全宗(录副奏折),档号:03-5747-057。

事。① 但度支部出于土药税收之考量竟极力反对各省缩短禁种之奏请。② 年底川督赵尔巽的奏折似乎极具针对性,其奏称:"朝廷力图自强,亟与天下更始,凡属臣子有地方之责者,莫不愿烟毒早除一日,即民生早苏一日。……查中国种烟之地,以云南、四川为最广。吸烟之民,则四川比云南尤多。必于最广最多之处首先禁种,其源既竭,其流自穷,各省戒烟之风将不严而厉。"③ 赵尔巽的认识逻辑是,产烟最多的地区应该先行禁种,才能杜绝根源,这显然与度支部之分省禁种方案不符。

度支部过度追逐利税之举遭到舆论批评,而实际上在分省禁种的计划中,陕甘川黔的烟土很有可能会流入已经禁种的省份,影响邻近省份的禁烟成效。因此,至宣统元年(1909年),先后有18省奏请于一年之内禁种罂粟,以便尽早肃清鸦片流毒。这些要求得到朝廷批准后,各省禁种工作都雷厉风行地开展起来,缩短期限终成为禁烟之大势。

2. 部分省份的禁种举措

关于禁种举措,清廷并未有统一政策之指导。故地方官员对禁种之态度及为政风格、各地罂粟种植的广泛程度与民俗民情等因素导致了禁种措施在各省均有不同。

四川省是全国鸦片产量最大的地区。因锡良作于前,赵尔巽继之后,四川省竟成为禁种最为彻底的省份之一。其禁种举措主要有五个方面:一是利用团保组织,加强宣传引导工作。二是规范种植,由种户领取执照,呈报罂粟种植面积,并逐年限制、萎缩种植面积。三是强化基层责任,由地方士绅负责禁种,具结存案。四是发展副业,引导农户种植其他作物,并减免烟农租额,进行经济补偿。五是抓好涪州、丰都等突出典型,惩办失职官员,坚决铲烟,杜绝偷种。④

---

① 徐世昌《奏为江省种烟地亩请缩短期限以期早日禁绝事》(光绪三十四年七月二十九日)、[清]宝棻《奏请自光绪三十五年起晋省一律禁种土药事》(光绪三十四年九月二十二日),中国第一历史档案馆藏宫中档全宗,档号:04-01-30-0367-004、04-01-01-1090-020。袁树勋奏见《奏陈禁烟管见事》(光绪三十四年八月二十九日),中国第一历史档案馆藏军机处电报档,档号:2-04-12-034-0804。

② 参见刘增合:《度支部与清末鸦片禁政》,《中国社会经济史研究》2004年第1期。

③ 赵尔巽:《奏为川省禁烟缩期禁种并开设公行实行禁吸事》(光绪三十四年十二月初一日),中国第一历史档案馆藏宫中档全宗,档号:04-01-30-0367-005。

④ 参见秦和平:《四川鸦片问题与禁烟运动》,四川民族出版社2001年版,第111—120页。

光绪三十三年(1907年),锡良由川督调任云贵总督,其在云南采取的禁种措施为:调查种烟农户数量、种烟地亩面积,积极宣传禁种罂粟。拟在三年时间内完成禁种,其方法是第一年由地方官现行出示告诫农民,在禁烟问题上有所准备,次年则认真查禁烟亩数量,限制种植面积,第三年则强迫禁种,务必根除尽净。而当云南决定缩短禁种期限后,则用军队进行铲烟,通过强制性力量贯彻禁种法令。①

贵州巡抚庞鸿书在清廷"禁烟谕旨"颁布后,禁种方式以缓进为主,拟按照10年禁种的步伐,逐步减少罂粟种植。② 而随着禁烟形势之发展,川、滇等省皆宣布缩短禁期,贵州亦加快了禁烟步伐,决定一年内实行禁种。除了与他省相似的大力宣传及抵补措施外,贵州省采取了抵制度支部的加税要求,借禁运促禁种的方式。庞鸿书认为若合法运输鸦片存在,则烟农"一经播种,势必护惜成本,不易铲除",而运输禁止后,"民间知明年不能销出,今冬定不至贪利再种"。③ 此外,庞鸿书还派出30余名委员赴全省各地检查禁种,遇有抗铲者亦动用军队铲烟。但贵州的突出问题是边远地区的偷种问题。这自然亦会影响到川、滇两省的禁种,为此川督赵尔巽还致电庞鸿书,在压力之下,贵州表示将重视边地的查禁,与川、滇等省共同行动,并"当即分饬各印委,凡川黔连界处所,务须周历亲勘,不分畛域,实力查禁"④。

山西省的禁种措施有四个方面:一是严令禁种,并通告全省,广为劝谕。二是派员调查种烟亩数量,种烟一亩以上者,必须领取执照,且年减种一成。三是注重工农业的发展,最大限度地抵补烟农因禁种所造成的损失。如在禁种区试种蓝靛、棉花、旱稻、烟叶、桑树等作物,"以补该处所产之缺"。四是动用军队弹压烟农的抗铲行为。如交城、文水抗铲事件,死伤百余人。⑤

广东省在分省计划中为宣统元年(1909年)禁种,但广东向来罂粟种植不多,产土很少。故禁政开始后,采取的是断禁措施。规定,尚未栽种罂粟者

---

① 参见秦和平:《云南鸦片问题与禁烟运动(1840-1940)》,四川民族出版社1998年版,第174—175页。
② 《贵州巡抚庞鸿书奏筹设禁烟公所片》,《政治官报》1908年9月14日,第318号。
③ 《贵州巡抚庞鸿书奏覆陈禁烟情形折》,《政治官报》1910年5月18日,第915号。
④ 参见秦和平:《清末民初贵州禁烟运动研究》,《西南民族学院学报(哲学社会科学版)》2003年第2期。
⑤ 见杨长年:《清末山西禁烟》,《晋阳学刊》2003年第3期。

永远不许栽种,已栽种者从1907年开始一律改种他物,如果违犯,即行究办,并予该管有司应得之咎,以期永绝根株。① 但是1907年后,偷种现象时有发现,两广总督张人骏上任后又限1908年以后一律禁种。② 但偷种现象似乎始终未得到有效控制,此后又将禁种限期推迟到1909年,事实上又回到了度支部的禁种年限规定。

广西省的罂粟种植亦不多,但巡抚张鸣岐十分重视烟农的经济抵补。其指出"种烟获利甚丰,禁种不过一时之强制,非劝种有益衣食各项植物,或恐日久玩生,萌蘖复长。种麻,种棉、桐、茶、杉,为桂省相宜之事"。在张鸣岐的推广下,自"光绪三十三年(1907年)秋闲以来,三次栽种,成活之树计已逾千万"。③

安徽省在度支部的分省禁种计划中,属于第一批禁种地区,光绪三十四年(1908年)底即要完成禁种。为此,巡抚朱家宝命令:"皖省栽种土药,皖北最多,皖南亦复不少,应不分先后,自本年下半年起,同时一律禁种。"且"不准一亩留存,已种一律拔去,务期断绝本根。业户违抗私种,定予查办匪轻"。④

湖南省罂粟种植不多,亦属于宣统元年(1909年)的禁种省份。湖南1909年下令完全禁种:"所有栽种烟苗之地亟应一律查禁,以绝根株。"⑤

浙江的罂粟大多种于浙东,滨海环山,其中象山、温州、台州等为主要鸦片产区。浙江初期按照度支部的渐禁方案,光绪三十四年(1908年)施行缩期禁种。但似乎效果不佳,浙江原有罂粟种植面积为135772亩,但据宣统二年(1910年)浙抚增韫奏报,该年查拔烟苗竟达263743亩。⑥ 宣统三年(1911)七月,增韫又奏:"浙省禁烟事宜,前经提前赶办,现计本处温、台两府,犁除烟苗三十余万亩;杭、嘉、湖、金、衢、严、宁、处八府,犁除八千八百亩,较前届数已大减;绍兴府私种已绝。"⑦

新疆按规定应于宣统元年(1909年)禁种,但新疆并未按此规定,反而作

---

① 《护粤督奏陈禁烟情形》,《盛京时报》1907年10月4日第3版。
② 《两广总督张人骏奏筹画禁烟事宜片》,《政治官报》1909年4月21日,第530号。
③ 刘锦藻:《清朝续文献通考》卷五十五《征榷二十七》,商务印书馆1936年版,第8095页。
④ [清]冯煦主修,陈师礼总纂:《皖政辑要》,黄山书社2005年版,第159—160页。
⑤ 《示禁烟苗》,《长沙日报》己酉闰二月,第1374号。
⑥ 增韫:《奏报浙江省查禁罂粟著有成效事》(宣统二年六月十一日),中国第一历史档案馆藏宫中档全宗,档号:04-01-01-1118-017。
⑦ 增韫:《奏为提前赶办宣统三年浙省禁种禁吸等禁烟事宜情形折》(宣统三年七月十五日),中国第一历史档案馆藏军机处全宗(录副奏折),档号:03-7590-091。

了一个长远规划,规定自光绪三十四年(1908年)起全省烟地每年每亩减种二成,按年递减,五年禁尽。从宣统元年起,将罂粟地税普行免征。告示颁发后,每年由各县巡抚申报查明减种罂粟地亩,切实清查,一律改种他项粮食,并让各农约头目等写下保证书,不得再种罂粟,再由地方官加具印结,交往禁烟公所。如有违禁,再行种烟者,经地方官查出或他人发觉,将烟苗翻犁,地亩充公,私种之人,照例严办,并将徇情不报之农官乡约一并治罪。如系外来客民暂时私种,即将该客民递解回籍,交该地方官严加管束,并将地主从严惩办。①

限于资料原因,尚不能对全国所有地区的禁种情况一一考察。总体而言,罂粟种植不多的省份,如广东省,因禁种压力不大,故长官缺乏系统、缜密的禁种措施,效果反而不明显。而罂粟主要产区,因禁种压力极大,长官制订了系统、严密的禁种计划,故效果显著。综合分析上述禁种效果较好之川滇黔晋四省,其共同点有四个:第一,主要长官禁种态度积极,不敷衍,极力想在任内完成禁种工作。第二,宣传、劝导、调查的准备工作充分,既让烟农对法令的严肃性有认识,又有了足够的缓冲时间。第三,以多种经济措施抵补烟农的损失,为烟农谋求新的生计和出路。第四,对待抗铲事件态度坚决,能抵住压力,迅速果断地动用军队将事态平息。

3. 抗铲与弹压

由于长期弛禁,在许多地方,鸦片实已成为民众的衣食之源,虽然各地均有不同程度的抵补措施,但短时间内岂能完全弥补。故骤然禁种,自然遭到烟农之抗拒。当时四川、云南、贵州、山西、陕西、甘肃、浙江、安徽、江苏、河南、江西等省均有抗铲发生,可以说只要有罂粟种植之处,便难免发生流血冲突。

表7-2 清末禁烟中抗铲之群体事件简表②

时间	地区	事件简述
1907年2月	江苏省徐州、海州	烟农抗铲,殴打官差
1908年9月	甘肃省武威县	烟农数千人砸烂巡警岗楼,攻入县衙
1908年冬	云南省镇南、楚雄	烟农抗铲,官府镇压,死亡128人

---

① 周卫平:《清朝至民国新疆禁毒研究》,新疆大学未刊硕士学位论文,2004年,第25页。
② 资料来源:《清实录》《大公报》《申报》《政治官报》《东方杂志》,以及部分文史资料、地方志等。

(续表)

时间	地区	事件简述
1909年1月	浙江省黄岩县	烟农聚众,反抗禁种
1909年4月	浙江省遂安县	烟农捣毁县衙,释放囚犯
1909年7月	陕西省米脂县	烟农围攻县城
1910年2月	浙江省太平、仙居县	万余烟农,聚众反抗查禁烟苗
1910年3月	浙江省瑞安县	烟农聚众反抗查禁烟苗
1910年3月	山西省交城、文水县	烟农万余人鸣钟聚众反对禁种
1910年4月	浙江省宁海县	烟农反抗铲除烟苗
1910年4月	浙江省台州	万余烟农持械抵抗官兵
1910年4月	四川省垫江、梁山县	烟农武力抗铲,打跑官兵
1910年4月	江西省永新县	烟农千余人反抗调查烟苗
1910年4月	浙江省仙居县	烟农对抗禁种罂粟
1910年4月	四川省涪州	强制铲烟,许多抗铲的人被砍了头
1910年5月	河南省汝州、陕州	烟农反抗铲除烟苗
1910年5月	甘肃省皋兰、金县	烟农反抗禁种
1910年5月	江西省玉山县	烟农反抗铲烟
1910年5月	浙江省宁海县	烟农反抗铲烟
1910年6月	浙江省温州	因禁种罂粟,酿成民变
1910年6月	陕西省扶风	烟农反抗禁烟
1910年6月	广西省南丹州	数百烟农反抗禁种,大闹官衙
1910年6月	贵州省兴义县	烟农反抗查禁烟苗
1910年7月	奉天省义州	百余屯烟农反抗禁种,与警兵对抗
1910年7月	甘肃省皋兰县	烟农反抗铲烟,兰州知府全家被杀
1910年7月	四川省眉州	烟农反抗禁烟,捣毁禁烟局
1910年9月	甘肃省兰州府属各县	烟农聚众反抗查禁烟苗
1910年10月	浙江省东阳县	烟农聚众反抗禁种
1910年11月	云南省大姚县	数千烟农暴动,攻占县城
1911年1月	贵州省安顺	烟农反抗禁种,殴伤知县
1911年1月	贵州省镇宁县	烟农聚众反抗禁烟

第七章　清末禁烟运动

(续表)

时间	地区	事件简述
1911年1月	贵州省水城厅	烟农聚众反抗铲除烟苗
1911年2月	贵州省镇宁、郎岱、普定	烟农联寨抗拒,殴伤官役
1911年3月	湖北省襄阳	立会反抗禁种罂粟,与官兵为敌
1911年春	甘肃省张掖	聚众捣毁官员私宅、盐店、统捐局
1911年4月	浙江省瑞安县	烟农武力反抗禁种罂粟
1911年4月	甘肃省甘州	烟农反抗禁种罂粟
1911年5月	陕西省兴平县	烟农聚众反抗禁烟

上表是关于烟农抗铲事件的不完全统计。由上表可见,1910年下半年抗铲事件频发,主要原因是与英国试办三年之约将满,朝廷严旨催促。且从1910年5月开始,谢立山开始了为期一年的禁种调查,罂粟种植之西部六省甚为紧张,加紧了铲烟工作。

在上述诸抗铲事件中,有相当一部分是由具体经办官员加捐勒索激化矛盾而引起的。此外,西部六省虽然是鸦片主要产区,但六省的群体性抗铲事件总量仅比浙江省略多一点。刘增合认为造成这种情况的原因有二:一是西部地区传播媒介不发达,不少激变事件见诸报端的比例不高。二是西部地区禁政措施得当,民风民情温顺。而浙江的禁政手段和方式较为粗鲁,民情较为强悍。① 笔者认为,媒介欠发达的因素或许有之,民情温顺却非实情。西部地区经济文化一向落后,远离中央政权,统治者对待该地区的民变事件向来是血腥镇压。一旦有武力抗铲事件发生,立即派兵弹压,火器扫射,对整个地区起到震慑作用。而江浙地区,经济文化相对发达,江浙人士与政权联系亦相对紧密。故江浙官员对待辖区的民变处理极为谨慎,怕酿成更大的事端。浙江地区的武力抗铲事件频发,恰恰是当地官府不敢放手镇压的结果。

笔者检索档案,制定了清末禁政时期官员查禁失职惩处简表(不仅仅是禁种方面)。从数量而言,显然是不完全统计。就处理方式而言,高级官员负有领导责任者一般是交部议处。而在抗铲暴动事件中负有直接责任的县级长官或指挥军队镇压的武官则面临着革职处分的风险。宣统二年(1910

---

① 刘增合:《鸦片税收与清末新政》,生活·读书·新知三联书店2005年版,第350页。

年),山西省文水、交城的烟农暴动是典型案例,由此可观察当时地方长官及清廷处理此类事件的一般思路。该事件发生后,巡抚丁宝铨仅仅将文水知县刘彤光一人参奏革职。作为地方最高长官自然希望将事态平息,有直接责任人对此事负责就行。但不久掌广东道监察御史胡思敬以"疆臣纵庇私人,滥杀多命"参劾丁宝铨,并要求朝廷重新查办此事。清廷派出直隶总督陈夔龙复查该案。经过陈夔龙调查,清廷认为刘彤光"于民人要求种烟,既不早为劝导,临时又甚张皇,致酿成重案"。故刘的处分从革职升级为革职永不叙用。而署交城县知县徐新朗亦以"查禁敷衍,坐任部民聚众滋事"遭革职。此外,参与镇压的陆军教练处帮办夏学津因"鲁莽图功,误伤多命"遭革职,陆军部队第一营管带李逢春因"纵令所部骚扰闾阎"遭革职。巡抚丁宝铨亦因为原先只参革刘彤光一人,而"于此外办理不善之文武概未议及,亦难辞疏忽之咎",遭到"交部察议"的处分。清廷并且在上谕中言明此次事件的原因:"始由于地方之查禁不力,而统兵官亦未能审慎办理。"但同时又强调"至于民间种烟,希图弛禁胆敢聚众抗官,此等习风断不可涨,自应严加惩治"。① 清廷自然希望民间能彻底禁种烟苗,但对因此而发生的民变又极为恐惧。而禁政期间,从南到北的抗铲暴动此起彼伏,这对负责禁政的地方官员是不小的考验。事实上,不少官员对于抗铲事件均怕酿成更大的事端而不敢弹压。几乎与山西文、交事件同时,江西省广信府玉山县亦发生聚众抗铲的情况。面对气势汹汹的乡民,县令飞禀广信府,请派巡防队弹压。知府不敢决定,电请巡抚。而巡抚冯汝骙电饬"妥为解散劝导,不得以兵力骚扰"。②

表 7-3 清末禁烟期间部分官员查禁失职惩处简表③

时间	姓名	官职	缘由	处理方式
1909年3月	赵邦泽	广西省融县知县	扶同出结者未戒烟瘾	交部议处
1909年4月	魏志良	广西省前署义宁县知县	禁烟欺饰	交部议处
1909年9月	沈秉堃	护理云贵总督	甄别漏禁烟新章	自请议处
1909年9月	沈秉堃	护理云贵总督	查明黔抚庞鸿书吸烟	自请议处

---

① 刘锦藻:《清朝续文献通考》卷五十五《征榷二十七》,商务印书馆1936年版,第8102页。
② 《补记温州禁烟扰民事·附志各省禁烟风潮》,《东方杂志》第7年第5期,1910年。
③ 资料来源:中国第一历史档案馆藏档案、《清朝续文献通考》。

(续表)

时间	姓名	官职	缘由	处理方式
1909年10月	赵铭忠	浙江省候补知县	藐视禁烟禁令	革职永不叙用
1910年4月	达普唐阿	佐领	徇私容忍	交部议处
1910年6月	王树森	江西省署宁都州补用知县	禁烟不力	革职
1910年7月	吴学庄	浙江省温州知府	听凭蒙报几酿事端	摘顶撤任
1910年10月	宝棻	山西省巡抚	失察禁烟	降一级处分
1910年11月	丁宝铨	山西省巡抚	文水、交城烟农暴动	交部察议
1910年11月	刘彤光	山西省文水县知县	文水、交城烟农暴动	革职永不叙用
1910年11月	徐新朗	山西省交城县知县	文水、交城烟农暴动	即行革职
1910年11月	夏学津	山西省陆军教练处帮办	文水、交城烟农暴动	撤差褫革
1910年11月	李逢春	山西省陆军第一营管带	文水、交城烟农暴动	撤差褫革
1910年11月	童淦	新疆省署奇台县知县	查禁敷衍致烟匪滋事	革职永不叙用
1911年1月	赵国璠	贵州省署镇宁州知州	禁烟不力纵役勒索	革职
1911年1月	文笃周	新疆省前署绥来县知县	疏防县民偷种烟苗	交部严加议处
1911年3月	任杰	甘肃省前署宁州知州	禁烟不力私收地税	革职不叙
1911年3月	万庆昌	甘肃省灵台县知县	禁烟不力私收地税	革职不叙

4. 禁种之效果及分省禁运的实施

由于有军队作为强制手段,所以,各省的禁种成效十分显著。连英国公使朱尔典也承认清廷各级政府办理禁烟十分认真,非如以往之拖沓懈怠。宣统二年(1910年),清廷考虑到与英国约定的三年试办禁烟期限将满,担心英国届时横生枝节,借端阻挠,通令各省进一步抓紧禁种和禁吸工作,不得松懈,以免功败垂成。度支部于当年秋天又派员至各省实地查勘,发现直隶、山东两省罂粟栽种业已禁绝,奉天、山西、湖北、广东四省仅有零星栽种,其他各省虽未完全禁绝,但大面积种烟的状况已经改变。四川省按计划可以于1913年完成禁种,但1910年总督赵尔巽厉行禁种,派出4个道台和48个委员赴各地督查,当年便使大部分地区停止了罂粟栽种。而英国方面派出的谢立山先后调查了晋、陕、甘、川、滇、黔六省的罂粟种植情况,其调查报告亦显示中国主要鸦片产区的禁种效果显著。《中英禁烟条约》的签订,是清末禁烟运动的主要成就之一,对各省的禁种工作亦有极大的推动作用。条约签订的当天,清廷即下诏督促各省于禁烟一事"益加认真整顿","无负友邦赞成之美意"。并要求禁种禁吸确有成效的省份可以先期实行禁运。①

宣统三年(1911年),奉天、吉林、黑龙江、山西、四川五省已奏称彻底完成禁种,并禁止邻省鸦片进入上述五省。根据《中英禁烟条约》的规定,清廷外务部致函英国公使依约禁止印度鸦片进入上述五省。虽然英国驻华公使朱尔典在"各省对于洋药大宗贸易之各项限制及征收各捐"方面提出异议,但经过调查和外交协商,英国最终同意清廷要求,奉天、吉林、黑龙江、山西、四川五省于1911年9月11日正式禁止洋药运入。② 与此同时,河南、福建等省份亦奏称彻底禁种,全国大多数地区亦只剩下零星种植,原先许多栽种罂粟的土地已开始改种粮食。但随着清朝的灭亡,其他省份的禁运工作只能留待民国政府去完成了。

二、禁贩售的措施及成效

1. 关闭烟馆

禁贩售的工作首先是查禁烟馆。根据光绪三十二年(1906年)十二月政务处奏准的《禁烟章程》第四条,要求各省于6个月内关闭开灯之烟馆(非烟膏店)。③ 此项工作各省均能认真办理。年底,天津就开始禁歇烟馆。江苏省限自1907年将烟馆一律禁绝,到7月份全省已关闭烟馆数千家,仅苏州3县就关闭1960家。福州、武昌、北京、广东、贵州等地也于1907年上半年关闭烟馆,其他地区随后也将烟馆一律查禁。在上海,公共租界内25%的烟馆通过抽签选定,于1908年7月1日关闭。法租界也采取同样办法,分批停歇烟馆。④

2. 官膏专卖之议

停歇烟馆之外,禁售工作主要是根据烟民人数及吸量,量为供应,分年递减,以达禁断目的。对此,清廷当初的设想是实行官膏专卖,以便禁税兼顾。

---

① 《宣统政纪》五二,《清实录》(第六○册),中华书局1987年版,第936—937页。
② The Opuim Trade 1910-1941, Voulme 1-1910-1941, Part Ⅳ, p.13-14, p.54-57.
③ [清]奕劻:《奏为遵旨拟定禁烟章程事》(光绪三十二年十月初六日),中国第一历史档案馆藏军机处全宗(录副奏折),档号:03-7403-007。
④ 于恩德:《中国禁烟法令变迁史》,河南人民出版社2016年版,第146页。

1907年,朝廷下诏指出:"官膏专卖自是禁烟扼要办法,惟须调查详细方有把握。所有洋药进口,土药出产,及行销数目,均应考求详确。著度支部遴派明干得力司员,逐项分别确切调查。"①度支部经过调查,认为"就目前情形,官膏专卖实有未易轻为举办者",一是各国对中国禁烟均表示同情和支持。中国于此时实行官膏专卖,有借此取利之嫌。二是官膏专卖必先筹巨资包买土烟和洋烟,需耗资巨大,而且,现在烟民人数锐减,包买的鸦片超过烟民需要量,势必难以处置。三是实行官膏专卖,缺乏足够的查稽力量以防遏偷漏,而各省警察制度尚在创办之中,难以发挥作用。如委之吏役,则又大滋纷扰。因此"为今之计,惟有隐师专卖之意。按照政务处奏定章程,凡贩烟之店,吸烟之人,分给凭照牌照,其不领照而私贩私吸者从重惩罚,并将凭照牌照各费按照奏定之数酌量加重"。②

关于鸦片专卖问题,当时朝野几乎形成了不专卖不禁烟之普遍舆论,无论是朝廷言官、地方督抚,以及土药统税大臣柯逢时等均赞成专卖制度,但以尚书载泽为代表之度支部极力反对,究其原因自然是专卖利益易为地方所掌控。虽然度支部是少数派,但直至清廷灭亡,专卖制度亦未得施行。③

3. 各地的具体做法

根据政务处的办法,领有牌照的种烟户必须在土市公行将烟土售与领有执照的土店或膏店,不经公行成交,概以私论。土店膏店也必须在公行购买烟土,不得私自向种户或囤烟户收购,也不得向无照烟民出售土膏,每月的销额必须据实向该管官衙呈报,以备稽核。同样,烟民也必须凭照购吸。④ 但在具体做法上,各省情形又有所不同。

四川省是产土大省,民众吸烟者亦极多,故推行的是官膏制度。锡良主政时期,分别在成都、重庆两地设立官膏局,下设官膏总店、批发店、分销店三级。总店与批发店由官府垄断经营,分销店则系官督商办或官商合办,投标经营。与此相配合的就是瘾民的登记注册和管理工作。为适应此类事务,警

---

① 《著度支部派员调查洋药进口土药出产及行销数目事谕旨》(光绪三十三年九月),中国第一历史档案馆藏军机处全宗,档号:03-6518-083。
② 刘锦藻:《清朝续文献通考》卷五十四《征榷二十六》,商务印书馆1936年版,第8091页。
③ 刘增合:《鸦片税收与清末新政》,生活·读书·新知三联书店2005年版,第117—136页。
④ [清]奕劻:《奏为遵旨拟定禁烟章程事》(光绪三十二年十月初六日),中国第一历史档案馆藏军机处全宗(录副奏折),档号:03-7403-007。

察机构应时而生。各地瘾民到所在警察局注册,领取烟牌,凭牌购烟。由于民间仍有私膏售卖情形,赵尔巽当政时期,在成都设立全省的烟土买卖总公行,各属设分公行,尽收当地烟土,集中管制,有效地控制了烟土的购销。1910年四川省巡警道告示,所有购烟牌照以一年为限,满限一年,便要将牌缴销,官膏店也要停歇。1911年,四川禁烟公所宣布:从七月一日(8月24日),取缔官膏,完全禁吸。①

云南省并未推行官膏,而是对原有烟店进行清查管理。要求各地积极清查经营收购、批发鸦片的烟店,造册登记,上报经营的烟土数量与来源,领取特业执照,并限期一年停止经营。对瘾民同样进行数量清查,造册登记。瘾民自行采取措施,或者赴禁烟局领用官府配制的禁烟药丸,或者凭官府颁发的执照高价向登记注册过的烟店高价购买烟膏。由于云督锡良是坚定的缩期禁烟倡导者,故一年后,即光绪三十四年(1908年),就停止征收鸦片的土药税厘,所有存货都贩运出境,烟膏商人和土行批发商一律改营他业。此后,私运鸦片者即为烟匪,以武力对付,不予宽容。②

其他省份如山东、江苏,由地方绅商集资承办官膏店,由官设的烟土公行及该管官衙进行监督。贵州、山西等种烟较多的省份,人们自种自吸现象普遍,凭照购吸则无法兴办。广西省制定了分区分期禁售烟膏的做法。全省划分为六大地区,从宣统二年(1910年)四月至宣统三年(1911年)十二月,分六期禁售。③ 这套办法主要目的是遏制鸦片来源,通过对鸦片的产、销、购、吸等各个环节的控制,以期按年递减,渐次禁断。但是,该办法对各个环节的控制不是十分严密。因为按照该办法的最初思路,首先是要确切调查烟民人数,确定鸦片需求总量,以需定产,其次才谈得上控制供销环节。由于大多数省份尚未开办警察制度,烟民稽查工作无法进行,只能确立期限由烟民自动领照,这就无法做到以需定产,使烟民除领照购吸官膏外,无烟可购,无膏可吸。不过当时各省禁种罂粟的热情很高,大面积减种造成的鸦片供给短缺,在一定程度上,弥补了土膏售吸方法上的缺陷。如四川省1910年经过严厉

---

① 秦和平:《四川鸦片问题与禁烟运动》,四川民族出版社2001年版,第121—125页。
② 秦和平:《云南鸦片问题与禁烟运动(1840-1940)》,四川民族出版社1998年版,第173—175页。
③ 刘锦藻:《清朝续文献通考》卷五十五《征榷二十四》,商务印书馆1936年版,第8071页。

查禁，基本上实现了禁种。然后，立定期限，令土商将所存的对外销售烟土按期销往尚未禁烟的省份，本地销售烟土则由官方作价购买，交官膏店熬膏，凭照售与烟民。同时规定，邻省烟土概不准入川。如此一来，鸦片来源锐减，绝大多数烟民只能购吸官膏了。

其他内地种烟省份也认识到土膏凭照售吸办法的缺陷，认为鸦片减种一分，烟民即减少一分，应采用禁种办法来达到禁吸的效果。罂粟广泛禁种大大减少了鸦片的供给量，有利于禁吸工作的开展，同时也使承办官膏店的绅商利用其垄断性的地位发了一笔横财。四川省禁烟公所在一宗官膏店的控案上批示："官膏之设，原以范围瘾民，可以勒减勒戒，非为二三股商谋专利也。近据各属因官膏上控者不一而足……然其最足痛恨者，在不问买本之低昂，而卖价加一倍、加二三倍，甚而四五倍，尤不满其欲壑，又从而作伪掺灰，此已大背定章，罪有难容。乃尤有以为未足，纵听分销私设红灯以资招徕者，其势有不因此致富不已。不知受其荼毒者，尽属贫穷瘾民。在瘾民孽由自作，因此而冻馁及其妻子，无乃酷乎？想股商稍有天良，清夜扪心，亦当汗流浃背……寓禁于征，亦当确实估计提办戒烟会社，取之瘾民者用之瘾民，方不失为正办。乃无一计虑及此。只知抬高售价多分红息，世风之薄，良可浩叹。"① 这种利用官膏垄断地位高抬烟价，刻剥瘾民的现象，在各地都很普遍。

各地禁止、控制烟膏的措施亦会遭到土药公行和烟商之反对。如光绪三十二年（1906年）十一月，上海烟馆业竟然要求官府推迟禁烟及关闭烟馆的期限。② 光绪三十三年（1907年）三月，江苏各烟馆又聚众会议，要求将烟馆各器具由官府折价补偿，退还已经预收六年的烟膏捐，并赴巡抚及按察使衙门请愿。③ 而广帮及潮帮烟商更恃有洋商背景，对上海官方之禁烟举措多次呈递禀辞，坚请展期。④ 此外，山西、四川、浙江、湖南、湖北等省份均有土商偷漏税款、逃避检查，甚至罢市、抗捐等事件发生。⑤

---

① 《四川官报》宣统三年六月中旬，上册《参考类·民政门》，第2—3页。
② 《土药业禀请展限禁烟之原因》，《申报》1906年12月28日。
③ 《烟馆大集会议之纷扰》，《申报》1907年4月15日。
④ 《烟馆大集会议之余闻》，《申报》1907年4月16日。
⑤ 刘增合：《鸦片税收与清末新政》，生活·读书·新知三联书店2005年版，第341—349页。

三、禁吸食的措施及成效

1. 官员的禁吸

在禁吸事宜上,朝廷首重官员的禁吸。光绪三十三年(1907年),规定吸烟官员一律暂行开缺,迅速戒断方可照旧供职,并将吸食鸦片的庄亲王载功、睿亲王魁斌、左都御史陆宝忠等暂行开缺,以示警告。① 在此情形之下,还有官员主动奏请开缺戒烟,如光绪三十三年(1907年)九月,民政部右侍郎赵秉钧因戒烟就医主动奏请开缺。②

光绪三十四年(1908年),清廷又设禁烟大臣及戒烟所对京师堂官和地方监司以上大员轮番调验。③ 各省也设立查验所对官员进行调验,并根据朝廷禁令制定更为具体的规章。朝廷对官员禁吸是相当重视的。宣统二年(1910年)十二月,山西巡抚丁宝铨奏称:"调验官吏宽严两难,若概从严厉,解衣搜检,似不以廉耻待人,倘调验并无烟瘾,未免怨望不情。然防检偶宽,则又携带药物,抵瘾蒙混。"④于是,朝廷在《续拟禁烟查验章程》中规定,戒烟所附设浴室,备制新衣,凡受调验官员一概沐浴更换新衣,所带衣物由查验人员检查,查出抵瘾药物即以未戒断论处。不服从规定,故意刁难,按违旨例奏参。⑤ 经过严厉查禁,到宣统二年(1910年)十二月,据禁烟大臣溥伟奏称,京师经查验陈明戒断鸦片烟瘾的官员有3229名。各省戒断鸦片烟瘾的官员有5399名,有136名官员因戒吸鸦片而病故,另有271名官员因未戒断烟瘾而被参革或休致,19名官员主动奏请开缺。⑥

笔者检索档案目录,制作了清末禁政时期因未断瘾而遭受处罚的官员数

---

① [清]魁斌、载功:《奏为陈明遵旨戒烟尽净事》(光绪三十三年十一月二十六日),中国第一历史档案馆藏军机处全宗(录副奏折),档号:03-5493-058、03-5493-059。
② [清]赵秉钧:《奏为戒烟就医调治请开缺事》(光绪三十三年九月初九日),中国第一历史档案馆藏军机处全宗(录副奏折),档号:03-5489-088。
③ 朱寿朋编:《光绪朝东华录》(第五册),中华书局1958年版,总第5879页。
④ [清]丁宝铨:《奏为沥陈晋省禁烟办理为难情形事》(宣统二年十二月二十二日),中国第一历史档案馆藏军机处全宗(录副奏折),档号:03-7590-031。
⑤ [清]唐景崇:《奏为续拟严定禁烟查验章程事》(宣统三年三月二十二日)、《呈续拟严定禁烟查验章程十条清单》(宣统三年三月二十二日),中国第一历史档案馆藏军机处全宗(录副奏折),档号:03-7590-040、03-7590-041。
⑥ 溥伟:《奏为陈明办理京师各衙门禁烟情形事》(宣统二年十二月初一日),中国第一历史档案馆藏军机处全宗(录副奏折),档号:03-7590-049。

量简表,共 104 名,与溥伟奏称的被革职或休致的 271 名有不小差距。故此表当为不完全统计。从该表可以看出,清廷处理官员吸食鸦片烟的问题是动真格的。遭到开缺、革职、休致的官员有亲王、将军、副都统、佐领等八旗贵胄,有侍郎、巡抚、内阁学士、总兵、道员、知府、主事、县令等中高级文武官员,更多的则是县丞、典史、教谕等小官。就处理方式而言,首次调验有烟癖之官员一般是开缺戒烟,若能如期戒烟则仍照旧供职。如前述之睿亲王魁斌、庄亲王载功、左都御史陆宝忠等,此外尚有内阁学士瑞丰、理藩部侍郎恩顺、正蓝旗汉军副都统额勒春、镶黄旗满洲副都统英信、正红旗满洲副都统全福、镶蓝旗汉军副都统良泰、典礼院学士杨佩璋①、江西南昌府知府徐嘉禾②、湖北郧阳镇总兵邓正峰③等。有的处于候补、升补通道的吸烟官员在烟瘾戒除后仍可进入任用程序,如嗜烟官员潘震原为新疆迪化知府,后开缺以道员留新疆补用,并获得署理伊塔兵备道之机会,但适逢官员调验,其任用暂时搁置,后烟瘾戒除后仍获简放道员之机会。④ 又如福州记名佐领托颖泰入禁烟局调验后因有烟癖被暂缓升补,后烟瘾戒除则撤销暂缓升补。⑤ 对于高级官员,调验所是十分谨慎的,若身体不适,常奏请出所调养。如前述良泰、全福

---

① [清]唐景崧:《奏为验讫内阁学士瑞丰等烟癖已除请饬照旧供职事》(宣统三年四月十二日),溥伟:《奏为验讫理藩部侍郎恩顺等烟癖已除请饬照旧供职事》(宣统三年四月十八日),[清]讷勒赫:《奏为验讫正蓝旗汉军副都统额勒春等烟癖已除请饬照旧供职事》(宣统三年四月二十四日)、《奏为验讫镶黄旗满洲副都统英信等烟癖已除请饬照旧供职事》(宣统三年五月初三日)、《奏为验讫正红旗满洲副都统全福烟癖已除请饬照旧供职事》(宣统三年五月二十六日)、《奏为验讫镶蓝旗汉军副都统良泰等烟癖已除请饬照旧供职事》(宣统三年六月初六日)、《奏为验讫典礼院学士杨佩璋等烟癖已除请饬照旧供职事》(宣统三年七月二十六日),中国第一历史档案馆藏军机处全宗(录副奏折),档号:03-7590-046、03-7590-049、03-7590-051、03-7590-055、03-7590-059、03-7590-066、03-7590-088。

② [清]沈瑜庆:《奏为南昌府知府徐嘉禾等离任戒烟戒断回任等事》(光绪三十四年四月十一日),中国第一历史档案馆藏军机处全宗(录副奏折),档号:03-5503-040。

③ 陈夔龙:《奏为湖北郧阳镇总兵邓正峰烟疾已戒断应饬回本任事》(宣统元年三月二十一日),中国第一历史档案馆藏宫中档全宗,档号:04-01-01-1104-037。

④ 袁大化:《奏为署理伊塔道潘震烟瘾已戒请旨简放事》(宣统三年七月初二日),中国第一历史档案馆藏军机处全宗(录副奏折),档号:03-7459-018。

⑤ [清]朴寿:《奏为记名佐领托颖泰入局后烟瘾戒断请销去暂缓升补事》(宣统元年四月初八日),中国第一历史档案馆藏宫中档全宗,档号:04-01-01-1104-030。

等人就因腹泻、感冒等症状出所调养就医。① 而对于传验不到、拒不戒烟、戒断复吸者一般的处理是革职,情节严重的还要加上永不叙用。毫无疑问,官员率先禁吸,对全国的禁吸无疑是个有力的推动。

表 7-4　清末禁烟时期官员吸烟惩处简表②

时间	姓名	官职	缘由	处理方式
1906 年 8 月	诺木欢	成都新威营正哨官防御	鸦片嗜好太深	即行革职
1907 年 4 月	聆智	镶黄旗满洲防御	因病吸食洋烟	原品休致
1907 年 9 月	魁斌	睿亲王	吸食鸦片烟	暂行开缺
1907 年 9 月	载功	庄亲王	吸食鸦片烟	暂行开缺
1907 年 10 月	赵秉钧	民政部右侍郎	戒烟就医调治	主动奏请开缺
1908 年	伊尔色	索伦营镶白旗佐领	因病吸烟	原品休致
1908 年	黄以健	湖南省宝庆府通判	烟瘾未净不知振作	勒令休致
1908 年 1 月	彭延龄	留闽尽先补用守备	吸食鸦片违禁不戒	即行革职
1908 年 3 月	徐嘉禾	江西省南昌府知府	吸食鸦片烟	离任戒烟
1908 年 8 月	文海	内阁学士	夙患烟瘾,任意蒙混	即行革职
1908 年 8 月	载昌	内阁学士	夙患烟瘾,任意蒙混	即行革职
宣统朝	兴奎	三陵掌印协领	私藏烟具违禁吸烟	革职永不叙用
宣统朝	孟庄	承德审判厅练习员	藐玩禁令违禁吸烟	革职永不叙用
宣统朝	嵩庆	裁缺工部郎中	藐玩禁令违禁吸烟	革职永不叙用
1909 年	周德懋	云南省试用巡检	吸烟	革职
1909 年 1 月	宋维英	江西省抚州府通判	戒烟不力	革职
1909 年 1 月	蔡思荣	山东省武定府同知	戒烟不力	革职
1909 年 1 月	锡恩	江西省督粮道	禁烟表结未符调验	再行核办
1909 年 1 月	范德孚	江西省候补道员	禁烟表结未符调验	再行核办
1909 年 2 月	李士澄	新疆省候补通判	戒烟不力	革职永不叙用
1909 年 2 月	李昌洸	江苏省候补通判	烟未戒净	革职

---

① ［清］讷勒赫:《奏为调验镶蓝旗汉军副都统良泰烟癖除否腹泻陡发暂令出所养息事》《奏为调验正红旗满洲副都统全福烟癖除否因患感冒暂令回所就医如何给假请旨遵行事》（宣统三年九月初五日）,中国第一历史档案馆藏军机处全宗（录副奏折）,档号:03-7590-097、03-7590-098。
② 资料来源:中国第一历史档案馆藏档案。

第七章 清末禁烟运动

(续表)

时间	姓名	官职	缘由	处理方式
1909年2月	邓正峰	湖北省郧阳镇总兵	吸食鸦片烟	开缺
1909年3月	邓士垾	广西省署天河县典史	烟瘾未戒	革职
1909年3月	张忠	广西省镇远县知县	烟瘾未断	革职
1909年3月	永保	奉天补用佐领	违禁吸烟砌词捏控	革职
1909年3月	王耀宸	建宁镇学习云骑尉世职	吸食鸦片违禁不戒	革职
1909年4月	祥德	镶白旗佐领	戒烟未净	不详
1909年5月	托颖泰	福州记名佐领	吸食鸦片烟	暂缓升补
1909年6月	华晋恩	福建省浦下关盐大使	未戒断烟癖	革职
1909年6月	李培源	广东省试用知县	嗜好吸烟戒限屡逾	革职
1909年7月	德裕	宁古塔公仓笔帖士	借辞搪塞规避戒烟	底缺一并斥革
1909年8月	如环	镶蓝旗云骑尉	戒烟玩法	革职
1909年8月	方得高	浙江金华协左营守备	拒断烟瘾	革职
1909年9月	庞鸿书	贵州省巡抚	吸食鸦片烟	不详
1909年9月	柯廷桢	世袭云骑尉	戒烟未尽	革职
1909年9月	管彬	江苏省试用知县	烟瘾未戒	革职永不叙用
1909年9月	叶道传	民政司副科员	凤患烟癖抗验潜逃	革职永不叙用
1909年9月	虎云湘	骑都尉兼一云骑尉世职	烟疾未戒断	不准袭爵不得投效
1909年10月	庚音	正黄旗满洲骁骑校	传验不到	革职
1909年10月	百昌	锦州骁骑校	戒烟不力	革职永不叙用
1909年10月	增庆	镶蓝旗骁骑校	吸烟延不赴所查验	革职永不叙用
1909年10月	魁俊	骁骑校	吸烟延不赴所查验	革职永不叙用
1909年10月	王臣	候补骁骑校	吸烟延不赴所查验	革职永不叙用
1909年10月	延龄	福陵笔帖士	吸烟延不赴所查验	革职永不叙用
1909年10月	常祺	福陵章京品级	吸烟延不赴所查验	革职永不叙用
1909年10月	福山	福陵章京品级	吸烟延不赴所查验	革职永不叙用
1909年10月	魁升	义州云骑尉	吸烟延不赴所查验	革职永不叙用
1909年10月	福升阿	福陵防御	吸烟延不赴所查验	革职永不叙用
1909年10月	麟祥	永陵防御	吸烟延不赴所查验	革职永不叙用

(续表)

时间	姓名	官职	缘由	处理方式
1909年10月	刘景春	防御	吸烟延不赴所查验	革职永不叙用
1909年10月	恩升	巨流河佐领	吸烟延不赴所查验	革职永不叙用
1909年10月	维彰	福陵尚茶人	吸烟延不赴所查验	革职永不叙用
1909年10月	绮文	福陵尚香人	吸烟延不赴所查验	革职永不叙用
1909年10月	游德仁	福建省罗源县教谕	素有烟癖	革职永不叙用
1909年10月	李泽霖	云南省陆军统带官	不守军纪潜食鸦片	革职永不叙用
1909年11月	保昌	防御骁骑校	烟习太深戒断复吸	革职
1909年12月	狄绪	云南省试用巡检	吸烟未戒	革职
1909年12月	瑞麟	协领	烟瘾未戒旧瘾复发	革职永不叙用
1909年12月	功额布	骁骑校	烟瘾未戒旧瘾复发	革职永不叙用
1910年1月	张镇龄	奉天府候补知县	烟毒未清	革职永不叙用
1910年1月	范迪煌	采木公司委员补用知县	烟毒未清	革职永不叙用
1910年1月	陆邃年	福建省泰宁县典史	夙患烟癖玩视禁令	革职
1910年1月	杨汝杰	江西南昌县教谕	面有烟气玩视禁令	革职
1910年1月	祝尔钊	江西省南昌县训导	面有烟气玩视禁令	革职
1910年1月	冯振恩	福建顺昌营学习云骑尉	烟瘾拒戒	革职
1910年4月	魁喜	骑都尉	拒戒烟瘾	革职
1910年4月	石振声	浙江省宁海营候补守备	有烟瘾不遵调验	革职
1910年5月	瑞兴	杭州将军	嗜烟被参	不详
1910年5月	胡义怀	浙江学习云骑尉世职	烟瘾未除玩视禁令	即行革职
1910年5月	朱泰初	浙江学习云骑尉世职	烟瘾未除玩视禁令	即行革职
1910年6月	富祥	佐领	吸烟未戒玩视禁令	革职
1910年6月	长松	佐领	戒烟不力	革职
1910年8月	周志发	湖北省巴河营游击	嗜好洋烟	革职永不叙用
1910年10月	郝烱	奉天省分省试用知县	烟未戒清	革职永不叙用
1910年10月	王励励	直隶省试用典史	调验潜带戒烟药物	革职永不叙用
1910年10月	夏大明	江苏省中军守备	烟瘾未戒	革职永不叙用
1910年10月	唐德勋	江苏省候补通判	烟瘾未除	革职永不叙用

(续表)

时间	姓名	官职	缘由	处理方式
1910年10月	王国均	直隶省候补县城丞	烟瘾未戒	革职永不叙用
1910年11月	万绳武	吉林省五常府知府	烟癖未除藐玩功令	革职永不叙用
1910年11月	德音泰	土默特旗佐领	违章吸烟拒戒	革职
1910年12月	刘荣拔	在籍江苏试用道	违禁吸烟阻挠禁烟	革职永不叙用
1910年12月	文均	宁古塔正红旗云骑尉	戒烟复吸	革职永不叙用
1911年1月	景福	正黄旗云骑尉	戒烟复吸	革职永不叙用
1911年1月	寿龄	正白旗骁骑校	私自吸烟	革职永不叙用
1911年1月	冯奎灿	直隶省试用县丞	违禁吸烟	革职永不叙用
1911年1月	王尚宾	湖北省候补通判	违禁吸烟因循不戒	革职永不叙用
1911年3月	瑞丰	内阁学士	吸食鸦片烟	暂行开缺
1911年3月	恩顺	理藩部侍郎	吸食鸦片烟	暂行开缺
1911年3月	额勒春	正蓝旗汉军副都统	吸食鸦片烟	暂行开缺
1911年4月	英信	镶黄旗满洲副都统	吸食鸦片烟	暂行开缺
1911年4月	全福	正红旗满洲副都统	吸收鸦片烟	暂行开缺
1911年4月	永安	双城堡正红旗佐领	违禁吸烟	革职永不叙用
1911年5月	良泰	镶黄旗汉军副都统	吸食鸦片烟	暂行开缺
1911年5月	甘守信	福州记名防御骁骑校	烟容未改	撤销记名员缺
1911年5月	郭集菜	浙江省候补道	违禁复吸烟瘾不断	革职不叙
1911年5月	翁之缮	直隶省候补道	违禁吸烟私带烟膏	革职不叙
1911年5月	灵照	裁缺内阁侍读学士	烟癖未断	不详
1911年6月	潘震	新疆省署伊塔道	吸食鸦片烟	开缺
1911年6月	戴光黼	甘肃省试用典史	烟瘾未断巧为欺饰	革职不叙
1911年7月	蔡庆恒	新海防分缺先用巡检	烟瘾未除	革职不叙
1911年8月	吉福	笔帖士	贪念烟瘾	革职不叙
1911年8月	陈芝	陕西省候补县丞	挟带烟膏	革职不叙
1911年8月	孙筼经	前军机章京	夹带烟膏烟癖未除	革职不叙
1911年10月	杨典诰	度支部候补主事	烟癖未除	革职不叙

2. 施戒人数统计

禁种及禁贩售的成功为民间禁吸的实现奠定了基础,政府一旦控制了鸦片的来源及运输渠道,禁烟工作就剩组织烟民戒断烟瘾的问题了。

关于施戒烟民的数量问题,并没有完全的统计,且各项数据存在差异,甚至较大的差异。据《国风报》载,1910年直隶各地戒烟所有200余个,戒断烟民3万余人。山东省戒烟会有349个,戒烟者8.5万余人。福建省戒烟者5.5万人。河北省戒烟者11.6万余人。云南省贫民赴戒烟局戒断烟瘾者6.3万余人,各地收缴烟枪4.6万余杆,其自戒者尚不在内。浙江省戒烟者有18万余人。陕西省戒烟者有15.7万余人。① 笔者估计所谓直隶戒烟3万余人,应该是设于天津及保定的禁烟公所施戒人数,否则难以理解河北省戒烟11.6万余人。而李文治所编《中国近代农业史资料》(第一辑)中的施戒数据与《国风报》基本吻合。② 此外,据陕西巡抚恩寿奏报,仅陕西省戒断烟瘾者就达56万余人,与前述两项资料的数据出入极大。③ 根据宣统二年(1910年)底,禁烟大臣溥伟的奏报,"各省公私立戒烟社会局所计已戒断者共434500余人"。④ 另外谢立山在西部六省的调查报告中提及,山西省巡抚丁宝铨透露,山西有10个官方戒烟机构,400个民间戒烟机构,共10万烟民得到施戒,50%—60%得以戒断烟瘾。这一数字与其他省份相比差别不大。而陕西巡抚恩寿告诉谢立山,陕西有戒烟所404个,已经治疗了568055吸食者,但还有370036人在等待医治。同时,据估计,该省还有938091吸食者。该数据与恩寿奏报清廷的数据吻合,只是更为精确,恩寿应该也是将各地奏报的数字加以汇总得出。如果说陕西官方的数字过于庞大,则邻省甘肃的戒烟数据却不是巡抚长庚提供的,而是一位传教士写信告诉谢立山,甘肃有139个戒烟所,施戒23.46万吸食者。⑤ 这个数字同样是比较庞大的。

---

① 《各省禁烟成绩调查表》,《国风报》第1年(1910年)第18期。
② 李文治编:《中国近代农业史资料》(第一辑),生活·读书·新知三联书店1957年版,第905—907页。
③ 刘锦藻:《清朝续文献通考》卷五十五《征榷二十七》,商务印书馆1936年版,第8102页。
④ 溥伟:《奏为陈明办理京师各衙门禁烟情形事》(宣统二年十二月初一日),中国第一历史档案馆藏军机处全宗(录副奏折),档号:03-7590-049。
⑤ Alexander Hosie: "On the Trail of the Opium Poppy",转引自 Kathleen Lorraine Lodwick: *Chinese, Missionary, and International Efforts to End the Use of Opium in China, 1890-1916.*

虽然很难判断上述数据的准确性,但这些数据反映出禁吸工作的成绩还是比较显著的。其实,随着禁种工作的进展,鸦片供给量大为减少,印度鸦片的进口量也逐年下降,到1911年已降至28000担以下,由于烟土稀缺,以至烟价上涨四五倍,许多烟民即使不想戒烟也已经无力购吸了。

四、万国禁烟会

20世纪初,鸦片泛滥逐渐成为一个需要全人类共同面对的问题。美国首先意识到禁烟应该加强国际合作,因为与鸦片有利害关系的国家"多有不愿即行停止者,咸以一国独停无关全局为借口,因是互相观望,必视他国之趋向而定方针"①。于是美国向相关国家发出邀请,提议开万国禁烟会。当时中国是全球生产鸦片最多的国家,且禁烟运动正在全国范围内深入进行,声势浩大,成效显著,受到国际社会的广泛关注。因此,会议决定在中国上海举行。1909年2月1日,由中国、美国、英国、法国、德国、日本、荷兰、葡萄牙、巴西、俄国、意大利、奥国、暹罗等13个国家在上海汇中饭店(今和平饭店南楼)举行了世界近代史上的第一次禁毒大会——上海万国禁烟会。② 这也是世界近代史上有关禁止毒品的第一次多边会议。

虽然鸦片的危害引起了西方社会的广泛关注,但中国依然是最大的受害者。正如万国改良会的美国牧师丁义华所说:"鸦片流毒于全球,其根蒂之固牢不可拔,今若欲一扫而空之,则有两大纲领焉。一为万国一面之问题,一为中国一面绝大之问题,因鸦片于中国种毒最深故也。"③中国的禁烟运动,迫切需要良好的国际环境,万国禁烟会的召开是关乎中国禁烟及国际地位的大事件。因此清廷对此次会议抱有较大的希望。清廷派出的代表大臣是两江总督、南洋大臣端方。其他列入代表名单的有江苏布政使瑞澂,直隶候补道刘玉麟、徐华清,江海关道蔡乃煌,候补主事吴葆诚,试用州同唐国安等。④刘玉麟、唐国安曾为留美幼童,徐华清亦曾赴欧美求学,蔡乃煌更是当时公认办理交涉之能人。应该说,这个代表团在外交上是极为专业的。从提交报

---

① 《美代表禁烟之卓论》,《申报》1909年1月29日。
② 《万国禁烟会纪事》,《东方杂志》第6年第3期,1909年。
③ 《英美对于禁烟会之意见》,《申报》1909年1月13日。
④ 《外部奏请派员与议禁烟》,《申报》1909年1月10日。

告、会议演讲、答复问题等诸多事项看,唐国安似乎是从事具体事务的主要代表。中国方面为此次会议亦做了充分的准备。早在1908年12月,端方就预行致电各省督抚,询问禁政实行两年来种烟、吸烟、卖烟的情况。端方预料这三个问题最为关键,会上各国一定会详细询问,故其要求各省"电示实数详情"①。刘玉麟、唐国安、吴葆诚等于1909年1月初,即每日赴汇中饭店会所办公②,提前准备相关事宜。会议前,各国代表纷纷抵华,由于美国是会议的召集者,中国民众对美国代表表示了极大的热情。1909年1月15日,广东戒烟会开会欢迎乘轮抵华的美国代表丁家立,并表明中国民间要求将鸦片条约一律作废,另订禁烟专条的要求③。

2月1日,会议在汇中饭店正式召开,端方代表中国致开会颂词④。端方认为目前中国各省的土药已经有效地减种,就目前情形观察,不必等待10年,就有将鸦片禁绝的希望。端方明确表示要废除英方输入鸦片的不平等条约,而且中国政府人民决计实行,毫无退避之同意。⑤ 端方的演说给与会代表留下深刻的印象。此后大会从2月1日至26日,共召开了14次会议,交换了有关各国鸦片危害的情况,讨论了禁止种植、吸食、贩运鸦片的措施。在2月8日的第四次会议上,唐国安向大会呈递了中国鸦片问题备忘录,就中国政府在禁种、禁售鸦片和吗啡以及戒烟药丸的管制方面进行了详细阐述。⑥ 报告中的诸多数据问题遭到英方代表的质疑,这引起了中英两方激烈的辩论。

2月24日的第12次会议上,唐国安的演说为中国目前的处境争得普遍的同情。该演说是为支持第二天将要由中国代表团向大会提出的四项提案而发表的。在演说中,唐国安对外国代表们说:"对于你们大多数人来说,吸鸦片烟的问题是你们国家所面对的诸多问题之一,但也许不是最重要问题之一。而对我们来说,这是我们国家所必须面对的最紧迫的道德问题和经济问题。""中国民众的领袖人物把鸦片看成是对中国的生存最危险的敌人","我

---

① 《江督对于万国禁烟会之预备》,《申报》1908年12月19日。
② 《万国禁烟会会所》,《申报》1908年12月29日。
③ 《欢迎美国禁烟代表》,《申报》1909年1月13日。
④ 《详纪万国禁烟大会行开幕礼》,《申报》1909年2月2日。
⑤ 《万国禁烟会纪事》,《东方杂志》第6年第3期,1909年。
⑥ 《万国禁烟大会纪事(六)》,《申报》1909年2月9日。

们祈求摆脱这种祸害,因为我们不但把这种祸害视为阻碍我们进入现代化进步国家行列的障碍,而且把去除这种祸害视为我们是否够格进入这个行列的标准"。唐国安一方面表明了中国禁烟的决心,他说禁烟归根到底是一个必须依靠我们自己,而且只有依靠我们自己才能解决的问题。尽管这将要付出代价,但中国下定决心要摆脱这种毒害。另一方面,唐国安旁敲侧击表露出对英国的不满,唐国安说在鸦片问题上,英国是仅次于中国,最有利害关系的国家。唐国安指出"世上存在着这样的利益集团,当遇到像取缔鸦片之类的改革时他们一定会有所损失。世上还有这样一些人,他们对于比损失眼前利益更大的任何事情都是视而不见的"。唐国安提醒与会各国,在过去五十年危急年头里,各个文明国家曾用各种手段迫使中国放弃其闭关自守的老政策,因而现在中国下定决心要铲除鸦片祸害时,世界文明各国会与我们进行合作。唐国安表明了中国要进入现代文明国家的愿望,并认为中国正满怀信心地进行一场二十世纪最伟大的改良运动。世界各国不管它们采用什么法则来处理相互之间的关系,我们总不可忘记,有一项法则高于人类所有的法则……甚至凌驾于自然法则之上,那就是永恒的上天的法则,这项法则按孔子的说法是:"己所不欲,勿施于人。"按耶稣基督的说法是:"你应该爱你的邻人像爱你自己一样。"[①]

中国备忘录中的诸多数据是1908年底收集的,应该说在很多方面还不完整,英方的质疑亦并非全无道理。但唐国安的演说抛开具体问题,从人类文明及基督教精神的高度出发,被与会代表认为是"一份杰出的、逻辑性很强的报告",亦为中国的禁烟努力赢得极高之赞誉。

2月25日,第13次会议,唐国安呈上中国提案四件。具体内容为:一、中国政府和中国人民已下定决心彻底铲除毒患,并且已收有显著成效。为帮助中国尽早铲除毒患,中国代表建议各与会国加强与中国在禁烟方面的合作,按照中国渐减土药的数量,以同样的速度减少运华洋药的数量;二、各在华有租界或属地之国,应在其租界或属地内采取相应措施,以禁闭烟馆;三、各在华有租界或属地之国,在其租界或属地内采取相应措施,禁售含有鸦片或吗

[①] 上海市禁毒工作领导小组办公室、上海市档案馆编:《清末民初的禁烟运动和万国禁烟会》,上海科学技术文献出版社1996年版,第102—112页。

啡的戒烟药丸,合法的医嘱除外;四、以注射为目的的吗啡使用,已对中国人民的身心健康造成了极大的危害,建议大会督促各与会国除医用目的之外,就禁止吗啡及其派生物的进口、贩卖方面制定相应的法律条文,并规定若有触犯,将严惩不贷。第二至四项,由英法两国专员献议,略加更改,即经会中认可。① 而第一项主要是针对英国而言,因双方当时已经有试办三年之协议,且英国代表表示愿意与中国政府磋商禁烟,中国即主动撤销了第一个提案。②

2月26日闭会,共通过九项决议案:

一、中国政府以禁除全国鸦片烟出产行销之事,视为重大,实力施行,且与舆情协助,得以日渐进步。故本会会员承认中国之坚诚,虽各处成效不一,然已获益不浅矣。

二、因思中国政府实行禁阻吸烟之例,他国亦同有此举动。故本会敦请各代表,陈请各该政府,于其本境或属地内,体察各国情形,逐渐推行吸烟之禁令。

三、本会查得鸦片烟之用,除作医药外,在会各国,均视为禁物,而颁行严密条例,使之逐渐消减。因此,本会承认各国情形虽有不同,唯因敦促各国政府,借鉴别国办理之经验者,订其取缔规则。

四、查各国政府均有严厉法律,其宗旨或直接间接以禁止鸦片烟,暨鸦片质提制之品,私运入国。因此,本会会员声明凡与会各国,均有责任订立相当之规则,以禁止鸦片烟暨鸦片质提制之品,运往已颁行上开禁例之他国。

五、查吗啡之制售流布,漫无限制,早酿成巨患。吗啡痼疾,已露蔓延之象。因此,本会甚愿力请各国政府,制定严厉规则,于其本境或属地内,以取缔此项药物之制售流布及由鸦片中提制杂合之品,研究其质,倘若妄用别与吗啡毒害相同者,一律限禁。

六、本会会员于组织上碍难按科学之理,研究鸦片烟及戒烟药品之性质功用,然深悉此项研究极为重要,故本会甚望各代表,将此项问题陈诸各该政府,酌定办法。

---

① 《万国禁烟大会纪事(十四)》,《申报》1909年2月25日。
② 苏智良、刘效红:《全球禁毒的开端——1909年上海万国禁烟会》,上海三联书店2009年版,第129—130页。

七、本会极力敦促凡在中国有居留地及租界之各国政府,倘于各该居留地及租界之内尚未实行关闭鸦片烟馆者,须仿照他国政府已施行之禁令,参酌情形,迅速举办。

八、本会会员敦促凡在中国有居留地或租界之各国代表,须陈请各该国政府,与中国议定条例,禁止制造贩卖内含鸦片烟质或鸦片提制品之戒烟丸药。

九、本会会员劝勉各国代表,陈请各该国政府,凡在中国有居留地或租界者,施行药商专律,于领事裁判权限之内,俾该国之民,有所遵守。①

会议最后形成的 9 条决议属于讨论性质,对与会各国政府并不具有法律上的约束力,但这次大会首次把鸦片贸易确定为不道德的行为,形成了一致的反对鸦片贸易的国际舆论。不仅对中国的禁烟运动表示道义上的支持,在客观上形成了有利于中国禁烟的国际环境,而且为后来召开的海牙国际禁毒大会制定正式的国际禁毒公约打下了良好的基础。万国禁烟会的召开,还使得中国的国际地位得以提高,国家形象亦有明显的好转。究其原因有三个方面:其一是中国三年来禁烟的成效使得西方世界看到中国的决心,因此,万国禁烟大会的决议称赞了中国在禁烟方面所作的努力,而且这种赞词很快为各国所认可。各国深信此次中国禁烟确能实事求是,而非从前画饼充饥。舆论亦认为万国禁烟会对于各国所以示中国实有禁烟之意思,与其已戒之效果,对于国内所以示腐肠伐性之药,今后必将扫除而扩清之,并非一纸空文,奉行故事之旧。② 其二,中国代表在会议上表现出色,而且显示出中国政府禁绝鸦片的充分信心。特别是端方及唐国安的演讲,给了西方世界十分深刻的印象。其三,在会议期间,中国民众对会议抱有极大的希望,十分关注会议的情况,从舆论到实际行动均给予了充分的支持。早在会议开始前,舆论就将万国禁烟会称为"宣统元年第一要政""实我国转弱为强之关键也"③"第一伟举"④"万国救生大会""万国实业大会""万国济贫大会""万国体育大会"等⑤。

---

① 《万国禁烟会纪事》,《东方杂志》第 6 年第 3 期,1909 年。
② 《万国禁烟大会之告终》,《申报》1909 年 2 月 28 日。
③ 《宣统元年第一要政》,《申报》1909 年 1 月 31 日。
④ 《论今日上海开万国禁烟大会》,《申报》1909 年 2 月 1 日。
⑤ 《万国禁烟大会》,《申报》1909 年 2 月 1 日。

万国禁烟会开幕当天,大批群众聚集在汇中饭店大门口,观看中国官员和与会代表们的进出,表明群众对此事有着广泛的兴趣。一些地方社团及民间禁烟组织亦通过不同的方式发挥了对会议的影响。如福建方面对该会极为重视,闽督派官员到沪与会,福建去毒社等各社会团体均派代表与会。这些民间团体的代表们谒见中方专员,往见美国代表尔拉脱,详细陈明福建省的禁烟成绩,并且代表福州各社会上万国禁烟会意见书①。这种民众积极的政治参与方式,亦使得西方世界看到蕴含在中国民间的力量,这亦成为中国国际地位提高的一个因素。

第五节　禁烟运动中的财政抵补

清末禁烟时期,鸦片已经在中国弛禁了近半个世纪,洋、土药税厘亦成为国家财政结构中的重要组成部分。可以说,清政府是鸦片贸易的既得利益者,但清廷并未因此而放弃禁烟。骤失如此巨大之财源,对处于风雨飘摇中的清廷影响巨大。故筹抵鸦片税款本身虽不是禁烟的举措,却是禁烟得以进行,甚至政权得以存续的重要条件。不幸的是,与卓有成效的禁烟运动相比,清廷的财政抵补极不成功。不但未能开辟新的财源,且激化了潜在的各类社会矛盾。因此,清末禁烟与政权灭亡之关系,尚值得我们进一步关注和研究。

一、禁烟与财政之两难

晚清以来,政府财政始终面临着较大的压力。甲午战争前夕,清廷每年的财政收入约为8900万两,除支出而外,毫无结余。甲午战争后,为赔偿日本2亿两战争赔款及3000万两"赎辽费",清政府只得于光绪二十一年(1895年)、二十二年(1896年)和二十四年(1898年)分别向俄法、英德进行三笔大借款,借款总额达白银3亿两,加上利息则达6亿多两,仅还债就成为清廷沉重的财政负担。光绪二十七年(1901年)签订《辛丑条约》,列强又勒索清政府赔款4.5亿两,仅此项赔款,每年即需白银2200万两。清廷多方筹措,每

---

① 《万国禁烟大会纪事(六)》,《申报》1909年2月9日。

年财政收入也仅在 1 亿两左右。随之开展的新政诸如练兵、兴学、警政及各项举措又使得财政日趋紧张。在此形势之下，鸦片税收的财政意义空前凸显。根据前述相关章节的统计及估算，20 世纪初期，特别是土药统税开办以来，洋土药税厘加上各地征收的各类杂捐、杂税等，鸦片对清廷一年的财政贡献当不低于 3000 万两。这笔款项对财政异常艰窘的晚清政府来说是极其重要的。尽管土药税厘大多是留在各省支用，并未进入中央府库，但毕竟在一定程度上纾解了各省财政的艰窘，间接减轻了中央政府的财政压力。然而一旦真正禁烟，这笔鸦片税款便将失去，对于清政府来说，失去这笔税款并不是个无足轻重的问题。

因此，禁政时期的清政府面临着两难选择。一方面，练兵、警政、兴办新学是通往现代国家的必由之路，而鸦片税厘成为这些新政举措的重要财政来源，但另一方面，鸦片又是中国迈向现代文明国家的障碍。故所谓禁政原本就是新政应有之意。正如督办土药统税大臣柯逢时所言："惟征税与禁烟绝无两全之策。"① 难能可贵的是清政府禁烟决心已定，公开表示将不惜代价禁断鸦片烟毒。为了减轻禁烟对经济和财政的影响，另辟财源以为抵补就成为清廷的唯一选择。

二、抵补措施

关于鸦片税厘的抵补措施，清廷先后议论过发行印花税、逐年筹银（与鸦片逐年递减相适）、盐斤加价、鸦片牌照捐、田房契税等。这些措施有的未能成行，有的仅在部分地区试行。总体而言，抵补措施的成效均不明显，反而激化了各类矛盾，甚至动摇了清廷的统治基础。

1. 印花税

印花税是对经济活动和经济交往中订立、领受具有法律效力的凭证的行为所征收的一种税。因采用在应税凭证上粘贴印花税票作为完税的标志而得名。晚清，清廷对该税种讨论持久，但一直未开征，鸦片税厘的抵补为发行印花税提供了契机。

光绪三十二年（1906 年）十一月，内阁学士吴郁生奏请朝廷，以印花税抵

---

① 于恩德：《中国禁烟法令变迁史》，河南人民出版社 2016 年版，第 139 页。

补鸦片税厘。① 这是最早提出此建议之人。但度支部认为,"禁烟之意期于逐渐递减,则印花之行亦宜期于徐议举办"。② 显然,此时正值禁烟之初,鸦片统税办理成效显著,度支部尚未有抵补的紧迫感,故不想节外生枝。

光绪三十三年(1907年)十一月,在土药税厘减少及清廷的催促之下,度支部制定了拟开征印花税的具体章程,包括税则 15 条及办事章程 12 条。③ 但度支部的章程遭到各方反对。首先是御史多从民生维艰、民情困苦的角度上奏反对印花税章程。如翰林院侍读学士恽毓鼎上奏指出,原章程中印花税"由官经售",必然造成"假手胥吏,无不公费浩繁,甚至差役勒买加费,希图中饱,弊将不可胜言"。④ 而云南道监察御史俾寿则以"百物腾贵、民情苦困"为由,奏请"妥拟章程,斟酌试办"。⑤ 此外,各省督抚亦对印花税持消极抵制态度,纷纷奏请修改税章,甚至缓办。甘肃、吉林、新疆、贵州等省的缓办请求被清廷批准。即便在度支部强制推行、督促之下,各省领回印花票后,亦基本采取观望之态度。湖北省是有实际举措的省份,但从宣统元年(1909年)底至二年(1910年)底,试办一年所缴印花税才制钱 21000 余串。湖南省的情形亦大致相似。限于资料,尚不知悉还有哪些省份象征性地试办了印花税,但成效肯定不会显著。可以说,作为鸦片税厘的抵补政策——印花税,最后是无果而终。⑥

2. 逐年筹银之议

根据《中英禁烟条约》规定,印度鸦片进口数量每年递减一成,中国土产鸦片也相应逐年减少,故理论上鸦片税收也是逐年递减的。针对这一情况,外务部于光绪三十四年(1908年)三月奏请饬令度支部于常年进款之外,另

---

① 吴郁生:《奏为遵旨通筹禁烟办法复奏事》(光绪三十二年十一月初六日),中国第一历史档案馆藏军机处全宗(录副奏折),档号:03-7403-010。
② 《度支部奏议覆内阁学士兼礼部侍郎衔吴通筹禁烟办法折》,《东方杂志》第 4 年第 3 期,1907 年。
③ 《清代两次试办印花税史料》,《历史档案》1997 年第 4 期。
④ [清]恽毓鼎:《奏为度支部遵议试办印花税办法宜再酌改章程事》(光绪三十四年二月二十四日),中国第一历史档案馆藏军机处全宗(录副奏折),档号:03-6519-016。
⑤ 俾寿:《奏请饬度支部会同民政部体察商情妥拟章程斟酌试办京师印花税事》(光绪三十四年),中国第一历史档案馆藏军机处全宗(录副奏折),03-6519-019。
⑥ 关于度支部与各省督抚在印花税方面的矛盾与博弈,参见刘增合:《鸦片税收与清末新政》,生活·读书·新知三联书店 2005 年版,第 194—210 页。

行筹银 80 万两,逐年递加,以抵补鸦片税款的逐年减少。那么外务部奏请年筹银 80 万两的根据是什么呢? 按外务部之逻辑,当时各海关每年征收洋药税为 600 余万两,由税务司代征之土药税 120 万两,即洋土药税从宽计算 800 万两。该 800 万两分作 10 年筹备以次递加,逐年设法增添之数则为 80 万两,故要求度支部当年筹银 80 万两,逐年递加以抵补鸦片税款的减少。至鸦片 10 年减除净尽,此项税款亦筹备完足。此后,清廷谕令度支部另行筹补。①

外务部此议完全是隔行论事,岂不知所谓 800 万两仅仅是海关所征收,且多数是洋药税厘。如前文,自办理统税后,各地统税局征收之土药统税款即达 1000 余万两。这些款项按原额拨还各省,成为地方办理练兵等新政举措的财政支柱。其实,当时鸦片税收锐减,主要是土产鸦片税收因各省严厉禁种而锐减,进口鸦片税收减少的幅度很有限,从光绪三十二年(1906 年)到宣统二年(1910 年)海关所征各年的洋药税厘分别是库平银 5830724 两、6156140 两、5704399 两、5154993 两、4388241 两,②下降幅度较为平缓。由于土药税收锐减,确给不少省份带来财政困难,如护理云贵总督沈秉堃奏:"滇省筹备禁烟,少此大宗烟土,以入计出,不敷甚巨。"热河都统廷杰奏:"热河财政奇绌,土税所入本为军饷要需,若不勉力预筹,转于禁烟全局受其牵制。"湖南巡抚岑春煊奏:"抵补一事,苦无良策。"贵州巡抚庞鸿书则称:"岁入厘税亏短实多,不但土药一项已成弩末,即百货亦大受影响。前者外省行商多挟布匹洋纱等货来易烟土,黔人之经商他省者又多载烟土以易他货。兹烟土既绝,必至外商裹足,内贾亦杜门不出。"江西巡抚冯汝骙也奏称:"江省向拨土药税银每年七十万两,一切要需大半仰给于此。"而禁烟之后"岁入所短甚多"。③ 此外,由朝廷统筹的如练兵经费、湖北兵工厂等,均由土药税溢收款额拨,也受到影响。显然,鸦片税厘的抵补绝不是区区 800 万两之事。因此,度支部遵旨复奏时完全回避了外务部之建议,而是提出了另一抵补措施——盐斤加价。

---

① 于恩德:《中国禁烟法令变迁史》,河南人民出版社 2016 年版,第 140 页。
② 汤象龙编著:《中国近代海关税收和分配统计》,中华书局 1992 年版,第 116 页、120 页。
③ 以上各奏均见刘锦藻:《清朝续文献通考》卷五十二《征榷二十四》,商务印书馆 1936 年版,第 8067 页。

3. 盐斤加价

光绪三十四年(1908年)五月,度支部奏请以盐斤加价抵补鸦片税厘之损失,即每斤加价四文。度支部对此抵补措施持乐观态度,估算每年可得四五百万两,且轻而易举。所得之款虽不能全数抵补,但可济燃眉之急。① 度支部奉旨允行后立刻通电各省:"无论何省,每斤暂加四文,以一半解部,抵补练兵经费,以一半划归产盐、销盐省份,匀拨济用,统限本年七月初一日,一律照数加收。"②盐税属国之大政,度支部不等正式部文就通电各省,可见心情之急迫。

但度支部未预料到,此举遭到地方强烈反对。需要指出的是,盐斤加价并非新鲜之举,清末,清廷屡次通过此方式应对财政危机。如清廷为筹措庚子赔款就曾先后两次增加盐价③,此后,各产盐及销盐省份为举办新政均纷纷出台了五花八门之加价方式。④ 因此,民间盐税负担已经极重。此议一出,便遭到舆论之普遍质疑。而更为重要的是,盐课之使用权一直归各省所有,此次度支部的方案却明确盐斤加价的分配方案,即一半归中央、一半归地方,似乎隐含财政集权之意。故各地纷纷奏请延加甚至免加盐价。与督抚行动相配合的是,各省士绅、商民代表亦电请都察院代奏缓加盐价。⑤ 而各处盐商听闻加价之议后,有的囤积居奇,导致市场供给不足,有的则缺斤少两,使得盐务风潮频发。

在此情势之下,度支部亦感手足无措。为取得各省督抚的支持,度支部尚书载泽表示,此后无论何种情况都不再从盐斤加价方面打主意。⑥ 但事态明显有点失控,一方面各省督抚反对度支部的盐斤加价之策,另一方面不少省份却又纷纷私行加价以济燃眉之急。此后度支部的应对之举已远非简单的盐斤加价,而是开始对盐政全面整顿。由于事涉中央与地方财权之划分,自然又遭到督抚的联合抵制⑦,但这已非本书讨论之范畴。总之,在清末中

---

① 于恩德:《中国禁烟法令变迁史》,河南人民出版社2016年版,第140页。
② 《度支部通电各省增加盐价》,《申报》1908年6月30日。
③ 张芳谭:《庚子赔款与中国财政》,《财政学报》1943年第2卷第1期,第91页。
④ 李丽霞:《清末盐斤加价考议》,《历史教学(下半月刊)》2016年第5期。
⑤ 《盐斤有缓行加价之议》,《大同报》1908年9月12日。
⑥ 《盐斤加价之续闻》,《大公报》1908年9月5日。
⑦ 刘增合:《鸦片税收与清末新政》,生活·读书·新知三联书店2005年版,第227—239页。

央集权与地方分权之博弈背景下,盐斤加价的抵补措施遭到普遍抵制。即便在施行加价的省份,相对于鸦片税厘而言,亦只是杯水车薪。清廷亦不得不承认:"此项税厘关系军饷大宗……惟盐斤加价,合计不过四五百万,不敷尚多。"①为此"不敷尚多"之禁烟抵补,闹得上下纷争,风潮迭起,相较于全国高涨之禁烟热情,尤显历史之复杂面相。

4. 牌照捐

鸦片牌照捐是土膏各店代政府向购买土膏之消费者征收的税捐。这与凭照捐不同,凭照捐是政府向售卖烟膏之土膏店征收。本质上,牌照捐并不能算作鸦片税厘之抵补,充其量只是通过增加消费税的方式来弥补流通税的损失,仍然是征之于鸦片的税种,且随着禁烟的最终完成,自然亦无牌照捐可收。但以往研究者均将牌照捐视为一种抵补方式,故按照惯例此处仍对牌照捐作一简要说明。

光绪三十四年(1908年)九月,度支部奏请向全国推广江苏省的牌照捐。江苏省的做法是"自明年起,每膏一两,向购者捐钱六十文"。而度支部拟定:"无论膏土各店,凡来购者,均需验明牌照,每土一两,向购者捐钱四十文,每膏一两,向购者捐钱六十文,作为牌照捐。"②该政策得旨允行后,并未如印花税及盐斤加价遭到普遍之反对,但各地执行之效果大不相同。

江苏省是鸦片消费大省,牌照捐之政策亦源于苏省,故江苏施行颇有成效。而广东省在推行牌照捐的过程中却遭到英国领事之干涉,引起外交争执。③ 此外,安徽、湖北等中部省份,虽然推行牌照捐比较积极,但收入似乎并不丰厚,更不能抵补鸦片税厘之萎缩,而且因为执行过程中的多种原因还酿成土膏店的罢市抗议风潮。④ 而对于川、滇、黔、陕、甘、晋等产烟大省,度支部亦承认:"其间民人自种自吸,散漫难稽,即征收牌照捐亦无由查禁。应由各该督抚另行严定稽查章程,以收征禁并施之效。"⑤根据护理云贵总督沈

---

① 《宣统政纪》卷八,《清实录》(第六〇册),中华书局1987年版,第155页。
② 朱寿朋编:《光绪朝东华录》(第五册),中华书局1958年版,第6018页。
③ 王宏斌:《清末广东禁烟运动与中英外交风波》,载王宏斌主编:《毒品问题与近代中国》,当代中国出版社2002年版,第1—29页。
④ 《皖省膏土抽捐之风潮》《土膏商罢市风潮详纪》《土膏商罢市风潮续志》《委查仙桃镇土商罢市风潮》,《申报》1908年12月29日、1909年3月3日、1909年3月5日、1909年4月19日。
⑤ 朱寿朋编:《光绪朝东华录》(第五册),中华书局1958年版,第6019页。

秉堃的奏呈,云南与贵州实行缩期禁种,已经无法推行牌照捐了。① 限于资料,很难对其他省份的牌照捐问题进行深入考察,但从上述几个省份的情形看,清廷的牌照捐抵补政策成效并不显著。

5. 整顿田房契税

1909年,宣统继位,朝廷复申禁令,并要求度支部进一步筹划抵补之策,并令各省奏陈抵补良法以备采择,同时表示:"国家财用虽绌,岂恃此漏脯鸩酒以救饥渴,而不为吾民除此巨害耶。"②度支部奉旨筹划,准备出台田房契税的整顿政策。此前,不少省份已经开始对田房契税进行整顿,有的还颇有成效。如四川省,设立经征局专办此事,宣统元年(1909年)收入能达到200余万两。③ 度支部希望在抵补鸦片税厘的同时借此机会整顿各省不同之税率,加强财政集权。宣统元年(1909年)五月,度支部奏请整顿田房契税以抵补洋土药税厘,并奉旨允行。规定买契每买价1两,抽税9分,卖价1两,抽税6分。④

相比较此前各省已经开始征收的田房契税,度支部税率采取的是各省税率的上限。因此,多数省份抵制如此高之税率,纷纷以有害民生为由电请降低税率;但事情很快便发生逆转,随着新政的逐步展开,各省需款浩繁,竟然在部定税率基础上加征数成,江苏省甚至加征至六成。这与度支部清理财政,规范税率的意图大相径庭。度支部迭次向各省强调税章,但地方搭车收费现象并未杜绝。⑤ 就抵补效果而言,虽然很难确切估计各地收入情形,但从各省积极加征之现象判断,该项入款当不在少数。笔者认为,与上述其他抵补措施相比,整顿田房税契是较有成效的,但依然不能尽补鸦片税厘之失。更为重要的是,田房税契成为清末饱受诟病之"恶政",对清廷而言,即便得到有限之抵补,却付出了极高的政治代价。

---

① [清]沈秉堃:《奏为滇省已禁净烟土并未经开办牌照捐事》(宣统元年九月初二日),中国第一历史档案馆藏宫中档全宗,档号:04-01-01-1104-019;刘锦藻:《清朝续文献通考》卷五十二《征榷二十四》,商务印书馆1936年版,第8070页。
② 《宣统政纪》卷八,《清实录》(第六〇册),中华书局1987年版,第156页。
③ 赵尔巽:《奏报川省设局试办经征税契肉厘酒税厘捐事》(光绪三十四年八月十八日)、《奏报川省一年经征税契数目等事》(宣统二年四月初二日),中国第一历史档案馆藏宫中档全宗,档号:04-01-35-0586-032、04-01-35-0589-013。
④ 于恩德:《中国禁烟法令变迁史》,河南人民出版社2016年版,第140页。
⑤ 刘增合:《鸦片税收与清末新政》,生活·读书·新知三联书店2005年版,第256—257页。

清末禁政期,除了上述由度支部出台的抵补政策外,朝廷官员及各省督抚也纷纷奏陈筹抵之方,如都察院郎中朱有濂提出食盐专卖、纸烟专卖、重征奢侈品税、酌减员缺及官员俸给等抵补之策。云贵总督沈秉堃拟开锑矿抵补①,广西巡抚张鸣岐拟收宰牛税,四川总督赵尔巽拟抽收肉厘,每头猪加抽厘捐200文②,江西巡抚冯汝骙拟征收米粮出口税十分③等。总体而言,相比较庞大的鸦片税厘收入,诸多抵补措施的成效均不显著。

三、抵补政策之评析

清廷禁烟之初,许多中外人士都抱有怀疑的态度,1907年6月25日英国的《摩宁普士报》就曾发表评论,认为:"华人任事,率皆虎头蛇尾,有始无终,所行新政,无不如此。禁烟之举亦何独不然?况中国地广民众,中央权力岂能无远弗届?是以禁烟之能否有效,全视各省大吏行政之宽严以为衡。虽地方有司,固有才足胜任者,而嗜好甚深之人,实占多数。一纸公文,亦惟敷衍禀覆。转瞬十年,恐仍依然如昨耳。况中国饷源,亦多仰给于土税,一旦禁止,微论栽种莺粟之农人无可糊口,而绝大饷源,将以何补之耶?"④这种看法的确具有相当的普遍性,而且证之以往的政府禁烟,也并非没有根据。然而事实却证明了这种看法的错误。清末政府为了禁断鸦片,在财政异常艰窘的情况下能够毅然舍弃大宗财税收入,坚定不移地进行禁烟,并取得了很大的成效,这一点是颇值得称道的。

禁烟是"善政",亦得到朝野及民间的广泛支持。那为什么诸多抵补措施却遭到反对而难以施行以至失效呢?笔者认为:其一,清末,各省督抚对清廷的任何集权措施都是十分敏感而警惕的。在这一背景之下,诸多带有集权色彩的抵补措施自然难以获得地方督抚的支持。度支部过度追逐税利的行为

---

① [清]沈秉堃:《奏为滇省筹办锑矿请暂免出井税官股红利事》(宣统元年十月十五日),中国第一历史档案馆藏宫中档全宗,档号:04-01-36-0115-022。
② 赵尔巽:《奏陈酌量增加肉厘缘由事》(宣统元年六月二十七日),中国第一历史档案馆藏宫中档全宗,档号:04-01-35-0588-035。
③ [清]冯汝骙:《奏为江西出口米谷仍请加抽出口税十分事》(宣统元年十一月十九日),中国第一历史档案馆藏宫中档全宗,档号:04-01-35-0436-010。
④ 《论中国禁烟》,张元济主编:《外交报汇编》(第五册),国家图书馆出版社2009年版,第261页。

当然并不光彩,无论是当时之舆论,还是今日之研究者均常以"亲贵擅权"来形容度支部。但若抛开历史偏见,从行政机构的扩张本性及中央部门的集权诉求而言,度支部的作为并不超出合理行政之范畴。与度支部激烈对抗之锡良、端方、瑞澂、赵尔巽等,前三人为满人督抚,赵尔巽为汉军旗人。我们可以想象,若张之洞、袁世凯等汉官僚出任度支部尚书,中央、地方之间的集权与分权的博弈依然存在,甚至更为激烈。毕竟作为中央财政部门,财政收入与财政集权是高于一切的。其二,虽然民间禁烟热情高涨,但鸦片税厘抵补事涉利益的重新调整与分配,在民生困苦、税负已然很重的情形之下,普通民众并不会因禁烟的正当性而愿意承担更多的"苛捐杂税"。因此,当度支部强力推行抵补政策,而地方部门又搭车收费、经办官员则乘机侵吞中饱时,各类民变、风潮就此起彼伏地发生。有观点认为,清廷为筹抵鸦片税款多方苛敛搜刮,增加了民众的怨愤和反抗,这或许也间接加速了清廷的覆亡,但是历史事件的间接影响是很难作进一步讨论的。

尽管鸦片税厘的抵补措施成效不显,但随着《中英禁烟条约》的签订,印烟进口税由每担220两提高到350两,各省土药税由每担115两提高到230两,这在相当程度上缓解了因禁烟而带来的财政困难,保证了禁烟的正常进行。从宣统三年(1911年)起,清廷开始陆续裁撤土药统税局,将善后事宜交由各省督抚办理。这不仅表明清廷已逐渐摆脱对鸦片税款的依赖,也反映出禁烟的成效。

四、清廷灭亡与禁烟运动的中断

道光二十年(1840年)的鸦片战争是一场足以改变中国乃至世界历史的战争。有学者认为是鸦片将清帝国推进到以不平等条约和炮舰政策为特征的近代社会。① 而第二次鸦片战争后,清政府在内忧外患的危机之下,对鸦片采取"寓禁于征"的弛禁政策,鸦片贸易开始合法化。此后,洋土药的税厘收入成为清政府一项重要的财政来源。

历史进入20世纪,清政府领导的新政是一场现代化的改革运动,也是建

---

① [加]卜正民、若林正编著:《鸦片政权:中国、英国和日本,1839—1952年》,弘侠译,黄山书社2009年版,第1页。

立现代民族国家体系的第一次尝试。而鸦片泛滥已经成为这场现代化运动的严重阻碍。因此,禁烟成为全国各阶层人民的共同政治诉求。正如万国禁烟会上,中国代表唐国安的演讲所指出的那样:"中国民众的领袖人物把鸦片看成是对中国的生存最危险的敌人","我们祈求摆脱这种祸害,因为我们不但把这种祸害视为阻碍我们进入现代化进步国家行列的障碍,而且把去除这种祸害视为我们是否够格进入这个行列的标准"。[①] 在现代民族国家观念的影响下,到20世纪初,国人已经清醒地认识到禁绝鸦片的迫切性和必要性。

清末禁烟是一场自上而下的运动,清政府作为发起者与领导者,其态度坚决,屡颁谕旨,督促禁烟。这使得禁烟成效显著,并得到国际社会的认可和支持。但彻底的禁政措施,使得清政府不但骤失大宗财源,而且因禁种引发抗铲暴动,又进一步动摇了清廷原本脆弱的统治基础。此后为抵补鸦片税厘所采取的盐斤加价、印花税、田房契税等措施以及各地变本加厉的苛捐杂税则造成了全国范围内的社会凋敝、民不聊生,这些都成为引发新的民变风潮的根源。应该说,禁烟对清廷灭亡的影响尚需进一步的研究。

禁烟运动是作为新政的一部分而存在的,故成功的禁政必须置于失败的新政改革中去观察其历史命运。清末,国家政权长期衰败,软弱低能,既没有能力进行广泛的社会动员,又无法保证各级政权不折不扣地贯彻新政措施。这样的政府,实在难有能力承担改造社会的艰巨使命。与此同时,清廷为偿还巨额的对外赔款以及支付新政所需要的费用,也只能通过扩大国家权力、强化对社会的控制,增加中央财政的方式。因此,包括禁政在内的诸多新政措施都体现出较为明显的集权特色。但中央政府的集权很快异化为亲贵揽权,清政府不但未能通过新政摆脱政权危机,反而进一步丧失了政权合法性,并最终退出了历史舞台。我们若从现代民族国家建构的视角观察清末禁烟就会发现,20世纪初,内忧外患、救亡图存的时代危机使得国人被迫以国家共同体的观念取代了原有的天下观念,建设现代民族国家已经成为包括立宪派、革命派在内的各阶层的普遍共识。在此背景下,自鸦片战争以来一再割地赔款、丧权辱国的清政府必然会遭到民族国家建设的合法性质问。因此,

---

[①] 上海市禁毒工作领导小组办公室、上海市档案馆编:《清末民初的禁烟运动和万国禁烟会》,上海科学技术文献出版社1996年版,第110页。

虽然清末的禁烟运动确实颇有成效,但若将其作为民族国家建构计划的一部分去观察,我们就不难理解,晚清政府为何会陷入前所未有的合法性危机之中。这种危机并不是传统中国的"夷夏之变"的政权危机,而是近代民族国家建构所导致的王朝合法秩序的整体危机。在此背景下,清廷在新政过程中还处处表现出维护清朝权贵集团利益的立场,这使得自己民心丧尽,根本无法将禁烟成效转化为政权合法性的资本,只能一步步走向灭亡。

  需要说明的是,清廷的灭亡使得全国的禁烟形势出现反复,很多地区的罂粟种植开始死灰复燃,但近代中国禁烟禁毒的历史任务并没有发生变化,中英之间10年禁烟的条约亦没有废止。继续履行条约,完成10年禁烟的计划,是民初政府必须承当的历史责任,我们将在下一卷继续讨论民初的禁烟问题。